스트레이트 뉴스, 이렇게 쓴다

개념과 함의, 그리고 공식

이화학술총서

스트레이트 뉴스, 이렇게 쓴다

이건호 지음

개념과 함의, 그리고 공식

이화여자대학교출판문화원

프롤로그

오래 고민했다. 이 책을 써야 하는가에 대해서. 소설(小說)체 내러티브 형태의 기사 작법이 주목받는 가운데, 전통적인 스트레이트 글쓰기의 쓸모에 대한 회의가 꽤 팽배해 있다는 느낌 때문이었다. 그래서 역설적이었다. 책을 써야겠다는 결심을 한 것이. 신문이나 방송 등 소위 전통 언론이 전성기를 맞았던 멀지 않은 과거에 통용됐지만 앞으로는 잘 사용되지 않을 것 같은 이 정형화된 글쓰기의 필요성이 오히려 뉴 미디어 환경에서 더 절실하겠다는 판단이 섰다는 얘기다. 그 결심이 이 책을 쓰기로 한 시발점이 됐다.

제한된 시간 안에 필요한 정보를 모아 깔끔하게 글로 정리하는 능력은 기자의 자질을 가늠하는 잣대 중 하나다. 보편적으로 다른 무엇보다 중요하게 요구되는 기자의 능력일 것이다. 그리고 그 글쓰기를 대표하는 형태, 즉 그러한 능력을 드러내는 일반적 결과물은 스트레이트 뉴스로 귀결됐다.

서구에서 150여 년 전 태어났고, 국내에서는 그 형식과 내용이 약 100년 동안 발전하며 규격화된 이 기사 모습은 21세기 전환 시점까지도 그 존재론적 의미가 작지 않았다. 사회적 이슈가 되는 사안을 독자나 시청자가 일목요연하게 파악할 수 있도록 기능했기 때문이다. 즉 뉴스 매체의 역할을 제대로 담보하는 전형적 도구였다는 뜻이다. 이 책은 기사 작법 정형화 배경을 설명하고, 스트레이트 뉴스의 함의를 전달하는 그 도구를 공식으로 소개한다.

사실 이 공식으로서의 기사 형태가 이 책을 써야 할지를 고민하게 했던 원인이기도 하다. 전 세계적으로 2010년을 넘어 2020년으로 향하는 현시점에서 스트레이트 뉴스보다는 내러티브 형식이 각광받는다. 사안의 실체를 전달하는 방법으로 기계적 글쓰기의 효용이 다했다고 보는 관점이 힘을 받고 있기 때문이다.

최근에는 정형화된 도구보다 다각적이고 입체적인, 그래서 여러 요인들을 다양하게 전하는 글이 문제의 핵심에 접근하는 데 더 유용하다고 본다. 공식으로 형식화된 글은 그 안에 담을 수 있는 정보들이 제한적이라 복잡한 사회적 사안을 종합적으로 전달하기 어렵기에, 그 한계점을 뛰어넘으려면 더 많은 내용을 다채로운 형태로 담아야 한다는 것이다. 이성적인 정보만을 정리하지 않고 감성적인 느낌까지 다뤄야 한다는 주장도 같은 맥락으로 볼 수 있다. 이 과정에서 글의 흐름에 소설적인 완급을 가미해 딱딱하게 정형화된 글 읽기의 지루함을 넘어서는 효과도 거둘 수 있다는 설명이 함께한다.

실제로 우리나라에 비해 적어도 100년 혹은 200년 이상의 역사를 가지고 있는 서구, 특히 다른 나라 언론과 주요 비교 대상으로 소개되는 미국의 저널리즘이 이와 같은 현상을 주도하고 있다. 스트레이트 뉴스의 발상지였던 곳에서부터 글쓰기 형태의 변화가 일어났고 그 물살이 빨라지는 추세다. 인터넷 등으로 대표되는 커뮤니케이션 환경의 도래가 그 배경으로 설명되기도 한다. 원래 전통 매체의 원조라고 불리며 스트레이트 기사를 탄생시킨 신문이 속보로 무장한 방송, 분석적 정보로 차별화한 잡지 등과 경쟁하며 자신의 뉴스 전달 형태를 꾸준히 발전시키려는 시도를 해왔지만, 속보나 분석 등의 구도를 모두 장착하며 수용자들 속을 급속하게 파고드는 인터넷 기반 매체의 등장은 이런 보도 기법의 변화를 더욱 재촉하게 만들었다. 특히 속보성 등의 측면에서 인터넷 매체나 다양한 이동 기기 사회관계망 서비스에 현실적으로 밀리는 전통 매체들은 생존을 위해 심도 깊은 뉴스 생산으로 방향을 틀어야 한다는 외부의 지적과 내부의 자성 등으로 인해, 단순해 보일 정도로 정형화된 스트레이트 뉴스 제작 관행에서 탈피하는 경향을 보이고 있다.

한국도 마찬가지다. 인터넷이나 모바일 인프라 등이 비교적 크게 발달한 국내 사정은 이런 현상을 더욱 촉진한다. 내러티브라는 이름 아래 많은 글들이 인터넷 매체뿐 아니라 사회관계망 서비스를 통해 사람들의 감성을 자극하며, 잰걸음으로 국내 수용자의 인식을 사로잡고 있다.

하지만 지나치게 감정적이고 주관적인 글들이 범람하면서 이 정보들이 사안의 실체를 전달하기보다는 그 글을 쓰는 개인들의 의견을 부각하는 식으로 흐르는 경우가 많다. 그래서 뚜렷한 근거 없이 흘러 다니는 정보의 편린들을 이어 붙이며 그럴듯한 정황을 뉴스라는 이름으로 만들어내고 있다는 지적이 나온다. 결국 정형화된 글 읽기에 지친 독자들을 이슈의 핵심으로 이끌기 위해 확인된 정보를 소설적 글쓰기 형태에 담는다는 내러티브 기사 작법의 원래 취지는 사라지고, 그 글쓰기 기법을 부정확한 정보를 잇는 현란한 '말 짓기'로 활용하면서 오보와 루머가 확대 재생산되는 현상이 벌어지고 있다는 것이다. 이는 한국뿐 아니라 새로운 커뮤니케이션 환경에 노출된 모든 현대 국가가 처한 현실이기도 하지만, 특히 관계 지향적이고 주체성 지수가 높은 한국인들에게 치명적인 결과를 가져올 수 있다는 염려가 많다.

이런 우려 속에서 국내에서는 종종 스트레이트 뉴스의 중요성을 거론하며 전통적인 취재 및 보도 방법론을 제안한 서적들이 나오고 있다. 이들 대부분은 신문 또는 이 형태의 매체가 포함된 언론 일반을 소개하고, 그 안에서 활동하는 기자의 역할 등을 함께 정리하며 기사 쓰기 방법을 설명한다. 일부는 어학적인 접근으로 다양한 국내 기사 형식을 조각조각 분석하고 첨삭하는 수고를 들였다. 하지만 이들 중 많은 서적들이 그야말로 '론(論)'에 가까운 설명들을 담는 수준에 머문다는 의심이 든다.

한발 더 나아가 탐사 보도나 기획 기사 등의 취재 방법, 또 이에 연동할 수 있는 내러티브 작법들을 소개하는 책들도 있다. 그러나 이 기법들이 어떤 차원에서 뉴스의 기초가 되는 스트레이트와 연관을 맺고 있고, 그를 토대로 어떻게 취재와 보도가 변형되거나 발전할 수 있는지를 설명하는 경우는 찾아보기 어렵다. 즉 이런 서적들이 제시하는 스트레이트 뉴스의 의미와 형식에 대한 설명에는 아쉬움이 많다. 그리고 이런 부분에 대한 숙고(熟考)의 미비가 기사라는 이름을 달고 범람하고 있는 다양한 글쓰기 결과물과 그에 따른 정보의 오류에 이어질 수 있다는 결론을 내리게 됐다.

다시 말해, 새로운 커뮤니케이션 환경에서 내러티브 등의 기사 작법이 각광받고 그런 틀에 담긴 정보에 노출된 많은 사람들이 별 의심 없이 자신들의 판단 기준을 만들고 있는 상황을 보면서, 전통 기사 작법의 효용성을 재차 확인할 필요를 절감하게 된 것이다. 특히 현재 주목받는 다양한 정보 전달 방법과 이 효용성의 연계성을 이해하는 것이 넘쳐나는 정보 때문에 우리가 겪고 있는 오류를 최소화하고 건강한 사회적 공감대를 형성해가는 길이 될 수 있다고 판단했다. 여기까지가 바로 이 책을 쓰기로 결심한 배경이다.

스트레이트에 집중하는 최근의 일부 뉴스 관련 서적들처럼 이 책 역시 스트레이트 뉴스의 작성 방법을 설명하지만 차별성을 갖고자 한다. 우선 이 책은 스트레이트 뉴스에 대한 개념을 명확히 한다. 커뮤니케이션이라는 학문적 틀 안에서 저널리즘의 위치를 설정하고, 그에 연결된 뉴스의 의미를 부각한 뒤 역사적으로 스트레이트 기사 작성 방법이 탄생하게 된 배경과 그에 따른 작법의 형태를 소개한다. 거기에 한국적 의미를 가미해 일반적 저널리즘 개념과 스트레이트 뉴스가 한국 상황에 어떻게 적용돼 구체적인 기사로 등장하는지를 보여주고자 했다. 특히 '공식'이라는 형태로 스트레이트 뉴스의 정형화를 보여줌으로써, 사안과 상황이 다르더라도 기본적인 스트레이트 뉴스의 일정한 취재 방식과 보도 형태를 독자가 익힐 수 있도록 했다. 이런 접근은 현재 주목받는 내러티브 기사들도 기본적인 스트레이트 뉴스의 의미를 이해하지 못하고는 작성되기 어렵다는 점을 확인해주는 요인이 될 것으로 기대한다. 막연하게 쓰고 싶은 대로 글만 잘 쓰면 내러티브 뉴스가 되는 것이 아니라 기초적인 기사 작성의 뼈대를 이어야지 사회적 뉴스로서 기능할 수 있기 때문이다.

이 책이 제안하는 기사 공식들은 구체적으로 사건 기사, 사고 기사, 보도자료 이용 기사 등 세 가지 형태의 스트레이트 뉴스로 구분돼 소개된다. 서로 유사한 점도 있으나 사안에 따라 이렇게 구별될 수 있는 배경도 함께 설명된다. 이를 통해 독자들은 왜 그런 형식의 기사 틀이 마련되고, 그런 형식에 따라 쓰이는 글이 왜 특정 정보에 주목하게 되는지를 이해하는 데 도움을 얻을 수 있으리라 본다. 국내에 등장한 기존의 스트레이트 작법 서적들은 이런 형태의 글들을 '공식'이 아닌 사례를 보여주는 방법으로 소개하는 수준에 그친 경우가 많다. 하지만 이 책은 아예 정형화된 틀로 기사의 공식을 설정함으로써, 상황에 따른 일정 정보를 특정 공식에 적용하면 새로운 기사가 탄생하게 되는 방식을 이해할 수 있게 해줄 것이다. 결론적으로 이 책에서는 스트레이트 기사 공식의 구현이 대표적 특징으로, 이를 드러내는 뉴스, 저널리즘과 커뮤니케이션의 개념 구체화가 부차적인 차별성으로 나타나게 된다.

이런 정의나 개념들은 동료 또는 선후배 학자들의 접근에 비해 다분히 부족할 수 있다는 점을 미리 밝힌다. 언론이나 커뮤니케이션을 둘러싼 고급 이론들을 심도 깊게 설명하지 않기 때문이다. 따라서 거기에 이어지는 기사 작성 형태의 학문적 함의를 자세히 거론하지 못한다. 그러나 이런 접근은 언론 현장과 학계를 함께 아우른 저자 개인의 경험에서 비롯된 것이다. 학문이 다루지 못하는 현장의 호흡을 담고 기사 작성 현장의 언론인들이 표현하지 못하는 뉴스의 함의를 정리하고자, 최선의 노력을 기울였다.

이 '공식'이 완벽할 수 있으리라는 기대는 하지 않는다. 사람과 사회에 관련된 상황이 천편일률적이지 않고, 아무리 유사한 사안이라도 시대에 따라 벌어지는 배경이 다를 수 있기에 이를 자연과학 수준에서 담아낼 공식은 존재하기 어렵다. 다만 필자가 언론 현장과 학계에 몸담은 지난 20여 년 동안 '공식'이라 불릴 수 있을 정도의 일관적 글쓰기가 유지됐다는 체험에 기초해 정형화된 틀을 제공한다는 점을 이해해주기 바란다.

필자는 기존의 경험에 비춰 국내 스트레이트 기사의 틀이 앞으로도 쉽게 변하지 않을 것이라 예상한다. 이미 여기에 제공되는 공식은 그 기초가 된 20~30년을 포함해 약 100년의 역사를 거쳐 성립됐고, 그 과정에서 매체와 수용자 사이에 형성된 정보 신뢰도를 이 기사 공식들이 내포하고 있으며, 그 믿음이 가볍지 않다고 보기 때문이다. 독자들은 이제 이렇게 마련된 스트레이트 기사 공식을 통해 사회적 뉴스를 담는 도구로서 '기사'가 갖춰야 할 기본적인 축을 고민해보길 바란다. 그리고 이 내용이 이 시점 혹은 앞으로 추구해야 할 기사 작성 방향의 갈피를 가늠해보는 하나의 도구로도 작용하길 기대한다.

끝으로 이 책을 읽는 방법을 덧붙이고자 한다. 필자는 앞에서 전개한 책 저술 이유에 연계해 언론 현장의 기자들과 현장에서 활동하기를 바라는 미래의 언론인 등 크게 두 종류 독자들을 중심으로 이 책을 활용하는 방식을 고민했다. 그래서 이들 독자들이 취재 및 보도 과정에서 생각했으면 하는 부분과 그 현장에 도전하는 동안 학습했으면 하는 내용을 분리해 책에 담았다. 이 영역에 관심 있는 일반 독자들도 이 차원에서 아래 활용 방법을 읽어본다면 이 책에서 얻을 수 있는 내용을 스스로 찾을 수 있으리라 본다.

우선 현재 업계에서 활동하고 있는 기자들은 이 책의 전반부 의미를 먼저 확인해줬으면 한다. 사실 3장에서부터 거론하는 기사 작성법 내용은 현장 기자들에게 지루할 수 있다. 이미 다 알고 있는 것들일 수 있기 때문이다. 1장과 2장에 걸쳐 소개된 커뮤니케이션과 저널리즘, 뉴스의 의미를 둘러봄으로써 스스로가 생산하는 정보의 사회적 의미를 검토하는 것에 주안점을 둔다면 이 책의 의미가 더욱 살 것이다. 거기에 스트레이트와 피처, 역삼각형과 내러티브 등 취재와 보도를 기준으로 나뉠 수 있는 뉴스의 유형들을 구분한다면 관성에 의해 작성되는 기사들의 함의를 돌아볼 수 있을 것이다. 이는 취재와 보도 현장에서 종종 망각할 수 있는 기자의 자세를 확인하는 계기가 될 수 있으리라 본다.

이후 후반부의 기사 작성법을 재차 확인해보기 바란다. 처음부터 해당 부분을 읽으면 지루할 수 있겠지만, 전반부에 개념화된 내용을 반영해 후반부를 읽는다면 자신이 쓰고 있는 기사가 어떤 의미를 가지는지, 또 기본적인 내용들을 빠뜨리고 있는 건 아닌지 점검할 수 있는 기회가 될 것이다. 전통적인 매체에서 진행하는 지난한 수습 교육 과정 등을 통해 기사 함의를 제대로 고민할 기회가 부족했다고 스스로 판단하는 현장 기자들은 특히 이런 접근이 도움이 되지 않을까 조심스럽게 생각해본다.

대학에서 신문이나 방송 뉴스 관련 전공을 하는 학생들뿐 아니라 미래의 기자를 꿈꾸는 예비 언론인들에게는 거꾸로 전반부의 개념적 설명이 어렵고 지루할 수 있다. 이들에게는 먼저 후반부 3개 장의 공식들을 훑어보는 걸 권한다. 또 어느 정도 다른 책이나 강의를 통해 전반부 내용을 접했다고 판단해, 직접적인 기사 작성법을 학습하고자 하는 사람도 마찬가지다. 특히 언론사 시험을 목전에 두고 스트레이트 기사 작성법을 서둘러 익히고자 하는 학생들은 후반부에 제시된 관련 공식들을 익히는 방식으로 글쓰기 연습에 매진하는 게 효과적일 것이다. 하지만 이런 것들은 피상적인 학습 방법일 수 있다. 여러 상황들을 가정해 해당 공식에 다양한 정보들을 집어넣으면서 기사를 쓸 수 있는 능력이 생겼다고 판단되면, 꼭 전반부의 개념을 꼼꼼히 읽어보길 바란다. 그래야 왜 그런 공식이 나오는지를 이해하고 그 배경을 고민할 수 있으며, 그 과정을 통해 현장에서 성찰하고 성장하는 기자가 될 수 있기 때문이다. 또 그런 숙고(熟考)가 현장 기자가 되기 위해 공부하는 과정을 지루하지 않게 하고, 자신의 미래를 그려나가는 준비를 건강하게 정비해줄 것이다.

필자는 위에 소개된 내용들이 역설적인 고민 속에서 이 책을 쓰기로 결정했던 기획 의도에 부합되도록 나름대로 최선의 노력을 기울였다. 그리고 그 의도가 이 책을 접하는 독자들의 요구와 조응하기를 염원한다. 완벽하지 못한 접근 방법이나 부족한 설명은 저자의 한계일 것이다. 그런 부분들은 독자들의 질책과 격려 속에 그다음 저술로 발전되길 기대한다. 머리말을 정리하면서, 이 책이 나올 수 있도록 여러 가지 지원을 아끼지 않은 이화여자대학교출판문화원의 권은미 원장님, 이혜지 주간님, 깔끔한 교열과 편집을 담당한 양지하 선생님께 감사의 말씀을 전하고 싶다. 또 저술 과정에서 많은 격려와 조언을 아끼지 않은 이화여자대학교 커뮤니케이션·미디어학부 교수님들께도 감사의 뜻을 전한다. 이 책에 사용된 여러 사례들을 자신들의 학습 과정에서 확인해준 이화여자대학교 미디어커리어센터 실원들과 김혜인 조교, 또 미욱한 선생의 요청에 따라 자료를 정비해준 커뮤니케이션·미디어연구소 김신정 조교 등 이화여자대학교 커뮤니케이션·미디어학부의 대학원 및 학부 학생들에게도 고마움을 표한다. 마지막으로 연구실 내외에서 함께 학문과 세상을 고민하며 의견을 교환해준 제자 송은지와 연지영, 안서현에게도 사랑의 마음을 전한다.

2017년 여름

이화여대 포스코관에서

저자 이건호

차례

2부 | 스트레이트 기사 공식

1부

스트레이트 뉴스란 무엇인가

1장

저널리즘과 스트레이트 뉴스

1. 저널리즘의 정의

사람들은 감각기관을 통해 사물과 사안을 인지하고, 이 내용을 기호화해 주고받는 방식으로 소통한다. 언론이라 풀이되는 저널리즘(Journalism)도 이런 소통 또는 커뮤니케이션의 한 현상이다(Deuze, 2005). 커뮤니케이션은 기본적으로 송신자와 수신자 사이의 채널을 통해 메시지가 오가는 걸 뜻한다(Berlo, 1960). 여기에 등장하는 송신자(발화자), 메시지, 채널, 수신자라는 커뮤니케이션의 4대 인자는 각각의 성격과 형태가 꽤 다양하다. 이들 4대 인자의 성격과 형태에 따라 커뮤니케이션 현상이 달라지고, 이런 차이는 학자들이 커뮤니케이션 종류를 구별하는 기본 척도 중 하나로 활용된다(오택섭·강현두·최정호, 2007; Severin & Tankard, 2001). 저널리즘이라는 테두리 안에서도 이들 인자들은 특화된 성격을 지닌다. 즉 이들의 특성이 저널리즘을 다른 커뮤니케이션 현상과 구분한다는 것이다(이건호, 2013b).

이들 4대 요소 중 먼저 저널리즘을 특화하는 요소로 들 수 있는 것은 '메시지'의 성격이다. 이 메시지는 공공 사안(Public Affairs)에 관련된 것이다(Graber, 1984; Mackuen & Coombs, 1981). 여기서 공공은 그 규모에 따라 차별화될 수 있으나 일반적으로 메시지를 표현하는 특정 기호 체계가 공유되는 공동체라 할 수 있겠다. 이런 기호 체계 중 대표적인 것이 언어이고, 국가가 이런 기호 체계를 공유하는 공동체의 대표적 사례가 될 수 있다. 즉 이런 공동체 안에서 공공 사안이 되는 내용을 언어 등으로 표현해 교환하는 것이 저널리즘이라는 뜻이다. 이 저널리즘은 한 사람이 스스로에 대한 숙고(熟考)를 통해 자아를 발전시켜가는 개인 내부 커뮤니케이션, 타인과의 대화를 뜻하는 대인 간 커뮤니케이션, 1차나 2차 집단 내부 또는 그 사이에 벌어지는 그룹 및 조직 커뮤니케이션 등과 구분된다(McQuail, 2000). 저널리즘은 이들에 비해 훨씬 다양한 채널과 거대한 규모의 송신자와 수신자를 보유한 매스 커뮤니케이션의 한 형태로, 특히 그 안에서 다뤄지는 메시지는 복잡한 공동체 구성원이 공통적으로 관심을 갖는 내용을 담게 되는 특성을 가진다(Wright, 1959). 그 메시지가 한 사람 또는 두세 명, 혈연이나 이익 추구라는 목적 등으로 구성된 개별 또는 중소 규모 그룹 단위 구성원들이 추구하는 정보에 국한되지 않는다는 것이다. 이 공공 사안이 이렇게 공동체의 관심사가 되려면, 즉 사회적 사안으로 인지될 만한 가치가 있으려면 불특정 다수의 구성원 대부분에게 새롭고 중요하며, 관련이 깊은 내용이어야 한다. 이런 내용들이 뉴스로 소개된다(Harcup, 2015). 다시 정리하자면 저널리즘은 사회적으로 공공의 관심사가 될 만한 뉴스를 기호화해 상호 전달하는 커뮤니케이션 행위라 할 수 있겠다.

이런 메시지의 성격은 수신자, 즉 뉴스를 전달받는 사람들의 성격을 규정한다(Glasser, 1991). 공공의 관심사는 특정 공동체에 소속된 사람, 즉 공동체 구성원이 주목하는 대상을 뜻한다(Croteau & Hoynes, 1997). 위에서 저널리즘이 다루는 메시지의 성격을 보이면서 제시한 '국가'의 개념을 들면, 이들 관심사는 국민이라는 국가 구성원에게 중요한 내용이 될 것이다. 이 관계에서 보이듯이 뉴스를 전달받는 대상은 국민이 된다. 아주 단순화해 얘기하면 한 나라 안에서 저널리즘이라는 틀을 통해 공공 사안에 대한 메시지를 전달받는 객체가 국민이라는 뜻이다. 하지만 국민이라고 해도 이런 뉴스를 전달받는 사람들이 꼭 국토라는 특정 지역에 머물 필요는 없다. 해외 동포라면 이 공동체 안에서 뉴스를 전달받는 구성원이 될 수 있다. 특정 정보가 같은 언어를 쓰는 인접 지역 국가들에 관련된 내용을 함께 아우르면 국토와 국민을 벗어난 정보 공동체가 만들어진다. 이들 역시 뉴스 수신자들이다. 즉 메시지의 성격이 상황에 따라 다변화하고 이에 따라 수신자의 성격도 달리 구현될 수 있다. 그러나 이를 일반화해 말하자면, 비록 해석에 다양한 입장이 있겠지만, 특정 소식에 관심을 가지고 있는 언어 및 지역 공동체의 구성원이 이런 뉴스를 전달받는 사람들이라 할 수 있겠다. 지금까지의 정리에서 알 수 있듯, 저널리즘 메시지의 수신자는 한두 사람이나 일부 그룹의 조직원이 아니라 언어와 지역 등으로 연결되는 거대 공동체 구성원을 모두 아우른다. 이 차원에서 메시지를 전달받는 사람들은 단순한 메시지 개별 수신자(Receiver) 혹은 이들이 이루고 있는 소규모 집단을 벗어나 전체 수용자(Audience)의 개념으로 확대된다(Abercrombie & Longhurst, 1998; Herbst & Beniger, 1994; Rosen, 1993; Rosengren, 1997; Smith, 1987). 간단히 말해 저널리즘이라는 커뮤니케이션 현상의 정보 수용자는 공공 사안으로서의 뉴스를 읽거나 보고 듣는 독자나 시청자들을 지칭한다(이건호, 2013b).

그렇다면 이런 메시지를 전달하는 사람들은 누구인가? 여기서 저널리즘만의 독특한 성격이 재차 확인된다. 앞서 소개한 커뮤니케이션의 4대 인자를 대입해봤을 때, 메시지는 송신자에게서 출발, 채널을 거쳐 수신자에게 전달된다(윤석민, 2007). 이 과정을 보면 메시지를 제외한 3대 인자, 즉 송신자와 수신자, 채널은 이 메시지를 통해 유기적으로 연결되지만, 이들은 결국 시공간적으로 서로 독립적으로 존재한다고 할 수 있다. 다시 말해 일반적인 커뮤니케이션 환경에서 원래 전달자 혹은 송신자(Source 또는 Sender)나 수신자는 채널 밖에 각각 따로 존재한다. 하지만 저널리즘에서는 채널 밖에 존재하는 송신자의 역할을 채널 안에서 하는 사람들이 있다. 이들은 원래 채널 밖에서 생산된 '날정보(Raw Information)'를 가공하는 사람들로, 그 '날정보'를 채널 밖의 많은 수용자들이 의미 있는 정보라고 쉽게 받아들일 수 있게 만드는 일을 한다(Shoemaker, 1991). 훈련을 거쳐 이런 정보 전환을 전문적으로 담당하는 사람들을 일반적으로 기자(記者), 조금 더 확대하면 매스 커뮤니케이터라고 부른다.

사실 저널리즘에도 메시지의 기본적인 커뮤니케이션 흐름(송신자→채널→수신자)에 등장하는 원래 의미의 전달자, 즉 채널 외부에 존재하는 정보원이 없는 것은 아니다. 날정보, 다시 말해 가공 전의 정보를 만들어 전달하거나 전달하고자 하는 이들은 저널리즘이라는 커뮤니케이션 형태에서는 취재원이라고 불린다(Harcup, 2015; Sigal, 1986). 소스(Source)라는 영문에서 알 수 있듯이, 기본적인 커뮤니케이션 현상을 설명하는 전달자 요인, 즉 채널 외부의 발화자는 저널리즘에서 취재원 또는 정보원(Informant)이라는 의미를 가진다. 이들은 결국 저널리즘의 틀에서 날정보를 전하는 1차 송신자(취재원)로 나타난다. 그리고 또 다른 의미의 송신자, 즉 2차 송신자(기자 혹은 매스 커뮤니케이터)가 생성되는데, 이들은 채널 안에서 이 날정보를 알기 쉽고 의미 있게 전환하는 역할을 한다(Graber, 1984). 이렇게 송신자가 1차와 2차로 나뉘는 것은 저널리즘에서 다루는 정보가 공공 사안에 관련된 것이라는 점과 연관된다. 수용자에게 곧장 전달됐을 때 의미가 쉽게 파악되기 어려운 채널 밖 취재원의 날정보가 채널 안 기자들의 가공으로 사회적 사안으로서의 의미를 뚜렷하게 얻기 때문이다(Shoemaker, 1991).

결과적으로 보면, 일반 커뮤니케이션 형태에서는 확연하지 않은 채널 안 커뮤니케이터들의 존재가 저널리즘에서는 기자 또는 매스 커뮤니케이터라는 이름으로 부각되고, 일반 커뮤니케이션 형태에서 뚜렷했던 발화자, 즉 1차 송신자는 비교적 조명을 덜 받을 수 있다. 이때 채널 밖 취재원보다 채널 안 기자들의 역할이 상대적으로 중요하게 생각되며 이는 저널리즘에서 특화되는 성격이다(이건호, 2013b). 결국 기본적인 커뮤니케이션 맥락에서 채널 밖의 1차적 메시지 전달자라 칭해질 수 있는 발화자는 저널리즘이라 특화된 커뮤니케이션 형태에서는 취재원 또는 정보원이라는 날정보 제공자로 분류되고, 이들이 제공한 정보를 의미 있게 만들어 수용자들에게 전달하는 새로운 의미의 송신자(기자 혹은 매스 커뮤니케이터)가 채널 내부에 추가로 등장하게 된다.

지금까지 거론한 바를 정리하면 저널리즘이 다루는 메시지는 채널 밖에서 온 날정보를 일반 수용자들이 사회적 의미가 있는 것으로 쉽게 받아들일 수 있도록 채널 안 정보 송신자가 가공한 내용이다. 결국 저널리즘이 다루는 메시지는 가공된 정보라 할 수 있겠다. 이때 정보가 가공되는 지점이 채널이다. 그리고 이 채널은 상당히 복잡한 의미를 가진다. 일반 커뮤니케이션 형태에서 채널(Channel)은 메시지를 매개하는 물체, 즉 매개체(Medium)다. 이를 통해 메시지가 송신자와 수신자 사이를 오간다. 보편적으로 매개체로 불리는 이 채널은 저널리즘에 와서 특히 매체라는 이름으로 전환된다. 일반 대중 대부분을 차지하는 수용자(독자나 시청자)가 관심을 갖는 공공 사안을 다루는 사회적 조직으로서 뉴스 미디어, 대중 매체, 뉴스 매체 등으로 소개된다. 간단히 말하자면 신문사나 방송사, 통신사 등 언론사가 된다(Schrank, 1991). 보통 이들 매체가 직접 메시지를 전달한다고도 설명되지만 사실 이 메시지를 전달하는 것은 거기에 소속된 기자들, 즉 메시지를 가공하는 사람들이다. 메시지를 알기 쉽게 전달할 수 있도록 정보를 모으고 모은 정보를 다시 추려 가공하도록 기자들을 훈련하는 것은 바로 그 매체이기도 하다. 이 매체들은 특정 정보 공동체의 역사와 문화 속에서 공공 사안을 정리해 전달할 수 있는 자격을 인정받은 조직으로, 그렇게 인정받는 동안 쌓여온 정보 가공의 방법을 조직 내부에서 전수하며 발전시켜 왔고, 훈련을 통해 바로 그 노하우를 내부 매스 커뮤니케이터들에게 숙지시킨다(Shoemaker & Reese, 1996).

매체에 대한 이런 설명이 더욱 복잡해지는 이유는 바로 이 언론사들이 사회의 정치적, 경제적 성격에 따라 공공 사안에 대한 접근법을 서로 달리 구사하기 때문이다(강형철, 1999; 남재일, 2004; 송용회, 2007; Altschull, 1984; Hamilton, 2004). 심지어 동일 언어 및 지역 공동체 속에서도 개별적으로 가지고 있는 매체 규범에 따라 사안을 가공하는 방법이 구별되기도 한다. 비록 채널 밖 날정보를 채널 안에서 가공한다는 기본적인 행위 자체에는 변화가 없지만, 권위주의, 자유주의, 사회책임주의, 전체주의 등의 정치 체제, 그리고 자본주의나 공산주의 등의 경제 체제 차이는 각 국가에 속한 매체들의 지향점, 통제 및 이용권 등에 따라 공공 사안을 가공하는 방법을 다르게 만든다(Siebert, Peterson, & Schramm, 1963). 자유주의나 사회책임주의 등에 연결된 자본주의 국가 매체들은 사적 기업으로서의 이윤 추구 및 공적 조직으로서의 공익 기여라는 부분을 서로 달리 해석하며 정보 가공을 다변화한다(Altschull, 1984, 1991). 이와 같은 국가 간 혹은 매체 간 차이 속에서도 개별 매체에 소속된 기자 등 매스 커뮤니케이터들은 자신의 조직 규범(Norm)에 익숙해진다(Breed, 1955). 개인의 생존 및 번영 등에 연결된 조직 내 사회화는 매체와 그 내부 기자들의 결속을 부르고, 그 과정에서 매체는 기자를 통해 조직의 사익과 공익을 동시에 추구하는 방향으로 메시지를 가공하게 되는 것이다(Tuchman, 1978). 그리고 이런 틀이 저널리즘이라는 형태의 커뮤니케이션을 만든다(Shoemaker & Reese, 1996).

이상의 내용을 종합하면 언론사가 속한 사회의 성격에 따라 다양하고 상대적인 뉴스가 생성되고 이에 따라 서로 다른 형태의 저널리즘이 존재하지만, 기본적으로 저널리즘이라는 커뮤니케이션 틀 안에서 송신자는 우선 날정보를 생산하는 채널 외부 1차 정보 전달자(취재원)와 이들의 날정보를 받아 채널 내부에서 이를 알기 쉽고 의미 있는 정보로 가공하는 2차 정보 전달자(기자나 매스 커뮤니케이터)로 구분된다. 이 중에서도 특히 채널 내부의 정보 전달자가 저널리즘을 특화시키는 중요 인자로 인식된다. 그리고 이 중요 인자가 언론사라는 채널 안에서 공공 사안에 관한 내용을 주요 메시지로 가공해 독자나 시청자로 대표되는 수용자에게 전달한다. 결국 저널리즘의 종합적 정의는 '대중 매체를 통해 이뤄지는 매스 커뮤니케이션의 형태로, 대중 매체에 소속돼 정보 판단 전문가로 훈련된 언론 조직 구성원들이 공공의 관심 사항이 될 만한 정보를 확보하고 이를 이해하기 쉬운 메시지로 전환해 불특정 다수의 독자나 시청자에게 전달하는 것'(이건호, 2013b)이라고 할 수 있겠다.

이상의 설명은 커뮤니케이션이라는 학문 차원에서 저널리즘 정의를 소개한 것이다. 이 책은 위 설명 과정에서 나타난 커뮤니케이션 4대 인자 중 메시지, 즉 공공 사안에 대한 정보에 집중한다. 메시지는 전달자 혹은 송신자, 채널 또는 매체, 수신자 또는 수용자로 표현되는 다른 세 개 요인과 연결되는 요소다. 보다 정확히 말하면 이들 요인들 집단 사이를 오간다. 저널리즘에서는 이렇게 오가는 메시지를 뉴스(News)라고 한다. 일반적으로 뉴스는 새로운(New) 것들의 복수 형태로 's'가 붙은 것을 시사한다. 사실 새로운 소식이라는 이 기본 개념은 송신자나 수신자 또는 채널 집단의 규모와 무관하게 적용된다. 개인의 이목을 끌건, 공동체의 관심을 얻건 새로운 정보라면 뉴스다. 다양한 뉴스의 개념을 관통하는 이 성격은 통상적인 사안의 흐름이나 기대치에서 벗어나는 것으로, 사람들이 자신들의 삶을 위해 새로운 판단을 내릴 때 사용하는 정보가 된다(Mencher, 1991). 시각을 어디에 맞추는가에 따라 세세한 논의 방향이 달라질 수도 있겠으나, 이 책에서는 공동체의 뉴스, 즉 공동체가 함께 발전하는 데 필요한 정보에 집중하고자 한다. 커뮤니케이션의 여러 모습 중 저널리즘에 주목하기에, 언어 및 지역 공동체 구성원이 관심을 가질 만한 공공 사안(Public Affairs)을 중심으로 다룬다는 뜻이다. 특히 이를 알기 쉽고 의미 있게 가공하는 차원에서 이 내용이 수용자들에게 전달되는 기사 형태로 어떻게 조성되는지를 살펴볼 것이다. 그중 언론의 기사가 갖춰야 할 요소 중 불편부당한 사실에 집중하는 기사, 즉 스트레이트 뉴스를 작성하는 방법이 이 책의 주요 관심사다. 위의 설명은 추후 전개될 스트레이트 기사의 형태를 이해하는 데 바탕이 되는 요소들이다.

2. 스트레이트 뉴스 개념 및 성격

1) 뉴스의 의미

이 책에서 다루고자 하는 뉴스는 저널리즘의 틀에서 논의되는 '새 소식'이다. 저널리즘은 커뮤니케이션의 한 형태로 설명될 수 있다. 커뮤니케이션의 4대 인자 중 이 책에서 중점적으로 설명하고자 하는 '새 소식'은 '메시지'가 된다. 저널리즘에 연결해봤을 때 그 '메시지'는 1차 정보 '전달자'인 취재원으로부터 전달돼 언론사 등으로 불리는 '채널' 안의 기자 등을 통해 이해하기 쉽고 의미 있는 정보로 전환된 뒤 독자나 시청자 등의 '수용자'들에게 전달되는 '뉴스(News)'가 된다. 앞서 설명한 것처럼 이 뉴스는 언어나 지역 공동체 대부분의 구성원들에게 관련된 소식으로, 일반적으로는 이들에게 새롭고도 중요한 공공 사안(Public Affairs)에 대한 정보를 지칭한다(Graber, 1984; Harcup, 2015).

뉴스의 성격은 사회 변화와 함께 진화했다. 보다 정확하게 말하면 기술 발달과 함께 그 의미가 확장 또는 정비됐다고 할 수 있겠다(Schudson, 1995; Sloan, 2013). 간단히 보자면, 철도 등 운송수단의 발전은 공유될 수 있는 사람들의 관심거리를 확대했고, 우편,

인쇄 기술, 전신, 전화, 진공관, 인터넷 등 기호를 창출하고 전달하는 통신 기술 등의 발달은 그 영역을 폭발적으로 증대시켰다. 이런 상황의 배경이 되는 시대별·지역별 정치 경제적 환경은 새로운 소식이라는 뉴스의 기본 개념을 다양한 모습으로 발현시키기도 했다. 시대와 지역에 따라 뉴스가 여러 가지 형태로 등장한 것이다. 그러나 정보 및 언어 공동체 구성원들이 함께 뉴스로 공감할 만한 요소여야 한다는 점, 즉 특정 이슈가 저널리즘의 의미 안에서 뉴스가 되려면 공공 사안의 가치를 가져야 한다는 점에는 변함이 없다.

이때 어떤 이슈가 뉴스감이 되는가를 판단하는 일반적인 기준들이 제시된다. 공공 사안으로 주목받는 이슈들의 공통점이 정리된 것이다. 학자들은 사안이 최근에 발생했는지 또는 그 주제가 지금 이 시점에서 전달할 만한 가치가 있는지를 뜻하는 시의성, 뉴스를 접하는 공동체 구성원들의 삶에 큰 의미를 가지는가를 따지는 중요성, 독자들과 물리적 또는 심정적으로 가까이에 있는지를 보여주는 근접성, 다른 이슈나 주제에 비해 눈에 띌 만한지를 의미하는 현저성, 기존의 양상과 차이를 보여주는 특이성, 본능적으로 다툼이나 마찰에 관심을 기울이는 사람들의 본성에 호소하는 갈등 양상 등을 제시한다(이건호, 2010). 이와 같은 기준은 주로 학자들이 기존의 뉴스들을 바라보면서 분석해 제안한 내용, 즉 언론 학계의 시각이다. 현실적으로는, 다시 말해 언론 현장에서는 이런 특성들이 한꺼번에 뭉뚱그려져 적용된다. 간단히 말하면 사안을 취재하는 현장 기자와 그들을 지휘하는 데스크들은 자신들의 경험에 의거해 특정 이슈가 뉴스감이 되는지 여부를 결정한다. 기자들은 아주 간결하게 "아침에 독자가 신문을 보고 주변 사람들과 2~5분 이상 화제를 삼아 대화할 수 있는 것"을 뉴스라고 한다. 이런 것을 찾아 만든 뉴스들을 학자들이 분석해보니 위와 같은 여러 특성들이 기사 안에서 발견됐다고 이해하면 되겠다.

기자들은 이런 사안을 동물적인 감각으로 찾는다. 이 감각은 타고날 수도 있지만, 신문 등을 통해 뉴스를 접하는 과정 그리고 뉴스를 직접 생산하는 과정에서 훈련되고 키워진다(이재경, 2005; Hayes, Singer & Ceppos, 2007). 물론 본능적 감각이 뛰어날수록 이렇게 뉴스가 될 만한 이슈를 확인하고 그에 관련된 정보를 모으는 능력은 배가된다. 뉴스가 될 만한가를 결정하는 판단 기준에 대한 학계의 분석과 언론 현장의 현실적 감각은 모두 "독자나 시청자를 아우르는 수용자들이 어떤 뉴스를 원하고 이들에게 어떤 정보가 필요한지"에 대한 고민에서 비롯된다. 독자에 대한 고민이 없으면 본능적 감각도 단순한 개인적 호기심 해소 차원에서만 이용될 뿐, 공공의 이슈를 찾아 다루는 저널리즘의 의미를 찾기 어렵다.

이렇게 뉴스의 성격을 확인하는 과정에서 공동체가 꼭 지켜야 할 뉴스의 요소가 무엇인지를 확인하려는 노력도 꾸준히 전개됐다. 중요하고 현저하며, 물리적·심정적으로 가까우면서도 새롭고, 갈등을 야기하거나 특이한 요소로 눈길을 끄는 등의 성격이 각각 또는 함께 등장하는 뉴스가 공통적으로 지녀야 할 가치를 찾고자 한 것이다. 비록 이 노력의 결과물에 대한 해석에는 시간과 공간에 따라 약간의 차이가 있으나, 적어도 보편적 인간성 유지를 위한 도구로서 뉴스에 요구되는 공통 가치가 있다는 공감대는 형성됐다. 바로 객관성(Objectivity)과 공정성(Fairness) 등으로 완성되는 진실(Truth) 추구의 모습이다(박재영, 2005; Altschull, 1990; Anderson & Baym, 2004; Durham, 1998; Earle, 1955; Hess, 1938; Merrill, 1990; Muñoz-Torres, 2012; Powers, 1999). 즉 공동체가 관심을 가질 만큼 새롭고 중요한 공공 사안(Public Affairs)은 구성원들이 그 정보를 바탕으로 올바른 판단을 하고, 이를 배경으로 더 나은 생활을 영위할 수 있게 해야 한다는 것이다(Price & Tewksbury, 1997; Soroka, 2002; Wanta, 1997). 비록 언론이 사실(Fact)과 의견(Opinion)을 동시에 전달하지만, 현대 저널리즘은 이 두 가지 요소 중 사실을 기본적인 요소로 둔다. 즉 사실 전달을 우선으로 하며, 전달되는 가치도 이 사실에 근거해야 한다는 것이다. 칼럼이나 사설 등을 통해 전파되는 의견도, 정확한 사실을 중심으로 하는 정보가 없다면 공허한 울림이 된다(송용회, 2005; 이준웅, 2010; Harcup, 2015; Patterson, 1997; Romano, 1987).

뉴스의 모습은 기술 변화, 그에 따른 산업의 변화, 그리고 그렇게 전진해온 사회 변화 안에서 꾸준히 진화해왔다. 기사라는 결과물을 놓고 봤을 때, 초반기 연대기적 보고 형태의 뉴스는 이후 핵심 내용만 골라 그 중요도에 따라 정보를 배치하는 역삼각형(Inverted Pyramid) 형태로 전환됐고, 지나치게 간결한 기사의 정보 편재성을 비판하며 소설체 기사 등이 출현한 것도 바로 이런 변화와 관련이 있다(Schudson, 1995). 이렇게 기사 정보의 배치나 길이 등에 의한 것 외에도 기사를 구분하는 방법은 경찰, 검찰, 법원, 정부, 정당 등 취재 대상별로 나누거나 정치나 경제, 사회, 문화 등 취재 영역별로 분류하는 접근법 등이 있다. 이 밖에 신문이나 방송, 또 인터넷 등 채널의 특성에 따라 기사나 뉴스의 형태가 달라지기도 한다. 살아 있는 사람의 얘기를 중심으로 새 소식을 전달하는 인터뷰, 그리고 죽은 사람의 인생을 담아 전달하는 부음 기사 등도 구분 방법 중 하나다. 하지만 이 모든 형태에 사실과 의견 전달을 통해 진실에 가까이 가려는 뉴스의 기본 가치가 녹아 있고, 이것이 뉴스가 가지고 있는 사회적 의미가 된다고 볼 수 있겠다.

2) 뉴스의 구분: 스트레이트와 피처

시각에 따라 뉴스 구분 방법은 위와 같이 다양하나, 취재와 보도를 모두 합친 뉴스 생성 과정을 보면 결국 전통적으로 스트레이트(Straight)와 피처(Feature)의 두 영역으로 나뉠 수 있다(임영호, 2005). 그러나 이들에 대한 개념 역시 여러 가지로 등장한다. 우선 '정보'를 구분하는 차원에서 스트레이트와 별개의 개념으로 피처가 구분된다. 간단히 보면 사실 혹은 이에 근거한 정보가 스트레이트가 되고, 이외의 모든 정보는 피처가 된다. 이때 스트레이트는 간결한 사실 위주의 정보를 전달하거나 이에 근거한 의견을 포함하고, 피처는 이런 정보 이외에 신문에 등장하는 다른 모든 종류의 정보들, 즉 만화나 광고까지 포함한다. 이 구분법에서 특화되는 피처의 성격은 정보 전달자가 사안을 대표적으로 드러내는 요소라고 주관적으로 판단하는 부분을 잡아내 이를 더욱 부각한다는 점이다. 캐리커처의 특성을 떠올리면 피처의 의미를 조금 더 수월하게 받아들일 수 있을 것이다. 이런 접근법과 달리, 만화나 광고를 제외하고 '뉴스'만을 기준으로 할 때는 칼럼이나 사설 등 의견에 집중하는 것을 피처라고 부른다. 이때는 의견을 배제한 기사(Article)로서 간결한 사실 위주의 정보를 기계적으로 나열하는 것에 초점을 맞추는 것이 스트레이트가 된다. 하지만 기사 작성법 차원으로 가면 또 다르다. 스트레이트를 규격화된 역삼각형 혹은 역피라미드(Inverted Pyramid) 작법으로 쓰이는 것으로, 피처는 이와 달리 정형화된 규칙이라 보기 어려운 형태, 예를 들어 '내러티브(Narrative)'라는 이름을 달고 쓰이는 것으로 소개되기도 한다(안수찬, 2007; Blundell, 1988).

위 내용을 대입하면, 스트레이트 뉴스(Straight News)는 간결하게 사실 중심의 정보를 특정 형태에 따라 전달하는 것이라 볼 수 있다. 하지만 앞서 봤듯이, 의견을 내포하느냐 또는 정형화된 틀을 갖고 있느냐 등의 구분 기준에 따라 스트레이트 뉴스에 대한 해석이 복잡해진다. 특히 주로 '형태'에 집중해 역삼각형 형식의 기사 글쓰기를 스트레이트라고 정의해온 기존의 일반 개념은, '내용'에 집중해 사실 위주의 정보를 담는 글 역시 스트레이트라고 보는 또 다른 입장을 담아내지 못할 때가 있기 때문이다. 게다가 '뉴스'라는 것이 단순히 기사에 담긴 내용과 형태에 의해서만 설명되는 것이 아니라, 기사 작성의 기초가 되는 '취재 과정'까지 포함한다는 점을 감안하면 단순히 위와 같은 정의로 스트레이트 뉴스를 개념화하기는 어렵다. 그러나 보도의 '형태'와 '내용' 그리고 취재 '과정' 등 뉴스가 생성되는 현상을 총괄적으로 확인하는 방식을 통해 설명한다면 이런 혼동을 해소할 수 있을 것이다. 먼저 간단히 정비하자면, 스트레이트 뉴스는 정형화된 취재 방식을 통해 확보된 사실 위주의 내용을 담으며, '대체적으로' 역삼각형 형태의 글쓰기를 통해 작성된다는 식으로 소개될 수 있다. 조금 부연해보자.

만화나 광고, 혹은 칼럼을 제외한 일반 기사 형태를 중심으로 들여다보면, 역삼각형 글쓰기는 정보 중요도에 따라 순차적으로 정보가 나열되는 방식을 취한다. 내러티브는 시간과 공간 등 환경에 따라 기자가 사안을 설명하기에 적합하다고 판단되는 정보들을 소설처럼 이야기하는 방식으로 전개하는 작법이다(박재영·이완수, 2008). 그런데 의견을 많이 내포하는 피처의 성격을 가진 뉴스들이 내러티브 형식을 띠는 경우가 많아, '피처=내러티브'라는 등식으로 주로 소개된다. 또 스트레이트 뉴스 역시 역피라미드 형태를 띠는 경우가 많아 이들 두 용어가 같은 뜻으로 회자되기도 한다. 하지만 내러티브나 역피라미드는 보도 방식(기사 작성법)에 국한돼 구분돼야 할 개념이다. 이 보도 방식만으로 피처나 스트레이트라는 '뉴스'를 구별하기에는 무리가 있다. 뉴스는 취재 방식이나 내용까지 포괄하는 차원에서 구분돼야 하기 때문이다. 그렇기에 비록 스트레이트가 역피라미드 형태를, 피처가 내러티브 형태를 띠더라도 스트레이트가 모두 역피라미드가 되거나 피처가 모두 내러티브가 되지는 않는다. 단순한 보도 형태 구분을 떠나 뉴스 일반의 시각에서 본다면, 스트레이트가 무정형의 보도 형식을 띨 수도 있고, 피처가 역피라미드 형태를 띠기도 한다. 이 설명을 적용한다면, 무조건 스트레이트(뉴스)의 반대는 내러티브(보도 형태), 피처(뉴스)의 반대는 역피라미드(보도 형태)라는 식으로 구분하는 오류를 피할 수 있다. 즉 취재 과정과 보도 내용까지를 포괄하는 전반적인 뉴스 차원에서 스트레이트의 대척점에는 피처가, 보도 형식 차원에서 역피라미드의 대척점에는 내러티브가 있다는 식으로 정리할 수 있다는 것이다. 이들 보도 형태를 기준으로 한 구분은 이후 더 자세한 설명이 등장하기에 이쯤에서 간단히 정리하고, 여기서는 왜 이런 식의 접근이 가능해졌는지를 역사적 차원에서 조금 더 들여다보자.

3) 스트레이트의 탄생과 개념

서구에서 전신이 발명되기 전까지만 해도 뉴스는 연대기적 기법에 의해 작성됐다. 즉 기자가 보고 들은 것을 시간의 순서대로 정리해 보고하는 수준이었다. 길고 자세하게, 또 현재 시각에서는 비교적 지루하게 나열식으로 작성된 정보가 파발마의 손으로 건네져 신문사로 전해졌고, 그것을 그대로 베끼거나 인쇄해 일반 수용자에게 전달한 것이 당시의 기사였다. 이렇게 사안의 발생 시점부터 독자에게 뉴스가 전파되는 기간은 평균적으로 한 달에서 한 달 반 정도였다(임영호, 2005; Schudson, 1995). 그러나 한 지점에서 타이핑을 하면 다른 지점에서 글이 실시간으로 새겨지는 전신이 발명되면서 상황이 바뀌었다. 속보 경쟁이 숙명인 언론사에게 전신의 도입은 경쟁력을 위해 피할 수 없는 선택이었다. 하지만 늘 그렇듯 새로운 발명품 또는 그에 의한 결과물은 그 물건이 상용화되거나 일반화되기 전까지 비싼 가격에 유통된다. 그렇기에 사용 단가도 높다. 초기 단계의 전신도 사정은 마찬가지였다. 전신기의 가격은 물론 전신기를 통해 내용을 전달하는 통신 단가도 만만치 않았다. 글자 타이핑을 할 때마다 매겨지는 경비를 모두 지불하기에는 이전의 연대기적 글쓰기의 기사가 너무 길었다. 결국 당시 신문사들은 기자들에게 중요한 순서대로 정보를 적어 정리하는 글쓰기를 요구했고, 기자들은 의견을 배제한 사실들의 중요도 차례로 기사를 작성하기 시작했다. 이것이 내용 중요도에 따라 순차적으로, 즉 직선적으로(Straightly) 글을 작성하는 역삼각형 기사의 출발점이다. 이 탓에 많은 저널리즘 교과서들은 역삼각형 글쓰기를 스트레이트 뉴스 작성법으로 소개하고 있다. 이는 전통적으로 중간중간 다른 장면 등을 넣어 국면을 전환하는 기법을 통해 독자의 시선을 잡아두면서 큰 틀에서 전달하려는 정보 꾸러미를 완성하는 비선형 글쓰기(Non-Linear Writing)와 구분돼 알려졌다. 종종 내러티브 방식이라 소개되는 비선형 글쓰기와 달리 처음부터 끝까지 정보 흐름을 한 줄로 이어 끊임없이 써 내려가는 선형 글쓰기(Linear Writing)는 바로 이런 스트레이트 뉴스를 칭한다(Bolter, 2001; Keeble, 2005; Rich, 2003). 여기서 내러티브마저도 선형과 비선형 등으로 구분될 수 있다는 글쓰기 작법 자체의 복잡한 논의(Hairston & Ruszkiewicz, 1993; Lunsford & Connors, 1999)는 일단 건너뛰더라도, 결국 기존의 주된 설명은 기사 작성법(Writing Style)에 주목해 스트레이트 뉴스의 성격을 바라본 것이다.

하지만 이렇듯 기사 작성법에만 의존한 스트레이트 뉴스 설명은 사회 변화 과정에서 등장한 현대 스트레이트 기사의 특성을 이해하는 데 제한적인 배경밖에 되지 못한다. 글쓰기 작법, 즉 보도 기법의 차원만으로의 설명으로는 스트레이트 뉴스를 역삼각형 형태의 기사, 그리고 이렇게 만들어지는 뉴스를 경성뉴스(Hard News)라고 소개할 때 등장하는 다양한 성격을 규정하기 어렵기 때문이다. 현대 스트레이트 뉴스는 규격화된 틀을 통해 소식을 전달하지만, 그 규격에 대한 해석이 분분할 뿐 아니라 규격화된 틀 안에 들어 있는 내용들도 단순하지 않다. 경성뉴스라는 용어만 보더라도 단단하다, 딱딱하다(Being Hard)는 뜻의 경성(硬性)이 어떤 것을 의미하는지 정확하게 설명하지 못하는 경우가 꽤 많다. 비록 언론 현장에서 그 '딱딱함'을 단순히 역삼각형 규격에 적용하면서 경성뉴스를 스트레이트 기사, 연성뉴스를 피처 기사로 구분하는 교과서들이 적지 않게 등장하지만, 이들은 꼭 그런 '공식'에는 적용되지 않는 현대 기사의 내용들을 설명하지 못하고 있다. 과거식의 논의로 경성 및 연성, 스트레이트 및 피처를 구분하는 것은 '스트레이트 뉴스는 간결한 기사이고, 피처는 긴 기사'라는 식으로 지나치게 위험할 정도의 개념화를 시도하는 것과 마찬가지다. 여기에 조금 더 부연해 '스트레이트는 뼈만 있는 글이고, 피처는 살이 붙은 글'이라는 저간의 설명에서도 뉴스와 기사를 진지하게 알려야 한다는 책임감은 크게 느껴지지 않는다. 간혹 이렇게 무지막지한 개념조차도 거론하지 않은 채 스트레이트 뉴스를 소개하는 책도 있다.

결국 이런 부분을 이해하려면, 스트레이트 뉴스는 의견을 배제한 사실 중심의 내용을 다룬다는 성격이 더 부각돼야 한다. 전신 발명 이전 보고 형태의 긴 뉴스들이 사실을 다뤘다고 하더라도 당시의 기사에는 기자들의 주관적 해석이나 감정이 많이 들어 있었다. 특히 현대식 저널리즘을 이끈 서구, 그중에서도 전신 도입에 선도적인 모습을 보인 미국의 초기 기사들은 아예 사실보다 의견에 집중하는 성향이 강했다. 정치적 자유를 추구하던 당시 신문사들이 자신들과 생각을 같이하는 정당이나 개별 정치인의 기관지 역할을 했던 역사적 배경은 이런 상황을 그대로 보여준다(Altschull, 1990; Sloan, 2013). 하지만 비용 대비 높은 생산성을 추구해야 하는 상황이 다가오면서 짧은 기사를 선호하게 된 언론사들은 구설수에 오를 뿐 아니라 이후 신뢰도 문제까지 야기하는 기자 개인의 감정이나 해석을 제외하면서 직접적으로(Straightly) 사실을 소개하는 방식으로 기사를 단출하게 정리하기 시작했다(Schudson, 1995). 결국 기사로부터 기자의 격리(Detachment)라는 현대식 객관성 구축의 배경이 되기도 한 이 시도는 스트레이트 뉴스의 또 다른 성격을 규정한다(Cotter, 2010). 비록 이런 접근은 형식적인 객관성 확보에 불과하다는 비판을 받기도 하지만(Tuchman, 1972), 기사 작성법의 일면으로 의견 및 감성 배제라는 부분이 활용되면서 이후 어떤 방식의 취재가 실용적 객관성으로 인정받을 수 있는가로 논의가 확대됐다(Giles, 2010; Jones, 2009; Randall, 2000). 그러면서 현대 스트레이트 뉴스는 기사 작성법 차원에서만 파악할 것이 아니라 정보를 모으는 취재 차원에서 설명할 수 있어야 한다는 당위론이 힘을 얻게 된다. 즉 스트레이트 뉴스에 활용되는 중요 정보를 어디서 어떻게 얻을 수 있는지 등을 정비하는 취재의 구조화 차원, 다시 말해 정형화된 취재 형식을 통해 스트레이트 뉴스의 틀이 잡혀갔다. 이런 취재와 보도의 상호 보정 과정 속에서 내용의 중요도에 따라 정보를 배치하는 방식에 불편부당한 술어를 사용한다는 점이 부각되면서, 이 술어에 연결되는 사실 및 인용의 활용 등을 체계화하는 방식으로 스트레이트 뉴스는 더욱 발전해왔다(박대민, 2015; 박재영·이완수, 2007; 송용회, 2005; Anderson & Itule, 1988; Sigal, 1973, 1986; Sonoda, 1997; Sundar, 1998). 이는 결국 현대 스트레이트 뉴스 개념이 취재와 보도라는 전반적인 뉴스 생성의 측면에서 발현돼야 한다는 점을 보여준다.

반복해서 거론했듯이 스트레이트 뉴스의 정의를 제시하는 교과서나 서적을 찾기는 쉽지 않다. 이는 오랜 기간 동안 우리가 당연히 알고 있다고 판단했기 때문일 수 있다. 그러면서 우리는 간단히 기사의 길이나 골격만으로 스트레이트와 비(非)스트레이트를 구별하는 수준에서 만족해왔는지도 모른다. 이로 인해 결국 뉴스를 구분하는 기준이 기사의 내용인지 형태인지, 아니면 취재 과정을 포함해야 하는 것인지 등에 대한 공감대가 형성되지 못했다. 이런 모습은 뉴스에 대한 이해뿐 아니라 그런 이해를 바탕으로 공공 사안을 판단하는 근거의 명확성, 또 그에 기초한 사회 발전 논의를 저해할 수 있다. 이런 우려 속에 뉴스의 형태를 구분하고자 하는 시도들이 나타나기는 한다(유선영·이오현, 2001). 하지만 그런 시도의 결과들도 뉴스를 구분해야 하는 이유로 위에 제시한 내용(뉴스 개념의 이해를 통한 건전한 사회 발전 논의 가능성)에 견주면 아직 막연해 보인다. 이런 현상은 특정한 형태의 기사, 예를 들면 피처 기사를 설명하는 내용들을 봐도 짐작할 수 있다. 구체적으로 심층 정보 확보를 위한 기사들을 소개하는 과정에서 나타난 사례들(남재일·박재영, 2007, 8쪽)을 보면 "역피라미드 기사체를 넘어 서기 위한 해설성 스트레이트, 피처 스토리 등 다양한 기사체의 시도"라는 내용이 나온다. 여기서 역피라미드뿐 아니라 해설 기사도 스트레이트 뉴스가 될 수 있다는 점과 더불어 피처 스토리는 이런 스트레이트 기사와 차별화된다는 것을 유추할 수 있다. 이런 설명은 뉴스의 형태를 단순 스트레이트나 비(非)스트레이트로만 분류하지 않고 여러 종류를 보여주며 뉴스에 대한 이해를 돕는다는 차원(손태규, 2004)에서 고무적이다. 하지만 여기서도 정확히 스트레이트 기사의 정의는 드러나지 않는다. 다만, 피처 스토리가 '일반적인' 뉴스나 기사에 비해 심층적인 정보를 다양한 작법으로 다룬다는 측면을 강조하면서 그와 다른 형태의 기사가 스트레이트 뉴스라는 점을 '넌지시' 보여준다. 이외에도 피처의 특성으로 1인칭 작가 시점이 등장한다는 점이 소개되면서, 스트레이트는 기사에 등장하는 인물이나 사안과 무관한 입장의 3인칭 시점에서 정리된다는 점이 대비되기도 한다. 여기에 의견 배제를 통한 스트레이트 기사의 정보 객관화는 늘 따라오는 부가적 설명이 되고 있다.

정리하자면, 스트레이트 뉴스에 대해 특화된 정의를 찾기는 쉽지 않다. 하지만 스트레이트 뉴스의 작법을 소개함에 있어 저자는 글쓰기의 배경으로 스트레이트 기사의 개념을 먼저 설정할 필요가 있다고 본다. 사실을 기초로 하는 스트레이트 기사는 해설이나 기획, 의견 기사, 심지어 논설이나 사설 등 주장을 다루는 모든 뉴스 정보의 기본이 되기에, 그런 정보의 기초가 그렇게 다뤄져야 하는 이유를 정확하게 아는 것으로부터 뉴스를 제대로 이해할 수 있다고 보기 때문이다. 이에 앞서 간략하게 소개한 스트레이트 뉴스의 발견과 발전 등을 토대로 이 책은 스트레이트 뉴스(기사)의 개념을 아래와 같이 정의한다.

스트레이트 뉴스(기사)는 '구조화된 취재 기법을 통해 공동체 구성원들이 새롭고 중요하게 생각하는 공공 사안(Public Affairs) 관련 정보를 모으고, 이 중 사실 중심의 정보를 직접적이고 직선적으로 정례화한 보도 방법을 통해 정리한 뉴스(기사)'다. 정보를 모으는 단계에서 적용되는 구조화된 취재 기법은 결국 언제, 어디서, 누구를 만나, 어떤 내용을, 어떻게, 그리고 왜 얻는지가 정해져 있어, 이에 따라 기계적으로 정보를 수집하면 된다는 뜻이다. 보도 단계에서는 그렇게 모아진 정보 중 사실 관계만을 따져 이를 정해진 틀에 따라 끼워 넣는 식으로 글을 쓰게 된다. 취재와 보도 영역에서 일부 변형이 적용되는 경우도 있으나, 아주 기본적인 골격에는 변화가 없다. 바로 이런 뉴스가 스트레이트다. 다음 장에서는 조금 더 자세히 스트레이트 뉴스의 취재 및 보도 방법과 이들 내용을 근간으로 한 한국식 스트레이트 뉴스의 전형을 공식의 형태로 소개하겠다.

2장

스트레이트 뉴스의 취재 및 보도

1. 취재 일반론 및 스트레이트 뉴스의 취재

1) 취재의 개념

취재(取材)는 재료(材)를 골라 모은다(取)는 뜻이다. 이를 저널리즘에 연결하면 취재는 뉴스를 위한 재료, 즉 정보를 추려 모으는 것이 된다. 더 정확하게 표현하자면 특정 이슈가 뉴스감이 되는지를 확인하고 그에 관련된 정보를 찾는 것을 취재라고 한다. 정보 모으기(Information Gathering)라고 풀어쓰기도 하지만, 보통 영어로는 리포팅(Reporting)이라고 한다. 이 표현은 애초에 뉴스가 사안에 관련된 모든 정보를 시간의 순서에 따라 연대기적으로(Chronologically) 보고(Report)하는 형식으로 정리되면서 등장했다. 초기에 이 표현은 정보를 모으고 전달하는 행위를 모두 아울렀다. 사안을 접하는 순서에 따라 정보를 모으고 그 내용을 시간순으로 기록했기에, 정보를 확보한 뒤 이를 취합·재배치하는 과정을 거치면서 의미 있는 글로 가다듬어 전달하는 단계를 특별히 구분할 필요를 느끼지 못했기 때문이다(이건호, 2010; Schudson, 1995).

하지만 산업과 통신 환경 등이 발전하고 변화하는 과정에서, 정보를 모으거나 정비하고 전달하는 경험이 다양하게 축적됐다. 그러면서 정보가 시간 순서에 따라 모이는 것도 아니고, 그렇게 모인 정보를 꼭 연대기적으로 전달할 필요도 없다는 식의 인식이 생겨났다. 이런 논의를 통해 현대 저널리즘이 발전하는 동안, 보고(Report) 중 정보를 글 등의 기호로 변환해 전달하는 형태는 보도(報道·Writing)라는 명칭으로 분화되고, 리포팅(Reporting)은 보도 이전에 뉴스 전달을 위해 원자재를 모으는 행위, 즉 취재만을 가리키는 뜻으로 남게 됐다(이건호, 2010).

뉴스 생산 과정 중 취재와 보도의 순서를 보면 알 수 있듯이, 원자재를 모으는 취재는 기사를 만들기 위해 내딛는 첫발이다. 재료가 있어야 생산품을 만들 수 있듯 좋은 취재가 뒷받침되지 않는 한 양질의 기사가 나올 수 없다. 이는 다시 전달하고자 하는 뉴스는 과연 어떤 모습을 띠어야 하는가에 대한 고민으로 이어진다. 그리고 특정 정보나 이슈가 뉴스로 승화하기 위한 조건들이 그 고민의 결과로 제시된다. 우선 특정 이슈가 뉴스로 발현되려면, 그 주제를 바라보는 기자의 시각이 예리해야 한다. 즉 흘려보낼 수 있는 내용이라도 시대의 흐름과 장소의 특성에 따라 공동체에 영향력을 발휘할 수 있는 요소가 있는지를 기자가 판단해야 한다. 이를 통해 뉴스의 가치는 특화되고 발전한다. 이런 가치가 더욱 활발하게 발현되기 위해서는 결국 다양한 의견을 가진 양질의 취재원을 많이 만나고 그들로부터 의미 있는 정보를 얻어 철저한 사실 검증, 세밀한 인용 등의 방법을 활용해야 한다. 동시에 다른 사람들의 명예가 다치지 않도록 최대한의 균형성을 유지하며 공정하게 그런 정보들을 수집해야 한다. 바로 이런 점을 통해 앞에서 거론한 객관성(Objectivity)과 공정성(Fairness) 등으로 완성되는 진실(Truth)에 한 걸음 더 가까이 갈 수 있게 되는 것이다.

바람직한 저널리즘을 위해, 즉 좋은 기사 생산에 필요한 좋은 취재를 위해서는 예리한 판단력 외에도 추가적 자질들이 요구된다. 대표적인 것이 주변에 대한 호기심과 관심이다. 이 자질은 자연과 사회, 그리고 사람을 이해하려는 다양한 노력을 통해 증진된다고 볼 수 있다. 그래야만 인간의 본성, 그들이 이루고 있는 공동체, 그 공동체가 존재하는 환경으로서의 자연 등을 진지하게 관찰할 수 있고, 그 안에서 공동체 구성원들이 올바른 판단을 하고, 이를 배경으로 더 나은 생활을 영위할 수 있게 하는 정보들을 찾아 나설 수 있기 때문이다. 폭넓은 독서는 자연의 이치에 대해 숙고하게 만들고 자연 안에서 만들어진 사회의 다면성, 그리고 그 사회를 구성하는 사람들의 본성과 다양한 성격들을 고찰하게 해준다. 관심 있는 분야는 물론, 자신과 무관해 보이는 영역에 대해서도 개론서 정도는 들춰보는 것도 도움이 된다. 또 여러 가지 일을 직접 체험해보는 것도 특정 장소나 문화, 업무에 대한 이해를 돕고, 그런 일에 연관된 사회 현상들을 심도 깊게 바라볼 수 있도록 한다. 이런 자질을 키우는 데 다양한 현상을 정기적으로 전달해주는 신문, 방송 등 일관적으로 신뢰도 있는 정보를 전달하는 뉴스 미디어의 활용도 빼놓을 수 없다. 어떤 정보가 사안을 추적하는 데 도움이 되고, 지면이나 화면을 메꾸는지 지속적으로 확인하다 보면 사람들이 공통적으로 관심을 가질 만한 요소들을 몸에 익힐 수 있다. 이를 통해 왜 과거의 일이 특정 시점에 뉴스가 되는지, 왜 유명하지 않은 동네 상점이 사람들에 알려져야 하는지, 이미 알고 있었던 역사적 사실이 어떤 시각에서 새롭게 조명될 수 있는지 등을 파악해볼 수 있는 것이다. 또 정치적, 경제적 배경이나 지향점이 다른 매체들(강형철, 1999; 김사승, 2009; 송용회, 2007; 이건호·고홍석, 2009; 최현주, 2010; Altschull, 1984; Bagdikian, 1990; Lee & Koh, 2010; Merrill, 1977; Perloff, 1998)을 다양하게 접하면서 사회의 다면성을 확인하는 것도 장기적으로 뉴스를 새로 발굴하고 생산하는 능력을 키우는 데 도움이 된다.

이상의 내용들은 뉴스 매체의 기자가 되려고 준비하는 과정의 사람들에게 기본적인 자질을 마련하는 접근법이며 기자가 된 이후에도 스스로의 역량을 개발하기 위해 필요한 방법이다. 현장 기자들은 뉴스 생산 과정에서 이런 내용을 더 깊게, 그리고 직접적으로 확인한다. 예를 들어 자신이 담당하고 있는 영역이나 기구 혹은 기관 내부 사람들이나 관련 인물들을 꾸준하게 만나는 네트워크 구성은 그런 능력을 키워주는 주요 도구가 된다. 경찰이나 검찰, 혹은 법원, 국회, 정부, 기업, 비정부 기구(NGO) 등의 공식적 채널뿐 아니라 그 사람들의 비공식적 이야기는 수용자들에게 감동을 주거나 공분을 일으켜 사회적 이슈로 승화되는 경우가 많다. 기자와 취재원의 인간적 관계는 확보가 쉽지 않은 문서 자료 획득으로 이어져 특종을 부르기도 한다. 이 과정에서 기자들은 기사 가치에 대한 감각을 훈련한다. 더불어 언론사는 독자들이 알고 싶어 하는 내용을 확인해 이를 기사로 개발하는 작업도 한다. 학자들이 하는 초점 그룹 학습(Focus Group Study) 이용이 대표적 사례다. 가정에서 신문을 주로 접하는 주부들이 원하는 정보 특성을 확인하던 국내 신문사들이 교육 관련 뉴스에 집중하기 시작하다가 교육 섹션을 만들게 된 것이 바로 이 초점 그룹 학습 방식이 구체화된 경우다. 전문가를 부르거나 시청자나 독자 위원회 등을 구성해 정기적인 토론회 등을 거쳐 기사를 발굴하는 것도 이런 방식의 한 측면이다.

이밖에 다양한 매체들의 뉴스를 활용하는 것도 기사 개발의 방법이다. 이는 기자 준비생들에게도 기사에 대한 감각을 키우는 방식으로 추천되지만, 기자가 된 후에도 특정 이슈를 찾아가는 길라잡이로 사용된다. 예를 들어 비슷한 유형의 사안들이 연속해 등장하면 그걸 하나의 큰 흐름이라 생각하고 전체적인 그림을 그려보는 기획 기사 또는 탐사 보도로 뉴스를 제작할 수 있다(남재일·박재영, 2007; 이건호, 2010; Burgh, 2000; Ettema & Glasser, 1998; Feldstein, 2006; Mollenhoff, 1981; Protess, Cook, Doppelt, Ettema, Gordon, Leff & Miller, 1991; Spark, 1999). 국내 뉴스뿐 아니라 해외 신문 등을 찾아보면 우리나라 수용자에게도 필요한 정보를 찾을 수 있다. 지역화(Localization)라는 이름으로 이미 알려진 이 취재 기법(Brooks, Kennedy, Moen, & Ranly, 2002)을 블로그나 페이스북, 트위터 등 다양한 인터넷 정보망에 이으면 그 자체로 사람들이 관심을 가지고 있거나 가질 만한 내용을 기사로 만들어 전달할 수 있다. 또 단순히 사실 정보(Fact)에만 천착하지 말고 광고의 경향을 파악해가면 대단위 소비자 군(群)을 구성하고 있는 수용자들의 성향이나 광고 영향성 등을 파악해 기사로 전환할 수 있다. 실례로 이자가 없다는 내용을 부각하는 대부업 광고가 기승을 부릴 때 사실 여부를 확인해 높은 이율로 소비자들이 피해를 볼 수 있다는 기사나, 인구가 줄어드는 마당에 아파트 건설 광고가 쏟아질 때 입주율에 대한 걱정을 전달한 기사 등이 있다.

2) 스트레이트 뉴스의 취재

위에 거론한 내용들은 사실 일상적인 기삿거리 추적, 즉 취재 일반에 대한 소개다. 이 책이 주목하고 있는 스트레이트 뉴스 역시 위의 방법으로 재료를 모으고 작성될 수 있다. 그러나 이 책이 특별히 소개하고자 하는 스트레이트 뉴스의 기본 방식은 고착화해 정형화된 내용이다. 뒤의 보도 부분에서 조금 더 부연되겠지만, 이는 고정적인 기사 제작 관행에 근거한 것이다. 앞서 정비한 내용에 따르면 스트레이트 뉴스(기사)를 위한 정보는 구조화된 취재 기법을 통해 수집된다. 언제, 어디서, 누구로부터 정보를 얻을지가 결정된 이 취재 기법은 주로 공식적 루트를 통하는 방법과 연관된다. 이 공식 루트는 크게 정보가 모이는 장소 그리고 정보를 다루는 사람(혹은 그 정보가 담긴 문건) 등 두 가지로 정리될 수 있다. 정보가 모이는 장소는 간단하게 출입처, 그리고 정보를 다루는 사람은 취재원이다(Mencher, 1991; Rich, 2003). 출입처는 기자가 다루는 취재 영역을 주요 업무로 다루는 기관이나 기구를 말한다. 취재원은 그 안팎에서 직접 정보를 관장하는 인물(혹은 문건)이다. 기사 정보의 기본 원칙이라 할 수 있는 육하원칙(5W1H)을 약간 거칠게 변형해 이 정례적인 취재 관행을 설명하자면, 출입처는 '어디(Where)'가 되고, 취재원은 '누구(Who)'가 된다. 언제(When), 무엇(What), 왜(Why), 어떻게(How) 등 육하원칙의 나머지 요소들은 결국 기자가 정보를 얻기 위해 '어디'의 '누구'를 찾아가야 하는지를 알려주는 이정표가 된다. 예를 들어, 다루고자 하는 이슈가 발생한 시점이나 관심을 끄는 시점(When)은 그 이슈와 관련해 구체적인 정보(What)를 얻기 위해 어디(Where)를 찾아가야 하는지를 말해주고, 그러면 그런 일들이 왜(Why) 그리고 어떻게(How) 일어났는지를 물을 대상(Who)을 확인하게 해주기 때문이다. 정리하자면 스트레이트 뉴스는 특정 이슈들이 나타났을 때 관련 내용을 확인할 수 있는 취재 루트가 이미 정해져 있으며, 그 루트는 크게 출입처와 취재원으로 분류된다. 예를 들자면 경찰이나 검찰 또는 법원, 정부나 국회, 기업 등 뉴스가 될 만한 정보가 주로 모이는 곳이 '출입처'이고, 그 안팎에서 활동하거나 관련된 업무를 하는 사람들이 '취재원'이 된다.

(1) 출입처

출입처는 기자가 다루는 취재 영역을 담당하는 공적(公的) 및 사적(私的) 기관을 칭하는 표현이다(이건호, 2013a). 국내에서 그런 곳을 출입처라 하는 이유는 그런 기관들이 마련해놓은 기자실에 기자들이 드나들며, 즉 출입하며 뉴스가 될 만한 정보들을 얻고 기사를 작성하기 때문이다(김동규·김경호, 2005). 전 세계 저널리즘에 영향을 끼치고 있는 미국에서는 기자가 다루는 영역을 비트(Beat)라고 부르며(Harcup, 2015), 해당 영역과 관련된 기구나 기관을 기자 스스로 개발해나가는 성향이 강하나, 한국에서는 기자들이 취재하는 영역을 주무하는 기관이 있고, 기자들은 이 기구나 기관을 중심으로 취재 활동을 펴나간다(김남석, 2001). 이런 한국과 미국의 취재 패턴은 얼핏 비슷해 보이지만 차이가 있다. 한국의 기자들은 이 기구나 기관의 홍보실 또는 공보실 옆에 붙어 있는 기자실에 '출입'한다. 그 기구나 기관에서 나오는 정보에 쉽게 접근하기 위해서다. 기업의 홍보실이나 정부 부처 공보실은 매체나 기자를 위해 보도자료를 만들거나 아예 기자들과 가까운 관계를 유지하며 정보를 조정하는 역할을 한다. 다시 말해 한국의 기자들은 특별히 자신들이 뉴스를 발굴한다기보다 정부나 기업 등 주요 기구가 만들어준 뉴스를 전달하는 경향이 강하다. 이에 비해 미국의 기자들은 특별히 어디에 상주하며 제공되는 정보에 의존하기보다 스스로 돌아다니며 기삿거리를 찾는 성향이 더 강하다. 비록 한국도 폐쇄적이고 비민주적인 출입처 관행, 기자의 특권화 등에 관련된 비판(조현호, 2005; 팽원순, 1988) 때문에 미국식 비트로 출입처 개념을 확대해가는 중이지만, 아직 미국 수준에는 미치지 못한다는 것이 학계와 현장의 공통된 견해다. 이런 비판에도 불구하고 이들 출입처는 아주 기본적인 뉴스를 제공하는 원천으로, 특히 스트레이트 뉴스를 어렵지 않게 제작할 수 있는 통로로 여겨진다. 사적 기업이나 정부 기구 등의 공식적인 정보 채널들은 특정 이슈를 육하원칙에 따라 정리해 전달하는 오래된 전통이 있고, 기자들은 그렇게 만들어진 정보를 이용해 기사화하는 것을 편하게 느끼고 있으며, 중요한 추가 정보를 확보하는 루트로도 이런 채널들이 수월하게 활용될 수 있기 때문이다. 심지어 폭넓은 비트 개념을 활용하는 미국도 주요 기관이나 기구가 공식 보도자료 혹은 주요 정보 제공을 주로 담당한다. 결국 출입처 또는 이에 해당하는 기관이나 기구는 기자들이 정보를 모을 때 사용하는 공식적 루트로, 특히 스트레이트 뉴스 작성 때 활용되는 정례화된 취재 기법이 적용되는 대상이다. 언제, 어디서, 누구를 만나 어떤 정보를 어떻게, 그리고 왜 얻는지가 정해져 있는 취재 기법 활용도는 이런 공식 루트에서 높아진다.

간단히 기자들이 상주하는 언론의 담당 취재 부처 또는 기구로 소개될 수 있는 이런 출입처는 언론사의 주요 취재 담당 부서들이 서로 구분해 담당한다. 예를 들어 2016년 8월의 공식 명칭을 기준으로 했을 때 정치부는 청와대, 국무총리실, 통일부, 국회(여당 및 야당) 등을, 경제부는 기획재정부, 한국은행, 산업통상자원부, 산업부는 삼성이나 현대 등 대기업 혹은 금융권 등을, 사회부는 교육부, 환경부, 고용노동부, 검찰 및 법원과 일선 경찰서 등을, 문화부와 체육부는 각종 스포츠나 문화 단체 및 문화체육관광부 등을 출입한다. 이 밖에도 관련된 비정부 기구나 대규모 사적 단체도 출입 대상이다. 즉 이들 부서의 기자들이 각자 담당하고 있는 영역과 관련된 정부나 기업, 관련 단체들의 공식 정보를 기사화한다. 여기에 정례화된 취재 기법, 즉 언제, 어디서, 누구를 만나 정보를 어떻게 얻는지를 적용해보면, 스트레이트 뉴스 취재에 대한 이해를 도울 수 있을 것이다. 예를 들어, 개성공단 문제를 취재하려면 통일부 교류협력국 남북경협과나 남북협력지구발전기획단의 관련 팀을 찾아가면 된다. 이를 위해 문화체육관광부를 찾을 일은 적을 것이다. 또 현대자동차 노동조합의 임단협 관련 뉴스는 현대자동차 본사와 노동조합, 그리고 고용노동부의 노동정책실 산하 노사협력정책이나 관계지원 등을 담당하는 부서를 찾아 정보를 얻을 수 있다. 비록 매일 달라지는 뉴스의 초점에 따라 취재 대상에 변화가 있겠지만, 기본적인 공식 정보 등은 이렇듯 정례화된 채널을 통해 확보될 수 있다. 이 책은 많은 공식 루트를 출입하며, 거의 모든 취재 업무의 기본을 교육하고, 그 내용을 반영해 기사화 하는 경우가 많은 사회부를 중심으로 스트레이트 취재 관련 내용을 추가로 설명하고자 한다. 스트레이트 뉴스의 기본이 되는 사건 및 사고, 보도자료 활용 기사 등 세 가지 종류의 뉴스가 사회부에서 주로 작성되거나 그 근본 틀을 제시하고 있어 스트레이트 뉴스의 체계를 전달하는 데 가장 적합하기 때문이다. 취재의 골격을 확인하기 위해 먼저 사회부의 주요 출입처를 소개해보겠다.

사회부 출입처는 크게 행정과 사건의 두 개 영역으로 구분된다. 행정 출입처는 간단히 말해 정부 부처이다. 교육부, 행정자치부, 환경부, 고용노동부, 여성가족부, 국토교통부, 보건복지부 등이 주요 대상이다. 국방부의 경우 사회부 소속기자가 담당할 때도 있고 정치부 소속기자가 출입하기도 한다. 건설과 교통 문제를 함께 다루는 국토교통부의 경우, 교통 문제를 담당하기 위해 사회부 기자가 출입하는데, 이와 더불어 경제부 기자도 건설 문제를 취재하는 루트를 확보하기 위해 국토교통부에 출입기자로 등록한다. 2016년 현재 외교부가 과거 외교통상부였을 때 외교 문제는 정치부 기자가, 통상 문제는 경제부 기자가 담당하면서 한 언론사 두 개 부서에서 함께 출입하기도 했기에, 한 정부 부처에 한 회사의 여러 담당기자가 동시 출입하는 것은 낯설지 않은 풍경이다.

이런 전통적인 출입처 관행에 미국식 비트 개념이 도입되면서 행정 부처 출입기자는 전문 분야 담당기자로 그 역할이 확대되기도 한다. 예를 들어 보건복지부 출입기자는 단순한 부처 출입을 넘어 복지 정책 전문기자로 성장한다. 환경부 출입기자는 환경전문기자라는 이름을 달고 활동하기도 한다. 이때 이들은 정부 부처에서 나오는 정보만이 아니라 관련 단체나 기구의 주장, 연구 결과들을 토대로 기사를 작성하면서 취재 및 보도 대상이 점점 더 확대되는 추세다. 복지 분야를 예로 들면, 관련 뉴스들이 건강 문제로 연결되면서 전국의 병원, 의학 기술 등을 담당하는 의료전문기자들도 늘어났다. 2000년대 이전까지는 주로 정부 부처를 담당하는 기자들이 취재 활동을 통해 관련 지식을 넓힌 후 전문기자로 성장했다면, 2000년을 전후해서는 아예 의사나 관련 분야 박사가 해당 영역의 전문기자로 언론사에 들어가 활동하고 있다. 행정 출입은 결국 행정 부처만을 담당하는 전형적인 출입기자와 관련 전문 영역을 담당하는 전문기자 등의 활동에 연결된다.

사건 출입은 다시 두 가지로 크게 나뉜다. 하나는 사건·사고의 발생 및 검거 등을 담당하는 경찰팀이고 다른 하나는 주로 사건 관련 기소·수사·재판 등을 담당하는 법조팀이다. 발 빠르게 전역을 뛰어다닌다고 해서 기동팀이라고 불리는 사건팀은 살인,

강도, 강간 등 여러 사건과 화재나 재난 등 각종 사고를 취재해 보도한다. 하지만 한편으로는 마음이 따뜻해지는 미담 기사를 발굴해 작성하기도 하고, 대통령에서 노숙자까지 뉴스만 되면 찾아 기사로 만드는 언론 기관의 촉수가 된다. 서울지방경찰청을 출입하며 전체 사건팀 기자들을 총괄하는 캡(캡틴의 준말로 사건팀장을 가리키는 표현), 그 바로 아래서 경찰청 본청을 출입하며 후배 기자들의 취재 상황을 조율하고 캡을 보좌하는 바이스 캡, 그리고 서울지역 30여 개 경찰서를 각각 3~5개로 묶어 지정된 라인 하나씩(예를 들어 종로, 성북, 종암 등 3개 경찰서를 묶은 종로라인)을 맡고 있는 현장 기자 등 약 10명이 한 팀이다. 이들은 각 라인에 존재하는 검찰이나 법원의 지청 혹은 지원 등을 출입하며 의미 있는 정보를 추적하기도 한다.

'기자의 꽃'을 논할 때 이들과 경쟁하는 법조팀은 법원과 검찰 담당으로 나뉜다. 법원 출입기자들이 다루는 뉴스 중 대법원까지 올라오는 사건은 사회나 국가에 엄청난 파장을 몰고 올 수 있는 내용인 경우가 많다. 특히 정치인이나 대기업 총수 등 국가 경영에 파장을 몰고 올 수 있는 사람들에 대한 뉴스가 자주 나온다. 그렇기 때문에 대법원은 법조 출입기자 중 사회적 문제와 정치적 문제 등을 함께 통찰할 수 있는 베테랑이 맡는다. 언론사의 경우 대법원 출입기자가 법조 출입기자팀의 팀장을 맡고, 부팀장 격은 대검찰청 출입기자가 맡는 취재 시스템을 도입하는 경우가 많다. 그리고 그 아래 서울고등 및 서울지방법원, 또 서울고등 및 서울지방검찰청을 출입하는 기자들 약 10명으로 법조팀이 구성된다. 이들 중 법원 출입기자들은 자주 정치와 연관돼 거론되는 법무부 장관 인사 등의 문제 때문에 법무부를 출입하며, 장관, 차관, 각 실장 및 국장, 서기관, 사무관, 주사에 이르기까지 국가 정책 일선에서 업무를 담당하는 공무원들을 대상으로 검찰 및 법무부 직원 인사, 내부 인맥 및 정책 결정 사항 등에 대한 취재 활동을 벌인다. 평소 법무부에서 나오는 기삿거리는 다른 행정 부처에서 나오는 내용들과 차이가 있다. 다른 정부 부처는 정책 내용이 국민의 생활이나 기업 활동 등과 직결되어 그 자체로 뉴스가 되지만, 법무부는 복잡하고 따분해 보이는 업무의 성격상 언론 취재의 대상이 되지 않는 경우가 많다. 그러나 법무부 장·차관의 인사나 주요 실국장의 인사는 해당 인물의 과거 검찰 수사 및 법원 판결 등에 관련된 정치적인 행보와 맞물려 해석되면서 몰고 올 파장이 크기 때문에 주요 뉴스로 취급된다.

법조팀 중 검찰 출입 담당은 판결에 집중하는 법원 출입에 비해 조금 더 역동적인 취재 환경을 가지고 있다. 취재 대상의 성격 때문이다. 법원은 최종 판결을 맡고, 검찰은 수사를 통해 판결에 필요한 자료를 종합적으로 구축한다. 법 구조의 형태상 법원의 판결에 따라 검찰 수사 내용의 타당성이 검증되기 때문에 법원이 사건 판단의 마지막 열쇠를 쥐고 있다. 이 때문에 검찰은 법원보다 서열이 아래인 것으로 여겨지기도 한다. 주로 검찰 출입기자 팀장이 법원 출입기자 팀장보다 한 단계 아래로 책정되는 것이 여기에 기인한다는 견해도 있다. 그러나 이미 주어진 자료로 판단하는 법원을 취재원으로 하는 기자보다, 자료를 수집하고 수사하는 과정이 역동적이기 때문에 이를 담당하는 검찰을 취재원으로 하는 기자의 취재 폭이 넓고 취재 자체도 활기를 띤다. 결국 결정이 난 판결이 아니라 아직 살아 움직이는 생물을 다룬다는 느낌을 가지고 있기 때문에, 경찰 기자들과 '기자의 꽃' 자리를 놓고 다투는 사람들을 법조 기자 중 검찰 기자들로 보는 경우가 많다.

대통령, 국회, 헌법재판소장이 임명하는 재판관 아홉 명으로 이뤄진 헌법재판소도 법조팀원들의 취재 대상이다. 기자들은 헌법재판소장은 물론, 재판관과 사무처 공무원들을 만나 하위법의 적정성 심사, 재판소장과 재판관들의 인사, 내부 인맥 및 판결 사항 등을 기사에 담는다. 사실 평소 헌법재판소에서 나오는 기삿거리들은 많지 않다. 1988년 개소 이후 처리된 1만 건이 넘는 사안들 중 국민의 인식을 뿌리채 흔들어놓는 건들은 손으로 꼽을 정도이기 때문이다. 하지만 헌법 저촉 여부를 심사하는 이상, 항상 기삿거리가 되는지를 가늠하는 대상으로 삼는 데는 소홀할 수 없다. 게다가 헌법재판소장이나 재판관의 임명에는 대통령과 국회가 연루되기 때문에, 그 파장이 크다. 대통령 탄핵 심판 등 나라의 근간을 뒤흔드는 사안은 두말할 나위가 없다.

지금까지 소개된 행정 및 사건 출입 구조는 중앙지, 즉 서울을 중심으로 활동하는 일간 신문 중심으로 설명됐다. 지방에서 발간되는 지방지 역시 중앙지의 구조를 본떠 운영된다. 사건팀의 경우, 부산이나 광주 지역을 예로 들면 부산지방경찰청이나 광주지방경찰청을 출입하는 기자들이 캡을 맡아 후배 기자들을 지휘하며 그 지역 일대 사건 사고 관련 뉴스를 다룬다. 지방 언론사가 한 개의 광역자치단체 이상에 해당하는 규모의 수용자, 즉 뉴스 공동체를 확보하고 있다면 몇 개의 광역단체 경찰청 중 하나를 베이스캠프로 뉴스 공동체를 구성하는 광역단체 몇 개 지역의 뉴스를 함께 다루기도 한다. 그렇다면 지역과 관련한 사건 사고는 중앙지에서 어떻게 처리할까? 결론부터 말하면 각 언론사의 지방취재본부들이 담당한다. 예를 들어 중앙 언론사들은 영남취재본부, 호남취재본부, 중부취재본부 등 전국 주요 지역에 지사(支社) 및 주재기자를 두고 현장을 취재하고 보도한다. 5공화국 언론 통폐합 과정에서 '1도(道) 1사(社)'가 추진되며 각 지역에 주재기자를 두지 못했던 때에는 모든 통신사가 국가 기간 회사로 통합된 연합통신(현 연합뉴스의 전신)으로부터 뉴스를 전달받아 획일적으로 기사를 실었지만, 1980년대 말 민주화운동 이후 지방취재본부 활동이 재개됐다(김민환, 1996). 그러나 각 지역의 중앙지 주재기자들은 100~200명씩 근무하는 본사만큼의 취재 인력을 확보하기 어려워 4~5명씩의 소수 주재기자들이 평상시 담당 지역의 정치, 사회, 경제, 문화 등의 관련 기사를 처리한다. 하지만 전국적으로 반향을 일으키는 사건이나 사고가 발생하면 서울 본사의 사건팀 등 관련 분야 기자들이 출장을 내려가 지방 주재 기자들과 협력하며 뉴스 생산 활동을 펼친다. 비록 이들 지방 취재본부를 중앙과 구분해 별도 출입 구조로 나눌 수도 있으나, 이들의 업무 역시 규모만 작을 뿐 중앙의 그것과 차이가 없어, 일단 중앙을 중심으로 행정과 사건 등 2개 취재 구조를 소개하는 것에 집중하는 쪽으로 설명의 가닥을 잡았다.

(2) 취재원

출입처에 가기만 해서 정보가 그냥 나오는 것은 아니다. 그 안에서 직접 이슈와 관련된 정보를 다루는 인물과 접촉해야 한다. 출입처가 매체를 통해 전달하고자 하는 정보가 보도자료 형식을 빌려 기자들에게 전달되기는 하지만, 기본적으로 기자는 뉴스가 될 만한 이슈를 감지하고 그에 관련된 정보를 물어서 얻어야 한다. 이때 그 질문을 던지는 대상, 더 정확하게 말하면 기자가 얻고자 하는 정보를 구할 수 있는 대상이 취재원(Source)이다(Rich, 2003). 그리고 스트레이트 뉴스 형성의 틀에서 봤을 때 이 취재원은 기자가 찾기 쉬운 곳에 존재하는 대상이다(Hodgson, 1996). 특정 정보를 가지고 있는 사람이 늘 정해진 자리에 있다는 것은 정례화하고 규격화한 취재의 틀이 마련될 조건이 되고, 그런 차원에서 이 책에서 설명하는 스트레이트 뉴스가 생성될 수 있기 때문이다. 물론 스트레이트 뉴스를 더 깊고 폭 넓게 작성하기 위해 추가적인 취재원, 즉 정해진 자리에 없는 정보원이 필요할 수 있지만, 아주 기초적인 스트레이트 뉴스의 골격을 위해서는 기본적으로 고정된 위치의 취재원이 필요하다. 그리고 이는 매체뿐 아니라 자신들의 입장을 홍보하고 해명하기를 바라는 기관이나 기구, 즉 기자들의 출입처 쪽에서 원하는 구도이기도 하다. 이런 차원에서 취재원의 고정적 위치는 필수적이라고 할 수 있겠다. 그렇기 때문에 취재원은 1차적으로 출입기자의 접근이 수월한 취재 대상 기구 혹은 기관에 상주하는 직원이 되고, 부차적으로는 그런 조직의 업무와 관련해 전문성 등을 갖고 책임감 있게 얘기해줄 수 있을 만한 외부 인사로서 접촉이 가능한 인물이 된다. 1차 취재원, 즉 출입처 내부 사람의 정보는 부차적 취재원, 다시 말해 출입처 외부의 정보에 의해 반박되거나 확인되는 경우가 생기는데, 더 정확한 취재를 위해서는 이슈에 대해 이들 1차 취재원과 2차 취재원 사이 입장을 검토하는 삼각확인(Triangulation) 기법 등이 사용되기도 한다(박성희, 2004). 이런 다각 취재는 심층 기사일수록 더 많이 활용되지만, 아주 기초적인 수준을 넘어서는 스트레이트 뉴스 확대판에서도 자주 사용된다.

한편 취재원은 사람만을 뜻하지 않는다. 정보원(Informant)이라고도 소개되는 취재원은 정보의 원천이다. 이에 따르면 문서로 된 것, 특히 공적 문서는 중요한 정보 원천이다(Mencher, 1991). 자료 취재원이라고 정리되는 이들 문서나 기록물은 말을 바꿀 수 있는 인물 취재원에 비해 훨씬 공신력이 높다. 특히 정부 관료의 직인이 찍힌 문서는 두말할 나위가 없다. 사적 기업이라도 삼성이나 현대 등 굴지의 대기업 내부 직인이 찍힌 문서는 그에 비견할 만한 정보 파괴력을 갖는다. 그러나 이런 자료를 관리하는 주체도 결국 사람이다. 그렇기 때문에 출입처 안팎에서 뉴스가 될 만한 정보를 다루는 인물은 주요 취재원이 되고, 이들은 스트레이트 뉴스 작성에 있어 정보를 파악하고 확인하는 루트에 상주하는 정례적 인물로 취급된다. 조금 더 부연하자면, 취재원은 크게 기자가 취재하는 정보를 알고 있는 모든 사람을 통칭하는 것으로, 기사 작성에 필요한 정보를 제공하는 사람들을 뜻한다. 스트레이트 뉴스의 경우, 좁게 보면 출입처의 대변인이나 공보담당관 등을 일컫기도 한다. 그러나 범위를 넓히면 취재 대상 이슈와 관련해 공신력 있는 정보를 갖고 있는 출입처 내부와 외부의 사람들로 확대된다(이동근, 2001; 이건호·고흥석, 2009; Berkowitz, 1987; Brown, Bybee, Wearden, & Straughan, 1987; Dunwoody & Ryan, 1987; Hale, 1983; Hansen, 1991; Lacy & Coulson, 2000; Lee & Koh, 2010; Lilja, 2004; Slater & Rouner, 1996; Smith, 1993). 그리고 스트레이트 기사 작법을 넘어서면 취재원의 범위는 출입처 안팎이라는 제한을 훌쩍 뛰어넘는다. 심층적인 스트레이트 뉴스에서도 이렇게 정례적인 취재원 성격을 벗어나는 정보원으로부터 얻은 사실들을 활용해 뉴스의 방향을 바꾸거나 깊이와 폭을 달리할 수 있지만, 이 책이 집중하고자 하는 뉴스의 기본, 즉 핵심적인 스트레이트 뉴스의 취재원은 일단 출입처 안팎의 인물들로 규정될 수 있겠다.

한편 기자와 이들 정례적인 취재원 사이의 관계는 다양한 의미에서 스트레이트 뉴스의 생존을 위해 중요하게 취급된다. 그 관계의 기준은 기자와 취재원 사이의 약속이다. 그 약속의 핵심은 정보원의 실체 공개나 사안 노출 정도와 관련된 것으로, 이는 짧게는 기사 하나 안에 전달되는 정보의 신뢰도에 영향을 미치고, 길게는 매체 정보력 전반에 대한 공신력을 결정할 수도 있다(Kovačič & Laban, 2006; McComas & Trumbo, 2001; Metzger, Flanagin, Eyal, Lemus, & McCann, 2003; Rupar, 2006; Tankard & Ryan, 1974). 그 복잡 미묘한 관계를 완벽하게 정비하거나 거기서 파생되는 모든 상황들을 일일이 설명하기는 어려우나, 과거의 경험은 취재원 공개 방법 및 그에 관련된 정보 노출 정도가 사회적으로 어디까지 용인될 수 있는지를 결정하는 틀을 마련하게끔 했다(양정혜, 2005; Allen, 2008; Culbertson, 1980). 즉 기자와 취재원 사이 약속에 대한 일종의 규칙이 세워져, 특정한 경우에는 어느 정도까지 취재원의 신상이나 사안 자체의 정보를 노출시키는가를 결정하고, 그런 규칙에 의해 공개되는 정보를 어떻게 해석해야 하는지의 틀이 만들어진 것이다. 적어도 스트레이트 뉴스 속 사실 전달의 당위성과 신뢰성이 확보되기 위해서는 특정한 규범이 필요하다는 규칙이 언어 및 정보 공동체 구성원들 사이의 상호 비판과 논의를 거쳐 세워졌으며, 계속 변화하고 있다는 평가를 받는다. 예를 들어, 몰래카메라나 공무원 사칭 등을 통한 취재로 관련자의 자살이나 사직 등 예기치 못한 사태가 일어나면 비윤리적 정보 확보 등에 대한 비난이 쏟아지지만, 그와 동시에 그 뉴스로 사회적 정화 현상이 일어나기에, 이런 긍정과 부정적 평가 사이에서 취재원 및 정보 공개 정도가 어느 수준에서 용인을 받을 수 있는지에 대한 취재 규칙이 성립됐다는 뜻이다. 그리고 이는 다시 공동체 구성원 사이에서 그 정도 규칙을 지켰다면 관련 정보를 어느 정도 신뢰할 수 있다는 암묵적 동의를 이끄는 구실도 한다. 실례를 들자면, 보통은 취재원을 공개하는 것이 원칙이지만 취재원 보호를 위해 '한 측근', '국방부 고위 공직자' 등 직책의 일부만 밝히거나, '경찰에 따르면', '소방본부는' 등 기사 안에 조직 내부 정보원이 등장해 정보 출처가 확연할 때 인물 취재원을 전혀 밝히지 않는 경우가 일부 용인될 수 있다는 뜻이다.

이런 약속에는 출입처의 취재원이 일정 기간 동안 보도를 유예해달라고 요청하는 엠바고(Embargo), 이슈를 기사화할 때 특정 정보의 출처를 확연하게 드러내는 온 더 레코드(On the Record), 보도를 하더라도 취재원을 흐릿하게 노출시키는 백그라운드(Background), 취재원을 더 적극적으로 가리는 딥 백그라운드(Deep Background), 정보를 제공하면서도 취재원 노출은 물론 전달된 특정 정보에 대해 비(非) 보도를 요청하는 오프 더 레코드(Off the Record) 등이 있다(Perloff, 1998). 엠바고는 아직 진행 중이거나 확정되지 않은 사안에 대해 언제까지 보도를 하지 말아달라고, 혹은 언제 이후에 보도를 해달라고 요청하는 것이다. 보도로 인해 특정 정보와 관련된 사람이 피해를 입게 되는 경우를 우려해 이런 요청이 이뤄진다. 유괴 사건의 경우, 아직 유괴된 사람이 살아 있다고 판단되면 엠바고가 요청되고 유지되는데, 이런 상황에서 유괴 내용이 보도되면 대부분 범인이 유괴된 사람을 살해하는 경우가 많기 때문이다. 이처럼 죄가 없는 피해자(Innocent Victim) 양산을 피하기 위한 경우 외에도 국가 간 첨예한 이해관계가 걸렸을 때에 취재원은 언론에 일정 기간 동안 보도 유예를 요청하게 된다.

온 더 레코드는 취재원이 스스로 가릴 것이 없다고 판단해 자신의 이름과 직책, 소속 등을 모두 노출시켜도 된다는 조건하에 정보를 전달하고 언론이 이를 보도하는 것을 말한다. 행정부나 입법부 또는 사법부 등 주요 기관의 보도자료나 공식 기록, 공개된 장소에서의 기자 회견 등은 특별한 일이 없는 경우 기본적으로 온 더 레코드 형식을 띤다. 백그라운드나 그보다 더 취재원의 실체를 감춘다는 의미를 가진 딥 백그라운드는 모두 취재원을 일정 정도 가리는 상황을 뜻하는데, 이 둘을 구분하는 기준은 명확하지 않다. 예를 들어 '환경부의 한 고위관계자'와 '환경부 자연정책국의 한 사무관'의 차이를 보면, 전자보다 후자의 실체가 더 드러나는 것처럼 느껴진다. '자연정책국'이라는 소속이 하나 더 공개됐기 때문이다. 이렇게만 보면 전자가 딥 백그라운드, 후자가 백그라운드다. 하지만 고위관계자에 등장하는 '고위'라는 단어가 보통 3급 부이사관 이상을 뜻한다는 점을 대입하면 얘기가 달라진다. 환경부 전체에서 국장급 이상에 해당하는 3급 이상 간부의 수가 자연정책국이라는 특정 국(局) 내부 사무관 수와 똑같다면 어느 취재원의 정보가 더 많이 노출됐다고 판단하기 어렵다. 취재원을 가렸다고는 하지만 누가 발언했는지를 추적할 수 있고, 이 유추에 들어가는 경우의 수에 차이가 없기 때문이다.

한발 더 나가보자. 만약 기사가 호랑이 등 멸종생물에 관련된 내용이고, 거기에 '환경부의 한 고위관계자'라는 식으로 취재원이 특정 정보에 연결됐다면, 그런 내용을 담당하는 곳은 자연정책국밖에 없고, 그렇다면 자연스레 취재원군은 3급 이상인 자연정책국장, 또는 그 상부의 정책 또는 기획 실장, 차관, 장관 등 다섯 명으로 좁혀진다. 만약 환경부 자연정책국의 사무관 수가 여섯 명 이상이라면, 오히려 '환경부의 한 고위관계자'가 백그라운드, '환경부 자연정책국의 한 사무관'이 딥 백그라운드로 분류될 수 있다. 다섯 명 중 하나를 고르는 '고위관계자'에 대한 유추가 여섯 명 이상의 사무관 중 하나를 추적할 수 있는 '한 사무관'에 대한 유추보다 쉽기 때문이다. 결국 이렇게 실질적인 구분이 모호하기 때문에 무엇이 백그라운드고 딥 백그라운드인지는 취재원 공개 정도의 차이가 있다는 정도로만 받아들이고, 둘 모두 취재원 보호를 위한 방편으로 사용된다는 식으로 이해하면 될 것이다.

이와 유사하면서도 또 복잡한 개념을 가진 오프 더 레코드 역시 취재원 및 장보 비밀 보호를 위한 방편으로 받아들일 수 있다. 오프 더 레코드는 어떤 특정 정보가 일반 대중에게 공개돼서는 안 되지만, 언론에 의해 다뤄지는 이슈가 바로 그 공개돼서는 안 되는 정보와 연관될 때, 게다가 그 이슈는 예민할 정도로 정확하게 보도돼야 할 때, 오프 더 레코드의 약속이 제안되고 확보된다고 이해하면 될 것이다. 이는 결국 '아' 다르고 '어' 다른 표현들을 조심스럽게 활용하기 위한 접근법이다. 즉 직접적인 보도는 불가하나 기자들이 그 내용을 알고 있음으로써 다른 이슈를 보도할 때 더 주의를 기울일 것을 기대하면서 취재원이 전달하는 정보가 오프 더 레코드인 것이다. 구체적인 구별 기준이 모호할 수 있으나, 간단히 정리하자면, 취재원을 보호하면서도 그들이 준 정보의 신뢰도를 얻고 유지하기 위해서 개념적으로 백그라운드와 딥 백그라운드는 취재원 신분을 덜/많이 감추고, 오프 더 레코드는 아예 취재원 신분뿐 아니라 정보 자체도 기사 안에 선언적으로 노출시키지 않는 것이라 분류할 수 있다.

더불어 보자면, 이들 세 가지 취재원 보호 방법과 더불어 엠바고 등에 대한 요구는 취재원 쪽에서 언론에 취하는 것이 일반적이다. 정보가 확보되면 거의 무조건 전달해야 할 언론이 먼저 나서서 엠바고나 오프 더 레코드를 요청하지는 않는다. 그리고 이 요청이 받아들여질 때, 즉 여러 가지 사정을 고려한 언론이 취재원의 요구가 타당하다고 판단할 때, 언론과 취재원의 약속은 성립된다. 그 약속이 성립된 뒤에야 취재원 쪽으로부터 언론에게 자세한 정보가 전달될 수 있다. 즉 취재원은 정보를 모두 다 공개하고 난 뒤에 취재원 보호 요구나 엠바고 요청을 할 수 없다. 정보의 일부만 전달하고 이러저러한 이유로 엠바고, 백그라운드, 딥 백그라운드, 또는 오프 더 레코드를 요청하려 하는데 받아들여 줄 수 있겠느냐고 취재원이 언론에 요청할 수 있고, 그게 받아들여졌을 때에만 나머지 상세한 정보를 전달하는 것이 옳다는 얘기다. 취재원 쪽에서도 그래야만 자신들이 보호하고자 하는 정보와 자신 신분의 안위를 지킬 수 있다. 만약 일부 정보만 전달한 가운데 취재원이 엠바고, 백그라운드, 딥 백그라운드, 또는 오프 더 레코드를 요청했지만 언론이 이를 받아들이지 않으면 약속은 성립되지 않는다. 이 경우, 취재원은 해당 이슈에 관련된 추가 정보를 노출시키지 않으면 된다. 이런 규범이 생기게 된 연유는 이와 같은 정보 및 신분 보호 요청이 개별 매체가 아닌 여러 매체를 대상으로 동시에 이뤄지는 경우가 많기 때문이다. 즉 모든 정보를 다 듣고 나서 판단 기준이 달라 보호 요청을 받아들이겠다는 매체와 그러지 못하겠다는 매체가 생기면 결국 그 요청은 받아들여질 수 없는 것이 되기 때문이다. 그렇기 때문에 이들 요청은 상세 정보가 전달되기 전에 이뤄져야 한다는 관례가 생겼고, 이는 취재원과 한 매체 사이에 벌어지는 요청일 때도 적용되는 관행으로 굳어졌다. 물론 일단 취재원 쪽의 요청을 받아들여 약속이 성사됐다면 언론은 반드시 그 약속을 지켜야 한다. 그렇지 않고 개별 기사 정보의 전달만을 위해 약속을 깬다면 해당 취재원은 앞으로 그 언론에 정보를 전하지 않을 것이고, 그리 된다면 해당 언론은 이후 수용자가 알아야 할 정보를 제대로 보도하지 못함으로써 장기적인 매체 신뢰도에 타격을 입게 될 것이기 때문이다.

물론 이런 관례와 관행이 꼭 스트레이트 뉴스에만 적용되는 것은 아니다. 탐사 보도나 기획 기사에 더 많이 활용되기도 한다. 하지만 그런 심층 기사들의 축이 스트레이트 뉴스 형성 과정에서 정립됐다는 점을 고려하면 취재원과의 약속은 스트레이트를 구성하는 '규범적' 틀에서 우선 이해돼야 할 것이다.

2. 보도 일반론 및 스트레이트 뉴스의 보도

1) 보도의 개념

보도(報道)의 한자어를 풀면 사안(道)을 전달(報)한다는 의미가 된다. 여기서 일반적으로 '길'이라 알려져 있는 도(道)는 사안이나 사태의 근본과 방법 또는 본질과 현상을 아우르는 것이라, 보도는 세상일 자체를 전달하는 행위라 할 수 있겠다. 앞의 취재 개념 설명에서 등장한 것에 견주면, 보도는 취재 행위를 통해 모아지고 정비된 원재료를 다시 한번 더 추려 수용자에게 전하는 정보 가공 행위를 뜻한다. 거칠었던 원재료의 형태를 가다듬어 그 재료의 본질과 현상을 뚜렷하게 드러내고 이를 수용자가 이해하기 쉽도록 기호로 정비하는 최종적인 정보 생산 단계가 보도다. 이와 같은 행위가 체계적으로 자리 잡은 것이 인쇄 신문 활동이 활발하던 시기였기에, 수용자가 이해하기 쉬운 기호는 '글'의 형태였고, 그러다 보니 영문으로도 보도는 '글쓰기(Writing 또는 News Writing)'로 소개된다. 또 수용자가 이해하기 쉬운 정보 노출은 그들에게 익숙한 형식으로 정보가 전달되는 현상을 의미하는데, 이는 결국 뉴스 매체가 정보를 전달하며 겪은 많은 시행착오를 통해 수용자들이 이해하기 쉬운 방법이 무엇인가를 파악하는 과정에서 정착된 글쓰기 작법을 보도라고 칭하게 되는 배경이 됐다.

여기서 부연할 수 있는 것은 언론 보도의 독립적 성격이다. 언론 학계와 현장에서 '보도는 시나 수필, 소설 등 어떤 종류의 글쓰기와도 다른 장르(Genre)'라는 표현이 나올 정도로 언론의 글쓰기는 독특한 구조를 가지고 있다(이건호, 2010). 즉 다른 현상과 개념적으로 구분될 수 있다는 성격을 갖는 '장르'라는 표현이 붙는다는 것이, 그 나름대로의 체계를 가지고 있다는 의미이기에, 언론 보도는 차별적인 영역을 갖는다. 구체적으로는 사실을 소재로 현상을 불편부당하게 전달하거나 그에 근거한 의견을 적는 것, 그리고 여러 사실을 개별적 정보로 활용하더라도 한두 가지 주제에 집중해 이를 전달하는 것 등이 그런 보도의 성격이나 체계에 이어지는 측면이라 할 수 있겠다. 여기에 앞에서 거론한 '수용자가 이해하기 쉬운 방법'을 이으면 언론 보도(報道·News Writing)의 세밀한 개념이 성립된다. 결과적으로 언론 글쓰기, 특히 기사 쓰기로 표현되는 언론 보도는 취재한 내용을 저널리즘 글쓰기 방식에 따라 정리해서 전달하는 행위나 그 내용을 의미하게 되는 것이다. 비록 사안의 본질과 현상을 언어라는 기호를 통해 모두 아우르거나 표현하는 것 자체에 한계가 있으나, 최대한 그 내용을 정비해 전달하는 것이 언론 보도의 사명이다. 이런 의무론 때문에 진실과 사실의 차이에 대한 논의가 반복되고 이를 통해 개선된 보도 방법이 제안되며 확인 및 검증 과정을 거쳐 뉴스 생산 방식이 발전하고 있는 것이다. 조금 뒤에 더 설명하겠지만, 스트레이트 뉴스는 이런 저널리즘 글쓰기 방식 중 가장 정형화된 규칙을 따르는 것으로, 그에 따른 진실 보도 논란이 계속 따르는 논쟁적 커뮤니케이션 성격을 가진다.

그동안 논의된 기사 쓰기 방법은 개략적인 '원칙적 개념론'과 '구체적 방법론' 등으로 구분될 수 있겠다. 이들 사이의 확실한 차이를 논하기는 어려우나 전자는 글쓰기에 활용될 만한 큰 틀이고 후자는 세밀한 실천적 제안이다. 이재경(2005)이 정리해 소개한 포인터 인스티튜트(Poynter Institute) 연구원 돈 프라이(Don Fry)의 4단계 글쓰기법(기사 주제 세밀화 → 자료 수집 또는 취재 → 기사 골격 구성 → 기사 수정)은 원칙적 개념론의 한 사례다. 연이어 이보다 한 단계 더 구체적인 방안으로 제안된 FORK[Focus(기사 초점)-Order(정보 순서)-Repetition of Key Words(주요 개념의 반복)-Kiss Off(정보 꾸러미 사이의 차별화)] 기법은 비교적 자세한 실천 방법을 설명한다. 예를 들어, 자신이 쓰는 기사의 제목을 달아보는 방식 또는 친구에게 기사 내용을 한두 마디로 전하듯 정리해보는 방식으로 기사의 초점을 확인하고(Focus), 취재한 정보 중 주제를 부각시킬 수 있는 내용들만 추려 중요한 내용부터 정리하며(Order), 주제를 지향하는 주요 정보를 개념화한 주요 단어들을 계속 등장시키면서도(Repetition of Key Words) 이들 개념들이 확연하게 구분돼 나타나도록 정보 꾸러미마다 표상을 분리해 배치하라(Kiss Off)는 것이다. 이는 4단계 작성법보다 조금 더 세밀한 설명력을 갖지만 '구체적 방법론'보다는 '원칙적 개념론'에 가깝다. 더 자세한 설명을 요하기 때문이다. 예를 들어 FORK 중 R(주요 개념의 반복)과 K(정보 꾸러미 사이의 차별화)는 다른 방식으로 전개돼야 더 설득력을 갖는다.

FORK의 내용 중 R과 K는 기사 내 정보들의 상호 의존성과 배타성을 뜻하는 것으로, 하나의 뉴스 안에 여러 가지 정보가 담겨 있지만, 이들 정보가 특정 주제나 이슈를 지향한다는 사실을 전제로 한다. 어떤 한두 가지 주제에 집중해 이를 전달하는지가 선명하게 드러나 있지 않으면 기사(記事)라 하기 어렵다는 언론의 장르적 특성에 기인한 설명이다. 서로 모순될 것 같은 의존과 배타 성향이 함께 기사 안에 나타나야 한다는 것이다. 우선 정보의 상호 의존성은 기사 안에 등장하는 정보 꾸러미가 서로 도와가며 모두 그 기사의 핵심 주제를 지향하고 있어야 한다는 것이다. 배타성은 그러면서도 이들 정보 꾸러미가 서로 다른 내용을 담고 있어야 한다는 의미다. 예를 들어, 군사, 정보, 치안 등은 서로 다른 내용으로 독립적 존재로 비칠 수 있지만, 이들이 국가 안보라는 핵심 주제를 지향할 때는 그 안에서 서로 보완적 요소로 작용한다. 기사의 주제가 국가 안보라면 군사, 정보, 치안 등을 각각 다룬 여러 정보 꾸러미(여기서 정보 꾸러미는 하나 또는 그 이상의 문장이나 단락 또는 그런 단락들의 모임이 될 수 있다.)가 모여 유기적으로 그 주제의 중요성을 부각하는 협조 체계를 갖추도록 기사를 써야 한다는 것이다.

필자는 이전 저서(이건호, 2010)에서 이런 내용을 조금 더 자세하게 제시했다. 즉 '구체적 방법론'으로 기사 첫 머리에 등장하는 리드와 주제 문장을 선명하게 할 것, 이 주제를 지향하는 초점들이 적재적소에 위치하도록 부드러운 정보 흐름과 전환을 통해 글 전체를 명쾌하게 구성할 것, 이 과정에서 취재원으로부터 얻은 인용문, 추가 정보 등의 위치를 조정하며 주제에 대한 주된 설명과 보조 설명의 강약을 조절할 것, 더불어 주 독자층이 익숙하게 여기고 있는 언론사 나름의 단어 활용 스타일을 유지하고, 오탈자가 발생하지 않도록 기계적인 요소도 소홀히 하지 않을 것을 제안했다.

조금 더 자세히 보자면, 먼저 머릿속에서 무엇에 관한 이야기인가(주제)를 선정하고, 리드-본문-마무리의 구성 중 본문에 들어갈 주요 소재(뼈대)를 결정하는 것을 보도의 첫 순서로 꼽는다. 물론 이런 결정은 자료에서 찾았건 인터뷰를 통해 얻었건 일단 이미 취재된 내용을 기초로 한다. 그런 뒤 머릿속 내용을 종이나 컴퓨터 스크린 위에 주제 및 소재와 관련해 개념화한 단어들을 적어 넣고(단어 뿌리기), 이렇게 등장한 단어들 중 기사의 축이 될 수 있는 대표적인 단어(핵심 용어)를 확인해야 한다. 그런 뒤 이 핵심 용어들을 중요한 순서에 따라 배열해 큰 기사 흐름을 정하고(배치), 그렇게 배열된 대표적인 단어들 주변에 이미 단어 뿌리기 단계에서 적혀 있던 다른 개념들을 연결해 핵심 용어의 의미를 부연(연결)하는 것이 좋다. 그다음 주어와 술어를 축으로 이들 핵심 용어와 주변 단어들을 조합(문장 만들기)하고, 전체적인 내용을 보여줄 수 있는 기사 도입부를 작성하는 과정(리드 완성)을 거치면 된다. 사실 리드는 기사를 처음 쓰기 시작하는 단계에서부터 작성될 수도 있으나, 마지막에 리드를 다시 한번 확인해서 확정하는 완성 단계가 필요하다. 이런 뒤 검토 단계를 거치는데, 이때는 사용된 단어들이 적확한지, 전체적인 흐름이 주제를 부각시키기에 무리가 없는지, 사실과 취재원의 주장이나 그에 대한 비판 등이 순서에 맞게 배치됐는지를 확인하면 된다.

여기에 초점을 흐릴 것으로 보이는 정보는 아무리 취재한 시간과 노력이 아까워도

과감하게 버려야 한다는 점이 추가 방법론으로 부연될 수 있다. 그런 정보는 나중에 다른 주제를 위한 소재로 활용될 수 있다. 또 미리 리드를 여러 개 준비하면 나중에 마감 시간을 앞두고 기사 전체를 요약할 최적의 문장을 선정할 때 도움이 된다. 늘 독자의 입장에서 생각하는 습관을 들이는 것도 좋은 기사를 쓰는 방법 중 하나다. 이렇게 되면 결과적으로 기사에 구멍이 생기지 않는다. 즉 독자가 궁금하게 생각할 만한 내용을 무시하고 기사를 쓰면 안 된다는 뜻으로, 독자가 무엇을 물으려 할까를 고민하는 것은 이런 부족함을 극복하는 방법이 된다. 계속 같은 부분에 손을 대지 말고 일단은 적극적으로 전진하며 기사를 쓸 필요가 있다. 정해진 핵심 용어들을 우선 거칠게라도 이어놓고, 나중에 다듬는 버릇을 들여야 한다는 얘기다. 그렇지 않으면 윤문만 하다 정작 중요한 정보를 전달하지 못하는 경우가 생긴다. 만약 기사 작성이 일찍 이뤄졌다면, 이후 다른 일을 하다가 최종 송고 전에 검토하는 것도 좋은 방법이다. 기사 작성 직후에는 자기가 쓴 기사의 어색하거나 잘못된 점을 발견하기 어렵기 때문이다. 혼자서 언론사를 대표해 다른 매체와 경쟁하는 기자가 자신의 글을 경쟁자에게 보여주기는 어렵기에 스스로 오류를 발견해 처리하는 방법을 익힐 수밖에 없다.

미국 유력지 중 하나인 《텍사스 댈러스 모닝 뉴스》에서 수십 년 동안 기자와 편집자로 근무한 폴라 라로크(LaRocque, 2013)가 제시한 좋은 보도를 위한 12가지 가이드라인은 이런 '구체적 방법론'의 대표적 사례다. 그녀는 좋은 기사를 위해 짧은 문장을 쓰고, 문장당 하나의 핵심 아이디어만 유지할 것, 허세적이거나 까다롭고 애매한 표현을 피할 것, 길고 어려운 단어를 짧고 쉬운 단어로 교체할 것, 은어나 속어 혹은 진부한 용어 사용에 주의할 것, 정확한 단어를 쓸 것, 도입부에 긴 종속절 사용을 피할 것, 능동형 동사나 능동태를 적극적으로 사용할 것, 표현을 단출하게 할 것, 막연한 수식어를 피할 것, 전치사 남발을 막을 것, 숫자나 기호의 사용에 제한을 둘 것, 주제로 곧장 직행한 뒤 거기에 머물 것 등을 제시했다.

이 충고들은 대부분 앞서 제시한 바와 맥을 같이하지만, 영문 기사에 해당하는 것들이라 국내 기사 작성에 곧장 적용하기 어려운 내용도 있다. 그런 부분을 국내 사정에 맞게 전환해 설명하자면, 우선 '전치사 남발을 막을 것'이라는 조언을 '조사 사용에 유의할 것' 정도로 바꿀 수 있겠다. 한국어에서 조사의 역할은 대단히 중요하지만, 기사에서 조사의 남발은 정보의 효율적인 전달에 방해가 될 때가 있다. 정보에 집중해야 하는데 조사가 끼어들면서 글이 늘어지고 그만큼 독자의 생각을 산만하게 만들 우려가 있기 때문이다. 예를 들어 '서울 성북구 종암동에 위치한 S교회'는 '서울 성북구 종암동의 S교회'로 줄일 수 있고, 이는 다시 '서울 성북구 종암동 S교회'로 바꿀 수 있다. 처음 수정에서는 '에 위치한'이 '의'로 줄었고, 마지막 변환에서는 '의'마저 빠졌다. 이 세 가지 표현을 보면, 처음에 비해 맨 마지막 표현이 간결하며 그만큼 다음 정보로 넘어갈 길을 쉽게 터주면서 독자가 글의 내용에 집중하게 만드는 것을 볼 수 있다. '능동형 표현의 사용'은 영어 기사에서 불필요하고 덜 매력적인 상황을 피하기 위해 활용된다. 하지만 여기서 더 중요한 것은 동작의 주인을 감출 수 있는 수동형 표현을 피해야 한다는 점이다. 특히 한국어 기사에서 어떤 정보가 기사에 등장했을 때 능동형 표현을 써야 그 정보가 어디서 나왔는지가 밝혀지고 기사 내용의 신뢰도를 높일 수 있는데, 수동형 표현을 쓰면 그렇지 못하다는 뜻이다. 예를 들어, "K사가 늑장 대응을 했다는 사실이 밝혀졌다"는 수동형 표현은 누가 그런 주장을 했는지 드러나지 않지만 "검찰은 K사가 늑장 대응을 했다고 밝혔다"고 능동형 표현을 쓰는 순간 정보의 출처가 확실히 드러나 기사 내용에 대한 신뢰도를 높일 수 있다. 이런 차원에서 한국어 기사에서의 능동형 표현 사용이 독려돼야 한다고 볼 수 있다. '숫자나 기호 사용 제한'의 의미는 한 문장당 3개 이상의 숫자 표현을 두지 말고, 특히 $나 % 등 돈이나 수학적 표현 기호들이 이들 숫자와 함께 등장할 때 독자들에게 피로감을 줄 수 있으니 활용에 유의하라는 것이다. 이를 우리식으로 전환하자면 3,000,000원을 300만원 혹은 3백만원 등으로 읽기 좋게 끊어 쓸 수 있도록 하자는 얘기고, 그렇더라도 100만, 200만, 300만 등의 숫자가 한 문장에 연달아 나오지 않도록 정보를 분산하라는 뜻이다. 여기에 % 기호 등이 붙으면 한국 기사라도 복잡해질 수 있으니 되도록 유의해서 사용하라는 의미로 생각하면 된다.

덧붙일 수 있는 조언들로 긴 문장과 짧은 문장을 번갈아 쓰거나 한국인에게 익숙한 3-4 또는 4-4체 표현 등 운율을 활용하는 방법으로 글 호흡을 조절하는 것을 들 수 있다. 공연히 주관적인 형용사를 사용하지 말고 많은 사람들이 공감할 수 있는 방식, 예를 들어 거리(미터나 킬로미터 등)나 무게(킬로그램이나 톤 등), 부피(리터나 세제곱미터 등) 등의 세부 묘사를 통해 정확한 정보 전달에 힘쓸 필요가 있다(Demers & Nichols, 1987; Meyer, 1973). 이는 '말하지 말고 보여주라(Do not tell but show)'는 전형적인 기사 작성 방법의 다른 설명법이다.

2) 스트레이트 뉴스의 보도

(1) 내러티브와 역피라미드

앞서 스트레이트 뉴스의 취재 방식에서 살짝 언급했던 것과 같이 스트레이트 뉴스의 기본은 고착성(固着性) 또는 경직성(硬直性)이다. 취재의 입장에서 보면 정보를 모으는 방식이 굳어 정례화된 것이고, 보도의 입장에서는 글을 쓰는 방식이 공식화된 것이 바로 스트레이트 뉴스의 특징이다. 바로 위에 설명한 언론 보도의 일반적 특징 역시 하나의 장르로서 정립되는 과정에서 그 작법이 고정화돼 있다. 크게 보면 시는 소설과 다르고, 수필 역시 별개의 영역이다. 이는 곧 시나 소설, 수필을 구분하는 작법이 각각 존재한다는 뜻이다. 아주 단순한 비교지만, 기사 역시 특정한 규격에 의해 작성된다. 앞서 말한 '원칙적 개념론'과 '구체적 방법론'이 바로 그런 틀을 뜻한다. 스트레이트 뉴스는 여기에 더 강한 규칙이 들어가, 아예 공식에 가까운 모습을 띤다. 그리고 대부분 이 공식은 역(逆)피라미드 형태를 구성한다. 그래서 많은 사람들이 스트레이트 뉴스라고 하면 역피라미드 형식으로 기술된 뉴스라고 알고 있다. 역피라미드 형태의 기사는 정보의 중요도가 높을수록 기사의 앞쪽에 배치되고 뒤로 갈수록 점차 낮은 수준의 중요도를 가진 정보들이 놓이는 것을 뜻한다. 즉 중요도의 차원에서 더 무겁고 큰 것이 위쪽에 배치되는 가분수형의 구도라 역피라미드 형태라 정리된다(이건호, 2010; Mencher, 1991; Rich, 2003).

하지만 스트레이트 뉴스를 글쓰기의 형태에 따라서만 구분하는 것에는 무리가 있다. 앞서 소개한 바와 같이 스트레이트라는 것은 경직성(硬直性·Rigidity)에 의해 판단돼야 하고, 경직성은 취재 과정에서도 나타나기 때문이다. 즉 정보를 모으는 과정과 그 내용을 정리해 보도하는 과정이 모두 비유동적(非流動的) 틀에 의해 구현됐을 때 이를 고착성이 강한 스트레이트 뉴스라고 볼 수 있다. 앞서 설명한 내용이지만 이를 여기서 조금 더 부연해 이해를 돕기로 하겠다. 이를 위해 몇 가지 개념과 함께 스트레이트 기사에 대비되는 내러티브 형태를 소개할 필요가 있다.

우선 취재(Reporting) 방식의 경직성과 유연성에 따라 구분하면 경성(硬性) 뉴스(Hard News)와 연성(軟性) 뉴스(Soft News)를 등장시킬 수 있다. 이들을 구분하는 방식에 대해 다각적인 접근이 필요하다는 지적도 대두됐으나(김예란, 2004), 경성 뉴스는 딱딱한 뉴스로 불리며 스트레이트 뉴스를 대체하는 표현으로 소개되는 개념, 연성 뉴스는 그 이외의 형태로 정비된 뉴스를 아우르는 정의로 일반화됐다. 특히 경성 뉴스는 앞에 거론한 역피라미드 형식과 거의 동의어로 사용돼 왔다. 이때 설명되는 고리가 역피라미드 기사 쓰기, 즉 보도 기법이 정형화된 것으로 보이는 측면이다. 하지만 여기서 경성은 취재 방식의 경직성을 뜻하는 구조로 이해될 수 있다. 그리고 이 취재 경직성이라는 부분이 경성 뉴스 개념을 정리할 때 조금 더 강조될 필요가 있다. 구체적으로 정의하자면 취재 차원의 경성 뉴스는 사건이나 사고, 법조, 정치, 경제 뉴스 등 시스템적 요소가 강한 내용들을 대상으로 하는 뉴스로, 이 보도 대상(입법부, 사법부, 행정부, 대기업 등)의 작동 구조가 이미 정형화되어 있거나, 저널리즘이 발달하는 과정에서 보도 대상의 콘텐츠가 일반화되어 취재 구조가 체계적으로 공식화된 경우다. 즉 어떤 이슈가 등장하면 기자가 여지없이 출입처라 불리는 특정 기구나 조직으로 연락해 그 안의 특정 취재원을 접촉하고 거기서 필요한 정보를 얻는 것을 뜻한다. 기본적으로는 다른 기관이나 정보원을 만날 필요도 없이 정보를 얻는 구조다. 그리고 그런 정보는 대부분 저절로 규격화된 글쓰기를 이끈다. 비록 글쓰기 구조 경직성이라는 측면에서 경성 뉴스가 주로 설명이 돼왔으나, 정보를 얻는 과정에서의 경직성도 이런 스트레이트 뉴스의 성격으로 이해돼야 한다. 그렇지 않으면 무엇이 딱딱한지, 그리고 왜 딱딱해졌는지, 스트레이트 뉴스의 근본을 헤아리기 어렵기 때문이다. 취재 과정의 딱딱함으로 경성 뉴스를 정의해야 하는 이유는 연성 뉴스를 비교하는 과정에서 조금 더 뚜렷해진다.

경성 뉴스에 대응하는 구도로 소개되는 연성 뉴스는 보통 미담 기사나 사람 얘기 등에 관련된 이야기성(性) 정보를 말한다. 이때 보면 연성 뉴스는 일반적으로 경성 뉴스를 소개할 때와는 다른 배경에서 설명된다. 경성 뉴스는 보통 역피라미드 형태라는 글쓰기 형식 차원에서 그 성격이 규정됐다. 그런데 연성 뉴스는 기사 안에 들어 있는 정보의 '부드러움', 즉 '내용'에 근거해 설명되고 있다. 이 지적의 요지는 경성과 연성이라는 대칭적 표현이 서로 다른 근거에 의해 정의되는 것은 문제가 될 수 있다는 것이다. 결국 서로 반대되는 용어로 표현되는 이들의 개념이 무리 없이 성립되려면 같은 차원의 기준이 제시돼야 하고, 이는 기사의 내용, 즉 보도의 측면뿐 아니라 기사가 이뤄지는 과정, 다시 말해 취재의 차원에서의 접근도 포함돼야 한다. 여기에 취재가 아닌 보도 차원에서는 '역피라미드'와 '내러티브'라는 이름으로 그 형태가 추가로 구분되면서 스트레이트 뉴스의 근본적 개념을 설명하는 도구가 더 자세히 마련될 수 있다. 보도 차원의 설명에 앞서 일단 취재 차원에서 이를 정비하자면, 연성 뉴스는 이슈나 주제와 관련해 취재해야 할 대상이 체계적으로 정해져 있는 경성 뉴스와 달리 시스템으로 규격화되지 않은 취재를 통해 정보가 모이는 것을 의미한다.

보도(Writing) 방식에 따라서는 뉴스가 역피라미드(Inverted Pyramid)와 내러티브(Narrative) 형태로 나뉜다. 일반적으로 전자가 경성, 후자가 연성으로 일컬어진다. 역삼각형 구조로 불리는 역피라미드는 중요한 내용을 가장 먼저 앞세우고, 일정 순서에 따라 내용을 설명하는 방식으로 정형화된 기사 작법이다. 즉 글쓰기 차원에서 그 형식이 딱딱한 구조를 이루고 있다. 여기에 비해 내러티브는 사안의 특성을 잘 드러내는 요소를 잡아내 이를 기사 앞쪽에서 적극적으로 조명하고, 뒤에 따라 나오는 정보들도 드러난 요소를 보충 설명하는 쪽으로 주제를 전달하는 기사다. 비록 사안의 특성을 무게 중심으로 두고 그 순서에 따라 정보를 전달한다는 설명을 하고는 있지만, 역피라미드에 비해 체계가 뚜렷하지 않다. 즉 사안의 특성을 설명하는 요소가 무엇인지는 시간이나 장소, 또는 기자의 입장에 따라 차이가 나고, 그런 차이가 발생할 가능성만큼 기사도 자유분방하게 정리된다. 간단하게는 소설처럼 이야기하듯 정리되는 기법을 사

〈표 1〉 뉴스의 구분

		취재의 종류	
		경성 뉴스	연성 뉴스
보도의 종류	역피라미드	A	B
	내러티브	C	D

용한다고 표현된다.

결국 뉴스는 취재와 보도의 부분에서 각각 경성과 연성, 그리고 역피라미드와 내러티브로 구분되고 이 중 경성 취재와 역피라미드 보도 형태를 띠는 것이 주로 정통적인 스트레이트 뉴스로 드러난다고 할 수 있겠다. 예를 들면 〈표 1〉에서 A구역이 전형적인 스트레이트 뉴스가 된다. 그리고 B나 C의 경우는 취재는 연성이고 보도는 역피라미드 구조이거나, 거꾸로 취재는 경성에 보도는 자유로워 각각 '부드러운 스트레이트'나 '딱딱한 피처' 등으로 불릴 수 있겠다. 그리고 D는 일반적으로 알려진 피처 뉴스가 된다.

〈표 1〉에서 재차 확인할 수 있듯이, 기존의 스트레이트 뉴스가 경성 뉴스 또는 역삼각형 뉴스로 이해되는 것은 무리가 아니다. 그러나 이는 A구역에만 해당한다. 기술이 변함에 따라 통신 및 언론, 그리고 사회 자체에 변화가 오면서 뉴스에 대한 이해가 확대됐고, 이 과정에서 딱딱하게 모일 수 있는 정보를 부드럽게 풀어가거나(C) 체계적인 수집 방법을 벗어나 다양한 채널을 통해 얻어진 정보를 딱딱한 규격의 틀 안에 녹이는(B) 등 '딱딱한 피처' 혹은 '부드러운 스트레이트'가 가능해졌다. 이 안에서 기존의 스트레이트 뉴스는 이슈의 인식적(cognitive) 측면 정보 전달에, 피처는 이슈의 감성적(emotional) 측면 정보 전달에 집중한다는 평가를 얻고 있다. 그럼에도 아직까지 스트레이트 뉴스가 딱딱한 수집 방법에 의해 모아진 정보를 역피라미드 형태로 풀어가는 것이라는 대세는 변하지 않고 있다. 이런 일반론에도 불구하고 위와 같이 복잡하게 스트레이트 뉴스를 설명한 이유는 이런 배경을 알고 있어야 뉴스를 자유자재로 표현하는 능력이 생길 수 있기 때문이다. 이제 이 책이 집중하고자 하는 기사 작성법 차원에

서 스트레이트 뉴스의 전형을 대표하는 역피라미드 형 기사를 간단히 설명하면서, 다음 장에서 소개될 기본 공식들에 대한 준비 작업을 정리하도록 하겠다.

(2) 기사 작법으로서 스트레이트 뉴스의 전형

역피라미드 형태는 간단히 정파성과 의견 등 주관적 요소를 배제한 사실(Fact) 중심의 기사 작성 형식이라고 소개되기도 한다. 여기에 더 추가하자면 이런 접근이 정형화된 기사다. 앞서 설명한 바와 같이 속보 경쟁을 벌이던 매체들이 새로 탄생한 전신을 싼 가격에 사용하기 위해 짧은 글을 선호하게 되면서 탄생한 글쓰기 방법이다(Brooks, Kennedy, Moen, & Ranly, 2002; Schudson, 1995). 초기에는 여러 시행착오가 거듭됐으나, 이 과정에서 독자가 기사의 핵심 내용을 쉽게 알 수 있도록 하는 쪽으로 글의 작법이 발전했고, 독자는 다시 이런 식의 기사 유형에 익숙해지면서 하나의 고정된 형태로 정착하게 됐다. 시간이 지나면서는, 중요한 부분이 기사 앞쪽에 배치된다는 특성 때문에 마감을 앞두고 기사를 줄여야 하는 상황에서 보지 않고 기사 뒷부분을 쳐내도 전달해야 할 핵심 내용은 보도된다는 장점이 더욱 부각됐다.

구체적으로 보면 역피라미드식 기사는 크게 글의 도입부인 리드(Lead)와 본문(Body)으로 구성되는데, 리드에서 먼저 핵심 사실을 제시하고 본문에서 이 사실에 대한 세부 정보로 리드를 보완하는 구조를 갖는다. 어떤 형태의 글쓰기건 리드(Lead)는 무조건 글의 도입부가 된다는 점을 상기하면서, 위 내용을 더 적극적으로 또는 거칠게 표현하면 결론을 도입부에 쓰는 두괄식(頭括式) 글쓰기라 할 수 있다. 뒤에 따라 나오는 정보는 이 결론을 가장 잘 설명하기에 중요한 순서로 배치된다. 즉 리드 뒤의 본문에서 결론이 왜 그렇게 났는지를 설명하거나, 그 결론을 도와주는 정보를 전달한다는 뜻이다. 이런 구조에서는 결국 기사 도입부인 리드가 전체 글의 핵심 주제를 설명하는 문장이나 단락(Nut Graph)으로 구성된다. 한국 언론에서 '야마'라고 표현하는 내용이 저절로 글의 머리에 놓인다는 얘기다. 부연하자면 앞서 제시한 내러티브 형식에서는 글의 리드에 꼭 '야마'가 들어설 필요가 없다. 내러티브의 경우, '야마'는 글 중간 혹은 미괄식(尾括式)으로 뒤에 등장하던지 아예 기사 안에 선언적으로 나타나지 않는 경우도 있다. 이를 위해서는 글의 핵심을 독자들이 느끼게 할 정도로 대단한 글솜씨가 필요하다. 달리 표현하자면 역피라미드 기사는 특별한 글재주가 없더라도 정보 전달이라는 목적을 달성하는 데 아주 유용하다고 할 수 있다. 역피라미드 기사의 리드가 결국 본문에 따라올 내용을 정확하게 전달함으로써 독자들로 하여금 이후 전개될 내용에 대한 기대를 하게 하고, 예상된 정보들이 출현했을 때 독자들이 훨씬 더 글을 편안하게 읽고 내용을 이해할 수 있기 때문이다. 이는 역피라미드 기사에서 리드가 대단히 중요한 역할을 한다는 것을 뜻한다.

이런 리드를 대표하는 것으로 전체 정보 요약형, 나열형, 분리형이 소개된다(이재경, 2005). 전체 정보 요약형 리드는 전체 상황을 중요한 요소 중심으로 한 문장에 정리해 전달하는 리드로, 가장 많이 활용되는 유형이다. 여기서는 특히 한 문장이 한 단락을 구성한다. 나열형 리드는 중요한 내용을 한 문장에 담기가 어려워 두 문장 또는 세 문장에 나누어 쓰는 것을 말한다. 한 단락에 이 문장들이 놓이는 것으로, 결국 전체 정보 요약형 리드의 변형이라 할 수 있겠다. 리드 단락 안에서 이들 문장들은 중요한 순서에 의해 배치되지만, 문장 구조는 병렬형, 즉 비슷한 모습을 유지한다. 분리형 리드는 나열형 리드의 변형이다. 확보된 정보 중 가장 중요한 내용만 앞으로 뽑아 기사 전체의 리드로 삼고, 기사 중간중간에 별도의 리드를 둬 정보를 전달하는 방식이다. 결과적으로 나열형 리드의 첫 번째 문장을 첫 단락으로 두고 곧장 이어지는 본문에 그에 대한 설명을 한 뒤, 그 뒤에 원래 나열형 리드의 두 번째 문장을 쓰고 거기에 대한 설명을 붙이며, 다시 나열형 리드의 세 번째 문장과 그 설명 등을 순차적으로 적는 식이다. 이 방식은 특히 나중에 기사 뒤를 잘라낼 때 편한 기법이다. 두 번째 정보 꾸러미부터 자르면 첫 번째 가장 중요한 내용만 전달돼, 남아 있는 정보만으로도 하나의 기사가 구성되기 때문이다. 하지만 나열형 리드의 경우, 이와 같은 잘라내기가 진행되면 리드에만 정보가 있고 본문에는 그에 관련된 설명이 없는 상황이 생기기도 한다. 리드 두 번째나 세 번째 문장에 대한 설명이 잘려나갈 수 있기 때문이다. 여기서 개념적으로 설명된 리드 형태의 구분은 이후 보도자료를 이용한 기사 쓰기 형태를 확인할 때 더 상세하게 소개될 것이다.

이밖에 사회 문제를 지적하거나 고발하고, 의문형을 제기하거나 인용구를 올리는 등 다양한 형태의 리드가 존재하지만, 대부분 기본적인 역피라미드형 기사들은 위 세 가지 유형을 사용한다. 특히 전체 정보 요약형 리드는 이후 중점적으로 소개할 사건 기사, 사고 기사, 보도자료를 활용한 역피라미드형 스트레이트 기사에 모두 잘 등장하며, 나열형이나 분리형 리드는 보도자료를 활용한 기사에 더 많이 사용되는 경향이 있다. 이들에 대한 설명은 이후 역피라미드형 스트레이트 기사의 공식을 설명하고 그 사례를 제시하는 과정에서 더 자세하게 이어나가도록 하겠다. 한 가지 간단하게 첨언하자면, 앞서 얘기한 기사 보도의 기법 중 문장이 짧아야 한다는 가이드라인은 지금부터 소개할 한국형 스트레이트 기사 유형에 적용되지 않는 경우가 많다. 그 내용 역시 공식과 사례를 통해 확인해보도록 하겠다.

2부

스트레이트 기사 공식

2부에서 설명할 스트레이트 기사는 크게 사건 기사, 사고 기사, 보도자료에 근거한 기사 등 세 가지다. 이들은 언론사 중 특히 신문사 사회부에서 주로 사용하는 형태를 중심으로 소개된다. 전통적으로 사회부에서 담당하는 사건과 사고 기사는 물론, 보도자료를 활용한 기사 역시 사회부 형식의 작법으로 소개하겠다는 뜻이다. 사회부에서도 접근법을 달리하며 다양한 방식으로 기사를 작성하기도 하고, 사회부 이외의 취재 부서에서 개별 정치·경제인이나 유명인들의 발언 등을 토대로 스트레이트 기사를 쓰기도 하지만, 그런 기사의 틀도 결국 이들 세 가지 종류의 기본적인 기사 형식에서 비롯된 것이라 볼 수 있다. 종합 뉴스를 다루는 언론사에 입사하면 첫 훈련 기간 동안 거의 모든 수습기자들이 사회부에서 취재와 보도를 연마하는 것도 이런 기초를 익히기 위함이다. 그리고 현대에는 신문과 잡지, 방송, 인터넷 등 다양한 유형의 뉴스 매체가 있지만 이들 언론사 보도의 기본이 신문에 뿌리를 두고 있다는 점을 고려하면(이건호, 2010), 신문 기사를 확인하는 것이 기사 작성법을 이해하는 출발점이 된다고 할 수 있겠다. 그렇기에 이들 세 가지 기사 꼴을 숙지하는 것은 전체 기사 형태 작성의 첫걸음을 떼는 것이라 볼 수 있다. 조금 과장하자면, 이들 기사의 공식만 알면 거의 모든 기사를 쓸 수 있게 된다. 보도되는 내용을 사실 그 자체로 받아들일 수 있도록 국내 매체와 수용자가 약 100년 동안 서로 상호작용하는 과정에서 만들어진 형태이기에, 다른 기사들도 이들의 변주(變奏)일 수밖에 없기 때문이다.

2부에서는 먼저 주요 범죄 행위들을 발생·검거·발생 및 검거 등의 요인으로 연결해 사건 기사 공식을 제시하고, 사람이 의도적으로 일으키지 않은 사고의 경우는 그 크기와 피해 규모 등에 따라 다섯 가지 공식으로 나눠 설명한다. 마지막 장인 보도자료 이용 기사에서는 모든 형태의 관련 보도에 공통적으로 적용될 수 있는 기초 공식을 우선 소개하고, 글의 도입부 꼴에 맞춰 요약형, 나열형, 분리형 등 세 가지로 나뉠 수 있는 리드(Lead) 종류에 따라 이 공식이 어떻게 적용될 수 있는지를 설명하는 방식으로 기사 작성 방법을 정리한다. 이들 공식은 우선 3~4개 단락으로 구성된 기본 기사 꼴을 중심으로 소개되지만, 이들이 그 이상의 단락으로 만들어진 확대 기사에 어떻게 등장하는지도 살펴볼 것이다. 독자들은 스트레이트 기사 작성 공식이 적용된 실제 현장의 사건, 사고, 보도자료 활용 기사 사례들을 둘러봄으로써 이들 기본 및 확대 기사 작성 방법들을 확인할 수 있다. 특히 사건 기사의 경우 3대 강력 사건 요소인 살인, 강도, 강간을 중심으로 소개되고 여기에 자살 기사 형태가 추가된다. 사고 기사는 화재와 교통사고 등 대표적인 두 가지 유형이 주축을 이루고, 사고의 확대판이라 할 수 있는 재난 기사도 사례에 포함된다. 보도자료 활용 기사들은 정부 및 비정부(NGO) 기구, 그리고 기업 등 세 종류 사회 기관의 홍보 및 해명 또는 설명 자료를 바탕으로 여러 매체가 보도한 사례들을 담았다. 보도자료 활용 기사의 기초가 된 보도자료 원문들은 이화여대출판문화원 홈페이지(http://www.ewhapress.com/) 자료실 게시판에 올려 독자들이 참고할 수 있도록 했다. 필자는 기본 및 확대 기사들의 모습을 독자들이 현장 사례를 통해 확인함으로써 길고 큰 기사도 짧고 작은 기초 공식 기사에서 비롯됐다는 점을 인지할 수 있기를 기대한다. 즉 기사 구성의 기본적인 틀을 이해할 수 있기 바란다. 그래야 이후 다른 기사로 발전시켜 작성할 때 도움 받을 수 있다.

이들 실제 현장 사례들은 국내 종합 일간지와 이들에게 뉴스를 제공하는 통신사 중 가장 오래된 《연합뉴스》 기사를 위주로 확보됐다. 모두 1990년대~2010년대의 기사들이다. 이때는 필자가 국내에서 현장 기자 생활을 하거나 언론학자로서 관련 분야를 연구하고 학생들을 가르쳐온 시기로, 기사들이 꽤 오랜 기간 동안 큰 변화 없이 특정 형태를 유지되는 것을 확인하고 이들에게 '공식'이라는 이름을 붙여도 무방하겠다는 판단을 한 근거가 되는 기간이기도 하다. 이와 같은 공식과 사례가 독자들이 한국 스트레이트 기사를 기본적으로 이해하고 직접 기사를 작성하는 데 도움이 되길 기대한다.

3장

사건 기사

1. 사건 기사 정의 및 성격

사건과 사고는 사회부에서 다루는 가장 전형적인 사안이다. 특정 시점에 벌어지는 범죄나 사고는 일상(日常)에서 '툭' 하고 불거져 나와 공동체나 구성원, 즉 사회나 국가 또는 시민이나 국민에게 피해를 주는 일들을 말한다. 보도되는 시점에서 돌발적으로 보이는 이런 사안의 성격은 일상 중 신기하고 특이한 일들에 주목하는 사회부 기자들의 관심을 끌 수밖에 없다. 그리고 예상치 못한 일상의 돌발성과 특이성, 피해 등의 공통적 성격은 이 두 가지 사안을 아예 사건·사고(Crime & Accident)라는 이름으로 묶어 한 가지 기사 유형으로 소개하기도 한다. 이들은 단순히 하나의 우연한 일로 치부될 수도 있지만, 긴 안목에서 보면 한 시대의 사회 현상을 보여주는 창(窓)으로 기능한다. 띄엄띄엄 일어나는 것으로 보이는 부녀자 살인 사건 기사가 모여 여성 안전에 대해 경종을 울리거나, 외국인 노동자 임금 체불과 관련된 악덕 업주 구속 기사가 국내 노동 환경의 단면을 비춰주기도 한다. 단순 교통사고나 화재사고 등이 빈번해지면 관련 당국의 강력한 지도와 단속을 부르고, 비행기 추락사고나 기차 탈선 관련 기사들은 사회 전반에 걸쳐 퍼진 안전 불감증을 고발한다. 즉 뒤틀어진 부분을 구조적 문제로 지적하고, 이에 대한 사회적 대응을 촉구하게 되는 것이다.

이와 같은 사회 고발 및 감시 기능의 공통점에도 불구하고, 사건과 사고는 그 사안의 주체와 의도성에 따라 구분된다. 우선 '사건'은 벌어진 일이 사람에 의해 일어났을 때, 그리고 그 사람이 그 일을 일부러 일으켰을 때 해당하는 표현이다. 즉 범인이 상황을 의도적으로 일으킨 것을 사건이라고 한다. 그렇기 때문에 사건 기사는 범죄 기사라고도 불린다. 예를 들어 다른 사람에게 피해를 주려고 일부러 불을 지른 것은 방화(放火) 사건이라고 한다. 기사에서 방화 사고라는 말은 쓰지 않는다. '사고'는 벌어진 일이 사람에 의한 것이 아닐 때, 그리고 사람이 일으켰더라도 일부러 저지른 것이 아닐 때 해당한다. 즉 사람의 의지와는 무관하게 피해가 발생한 사안을 사고라고 한다. 의도치 않은 누전에 의해 발생한 화재는 실화 사건이라고 하지 않고 실화(失火) 사고라고 한다. 짐승이 사람에 위해를 가한 것도 대부분 사건이 아닌 사고로 처리된다. 그리고 이렇게 의미론적으로 구분된 사건과 사고를 다루는 기사 작성 방식에도 약간의 차이가 따른다.

이 책은 이 두 가지 요소 중 사건 기사를 먼저 다룬다. 사건 기사의 개념을 앞서 소개된 내용들에 근거해 재차 정리하자면 '일상(日常)에서 불거져나와 공동체나 그 구성원에게 피해를 주는 일 중 사람이 일부러 일으킨 것을 수용자가 이해하기 쉽도록 저널리즘 글쓰기 방식에 따라 뉴스 매체가 정리한 정보'가 된다. 이 장은 기사 작성법 소개에 앞서 사건 기사를 취재하는 요령을 우선 간략히 정리한다. 비록 글쓰기 작법이 이 책의 주요 관심 사항이지만, 스트레이트 뉴스가 취재와 보도 영역 모두에서 정해진 방식에 따라 접근하는 것이라는 취지를 재차 확인하기 위해서다. 기사 작성을 위해 정보를 확보하는 기초 방식을 알아두는 것은 이후 보도 실력 향상에 도움이 될 것이다.

2. 사건 기사 취재

기자는 어떤 사안이건 간에 오감을 열고 취재를 할 필요가 있다. 이는 벌어진 일이 짧고 간단하게 처리될지 아니면 사회적 이슈로 확대될지를 판단하는 근거가 된다. 사건 기사도 예외는 아니다. 길어야 세 개 문장 정도의 단신(短信)으로 정리될지, 아니면 후속 또는 관련 기사를 부를 정도의 큰 주제를 부각시킬지가 취재를 통해 확인되기 때문이다. 만약 정해진 루틴에 의해서만 취재를 하면 사회적 반향을 일으킬 단서를 미리 차단하게 된다. 스트레이트 뉴스를 설정하는 기준 중 하나가 관습에 의한 취재 및 보도이지만, 그걸 미리 정해놓고 취재할 필요는 없다. 취재 과정에서 단순 보도로 충분하겠다는 판단이 들면, 그때 정해진 방식에 따라 정보를 모으고 기사를 작성하면 된다. 하지만 그 이상의 의미가 있다고 생각되면 취재도 확대하고, 기사에 더 많은 정보를 담아 사회적 이슈로 키울 수 있다. 이런 판단은 사건을 접한 초기 단계에서 일차적으로 이뤄진다. 뉴스의 핵심 요소가 되고 기사의 뼈대로 활용할 수 있는 육하원칙(六何原則·5W1H) 관련 정보가 최우선적으로 파악돼야 하고, 이때 기본적인 판단이 형성된다는 것이다.

대부분의 경우, 사건은 현장 취재가 쉽지 않다. 기자가 사건 발생 시점에 그 장소에 있지 않는 한, 사안은 당국, 주로 경찰이 수사해 정리한 정보를 접하게 된다. 아주 우연한 기회에 사건 발생 현장에 있거나, 목격자나 피해자가 경찰에 앞서 언론 매체에 제보를 하기 전에는 현장 취재가 어렵다는 뜻이다. 또 운 좋게 경찰 초동 수사 현장에 나가더라도 아무렇게나 돌아다니며 정보를 모으는 것은 법에 저촉될 수 있다. 경찰 수사라는 공무 집행을 방해할 수 있기 때문이다. 그럼에도 불구하고 최대한 관련 정보를 확보해야 하는 것이 기자의 의무다. 만약 현장 취재가 가능하다면 경찰 수사에 방해가 되지 않는 방법으로 주변 탐문을 하는 등 적극적인 모습을 갖추고, 그렇지 않다 하더라도 호기심과 탐구력을 활용해 경찰 조서 등에 나타난 정보를 확인하는 자세를 가져야 한다. 이때 가장 기초적으로 살펴야 할 것이 앞서 거론한 육하원칙 관련 정보다.

사건 기사, 특히 범죄기사에서 '누구'의 핵심은 피해자와 피의자이다. 가해자로 의심되는 피의자의 신상 정보가 구체적으로 파악되면 경찰이나 검찰 등 수사 당국은 피의자 인신 확보를 추진한다. 이를 사건 기사 중 '검거'의 유형으로 보는데, 이때는 당연히 피해자 정보도 확보돼야 한다. 피해자가 없으면 사건이라 보기 어렵기에 피해자 정보는 기본적으로 필요하다. 단, 사건이 일어났지만 피의자가 뚜렷하지 않은 상황, 즉 '발생'이라고 불리는 상황에서는 피의자 정보는 흐릿하게 확보될 수밖에 없다. 예를 들어, 남성 혹은 20대 여성 정도가 일반적이다. 그러나 발생 상황에서도 피의자 관련 정보는 최대한 자세히 취재돼야 한다. 더불어 목격자나 피해자 또는 예상되는 피의자 가족 등 주변 인물 등에 대한 정보도 필요하다. 추가 취재 여부를 판단할 때 도움을 주기 때문이다. 예를 들어, 피의자가 청소년일 경우, 이들의 부모가 평범한 사람일 때와 국회의원 또는 대기업 임원 등일 때 기사의 크기에는 차이가 난다. 간단히 피의자가 대통령이나 국회의장의 자녀라고 가정해보라. 기사가 커질 수밖에 없다. 살인이나 강도, 강간 등 범죄 피해자의 경우도 마찬가지다. 평범한 인물이라도 일단 '누구'와 관련된 사람들의 정보는 최대한 자세히 파악돼야 한다. 이름, 나이, 직업, 주소 등은 기본이다.

'언제'와 '어디' 역시 중요한 요인이다. 강간 사건이 백주 대낮에 서울 종로구 한복판에 벌어진 것과 밤 11시 으슥한 유흥가 뒷골목에서 벌어진 것에는 차이가 있다. 일반적인 기사라면 치안당국 고위 관계자의 퇴임을 요구할 정도로 전자를 더 크게 다룰 것이다. 시간과 장소의 특이성은 후속 기사로의 확대 여부를 결정하기도 한다. 시간은 정확히 몇 시 몇 분 몇 초까지 최대한 확인될 필요가 있다. 장소는 시나 도 등 광역자치단체에서 시작, 기초 자치단체와 그 아래 읍, 면, 동의 번지수 또는 아파트 동과 호수까지 파악돼야 한다. 보통 시간은 날짜와 몇 시 혹은 몇 시 몇 분 정도만, 장소는 광역-기초-그 바로 아래 하부 단체 정도까지만 기사에 나타나지만 후속 보도 여부 등을 판단하기 위해서 정확한 정보가 확보돼야 한다. 사실 이렇게 정보를 끝까지 확인하고도 기사에 일부만 사용하는 이유는 관련자의 사생활을 보호하고 2차 피해를 막기 위해서다. 이는 시간과 장소뿐 아니라 관련 인물 등에 대한 정보에도 해당된다.

사건 기사에서 '무엇'은 당연히 사건 내용이다. 사건 내용 취재는 '어떻게'와 '왜'가 함께 이뤄진다. 간단히 말하면 '무엇'은 살인, 강도, 강간 등의 범죄 행위를 말하고, '어떻게'는 이런 행위가 어떤 방식으로 이뤄졌는지를 뜻한다. 그 과정에서 '누구', '언제', '어디' 등 이미 확보된 정보가 이어지며 기사가 작성되기에 '어떻게'는 조금 더 복잡한 취재라 할 수 있다. 이를 간단하게 보자면 '범행 방법'에 집중한 취재를 통해 해당 정보가 확인된다고 할 수 있겠다. 이때 범행이 여러 건 있었다거나, 개별 범행들의 주체나 방법이 다른 경우가 있을 수 있다. 그때는 개별적인 내용을 일단은 기자가 확보하고 있어야 한다. 그 뒤 이 주체와 방법들을 개괄적으로 아우를 수 있는 내용을 종합해 정리해내고, 이 중 특이한 경우를 구체적인 사례로 기사에 활용할 수 있도록 그런 정보를 별도로 구분해야 한다. 적어도 범행 방법 면에서 종합적인 정보와 구체적인 정보를 각각 취재해야 한다는 뜻이다. 그래서 '어떻게'에 대한 취재는 조금 더 복잡하다. '왜'의 경우는 취재가 복잡하다기보다 까다롭다. 피의자를 모를 경우는 말할 것도 없고, 피의자 신병이 확보되더라도 수사가 진행 중인 단계에서 범행 이유에 대한 경찰 당국이나 피의자의 말을 그대로 믿기 어려운 경우가 생기기 때문이다. 그래도 일단 기자가 직접 듣거나 읽은 내용을 '인용된 사실'로 여기고, 그 출처를 정확히 밝히는 방식으로 정보를 전달해야 한다. 이를 통해 범행 또는 관련된 사안의 이유를 확인함으로써 수용자들이 알아야 할 기본적인 정보가 모일 수 있는 것이다.

앞에 거론한 것처럼 사건은 기자가 직접 현장에서 목격하거나 접하기 어려운 경우가 대부분이다. 그렇기 때문에 위에 적은 육하원칙의 내용들을 직접 탐문하거나 겪어가며 얻어내기는 쉽지 않다. 결국 이상의 정보들은 일차적으로 경찰 등 수사 당국의 조사 결과에 바탕을 두게 된다. 그래서 사건 기사의 1차 취재원은 수사 당국 관계자들이다. 특히 담당 수사관과 이를 지휘하는 상관들이 주요 취재원이 된다. 이들은 범행과 관련된 기본적인 사실들을 조서 등에 정리하며, 이런 기록에는 육하원칙에 맞게 재정비될 내용들이 담겨 있다. 수사 당국도 관련 내용을 자체 보고하고 기록하기 위해 최대한 자세하게 정보를 확보한다. 이는 많은 수사 인력을 동원해 확보한 내용 중 기사 작성에 필요한 부분을 얻을 수 있다는 뜻이 된다. 하지만 여러 가지 이유로 조서에 일부 내용이 누락될 수도 있고, 정보가 비논리적으로 이어지는 경우가 생기기도 한다. 이런 조각들을 맞추고 잇기 위해 기자가 조서 등에서 유추할 수 있는 관계자를 찾아 추가 취재를 해야 할 필요가 발생한다. 이 관계자들은 피해자나 피의자의 가족이나 지인, 목격자, 생존자 등이 될 수 있다. 이런 추가 취재 과정에서 기사가 커지기도 한다. 만약 사건의 초동 수사 현장에 동행할 수 있다면, 발생 장소 인근 주민 등을 통해 정보를 얻을 수도 있다.

이상에서 볼 수 있듯이 사건이나 범죄는 결국 이 정도의 정해진 루트를 통해 모아진 관련 정보를 토대로 기사가 작성된다. 기사를 통해 관련 사안을 사회적인 이슈로 만들려 해도 이상의 기초적인 취재가 없으면 사실 관계의 연결이 힘들어 그 목적을 달성하기 어렵다. 만약 이슈를 확대하고자 한다면 추후 후속 취재 과정에서 해당 사안과 연결될 만한 다른 이슈들이 무엇인지를 확인해야 하고, 이를 위해서는 심리, 역사, 안전, 과학, 기상 등 다양한 종류의 전문가를 만나서 심도 깊은 진단을 내릴 수 있도록 해야 한다.

3. 사건 기사 보도

필자는 앞서 스트레이트 뉴스가 취재와 보도의 경직성(硬直性·Rigidity)을 모두 갖춘 것이라 설명했다. 연성 뉴스와 경성 뉴스, 내러티브와 역삼각형 등을 주로 보도의 측면에서만 설명하던 기존의 입장을 정비하면서, 취재가 경직되고 고착화된 방법으로 이뤄지면 스트레이트 뉴스도 내러티브 형태로 이뤄질 수 있고, 취재를 자유롭게 했더라도 보도가 경직되고 고착화된 역삼각형 형태로 나타날 수 있다고 정리한 것이다.

그럼에도 불구하고, 기존의 설명들이 스트레이트 뉴스를 거의 경직화된 취재와 역삼각형 보도, 그중에서도 특히 글쓰기 형태인 역삼각형에 초점을 맞춰 소개해온 것은 일반적으로 그런 식의 취재와 보도가 스트레이트 뉴스에 적합하게 적용됐기 때문이다. 이 책이 전달하고자 하는 공식이 기사 쓰기 형태의 일반성을 반영한 결과이기에, 결국 스트레이트 공식은 일반성을 보여줬던 역삼각형 글쓰기에 집중하게 된다. 먼저 비교적 장황하고 세밀하게 설명한 스트레이트 뉴스 성격이 다시 역삼각형이라는 일반적 입장으로 돌아오게 된 것으로 보일 수는 있지만, 앞서 전통적인 스트레이트 뉴스에 대해 기존 설명과 다르게 정비한 내용들은 스트레이트 뉴스 취재 일반이나 바로 위 사건 기사 취재 내용과 연동했을 때, 공식이 이런 역삼각형 글쓰기에 주로 연결되는 이유를 이해하기 위한 발판이 될 수 있다.

이런 차원에서 이 책에서 소개되는 스트레이트의 역삼각형 형태는 기본적으로 가장 중요한 내용이 기사 첫 리드 문단에 나오고, 그 중요도에 따라 정보가 순차적으로 배열되는 모습을 갖추게 된다. 아래서부터 잘라내도 핵심 정보가 전달되는 역피라미드 형 기사의 이런 특성은 기사의 단락 수를 하나에서 수십 개까지 늘릴 수 있게 한다. 이는 달리 말해 기본적인 육하원칙 모두, 또는 그중에서 중요한 내용만 담은 한 문장이나 단락만으로도 기사를 작성할 수 있고, 이 첫 단락의 내용을 부연하고 보완하거나 그에 대한 추가 정보를 중요도의 순서에 따라 배열하면서 글을 쓸 수 있다는 뜻이다. 이 책은 아주 일반적인 스트레이트로서 역삼각형 구도의 세 단락짜리 기사 형태를 제시한다. 이상의 배경은 이후 설명될 사고 기사와 보도자료 활용 기사에도 해당된다.

1) 검거 기사

언론이 집중적으로 다루는 사건은 살인, 강도, 강간 등 세 가지다. 사실 이들은 경찰 등 수사기관이 주의 깊게 접근하는 강력 범죄다. 미국 등 서구에서도 지역 수사 당국이 상부 기관에 보고해야 하는 '중대 범죄(Indexed Crime)'로 정리되고, 그만큼 언론의 관심이 높은 사건들이다(Dixon, 2015). 결국 언론이 정례적으로 접근해 하나의 공식을 구성할 정도로 일반화된 기사 작법은 이들 사건 보도에 기초해 마련됐다고 볼 수 있다. 이 책이 소개하는 '발생', '검거', '발생 및 검거' 등 세 가지 공식도 이들을 중심으로 이뤄진다. 이들 중 '발생'과 '검거'가 사건 기사의 기본 공식이 된다. '검거'와 '발생'은 '범인 또는 피의자에 대한 인지(認知)' 여부에 따라 구분된다. 그리고 이들은 다시 '사건이나 범죄의 유형'에 따라 앞서 소개한 살인, 강도, 강간 등 세 가지로 소개될 수 있다. 여기에서 사용되는 '피의자 인지', '검거', '강간' 등의 표현이 다소 거칠 수 있고, 관련 현상을 정확하게 대표하는 용어들이 아닐 수도 있으며, 시대나 상황에 따라 달리 정리될 수 있겠으나, 유사 정황을 설명하는 개념적 도구로 인정하면 이어지는 해설들을 이해하는 데 도움이 되겠다.

우선 '피의자 인지'는 말 그대로 사건을 일으킨 또는 그런 것으로 보이는 대상을 알고 있는가의 여부를 뜻한다. 여기서 인지의 주체는 주로 수사 기관 등 사법권을 현실 생활에서 직접 행사하는 기구가 된다. 일반적으로 사건 기사에서는 경찰이 주로 등장한다. 쉽게 말하면 '피의자 인지'는 범인이 누구인지 또는 범인으로 의심되는 사람이 누구인지를 경찰이 알고 있느냐의 상황이 된다. 이때 알고 나서 잡았으면 '검거', 알지 못하면 '발생'의 공식을 적용한다는 얘기다. 우선 '피의자 인지' 중 '검거', 쉽게 말해 경찰이 범인이나 피의자를 알고 있을 때의 세 단락짜리 기본 공식은 일반적 혐의-구체적 혐의-피의자 진술의 순서로 이어진다.

검거 기사 기본 공식

> ◆◆는 ▲▲일 □□한 혐의로 ○○에 대해 구속영장을 신청했다.
> ◇◇에 따르면 ○○는 (언제) (어디서) (무엇을) 하는 등 (언제부터 언제까지) (몇 차례에 걸쳐) ▩▩한 혐의를 받고 있다.
> ○○는 ◇◇에서 "(자신의 입장)"(이)라고 말했다.

첫 단락

먼저 첫 번째 단락[◆◆는 ▲▲일 □□한 혐의로 ○○에 대해 구속영장을 신청했다.]은 사건 전체를 개괄한다. 여기서 ◆◆는 주어(主語)다. 이 주어는 수사 기관 등 사법권을 현실 생활에서 직접 행사하는 기구가 된다. 쉽게 말해 '경찰'로 보면 이해하기 편하다. 단, 조금 더 자세하게 적어준다. 단순히 '경찰은'이라고 적지 않고, 구속영장을 신청하는 등 사법 처리를 직접 한 '특정 경찰서'를 쓴다는 뜻이다. 이때 한 가지 주의할 것은 특정 경찰서 이름 앞에 자치단체 이름을 붙여줘야 한다는 점이다. 예를 들어 서울 강남구를 관할하는 경찰서 담당 사건 기사라면 '강남경찰서는'이 아니라 '서울 강남경찰서는'으로 문장을 시작한다는 뜻이다. 이 사례로 정리하자면, '◆◆'은 '서울 강남경찰서'다.

자치단체 관련 설명을 부연해보겠다. 전국지일 경우, 즉 전 국민을 대상으로 뉴스를 전달하는 신문의 경우에는 '광역자치단체'의 이름을, 지방지 중 특정 광역단체 주민을 대상으로 뉴스를 전달하는 신문은 '기초자치단체'의 이름을 특정 경찰서 앞에 붙여줘야 한다. 전국지를 중심으로 설명을 이어가는 이 책의 특성상 앞의 사례에서 '강남' 앞에 붙은 광역자치단체는 '서울'이고 그래서 '서울 강남경찰서는'이라고 써야 한다고 설명했다. 유사한 경우로 전국지가 다루는 사건이 전북 김제경찰서와 연관됐다면, '전북 김제경찰서는'으로 써주면 된다. 하지만 전북도민을 대상으로 하는 지방지라면 광역자치단체인 '전북'은 빼고 그냥 '김제경찰서는'으로 쓴다.

이렇게 쓰는 이유는 정확하게 정보를 전달하기 위해서다. 만약 전국지에서 광역자치단체 이름 없이 '동부경찰서'라고 쓰면 그게 광주, 대구, 울산, 제주 중 어디에 있는 동부경찰서인지 알 수 없다(과거 서울에도 동부경찰서가 있었다. 관할구역 조정 등의 이후로 이 경찰서는 2016년 현재 광진경찰서로 개편됐다). 또 경기도 화성, 용인, 경상남도 마산 등 기초 자치단체 주민들은 각자의 동네에 있는 동부경찰서로 오해할 수 있다. 이런 오류를 막기 위해 전국지인가, 지방지인가에 따라 기사 내 자치단체의 명칭 포함 여부를 결정하는 것이다. 궁금증을 풀기 위해 설명하자면, 위에 제시된 기초 자치단체 경찰서들은 전국지에서 각각 경기 화성동부경찰서, 경기 용인동부경찰서, 경남 마산동부경찰서 등으로 적는다. 경기도를 권역으로 하는 지방지는 화성 동부경찰서나 용인 동부경찰서, 경남 지역 지방지는 마산 동부경찰서라고 적는 것이 옳다. 앞선 김제경찰서 사례에서는 기초자치단체인 김제시 안에 김제를 관할하는 지역 경찰서가 김제경찰서 밖에 없어서 전북도의 지방지라도 '김제 김제경찰서'라고 하지 않고 그냥 '김제경찰서'라고 한다. 참고로 전주의 경우 2016년 현재 덕진 및 완산경찰서 등이 있어 전북 지역

지방지는 이들을 '전주 덕진경찰서', '전주 완산경찰서' 등으로 구분해 적는 게 맞다. 추가하자면, 국내 신문들은 사건 기사에 광역자치단체를 쓸 때 축약어를 사용하면서 '시'나 '도'는 빼는 게 일반적이다. 부산시 금정경찰서가 아니라 부산 금정경찰서, 광주시 동부경찰서가 아니라 광주 동부경찰서, 충청남도 서산경찰서가 아니라 충남 서산경찰서, 경기도 광주경찰서가 아니라 경기 광주경찰서(여기서 광주는 호남 지역 광역자치단체가 아니라 경기도 안에 있는 기초자치단체를 말한다.), 강원도 속초경찰서가 아니라 강원 속초경찰서라고 적는다는 얘기다.

설명의 편의를 위해 첫 단락 중 술어 부분인 '구속영장을 신청했다.'에 대한 내용부터 이어 적는다. 이 술어 부분을 우선 '사법 처리 행위'라고 명명하자. 사건을 인지한 사법 처리 기관이 범인이나 피의자를 알고 있다면 그 주체가 취할 수 있는 행위는 쫓거나 잡거나 등 크게 두 가지다. 이 중 특히 후자, 즉 '잡은 경우'에 나올 수 있는 술어는 '체포했다', '구속영장을 신청했다', '구속했다' 등 세 가지가, 전자인 '쫓는 경우'는 '수배했다'가 기본이다. 검거 기사에서 잡지 못한 상태에서 쫓고 있는 상황이라 함은 범인이나 피의자의 신상이 비교적 구체적으로 짐작되는 경우를 뜻한다. 막연하거나 아예 짐작조차 가지 않을 때는 '발생' 기사로 처리한다. 여기에 대해서는 발생 기사 공식 부분에서 조금 더 설명하기로 하고 우선 '잡은 경우'에 집중해보겠다. 설명을 이어가기에 앞서 여기서 이들 술어들을 '기본'이라고 한 것에 대해 부연해보자. 이는 사법 처리 행위에 대한 표현이 이들 네 가지 형태 외에도 다양하게 나타날 수 있다는 점을 시사한다. 현장 기사에서는 '불구속 입건했다', '긴급체포했다', '기소의견으로 검찰에 송치했다' 등의 표현이 종종 등장한다. 또 사법 처리 행위 현장, 즉 조사 중이거나 구속영장 청구 또는 구속하는 상황을 기자가 직접 목격하지 않았기에, 앞에 설명한 술어에 이어 마지막 부분에 '밝혔다'를 두어 매체가 사법 처리 주체의 주장을 전하는 선에 머무는 자세를 취하기도 한다. 즉 '경찰은~구속했다'가 아니라 '경찰은~구속했다고 밝혔다'는 식으로 기사를 쓰기도 한다는 뜻이다. 하지만 이런 표현보다는 '체포했다', '구속영장을 신청했다', '구속했다', '수배했다' 등이 가장 일반적으로 사용되는 것이라 이 책에서는 기본이 된다고 정리했다.

다시 본론으로 돌아가자. 수사 기관, 특히 사건 현장의 최전선에서 가해자를 쫓는 경찰은 범인으로 의심 받을 만한 대상을 모두 용의선상에 둔다. 그리고 그렇게 모인 첩보와 정보의 퍼즐들을 맞춰 검거 대상을 좁혀가고, 그 과정에서 범죄를 저질렀을 가능성이 높은 피의자를 찾는다. 이때 피해 규모에 따른 사건 자체의 경중 및 여파, 그리고 사회 구조상 이에 예민한 상부 조직의 압박 등을 고려해 찾거나 잡은 대상을 언론에 공개한다.

'체포했다'는 일반적으로 잡은 지 얼마 안 됐을 때 쓴다. 만약 피의자를 잡은 지 오래됐는데도 수사 주체가 혐의점을 제대로 밝혀내지 못하고 있을 때, 매체가 검거 사실을 알아채고 그 내용을 확인하려 한다면, 당국은 일단 해당 사실을 공개하며 '체포했다'고 말할 수도 있다. '구속영장을 신청했다'는 취조 결과 등에 따라 범인이 맞을 가능성이 높은 것으로 보고 법원에 구속영장 발부를 청구해달라고 경찰이 검찰에 신청한 경우다. 이때 알 수 있듯이 결국 '체포했다'는 구속영장을 신청할 수 있는지 여부를 판단하기 위해 잡은 사람에 대한 조사를 벌이는 과정이 된다. 그래서 '체포했다'는 '붙잡아 조사 중이다'라는 표현으로 대체되기도 한다. 한편, '구속했다'는 사안과 관련해 잡힌 사람에 대해 경찰이 신청하고 검찰이 청구한 구속 사유가 타당하다고 판단한 법원이 신병 구속을 허가하는 영장을 발부해 경찰이 잡은 사람의 신병을 피의자의 신분으로 확보한 경우다.

쫓는 경우가 검거 기사의 공식에 속할 때는 그 대상이 누구인지 적어도 주민등록상의 정보 정도가 파악된 경우가 대부분이다. 비록 사건 기사 공식 내 '사법 처리' 내용 중 '쫓는 경우'는 '잡은 경우'에 비해 정말 그 사람을 범인이나 피의자로 볼 수 있는지에 대해 확신할 방법이 많지 않지만, 적어도 피해자나 목격자 증언, 또는 이미 잡힌 공범 피의자 등의 증언으로 그럴 개연성이 충분하다고 본 당국의 판단이 이런 검거 기사에 '쫓는 경우'를 포함하도록 만든 배경이 된다. 이 경우에 대해 수사 당국이 주로 사용하는 표현은 '기소 중지'다. 그 사람을 직접 붙잡아 조사를 하지 못했기 때문에 법정에 세울 만한 근거를 찾지 못했고, 그래서 법원에 심판을 요구한다는 뜻의 '기소'가 불가능해 이 절차를 중지한다는 뜻이다. 취재 현장에서 접하는 이 법률 용어를 언론이 그냥 받아 기사에 '기소 중지했다'라는 표현을 사용하는 경우도 있다. 하지만 대부분 일반 수용자들은 이 표현의 뜻을 잘 모른다. 언론 보도는 수용자들이 상황을 알기 쉽도록 전달하는 역할을 하기에, 이 내용을 그냥 '수배했다'고 적는 경우가 일반적이다. 더불어 '쫓고 있다'나 '추적 중이다'도 쓰는데, 이는 보통 검거보다는 발생 기사에 많이 사용된다. 발생 기사에서 쫓거나 추적 중인 경우는 목격자들의 증언을 토대로 이뤄진다.

잡은 경우건 쫓는 경우건 검거 기사에서 아주 주의해야 할 것은, 그런 행위를 저지른 것으로 의심 받는 사람이 그 범죄를 저질렀는지 아직 확실하지 않다는 점이다. 그 내용은 대법원에 가서야 최종적으로 밝혀지는 것으로 믿자는 것이 사회적 약속이다. 이는 언론 보도를 포함해 우리가 속해 있는 사회적 행위의 시행착오를 거쳐 마련된 안전장치다. 우선 사람들은 발생한 사실을 개인의 오감을 통해 각각 받아들인다. 이 주관적 해석은 개별적 사실들이 인과 관계를 맺는다는 확신을 개인들에게 심어줄 경우가 있는데, 그런 생각에도 오류가 있을 수 있다는 것을 주의해야 한다.

A라는 사람이 B라는 사람에게 흉기를 휘둘렀고 B가 피를 많이 흘린 채 길바닥에 쓰러지는 상황이 있었다고 치자. 그리고 이를 바로 앞에서 목격한 C가 "A가 B를 칼로 찔러 살해했다"고 경찰에 신고했고 당국이 A의 신병을 확보했을 때, 이 소식을 알게 된 기자가 관련 기사를 쓰게 되는 상황을 상상해보자. 이 사례와 관련해 세 주체의 입장을 살펴보자. 우선 C는 "A가 B를 칼로 찔러 살해하는 장면을 똑똑히 봤다"고 경찰에 증언할 것이고, 경찰은 흉기에서 A의 지문과 B의 혈흔이 확인됐다며 A를 범인으로 지목했을 것이다. 그리고 기자는 이 말을 듣고 "A가 B를 흉기로 찔러 살해했다"는 기사를 작성할 수 있을 것이다. 그런데 만약 B의 사인(死因)이 흉기에 의한 자상(刺傷)이 아니라 칼이 B의 몸에 닿기 전에 발생한 심장마비 등 B의 지병이었다면 어찌될까? 게다가 A도 위협을 위해 흉기를 휘둘렀을 뿐이고, 의도치 않게 생긴 자상(刺傷)의 깊이나 흘린 피의 양도 B의 죽음에 이를 정도가 아니었다는 판단이 함께 했다면? 비록 법의학적 검증 등에 근거한 다양한 해석이 가능하겠고 그에 따라 사법부의 최종 판단도 달라질 수 있겠지만, 이렇게 되면 결과적으로 언론은 오보를 한 셈이다. 기자뿐 아니라 목격자 C나 이를 판단한 경찰 등 기사 관련 정보를 양산하는 길목에 섰던 세 주체

모두 오판을 한 것이다. 사람들은 언론에 보도된 사건과 관련해 범인으로 지목된 사람의 사법 처리 결과 등 사건의 최종 결과에까지 관심을 이어가지 못한다. 결국 일반 수용자들의 기억에는 'A가 B를 칼로 찔러 살해'한 것이 사실로 남게 된다. 이때 언론은 이 기억을 심어주는 최종 정보 생산자가 되는 것이다.

스트레이트 뉴스에서 이런 오류를 피하기 위해 마련된 장치가 검거 기사 첫 번째 단락의 '혐의로'라는 표현이다. 이는 일반적으로 특정인이 범죄를 저질렀을 가능성이나 그에 대한 의심을 뜻하는 말이다. 더 정확하게 말하면 특정인의 행위가 다른 사람에게 피해를 입혔을 가능성이나 그에 대한 의심이라고 할 수 있다. 위 사례는 극단적으로 비춰질 수도 있으나, 충분히 일어날 법한 일이다. 기사는 이런 오류 가능성마저도 피하는 것이 옳다. 결국 기사에 '혐의로'라는 표현을 사용하는 것은 기자가 경찰의 조서를 보고, 피해자나 목격자의 증언을 들었더라도, 심지어는 사건이 일어나는 장면을 직접 봤다고 하더라도, 위에서 말한 불가지론(不可知論)에 근거해 조심스럽게 사안에 접근해가는 방법이다. 일반적으로 기자는 사건을 못 본다. 그리고 경찰도 직접 보지 못한다. 사건이 벌어진 현장에서 잡힌 현행범이더라도 시각에 따라 내용이 달리 해석될 수 있고, 일상에서 벌어지는 개별적인 사실들은 인간이 알고 있는 수준의 인과관계로 이뤄지지 않을 수 있다. 바로 그런 만약의 경우에 대비해, '혐의로'를 씀으로써 기자를 보호하고, 결과적으로 피의자와 경찰 등 수사 당국을 보호하며, 커뮤니케이션 흐름에서 궁극적으로 수용자의 인식과 기억을 보호하게 되는 것이다. 결국 이 '혐의로'라는 표현은 반드시 검거 기사에 사용돼야 한다. 간단히 말해 "B를 흉기로 찔러 살해한 A를" 이 아니라 "B를 흉기로 찔러 살해한 '혐의로' A를"이라는 식으로 정리해야 한다.

그렇다면 혐의의 내용은 어떻게 정리해야 할까? 정확하게 말하자면 세 단락짜리 검거 기사 기본 공식에서 '혐의'라는 표현은 첫 단락과 둘째 단락에 각각 한 차례씩, 모두 두 차례 등장한다. 그리고 각각의 혐의에 붙은 범죄 설명 내용은 같은 듯 다르다. 리드인 첫 번째 단락의 혐의는 일반적이고, 두 번째 단락의 혐의는 구체적으로 나타난다. 조금 더 자세히 보자면 첫 번째 단락의 혐의는 범죄를 개괄하는 내용을 담고, 두 번째 단락의 혐의는 전체 범죄 중 일부분과 관련해 시간과 장소 등을 포함한 세밀한 방법 등을 정리하게 된다. 순서에 따라 설명하기 위해 여기서 먼저 '일반적' 혐의, 즉 공식 첫 번째 단락 '□□한'이라는 부분을 보자면, 여기에는 우선 특정한 시간과 장소 등이 구체적으로 제시되지 않는다. 또 피해자의 신상 정보도 막연하게 나타난다. 예를 들어 '밤늦은 시각 으슥한 골목길에서 길 가는 여성' 등으로 표현하며 구체적인 주소나 시간대를 피하고 피해자의 나이나 성명, 직업 등도 공개되지 않는다. 강도의 경우를 예로 들면, 범죄 내용 중 피해 내역도 강탈당한 금품의 종류나 금액 등이 나타나지 않고 '귀금속' 또는 '현금' 등으로 뭉뚱그려진다.

여기에는 기사 도입부 첫 번째 단락부터 지나치게 자세한 정보에 노출된 독자들이 느낄 수 있는 피로감을 피하려는 의도가 담겨 있다. 또 짧고 개괄적인 정보로 일반적인 혐의를 정리하면서 독자들이 궁금증을 느끼게 해 구체적 혐의가 나오는 두 번째 문단까지 읽게 만들기 위한 방법이다. 결국 첫 번째 문단은 독자들이 해당 정보를 뉴스감이라고 느낄 수 있게 만드는 동시에 호기심을 유발해 그다음 정보가 있는 두 번째 단락까지 관심을 갖게 만드는 정도의 내용을 기술해야 한다. 그렇기 때문에 기사 첫 문단에는 육하원칙의 모든 내용이 아니라 일부만 들어가고, 기술 방식도 개괄성과 궁금증 자극의 여지를 남겨두는 형태가 된다. 육하원칙 중 중요하다고 판단되는 내용 일부가 첫 단락에서 포괄적인 표현으로 정리된 뒤, 두 번째 문단부터는 첫 단락에 소개된 내용이 자세하게 부연되면서 첫 단락에 사용되지 않은 나머지 육하원칙 요소와 어우러진 정보가 등장하게 된다. 결국 육하원칙 관련 정보는 이런 방법을 통해 기사 전체에 녹아들게 된다.

사실 이 혐의 정리 부분이 검거 스트레이트 기사 작성에서 가장 어렵다. 과거에는 대부분의 매체가 주로 이 혐의를 법률 용어로 대체해 작성했다. '살인 혐의', '강도 혐의'라는 식의 표현이 그 사례로, 대단히 기계적이었다. 아주 간단히 하면 '경찰은 ▲▲일 살인 혐의로 ○○를 구속했다'는 정도다. 이런 표현은 어렵지 않다. 하지만 현대 기사에서 이렇게 간결하게 처리하면 독자로 하여금 다음 단락을 읽고 싶다는 생각을 불러일으키지 못한다. 기사 가치가 있는지를 판단하기 쉽지 않기 때문이다.

현대 기사에서는 이와 같은 난점을 극복하기 위해 살인이나 강도 또는 성폭행 등의 내용을 풀어서 법률적 용어들과 함께 써주는 경우가 있다. 구체적으로 보자면 '이웃 주민을 수십 차례 때려 숨지게 한 혐의(상해치사 등)로', '운전기사를 폭행하고 택시를 빼앗아 달아난 혐의(강도)로' 등의 표현으로 나타난다. '~혐의로 ○○를'이라는 표현의 순서를 '○○를 ~혐의로'라는 식으로 바꿔 '친구를 흉기로 찔러 숨지게 한 ○○를 살인혐의로'라고 쓰는 기사도 있다. '인터넷 채팅으로 만난 남성들을 협박해 상습적으로 금품을 뜯어낸 ○○를 폭력행위 등 처벌에 관한 법률 위반 혐의로'도 마찬가지 사례다. 이런 경우 법률적 용어가 괄호 밖으로 나오기도 한다. 하지만 이 사례는 앞에 '찔러 숨지게 한' 또는 '상습적으로 금품을 뜯어낸' 등의 표현이 너무 단정적이라 위험하다. 범행을 저지른 것으로 의심받을 뿐인 피의자가 기사 안에서 범인으로 확정되기 때문이다. 그 위험성에 대해서는 조금 뒤에 부연하겠다.

어쨌든 이런 형태는 현대 기사에서도 많이 사용되지만 굳이 그렇게 어려운 법률 용어들을 기사에 쓸 필요가 있느냐는 지적들도 나온다. 위에 제시된 살인, 강도, 상해치사 등은 일반 독자들이 이해한다고 쳐도, '폭력행위 등 처벌에 관한 법률 위반'이 무엇인지 보통 사람들은 자세히 알지 못한다. 실제 기사들에 나오는 혐의들을 더 보면 현주건조물방화, 성폭력범죄처벌 및 피해자보호 등에 관한 법률위반, 성폭력 범죄의 처벌에 관한 특례법상 특수 준강간 등이 있다. 이들이 정확하게 뭔지 일반인은 알기 어렵다. 사실 이 내용들은 기사 내에서 각각 불을 질러 친구의 부모를 숨지게 한 혐의, 상습적으로 집단 성폭행한 혐의, 여중생에게 술을 먹인 뒤 성폭행하거나 강제로 추행한 혐의 등으로 소개됐다. 그런데 앞선 법률적 표현들이 기사 안에 등장하는 범죄 행위를 모두 포함하는 건지도 확실하지 않다.

결국 법률적 표현들은 일반 독자들에게 익숙하지도 않고, 설혹 뜻을 정확하게 안다고 해도 그 법률적 표현들이 기사 내용을 정확하게 담아내고 있는지 뚜렷하지도 않은 상황에서 그런 표현들을 굳이 쓸 필요가 있느냐는 지적으로 이어진다. 그래서 아예 이런 법률 표현들을 빼고, '승객을 가장해 택시에 승차한 뒤 흉기로 기사를 위협해 택시를 빼앗은 혐의로', '부녀자들을 납치해 성폭행하고 금품을 빼앗은 혐의로', '귀가하는 여성들 뒤를 쫓다가 둔기를 휘둘러 숨지게 한 혐의로' 등을 사용하는 경우도 있다.

결론적으로 현재 시점에서 국내 매체들이 법률 용어만을 사용해 혐의를 적시하는 경우는 거의 찾아보기 어렵고, 범죄 행위를 묘사한 뒤 거기에 '혐의로'라는 표현으로 범죄 내용을 적거나 괄호 안팎에 위치한 법률 용어를 병렬해 놓는 형태 등 두 가지 방식으로 기사를 작성한다. 이 책에서는 굳이 법률 용어를 사용할 필요가 없다는 위의 지적을 활용한다. 즉 범죄 내용만을 풀어 쓰는 방식으로 혐의를 정리하는 쪽을 택해 공식을 설명하고 이후 현장 사례를 제시할 때는 다양한 형태의 예시들을 확인해보겠다는 뜻이다.

그러나 법률 표현을 쓰건 안 쓰건 첫 단락에 혐의 내용을 적시하는 것은 어려운 작업이다. 육하원칙 중 어떤 것이 기사가 쓰이는 시점에서 가장 중요하고, 그 내용을 얼마나 함축적으로 뭉뚱그려 써야 하는지도 애매하기 때문이다. 다양한 수용자들의 기호를 포괄적으로 맞추기도 쉽지 않다. 심지어 수용자들은 계속 자극적인 정보에 노출되면서 과거 지면에 등장한 정보보다 자극적이지 않으면 뉴스가 아니라고 받아들이는 경향이 크기에, 일반적인 혐의로 그들의 자극적 호기심을 유지한 뒤 그다음 정보로 눈을 돌리게 만드는 작업은 점점 더 힘들어져간다. 하지만 스트레이트 뉴스는 그렇게 작성돼왔다.

일부는 그런 작업이 한계에 이르렀다고 보고, 역삼각형이 아닌 내러티브 형태의 기사 작성법을 활용해야 한다고 주장한다. 그러나 역삼각형 형태의 기본적인 기사 작성 방법을 모르면 내러티브로 전환하기 어렵다. 소설처럼 써내려간다는 문장 작성 방법을 대입하는 것은 가능할지라도, 기사에서 지난 100년가량 매체와 수용자 사이에 축적돼 형성된 역삼각형 스트레이트 형태의 성격이 빠진다면, 매체가 신뢰도 높은 정보로 사람들에게 의미 있는 사회 현상을 설명하는 게 불가능할 수 있기 때문이다. 소설이 아닌 사실을 전달하는 기사에서 역삼각형 스트레이트 형태의 의미는 그만큼 대단한 것이다. 그렇기 때문에 언론 현장에서는 대단하면서도 어려운 이 공식의 첫 문단 구성을 단순한 기술(Skill)이라 하지 않고 예술(Art)이라고 한다.

현장에서 수습기자는 약 6개월 동안 일반적 혐의를 구체적 혐의와 구별하고, 포괄적이고 함축적인 혐의를 첫 단락에, 구체적이고 세밀한 혐의 내용을 둘째 단락에 분리해 배치하는 감을 익혀가게 된다. 강의실이나 도서관 등 취재 및 보도 현장이 아닌 장소에서 이 혐의 내용을 구분하고자 하는 사람들은 신문 보도 등을 지속적으로 지켜보면서 그와 유사한 판단력을 기를 수 있다. 언론 현장의 기자들만큼은 아니더라도 기본적인 공식을 적용하는 틀을 마련할 수 있다는 뜻이다. 특히 언론사 입사를 꿈꾸는 지원자들에게는 이 공식을 기억하며 기사를 분석해보는 것이 학습에 큰 도움이 되리라 생각된다. 뉴스를 더 자세히 이해하고 공부하려는 학생이나 일반 독자들에게도 스트레이트 공식에 대한 이해는 사회 현상을 바라보는 시각을 더 탄탄히 해줄 것이다.

'□□한 혐의로'라는 표현 다음에 나오는 '○○에 대해'는 피의자에 대한 정보에 관한 것이다. 이는 첫 번째 단락에 나오는 정보 중 가장 구체적이다. 하지만 앞서 '혐의' 부분에서 강조한 것처럼, 기사가 쓰이는 시점에서 이 피의자가 정말 그 범죄를 저질렀는지 또는 그가 행한 행위에 의해 직접적인 사건이 발생한 건지는 뚜렷하지 않다. 그렇기 때문에 최근에는 실명을 그대로 밝히지는 않는다. 아무리 '혐의'라는 표현을 함께 사용하더라도 명예훼손이 우려되기 때문이다. 사실 일반 독자들은 신문 기사에 등장하는 범죄 행위가 혐의인지 아닌지를 정확하게 구분하지 못하고, 초기 뉴스 이후 최종 재판 결과가 잘 보도되지 않는 현실에서, 시간이 지나면 기사에 기록된 정보를 혐의가 아닌 진짜 행위로 기억한다. 그렇기 때문에 진짜 범인인지 아닌지 확인되지 않은 피의자의 이름은 그대로 공개하지 않는 것이 원칙이다. 영유아 성폭행, 인육(人肉) 사건 등 사회적으로 도저히 용인되지 못할 정도로 잔혹하거나 기괴한 일일 때, 피할 수 없는 증거에 의해 범인이라 확실시 되거나 공공장소에서의 범행 때문에 현행범으로 자연스레 드러난 사람들의 실명이나 사진 등이 예외적으로 공개되는 경우도 있지만 이는 드문 일이다. 이렇게 실명 등을 가리지만 피의자의 성(姓), 나이, 주소 일부 등은 그나마 구체적으로 나타난다. 이는 사건 자체의 특성을 설명하는 요소로 활용되는 동시에 첫 단락에 등장하는 포괄적이고 막연한 혐의 내용에 궁금증을 추가해 다음 단락으로 독자들의 관심을 잇는 효과도 생성한다.

우선 피의자 이름은 성(姓) 다음에 익명이 소개된다. 김 모, 박 아무개 하는 식이다.

보통 그다음에 바로 연결되는 괄호 안에 나이가 등장하는데, 이는 기사화된 범죄 내용이 뉴스가 될 만한 가치가 있는지를 보여주는 척도가 된다. 강도나 살인 사건의 피의자가 10대일 경우는 그 이상의 연령대에 비해 주목을 더 받는 경우를 생각해보면 이해가 쉽다.

기본적으로 피의자의 주소는 독자들에게 피의자 주거지 지역에 대한 정보를 알려주는 역할을 한다. 이는 성폭행 관련 범죄자들의 주거 정보를 인터넷 등을 통해 사람들에게 고지하는 것과 마찬가지 효과를 가진다. 만약 기사에 등장한 피의자가 진짜 범인이 아니라 할지라도 사회 감시 기능을 하는 언론으로서는 경고 메시지를 보내는 역할을 하게 되는 것이다. 하지만 최근에는 주소 지번이나 아파트 동수, 호수 등을 기록해 특정인이 지목될 정도의 표현은 하지 않는다. 일반적인 규칙은 자치단체를 필두로 총 세 개의 지역 정보를 나타내는 것이다. 중앙 일간지를 중심으로 보자면 광역자치단체·기초자치단체·지역 단체 이름 순서로 피의자의 주소 정보가 정리된다. 예를 들면, 서울 성북구 돈암동, 부산 사하구 금정동, 경기 성남시 분당구 등이다. 최근 언론 현장에서는 동(洞)을 중심으로 하는 지번이 도로명 위주의 주소로 바뀌면서 기사에서도 서울 종로구 도렴동을 서울 종로구 사직로 등으로 변환하는 것을 실험적으로 검토하고 있다.

이런 지역 정보가 기사에 등장하지 않으면 기사가 될 만큼 위험한 범죄가 일어난 곳이 어딘지 알 수 없어 독자들은 답답해진다. 기사에서 독자들을 다음 정보로 이어가게 만드는 궁금증은 이런 답답함이 아니라 그다음 내용이 무엇일까를 찾아가게끔 하는 호기심이다. 결국 기사 안에서의 호기심 유발은 막연한 궁금증이 아니라 의미 있는 궁금증이라는 얘기다. 그리고 스트레이트 뉴스에서 그 호기심은 바로 이어지는 정보를 통해 풀어져야 한다. 이런 방식을 확보하지 못하면 좋은 기사가 아니다. 다시 지역 정보를 예로 들면, 위와 같은 주소 정보가 기사에 등장했을 때 그게 내가 살고 있는 지역인지 아닌지가 알려지고, 그에 따라 독자들은 그 뉴스를 특이하거나 독특하게, 또는 물리적·심리적으로 근접성을 느끼며 접하게 된다. 이 내용을 사례로 정리하자면 검거 공식 첫 단락에 등장하는 피의자 정보는 '김모(17·서울 성북구 돈암동)'가 된다. 참고로 국내 대부분의 신문의 경우 군(君)이나 양(孃), 씨(氏) 등 사람의 호칭에 부여되는 의존명사는 괄호 앞뒤에 따라 온다. 바로 앞의 사례는 '김모(17·서울 성북구 돈암동) 군' 등으로 처리된다. 부연하자면, 국내 언론사 사건·사고 기사에서는 특별한 경우가 아닌 한 일반적으로 만 19세 이하는 '군'이나 '양', 그 이상은 모두 '씨'로 처리한다. 하지만 이 '특별한 경우'에 대해서는 매체들이 공통적인 기준을 가지고 있지 않다. 사안을 돋보이게 하려는 시도 등에 따라 달리 적용되는 경우가 종종 발생하기도 한다. 예를 들어 청소년 범죄를 부각하기 위해서 '군' 혹은 '양'을 넣을 때도 있지만, 같은 나이의 피의자나 피해자에게 '씨'를 적용해 벌어진 사안에 대한 책임을 관련자들에게 부가하려는 모습을 피력하기도 한다. 이는 매체들의 자의적 판단에 따른다. 그러나 사안을 건조하게 전달하려는 스트레이트 뉴스라면 일관적이지 않은 기사 작법은 피하는 게 좋다. 즉 일반적인 기준을 만들어놓고 그에 따르는 것이 바람직하다.

나이와 주소 이외에 추가될 수 있는 피의자 정보로 성(性)과 직업이 있을 수 있다. 역시 이 정보들은 독자가 그 범죄 내용이 기사화될 만한 가치가 있는지, 그다음 정보에 관심을 기울일 수 있도록 만들 수 있는지 등에 대한 기자의 판단에 따라 활용된다. 만약 청소년을 보호해야 할 의무가 있는 학교 경찰관이 여중생을 성폭행한 혐의를 받고 있다면 그의 직업이 기사 안에서 공개돼야 한다는 것에 반론을 달 여지는 거의 없다. 스쿨 폴리스를 믿을 수 없다는 사실은 공권력에 대한 불신으로 이어지고, 이는 국민이 세금을 내는 이유가 줄어든다는 것과 맥을 함께할 정도로 중요한 이슈가 될 수 있다.

또 군대 등 특정 성(性)이 대부분인 조직에서 일어난 성폭행 문제를 기사화할 때는 성별(性別)을 드러내야 할 필요도 있다. 사실 성(性)과 직업은 1990년대 중후반까지 거의 기계적으로 사용되던 정보였으나 시대의 흐름 속에서 사용 방법에 변화가 생겼다. 당시까지 일반적인 피의자 정보의 나열 순서는 나·성·직·주(나이·성별·직업·주소)였다. 예를 든다면 '최모(44·여·대학교수·서울 은평구 신사동)씨'가 전형적인 사례다. 하지만 이때 성별 표기는 대부분 여성에게만 적용됐다. '최모(44·대학교수·서울 은평구 신사동)씨'라고 성별 없이 표현되면 이 사람은 남성으로 읽혔다. 시간이 흐르면서 이런 정보 표현은 성적(性的) 차별로 지적됐고, 최근에는 점차 사라지는 추세다. 또 직업도 특별히 기사의 사회적 의미, 기사 안에서 정보를 잇는 호기심 유발의 성격과 관련이 없다면 드러낼 필요가 없다는 지적이 생겼다. 범죄와 연관되면 특정 직업이 마치 사건과 일종의 생래적 관계가 있는 것처럼 비춰질 수 있다는 우려 등이 이유가 됐다. 부연하자면 아직도 나·성·직·주(나이·성별·직업·주소)가 사용되는 경우가 있는데, 이때 성별과 직업, 주소 등의 순서는 매체에 따라 약간의 차이가 나기도 한다. 또 이들 정보가 기사 작성의 측면에서 아주 중요한 정보로 판단되면 괄호 밖으로 빼서 사용하기도 한다. 예를 들어 '전모(31·경찰관·경기 용인시 수지구)씨'의 괄호 안 정보가 기사 핵심 내용과 관련이 있다면, '경찰관인 전모(31·경기 용인시 수지구)씨' 또는 '경기 용인시 수지구의 전모(31)씨' 등으로 바뀌어 표현될 수 있다는 것이다.

이상의 내용을 적용해 검거 기사 첫 번째 단락 사례를 하나 구성해보면 아래와 같다.

검거 기사 첫 단락 사례

> 서울 강남경찰서는 3일 지하철에서 내린 여성들 뒤를 좇아 인적 없는 골목에서 상습적으로 성폭행을 하고 금품을 빼앗은 혐의로 강모(21 · 대학생)씨에 대해 구속영장을 신청했다.

한편 첫 단락에 등장하는 정보 중 '▲▲일'은 기사에 작성된 사건 관련해 체포, 구속영장 신청, 구속, 수배 등 사법 처리가 진행되거나 결정된 날이다. 이렇게 설명하는 이유는 이 날짜가 사건이 발생한 날을 지칭하는지, 아니면 경찰의 사법 처리가 진행된 날인지 헷갈릴 때가 있기 때문이다. 일단 위치는 공식에서 제시한 것처럼 주어(◆◆) 바로 뒤에 두는 것을 우선으로 하나, 오해가 생길 우려가 있을 때는 뒤로 뺀다. 예를 들어 위 기사에서 '3일'은 경찰이 구속영장을 신청한 날을 의미한다. 하지만 독자들은 이날이 강씨가 범행을 저지른 날인지 아니면 경찰이 구속영장을 신청한 날인지 구분을 못할 수 있다. 비록 매체가 오랜 기간 동안 경찰이 사법권을 행사한 날이라는 의미로 적어왔기에 독자들도 그렇게 이해하고 있다고 믿어지지만, 혹시라도 특별한 사유에 의해 중의적으로 해석될 수 있다면 오해의 여지를 없애는 게 맞다. 그리고 어떤 기사들은 내용의 성격 때문에 그런 오해가 발생할 가능성이 높다. 그런 경우 날짜는 '○○에 대해'의 앞이나 뒤에 위치한다. 위 사례를 적용하자면 [서울 강남경찰서는 지하철에서 내린 여성들 뒤를 좇아 인적 없는 골목에서 성폭행을 하고 금품을 빼앗은 혐의로 3일 강모(21·대학생)씨에 대해 구속영장을 신청했다.] 또는 [서울 강남경찰서는 지하철에서 내린 여성들 뒤를 좇아 인적 없는 골목에서 성폭행을 하고 금품을 빼앗은 혐의로 강모(21·대학생)씨에 대해 3일 구속영장을 신청했다.]가 된다.

둘째 단락

두 번째 단락을 시작하는 방법은 크게 두 가지다. 첫 번째는 위에 적은 것[◇◇에 따르면 ○○는 (언제) (어디서) (무엇을) 하는 등 (언제부터 언제까지) (몇 차례에 걸쳐) ▦▦한 혐의를 받고 있다.]처럼 '◇◇에 따르면'이라고 시작하는 것이고, 두 번째는 '◇◇은'이라고 시작하는 것이다. 경찰이 담당하는 사건이면 '경찰에 따르면' 또는 '경찰은'이라고 시작한다는 얘기다. 이들 단락에는 공통적으로 '○○는 (언제) (어디서) (무엇을) 하는 등 (언제부터 언제까지) (몇 차례에 걸쳐) ▦▦한 혐의를 받고 있다.'는 표현이 그대로 들어간다. 두 접근 방법 사이의 차이는 문장을 종결하는 술어에 있다. 만약 첫 번째처럼 적으면 이 문장의 종결 술어가 그냥 '혐의를 받고 있다'가 된다. 두 번째처럼 쓰면 문장은 '혐의를 받고 있다고 밝혔다'가 된다. 두 번째 방법에서는 경찰이 전체 문장의 주어가 되고, 첫 번째 방법에서는 주어는 '○○'이기 때문이다. 첫 번째 방법에서 '경찰에 따르면'이라는 표현은 부사구일 뿐이다. 한 가지 유의할 점은 첫 번째건 두 번째건 여기서는 그냥 '경찰'이라고 적는다는 것이다. 예를 들어 첫 문장에 '서울 강남경찰서'가 등장했다면 이를 이용해 '서울 강남경찰서에 따르면'이라거나 '서울 강남경찰서는'이라는 식으로 쓰지 않는다는 뜻이다. 첫 번째 단락에서 이미 강남경찰서가 해당 사건을 담당하는 것이라는 경찰서라는 게 선언적으로 나타났고, 이로 인해 강남경찰서가 경찰 전체를 대표해 그 사건에 대해 최적의 정보를 제공할 것을 뜻하게 되기에, 그냥 경찰이라고 줄여 표현하는 것이다. 모든 뉴스는 가능하면 한 글자라도 줄이는 게 맞다. 글자 수가 줄어든 만큼 다른 정보를 줄 수 있기 때문이다.

한편 최근에는 '경찰에 따르면'이라는 표현이 빠지기도 한다. 즉 두 번째 단락을 그냥 '○○는 (언제) (어디서) (무엇을) 하는 등 (언제부터 언제까지) (몇 차례에 걸쳐) ▥▥한 혐의를 받고 있다.'고 쓰기도 한다는 것이다. 여기에는 되도록 글자 수를 줄이려는 의도 외에도 현대 저널리즘 스타일에 큰 영향을 미친 영어권 국가들 보도의 인용 적시(Attribution Fitness) 경향이 스며들어 있다. 간단히 설명하자면, 한 단락에 등장하는 정보가 어디로부터 나왔는지 명확히 표현되지 않았을 경우, 그 정보는 해당 단락 앞이나 뒤의 단락에 등장하는 정보원으로 나온 것으로 간주한다는 것이다. 한국 인쇄 매체에서는 앞과 뒤 중 주로 선행 단락의 정보원이 뒤 단락 정보의 주인이 되는 것이 더 일반적이다. 이를 적용하면 두 번째 단락에 '경찰에 따르면'이라는 표현이 없더라도 이미 첫 번째 단락에서 '강남경찰서는'이라는 표현이 나왔기 때문에, '○○이 ▥▥한 혐의를 받고 있다'는 정보는 강남경찰서로부터 얻은 정보로 이해될 수 있다는 얘기다.

여기서 피의자인 ○○는 간단히 성(姓)에 호칭을 나타내는 의존명사 씨(氏), 군(君), 양(孃)등을 붙여 적는다. 첫 단락에서 이미 피의자의 신상 정보가 '김모(17·서울 성북구 돈암동)군', '최아무개(18·서울 은평구 신사동)양', '전모(31·경기 용인시 수지구)씨' 등으로 상세하게 전술됐기에, 그냥 두 번째 단락에서는 '모'나 '아무개'를 빼고 '김군', '최양', '전씨' 등으로 처리한다는 뜻이다. 만약 여기에 김모군, 최아무개양 등 '모'나 '아무개'가 다시 들어가면, 나이나 주소가 병기되지 않더라도 앞서 등장한 '김모(17·서울 성북구 돈암동)군'이나 '최아무개(18·서울 은평구 신사동)양'과 다른 인물로 혼동될 수 있다.

두 번째 단락에는 '구체적' 혐의가 등장한다. 앞서 말했듯이 두 번째 단락에서도 반드시 '혐의를 받고 있다'는 표현이 등장해야 한다. 이 과정에서 '혐의' 표현 앞에 붙는 '▥▥한'이라는 내용도 첫째 단락의 '□□한'과 살짝 다를 수 있다. 혐의 내용을 구체적으로 설명하는 과정에서 단어를 달리 쓰는 경우가 생기기 때문이다. 여기서 구체적인 혐의는 첫째 단락에서 일반적 혐의가 어떤 것을 근거로 구성됐느냐에 따라 달리 서술될 수 있다. 만약 피의자의 범행이 여러 건일 경우, 첫 단락의 일반적 혐의는 여러 범죄의 공통점을 골라 정리하는 방법으로 작성된다. 피해자의 범행이 한 건일 경우에는 그 범죄를 지칭하는 포괄적인 표현이 일반적 혐의에 들어간다. 그리고 그에 따라 두 번째 단락의 구체적 혐의가 구성된다.

만약 여러 건의 범죄 행위 피해자가 주로 여성이거나 지하철 등 대중교통 이용자라면, 여기서 유추된 첫 번째 단락의 일반적 혐의는 '버스나 지하철 등 대중교통 수단을 이용한 여성들의 뒤를 좇아 ~한 혐의'라고 정리될 수 있을 것이다. 여기에 대응하는 두 번째 단락의 구체적 혐의는 피의자가 저지른 것으로 보이는 범행 중 일부를 사례로 들어 보여주는 것을 말한다. 사용되는 사례는 일단 취재해 확보된 범행 내용 중 주로 '제일 처음 저질러진 범죄 행위' 또는 '가장 눈에 띌 정도로 특이·기발·독특한 상황의 범죄 행위' 중 하나가 선택된다. 이때 '(언제) (어디서) (무엇을) 하는 등 (언제부터 언제까지) (몇 차례에 걸쳐) ▩▩한 혐의'에 들어갈 내용들이 함께 결정된다.

첫 단락의 일반적 혐의가 '9개월 동안 지하철에서 내린 여성들 뒤를 좇아 인적 없는 골목에서 상습적으로 금품을 빼앗은 혐의'라고 정리된 사례를 생각해보자. 만약 두 번째 단락의 구체적 혐의 기술을 위해 특별히 눈에 띄는 사례를 사용했다면 그 사례의 발생 시점[지난 3월 4일 오후 11시쯤], 장소[서울 관악구 신림동 지하철 2호선 봉천역에서], 범죄 행위[귀가하던 박모(31·여·회사원)씨의 뒤를 좇다가 역에서 약 500m 떨어진 Q편의점 옆 골목에서 박씨를 위협해 지갑에 든 현금 14만원을 빼앗아 달아나는 등], 범행 기간 및 혐의[지난 1월부터 9월까지 900만원 상당의 금품을 갈취한 혐의] 등으로 표현될 수 있다. 그런데 여기에 들어간 사례가 첫 번째 범행이었다면 표현이 살짝 달라진다. 시점과 장소, 마지막 혐의는 같은데 범행 기간[9월까지]이 달라진다. 즉 '지난 1월부터'라는 표현이 빠진다. 다시 말해 구체적 혐의의 시점이 3월 4일로 나와 있고, 나중에 따라오는 범행 기간에 '언제부터'라는 표현이 빠져 있다면, 피의자의 범죄 행위는 3월부터 시작된 것이라는 뜻이 된다. 이 경우 첫 번째 단락의 표현(9개월 동안)은 '6개월 동안'이 될 것이다. 부연하자면 일반적 혐의는 '빼앗은' 혐의고, 구체적 혐의는 '갈취한' 혐의라고 정리됐다. 첫 단락 '□□한 혐의'와 둘째 단락 '▩▩한 혐의'의 차이다. 똑같은 단어를 사용하지 않는 방법으로 글쓰기의 지루함을 피했다.

한편, 둘째 단락의 전체 주술 관계에서 술어 표현은 '▩▩한 혐의를 받고 있다'가 일반적으로 사용되지만, 아예 '○○는 ▥▥한 혐의다'라고 쓰기도 한다. 원래 '혐의(嫌疑)' 자체가 어떤 범죄를 저질렀다고 의심되는 것 또는 범죄를 저질렀다고 보는 것이라는 뜻을 가지고 있기에, 피의자인 '○○는 ▥▥한 혐의다'에는 '○○가 ▥▥한 범죄를 저질렀다고 보는 것이다'라는 풀이가 적용될 수 있다. 그렇기에 '○○는 ▥▥한 혐의다'는 문법적으로 어색하다. 그렇게 보는 주체가 마치 피의자인 ○○로 오해될 수 있기 때문이다. 하지만 글자 수를 줄인다는 차원에서 활용되고 있는 '○○는 ▥▥한 혐의다'는 '○○는 ▥▥한 혐의를 받고 있다'는 뜻으로 받아들여지는 추세다. 그러나 더 정확한 표현은 '○○는 ▥▥한 혐의를 받고 있다'는 것이 되겠다. 더불어 보자면 과거에는 두 번째 단락에 구체적인 범죄 내용을 적을 때 아예 '혐의'라는 용어를 사용하지 않기도 했다. 1990년대에만 하더라도, 둘째 단락에서 '경찰에 따르면 ○○가 ▥▥한 범죄를 저질렀다' 또는 '경찰에 따르면'이라는 정보 출처 표현 없이 아예 '○○가 ▥▥한 범죄를 저질렀다'고 적는 경우도 종종 등장했다. 그러나 이런 식의 표현에 대한 우려가 높아지면서 두 번째 단락에서의 '혐의' 단어 사용은 일반화하는 추세다.

위 구체적 혐의에 나오는 특징을 다시 한번 적시하자면 특정 시점, 특정 장소, 특정 범죄 행위와 이를 전체적으로 종합하는 범행 기간 및 혐의가 된다. 여기서 잊지 말아야 할 것이 피해자의 구체적 신상 정보 출현이다. 예를 들자면 첫 단락의 일반적 혐의에서 여성이라고 뭉뚱그려 표현된 피해자의 상세 정보가 처음 등장하는 것이다. 노출 수위는 첫 단락에 등장한 피의자 정보에 거의 준한다. 위 사례에서 '박모(31·여·회사원)씨가 그 사례다. 정리하자면 첫 단락 일반적 혐의에서는 피의자의 구체적 신상 정보가, 둘째 단락 구체적 혐의에서는 그에 준하는 수준에서 피해자의 신상 정보가 출현하게 된다. 이는 일반적 혐의가 유추된 범죄 행위가 한 건이건 여러 건이건 상관없이 적용되는 법칙이다.

한편 피의자가 범행을 한 차례만 저질렀고, 리드에서 일반적 혐의가 바로 그 한 번의 범행에 근거해 작성됐을 때는 복수의 범행을 암시하는 표현이 등장할 수 없다. 앞의 사례('9개월 동안 지하철에서 내린 여성들 뒤를 좇아 인적 없는 골목에서 상습적으로 금품을 빼앗은 혐의')를 적용해 바꿔 보면, '지하철을 이용한 여성 승객의 뒤를 좇아 금품을 빼앗은 혐의'가 된다. '9개월 동안'이라는 일정 기간의 표현과 '상습적' 등의 단어가 사라지고, 복수를 가리키는 '(여성)들'이 빠졌다. 두 번째 단락에 등장하는 구체적 혐의에서는 일단 '~하는 등(언제부터 언제까지) (몇 차례에 걸쳐)'이라는 식의 범행 기간 및 혐의 표현이 들어가기 어렵다. 범행은 한 시점에 한 번 일어났기 때문이다. 여러 범죄 행위에서 유추한 구체적 혐의에 들어갔던 '~하는 등'의 표현이 빠진 점은 여기서 조금 더 부연할 만하다. 보통 '등(等)'은 두 개 이상의 말을 이어주거나 열거하며 그 대상이 그만큼만(한정) 또는 그 이상(초과) 존재함을 알리는 표현이다. 이때 '두 개 이상의 말'은 주로 명사 종류일 경우가 많다. 예를 들어 '한국, 중국, 일본 등 3개국', '정치, 경제, 사회 등 다양한 분야'라는 식의 표현이 일반적이다. 하지만 '등(等)'은 '~는'이라는 어미 뒤에 쓰이기도 한다. 이때는 대부분 그 '이상'의 존재(초과)를 알리는 의존명사 역할을 한다. 현재의 설명에 잇자면 기사에 표현된 범죄 행위 '이상'의 범행이 있었음을 알리는 표현이라는 것이다. 결국 여러 범행에서 유추된 구체적 혐의에 사용된 '~하는 등'은 한 건의 범행에서 유추된 구체적 혐의에 사용될 수 없다.

이를 정리해 앞의 사례에 적용해 고쳐보자면, 한 건의 범행에서 유추한 구체적 혐의에는 시점[지난 3월 4일 오후 11시쯤], 장소[서울 관악구 신림동 지하철 2호선 봉천역에서], 범죄 혐의[귀가하던 박모(31·여·회사원)씨의 뒤를 좇다가 역에서 약 500m 떨어진 Q 편의점 옆 골목에서 박씨를 위협해 지갑에 든 현금 14만원을 빼앗아 달아난 혐의]만 들어간다. 여러 건에서 유추한 일반적 혐의에 연동한 구체적 혐의 표현 중 '범죄 행위'와 '범행 기간 및 혐의'로 나뉘었던 부분이 한 건의 범죄에서 일반적 혐의를 뽑아낸 경우에는 구체적 혐의 표현에서 '범죄 혐의' 하나로 합쳐지게 되는 것이다. 이때 알 수 있듯이 범행 한 건에 근거한 첫 단락의 일반적 혐의 표현도 여성, 금품 등 포괄적인 내용에 머문다. 다만 여러 건의 범죄에서 유추한 일반적 혐의에 비해 포괄적인 표현의 수가 대체로 적다. 또 그만큼 두 번째 단락의 구체적 혐의에서도 상세하게 설명할 내용도 적다. 이런 이유로 한 건의 범행이 기사로 만들어져 지면에 등장하는 경우는 많지 않다. 그래서 하나의 범행이 기사화되려면 그 내용이 아주 독특하거나 더욱 기이해야 한다. 하지만 그런 경우에라도 기사로 작성할 때는 주의가 요구된다.

사실 때때로 범행 자체나 그 방법이 익숙하지 않을 정도로 잔인하거나 극악한 부분이 발견되기도 한다. 그래서 이를 보도할지, 또 보도한다면 어느 수위에서 할지 등은 신중하게 결정되어야 한다. 그런 정보를 불편하게 여기는 독자들이 많기 때문이다. 결국 그런 내용의 사용 여부는 범죄의 종류나 당시 사회적 정서 등에 따라 현장 기자와 기사 출고를 담당하는 데스크가 함께 논의해 결정된다. 사회적으로 큰 반향을 일으킬 만하다고 판단되지 않을 때는 아예 기사화되지 않는 경우도 있다.

여러 건의 피의자 범행을 중심으로 했던 위의 첫 단락 사례에 이상의 설명을 적용해 본 검거 기사 두 번째 단락은 아래와 같이 표현될 수 있다.

검거 기사 둘째 단락 사례

Ⓐ (경찰에 따르면) 강씨는 지난 3월 4일 오후 11시쯤 서울 관악구 신림동 지하철 2호선 봉천역에서 귀가하던 박모(31 · 여 · 회사원)씨의 뒤를 좇다가 역에서 약 500m 떨어진 Q 편의점 옆 골목에서 박씨를 위협해 성폭행하고 지갑에 든 현금 14만원을 빼앗아 달아나는 등 지난 1월부터 9월까지 모두 16차례에 걸쳐 성폭력을 행사하고 900만원 상당의 금품을 갈취한 혐의를 받고 있다.

Ⓑ 경찰은 강씨가 지난 3월 4일 오후 11시쯤 서울 관악구 신림동 지하철 2호선 봉천역에서 귀가하던 박모(31 · 여 · 회사원)씨의 뒤를 좇다가 역에서 약 500m 떨어진 Q편의점 옆 골목에서 박씨를 위협해 성폭행하고 지갑에 든 현금 14만원을 빼앗아 달아나는 등 지난 1월부터 9월까지 모두 16차례에 걸쳐 성폭력을 행사하고 900만원 상당의 금품을 갈취한 혐의를 받고 있다고 밝혔다.

셋째 단락

검거 기사 공식의 마지막 부분인 세 번째 단락에서는 피의자의 입장이 들어간다. 더 정확히 말하자면, 피의자의 입장에서 쓰는 게 옳다. 최근 20년 동안의 기사를 보면, 이 세 번째 단락에는 같은 내용이지만 두 가지 형태의 정보가 들어갔다. 하나는 피의자의 입장이고, 다른 하나는 구체적인 경찰 수사 내용이나 상황이다. 이렇게 두 갈래로 설명할 수 있지만 이들은 결국 피의자나 그의 범죄 행위에 대한 추가 정황을 뜻한다. 모두 피의자와 연관된 내용이 주를 이룬다는 의미다. 단 이 정황을 피의자나 경찰의 두 주체 중 누구의 입장에서 적느냐에 따라 두 가지 형태로 구분될 수 있다. 그리고 이때 기사는 되도록 피의자의 입장에서 쓰는 게 옳다.

기본적인 스트레이트 검거 기사 작성에서 이 정보들은 대부분 경찰이 조사한 결과에 근거한다. 기자가 직접 피의자를 만날 수 있는 경우가 드물어, 경찰 조서에 나타난 내용을 가지고 기사를 작성하게 된다는 뜻이다. 결국 여기서 말하는 피의자의 입장이란 조서에 적힌 피의자의 발언 내용이고, 기사에 들어가는 경찰의 수사 내용도 피의자에 대한 경찰 조사 결과다. 경찰 수사 상황은 대체로 피의자 관련 범죄 행위에 대한 조사 관련 묘사다. 기사에 피의자나 경찰 중 누구의 입장에서 이 내용을 적느냐는 바로 이 정보를 어떻게 표현하느냐의 문제로 귀결된다. 위의 사례를 통해 결론부터 논하자면, 피의자를 주체로 했을 때 [강씨는 경찰에서 "~"라고 말했다.]가 되고, 경찰을 주체로 했을 때 [경찰은 "강씨가 '~'고 말했다"고 밝혔다.]가 된다. 피의자 관련 범죄에 대한 수사 상황에 대해서는 [경찰은 ~ 등을 근거로 수사를 확대하고 있다.] 혹은 [경찰 조사 결과 강씨는 ~ 상태였던 것으로 밝혀졌다.] 등의 표현이 나올 수 있다.

이와 관련해 이 책이 제안하는 방법은 피의자(○○)를 주체로 적는 것이다. 일단 [경찰은 "강씨가 '~'고 말했다"고 밝혔다.]보다 [강씨는 경찰에서 "~"라고 말했다.]의 글자 수가 적다. 비록 전자의 표현이 더 정확하게 느껴질 수도 있지만, 후자에 '경찰에서'라는 부분이 들어가 정확성에는 차이가 없다. 또 경찰을 주체로 하는 것보다 피의자를 주체로 하는 것이 범행을 저지른 것으로 의심 받는 사람의 행위가 '의심'에 그친다는 것을 강조할 수도 있다. '자백'에 가까운 내용이 조서에 적혀 있는 경우도 있지만, 적극적으로 피의 사실을 부인하거나 의도되지 않은 상태에서 벌어진 일이라는 회피성 변명을 전하는 때도 있어, 이런 점을 부각할 때는 피의자를 주체로 하는 것이 전반적인 상황을 균형 있게 보도한다는 측면에서 타당하기 때문이다. 즉 기사의 첫 단락과 둘째 단락에서 경찰을 주체로 한 정보가 주를 이루면서 경찰의 입장이 드러났다면, 마지막 단락에서는 피의자의 입장을 대비시키는 쪽으로 기사를 작성하는 것이 전체 정보의 무게 추를 평행하게 만들 수 있다.

여기에 피의자(○○)를 주체로 해서 표기되는 '말했다'와 관련, 추가로 살펴볼 부분이 있다. 기사에서 가장 불편부당한 정보 전달 표현이라고 알려진 것은 '말했다'이다. 여기에 같은 수준으로 여겨지는 것으로 '덧붙였다'가 있다. 이는 '말했다'가 반복적으로 나올 때 지루함을 피하기 위해 사용되는 표현이다. 이외의 표현들은 객관적이지 못한 술어라고 평가받는다(Lee & Koh, 2010). '주장했다', '반박했다', '맞받았다', '되물었다' 등등 주관적 술어라고 알려진 표현들이 많다. 심지어 그냥 평범하게 여겨지는 '설명했다' 등의 술어도 주관적이라는 지적을 받는다. '설명'이라는 표현은 화자(話者)가 관련 정보를 정확하게 알고 있다는 것을 전제하기 때문이라는 것이다. '정확하게'라는 뜻이 또 주관적으로 판단될 수 있기에 거기서 오해를 유발할 만한 술어를 굳이 쓸 필요가 없다. 또 '말했다'를 사용하더라도 거기에 주관적인 부사구 등이 들어가면 옳지 않다는 비판도 있다. '찡그리며 말했다', '웃으며 덧붙였다' 등도 스트레이트 기사에서는 최대한 배제돼야 한다는 것이다. 하지만 실제 현장 기사에서는 '말했다', '덧붙였다' 이외의 술어들이 등장하는 경우가 많다. 그러나 이들은 되도록 사용을 자제해야 하는 술어들이다.

공식에 사용된 약물 기호를 설명하면서 이상의 내용을 조금 더 살펴보도록 하자. 표현[○○는 ◇◇에서 "(자신의 입장)"(이)라고 말했다.]에서 '○○'는 피의자, '◇◇에서'는 수사 당국을 뜻한다. 그리고 '(자신의 입장)'이라고 정리된 것은 피의자의 진술이다. 종종 이 세 번째 단락은 기사에 나타나지 않는 경우도 있다. 역삼각형 스타일을 구사하면서 지면 사정상 사용하지 못할 수도 있고, 아예 이런 발언이 없을 수도 있기 때문이다. 하지만 이 내용은 공식의 완성뿐 아니라 기사와 기자의 안전을 위해서도 필요한 부분이다.

우선 기사에 등장하는 피의자 ○○의 행위는 조사 단계에 있다. 경찰이 붙잡아 조사 중이건 구속영장을 신청했건 심지어 구속했건 아직 형이 확정되지 않은, 즉 조사가 진행 중인 사건이라는 것이다. 그렇기 때문에 첫 번째와 두 번째 단락에서 모두 '혐의'를 붙였다. 이는 피의자의 범행을 완전히 인정하기 어렵다는 것의 반증이기도 하다. 결국 세 번째 단락에 등장하는 피의자의 발언은 정리된 혐의에 대한 반론이 되는 것이 좋다. 그래야 앞선 두 개 단락에 기술된 경찰의 주장뿐 아니라 아직 조사 단계에 있는 그의 입장을 전달할 수 있기 때문이다.

기자가 판사는 아니다. 비록 인간의 인식과 판단의 한계 때문에 논란의 여지는 있지만, 원칙적으로는 항소와 상고를 거쳐 대법원의 최종심을 거칠 경우라야 범행 관련 사실들이 확정된다. 이때는 기사에 피의자나 범인의 반론이 실리지 않아도 조금 더 안심할 수 있다. 이런 배경을 뒤집어 해석한다면, 검거 초기 기사에 피의자의 발언을 실음으로써 언론이 억울한 사람을 양산하지 않기 위한 안전장치를 마련하는 것이라는 취지를 이해하기 쉬울 것이다.

일반적으로 이렇게 공식에 사용될 만한 정보들은 당국의 조서에서 나온다. 기자들이 직접 피의자를 만나고 탐문 취재를 통해 정보를 얻을 수도 있지만 너무 많은 시간과 품이 든다. 또 너무 많은 사건들이 발생한다. 그 사건들을 수사하는 사람들이 경찰이나 검찰 등 당국의 사법 공무원들이다. 그들로부터 얻은 정보로 언론은 사회에 경종을 울리고, 당국은 사회의 안전장치를 공고히 해간다. 이 과정에서 당국은 국민들로부터 그들의 노고를 치하 받고, 언론은 국민들에게 사회 유지를 위한 규범을 전달하며 사회 공기(公器)로서의 의무를 진행한다. 비록 당국의 피의사실 유포가 원칙적으로 금지돼 있으나, 이런 공생 관계는 범죄 정보에 대한 언론과 당국의 협조를 일반화하고 있다. 경찰에서 나온 정보이기는 해도 공식적으로 기록된 것이고, 거기가 아니면 얻을 수 없는 피의자의 반론이기에 기자들은 그 내용을 피의자 반론으로 싣는 것이다.

하지만 이때 언론은 그 정보가 모두 수사 당국에 의해 전달됐다는 점을 잊지 않아야 한다. 그래서 공식의 '◇◇에서'라는 표현이 반드시 필요하다. 이는 기사에 등장한 발언이 피의자로부터 기자가 직접 들은 것이 아니라 당국의 정보에서 나온 것이라는 점을 확인하는 표현이다. 일반적으로 보면 '○○는 ◇◇에게 ~이라고 말했다'는 식으로 적는 게 맞겠으나 기사에서는 '◇◇에게'가 아니라 '◇◇에서'라고 쓴다. 위의 사례로 풀어보면, '강씨는 경찰에게'가 아니라 '강씨는 경찰에서'라고 쓴다는 얘기다. 그 이유는 여기에 등장하는 '경찰'이 경찰관 한 명이 아니라 경찰서를 뜻하기 때문이다. 즉 경찰서에서 말했다는 뜻이다. 아예 이를 더 정확하게 표현하기 위해 '경찰 조사에서'라고 적기도 한다. 조금 더 부연하자면 수사 당국은 경찰만 있는 게 아니다. 만약 첫 번째 단락의 주어가 경찰이 아닌 검찰의 경우, 예를 들어 '서울중앙지검 특부1부(부장검사 박◉◉)'라면, 두 번째 단락은 '검찰에 따르면' 등의 식으로 시작되고, 세 번째 단락에서는 '강씨는 검찰에서'라는 표현이 사용된다. 지금까지의 내용을 성폭행 및 강도 혐의로 강남경찰서가 구속영장을 신청한 강모(21·대학생)씨의 경우를 대입하면 아주 간단한 사례를 만들 수 있다.

검거 기사 셋째 단락 사례

> 강씨는 경찰에서 "3년 동안 사귀던 여자 친구와 지난 2월 헤어진 뒤 홧김에 범행을 저질렀다"고 말했다.

여기서 피의자인 강씨의 자기 해명은 리드에 등장했던 '상습적 성폭행'에 대한 반론일 수 있다. 계획적이고 누적적인 것이 아니라 우발적인 것에 불과했다는 것이다. 수사 결과에 따라 참과 거짓이 밝혀지겠지만, 적어도 경찰 조서 등에 근거해 사용됐을 리드의 '상습적'이라는 단어가 기사 내에서 피의자의 의견을 반영함으로써 기자나 매체에게 덜 위험한 표현으로 자리잡게 된다.

그런데 만약 기자가 피의자로부터 직접 진술을 들었다면 세 번째 단락에 '경찰에서' 혹은 '검찰에서'라는 표현이 필요 없다. 이런 표현이 빠졌을 때는 기자가 직접 들은 것으로 판단하면 된다. 그러나 앞서 말했듯이 대부분 이런 정보는 당국으로부터 전달되기에 이 표현이 없는 경우 해당 정보가 어디서 나왔는지 헷갈릴 수 있다. 그렇기 때문에 기자가 직접 피의자로부터 들은 얘기를 적을 때는 '○○는 본지 기자에게'라는 식으로 명기해줄 때도 있다. 만약 당국으로부터 정보를 얻었는데도 '○○는 ◇◇에서'라는 표현이 없으면 기자나 매체가 위험해질 수 있다. 특히 그 사람의 혐의가 잘못 정리된 경우 명예훼손 소송이 걸릴 수도 있다. 게다가 앞선 첫 번째와 두 번째 단락에서 '혐의'라는 표현이 없을 때는 말할 것도 없다.

반복해 강조하지만 스트레이트의 역삼각형 기사 형태는 정보의 중요한 순서대로 내용을 전달한다. 그렇게 해서 만들어진 기본 공식이 이상 세 가지 단락에 구분된 정보 배열 방식이다. 이 방식은 결국 보도 전반에 스며들어 있는 육하원칙 요소 중 검거 기사에서는 '누구'와 '무엇', '어떻게'를 가장 중요하게 생각하고, 그다음으로 '언제', '어디서', '왜'의 순으로 중요도를 설정하고 있다는 사실을 보여준다. 가장 중요한 정보를 다루는 첫 단락에서 수사 당국(누구)과 피의자(누구)를 등장시켜 피의자의 혐의(무엇)를 보여주고 그에 대한 당국의 사법 처리(어떻게) 내용을 전달하기 때문이다. 그다음으로 중요하게 여겨지는 둘째 단락의 구체적 혐의에서는 피해자(누구), 범행 시점(언제)과 장소(어디)를 상세하게 등장시켜 피의자(누구)의 범행 내용(무엇)을 재차 강조한다. 마지막으로 피의자의 범행 동기(왜)를 물어 기사를 마무리하는 것을 통해 한국 검거 기사의 틀을 확인할 수 있다.

가장 중요하다고 여겨지는 첫 단락에 육하원칙의 모든 내용을 다 넣기는 어렵다. 이 육하원칙은 결국 기사 전반에 흩어져 녹아들어간다. 그중 더 중요한 요소가 역삼각형 스트레이트 공식에서 앞에 배치될 뿐이다. 기본적인 공식이 확대되는 것도 이 틀에서 벗어나지 않는다. 즉 세 단락을 초과해 구성된 확대 스트레이트 기사들도 중요한 내용의 순으로 정보를 전달한다는 뜻이다. 기본적으로는 현재 제공된 순서를 유지하면서 거기에 부연될 만한 정보가 이들 핵심 세 개 단락 주변에 포진한다. 또는 보도 시점이나 사안의 공간적 성격에 따라 특정 내용이 중요하다면 이번에 제시된 공식 이외의 방식으로 기사가 작성된다. 하지만 기본적으로는 이 책에서 소개된 틀이 유지된다. 반대로 아예 한 단락짜리 기사의 경우에는 세 개 단락으로 이뤄진 기본 공식의 첫 번째 단락, 예를 들어 [서울 강남경찰서는 3일 지하철에서 내린 여성들 뒤를 좇아 인적 없는 골목에서 성폭행을 하고 금품을 빼앗은 혐의로 강모(21·대학생)씨에 대해 구속영장을 신청했다.]만 살아남는다. 아니라면 첫 번째와 두 번째 단락의 기사가 합쳐진다. 예를 들면 [서울 강남경찰서는 지난 3월 4일 오후 11시쯤 서울 관악구 신림동 지하철 2호선 봉천역에서 귀가하던 박모(31·여·회사원)씨의 뒤를 좇다가 역에서 약 500m 떨어진 Q편의점 옆 골목에서 박씨를 위협해 지갑에 든 현금 14만원을 빼앗아 달아나는 등 지난 1월부터 9월까지 지하철 여성 승객들을 대상으로 성폭행을 하고 모두 900만원 상당의 금품을 갈취한 혐의로 강모(21·대학생)씨에 대해 3일 구속영장을 신청했다.]와 같은 식이다. 그러나 역시 일반적이지 않기에 세 단락을 유지하는 게 가장 기본적인 전략이 된다. 이상의 사례들을 묶어 완성된 기사를 만들어보면 아래와 같다.

검거 기사 공식 사례 종합

서울 강남경찰서는 3일 지하철에서 내린 여성들 뒤를 좇아 인적 없는 골목에서 상습적으로 성폭행을 하고 금품을 빼앗은 혐의로 강모(21 · 대학생)씨에 대해 구속영장을 신청했다.

경찰은 강씨가 지난 3월 4일 오후 11시쯤 서울 관악구 신림동 지하철 2호선 봉천역에서 귀가하던 박모(31 · 여 · 회사원)씨의 뒤를 좇다가 역에서 약 500m 떨어진 Q편의점 옆 골목에서 박씨를 위협해 성폭행하고 지갑에 든 현금 14만원을 빼앗아 달아나는 등 지난 1월부터 9월까지 모두 16차례에 걸쳐 성폭력을 행사하고 900만원 상당의 금품을 갈취한 혐의를 받고 있다고 밝혔다.

강씨는 경찰에서 "3년 동안 사귀던 여자 친구와 지난 2월 헤어진 뒤 홧김에 범행을 저질렀다"고 말했다.

이제 이상의 내용을 세 가지 종류의 강력 사건인 살인, 강도, 성폭행의 경우에 이어 살펴보겠다. 검거 기사의 공식을 3대 사건 유형으로 나눠 점검해본다는 뜻이다. 필자는 현장에서 실제로 작성된 기사들을 독자들이 둘러봄으로써 역삼각형 기사 공식의 존재를 확인하고 한국적 스트레이트 형태에 익숙해지길 바란다. 이를 위해서는 우선 세 단락으로 이뤄진 기본 공식을 둘러보고, 이를 중심으로 확대된 기사들도 검토해볼 필요가 있다. 단 여기서 말하는 공식들이 수학적인 내용을 담고 있으리라는 기대는 보류하는 것이 좋다는 점을 미리 말해둔다. 세상 사람들의 생활이 획일적이지 않듯 드러나는 사건 현상들도 다양하기에, 위에 소개된 공식들이 수학처럼 정확하게 떨어지지만은 않는다. 예를 들어 앞서 얘기한 것처럼 세 단락짜리 기존 형태의 세 번째 단락에는 피의자 입장에 대한 피의자 자신의 직접 진술 이외에 이에 대한 경찰 수사 내용이나 상황이 들어갈 수 있고, 둘째 단락에서는 기본적인 혐의 내용 이외에 추가 설명이 따라붙을 수도 있다. 심지어 현장 기사에서는 이 책에서 필요하다고 제시한 셋째 단락 내용, 즉 피의자의 반론은 아예 등장하지 않는 경우도 있다. 하지만 기사 내용의 안전함과 형태의 안정성을 위해 세 번째 단락이 필요하다는 것이 이 책의 주장이다. 즉 여기서 말하는 공식은 기사에 근본적으로 들어가야만 하는 당위적 내용들을 담고 있어, 앞서 제기한 내용들만 담으면 가장 기초적인 기사를 작성할 수 있다.

더불어 주의해서 볼 점은 현장 기사들이 독자들의 시선을 끌기 위해 글의 도입부에 전체 기사를 별도 요약해 전달하는 문장을 얹기도 한다는 것이다. 이럴 때는 기본적인 세 단락이 아니라 네 개 단락으로 기사가 작성된다. 하지만 대부분의 경우 이런 시도는 위험하다. 범죄 사실을 피의자에 확정적으로 연계하는 우를 범하기 때문이다. 나중에 발생 및 검거 기사에서 조금 더 부연되겠지만, 이런 식의 시도는 피하는 것이 좋다. 그러나 아직 현장 기사에서는 이런 시도가 많이 나타나고 있다. 이 책에서 전달하는 현장 사례들도 이런 내용을 포함하고 있다. 독자들은 그런 사례들을 이 책에서 만나더라도 되도록 피해야 하는 경우라고 이해해 주길 바란다. 즉 요약된 한 문장 정도의 도입부가 현장 사례로 제시되더라도, 이 책에서 제안하는 세 단락짜리 기본 공식 내용에 집중하기를 권한다. 그게 올바른 스트레이트 뉴스를 작성하는 방법이기 때문이다.

이런 제안들은 확대된 스트레이트 사례들에서 이들 기본적인 스트레이트 공식 세 개 단락에 해당하는 정보가 어떻게 분산됐고, 이들을 중심으로 관련 정보들이 어떻게 배치됐는지도 눈여겨보는 틀이 될 수 있다. 기본 공식 세 개 단락에 해당하는 부분들은 확대 기사 사례에서 활자체를 굵게 하고 밑줄을 그어 강조했다. 확대 기사도 기본 기사를 축으로 한다는 내용을 독자들이 편하게 확인할 수 있도록 하기 위해서다. 사고 기사나 보도자료 이용 기사 사례들도 같은 방법을 사용했다.

아래 사례 중 일부 표현들은 관련자들의 개인 정보 보호 등을 위해 살짝 수정되기도 했다. 예를 들어, 피의자의 실명이 그대로 거론되기도 했던 1990년대 기사에서는 그들의 이름을 익명으로 처리했고, 사안을 가십으로 가볍게 보고 간략히 기사를 처리하면서 문장이 '구속영장을 신청'이라 끊어진 것은 구속영장을 '신청했다'는 형태로 전환했다. 필요할 경우 일부 표준어 표기법이 바뀐 것도 현재식으로 바꿨다. 또한 국내 신문은 관행상 자간 간격을 줄여서라도 정보를 더 많이 준다는 목적으로 아주 심각한 경우가 아니면 국문법에 따른 띄어쓰기를 무시하는 경우가 종종 있는데, 이런 부분은 독자들에게 신문 글쓰기 느낌을 전달한다는 취지에서 일부 그대로 뒀다. 또 사례를 찾는 과정에서 보도 날짜를 적시하는 방법이 매체마다 다른 점이 발견돼, 정확한 날짜 대신 연도와 월만을 매체 이름과 병기해 사례의 출처를 밝혔다. 예를 들어 '《조선일보》 2015년 8월' 정도로만 기록했다는 뜻이다. 이와 더불어 기자의 실명도 이 책에서는 드러내지 않았다. 보도 시점의 상황과 관련, 당시 피의 사실이 이후 사법부에 의해 받아들여지지 않았을 경우 발생할 수 있는 불필요한 마찰을 피하기 위해서다.

관련 내용을 더 자세히 확인하고 싶은 독자들이 있다면, 이 책의 사례에 적혀 있는 제목과 매체명, 기사 내용만으로도 인터넷 등을 통해 원본 기사들을 추적할 수 있으니 그 방법을 활용하면 되겠다. 단, 매체들의 마감 방식에 따라 기사 본문과 제목의 일부 표현이 다른 검색 결과가 나올 수 있다는 것을 유념할 필요가 있다. 그러나 그 차이는 사소할 것이다. 다시 한번 강조하지만 이 책의 공식들은 기사에 꼭 필요한 정보들을 제시하는 방법으로, 관련해 등장하는 아래 사례들을 그 차원에서 학습하고 이해해주길 기대한다. 이상의 설명은 앞으로 소개될 사고 기사나 보도자료 이용 기사에도 적용된다.

현장 검거 기사 사례

① 살인

기본 기사

부산 동부경찰서는 14일 우울증을 앓고 있는 아내를 목 졸라 숨지게 한 혐의로 정모(79)씨에 대해 구속영장을 신청했다고 밝혔다.

경찰에 따르면 정씨는 이날 오전 10시30분쯤 부산 동구 자신의 집에서 우울증을 앓는 아내(74)가 자신을 때리며 괴롭혔다는 이유로 멀티탭 전깃줄로 목을 졸라 살해한 혐의를 받고 있다. 정씨는 아내가 숨지자 "처(妻)를 목졸라 죽였다"며 전화로 경찰에 자진 신고했다.

정씨는 경찰 조사에서 "아내가 2개월 전부터 우울증을 앓았고 이로 인해 다른 가족에게 피해가 가서는 안된다는 생각에 목졸라 살해했다"고 말한 것으로 전해졌다.

_ 《조선일보》 2016년 2월 〈"다른 가족에게 피해줄까봐" 우울증 아내 살해한 70대男〉

전남 순천경찰서는 17일 잡화류 행상을 하는 친구를 따라 하룻동안 상사한 이익금 분배문제로 다투다 친구를 흉기로 찔러 숨지게 한 申○○씨(32·무직·승주군 해룡면 월전리)를 살인혐의로 구속영장을 신청했다.

경찰에 따르면 申씨는 지난 16일 오후 8시쯤 순천시조곡동 모 식당에서 金◇◇씨(32·행상·순천시 조곡동)등 일행 4명과 술을 마시던 중 金씨가 수고비조로 3천원을 건네자, 흉기로 찔러 숨지게 한 혐의를 받고 있다.

경찰에서 申씨는 식기 세척제등 잡화류 행상을 하는 친구 金씨가 일정한 직업이 없는 자신에게 장사를 함께 할 것을 권유했지만 "하루 동안 열심히 일했으나 고작 3천원밖에 주지 않는 데 흥분해 일을 저질렀다"고 후회했다.

_ 《중앙일보》 1994년 8월 〈하루 장사이익금 배분문제로 격분, 친구 살해 30대 구속-순천〉

확대 기사

충남 천안 서북경찰서는 3일 친구 집에 불을 질러 친구의 부모를 숨지게 한 혐의(현주건조물방화)로 A(16)군에 대해 구속영장을 신청했다.

경찰에 따르면 A군은 지난달 25일 오전 3시 충남 천안시 성정동의 한 다가구주택 지하 1층에 세들어 살던 전모(47)씨의 집에 불을 질러 전씨와 전씨의 처(45)를 숨지게 하고, 전씨의 아들(16)을 중태에 빠뜨린 혐의를 받고 있다.

전씨의 아들과 친구사이인 A군은 경찰에서 "담배나 옷가지를 얻으려고 친구의 집 현관문을 열고 들어가서 친구의 이름을 여러 차례 불렀으나 아무런 대답이 없었다"며 "나를 무시한다는 생각에 거실 컴퓨터 책상 위에 놓여 있던 라이터로 이불에 불을 붙였다"고 진술했다.

경찰조사 결과 A군은 자신의 범행을 감추려고 전씨의 집에 불이 난 사실을 119에 신고했던 것으로 드러났다.

경찰관계자는 "화재 목격자 및 신고자인 A군의 신고경위와 행적, 이동경로 등이 경찰의 탐문 내용과 일치하지 않고 일관성도 없어 집중추궁했다"라며 "주변 폐쇄회로TV 등에 찍힌 모습과 라이터 등을 증거로 제시하자 순순히 범행사실을 자백했다"고 말했다. 경찰은 A군을 상대로 정확한 범행 동기를 조사하고 있다.

_《세계일보》 2009년 12월 〈친구 집에 불 질러 부모 숨지게 한 10대 영장〉

전북 임실경찰서는 31일 이웃 주민을 수십 차례 때려 숨지게 한 혐의(상해치사 등)로 이모(57)씨에 대해 구속영장을 신청했다.

경찰에 따르면 이씨는 지난달 29일 오후 8시쯤 임실군 성수면 자신의 집에서 이웃주민 김모(56)씨 부부와 술을 마시다 부부가 말을 듣지 않는다며 나무지팡이로 수십 차례 폭행한 혐의를 받고 있다.

경찰 조사 결과 이씨는 김씨 부부에게 평소 빨래를 맡기고 술 심부름까지 서슴없이 시켜왔으나 자신이 시키는 대로 하지 않았다는 이유로 이 같은 범행을 저지른 것으로 드러났다.

사건 당일 이씨는 여느 때처럼 김씨 부부에게 술 심부름을 시키고 화를 내며 폭행을 했다. 김씨 아내는 술을 마시다 화장실을 가려고 잠시 집으로 갔다가 그대로 잠들었고 다음날 아침 이씨가 다시 집으로 오라는 전화를 받고 가던 중 이씨의 집 대문 앞에 숨져 있는 남편을 발견하고 경찰에 신고했다.

숨진 김씨는 머리 3~4곳에 출혈이 발견됐고 몸 곳곳에 피멍이 들어 있었다. 아내 역시 이씨에게 수차례 맞아 안와골절 등으로 전치 4주의 상해를 입었다.

이씨는 자신의 범행을 숨기기 위해 경찰이 출동하기 전 김씨 아내에게 '남편은 부부싸움을 하다 쓰러진 것으로 하고 당신은 남편에게 맞았다'고 거짓 진술을 강요한 것으로 조사됐다.

경찰은 김씨 아내와 주변 이웃들 증언을 토대로 이씨를 피의자로 지목하고 체포했다. 이씨는 경찰에서 "전날 부부와 술을 마신 것은 맞지만 폭행한 사실은 없다"고 혐의를 전면 부인했다. 간경화로 건강이 좋지 않고 아내도 장애등급을 받지는 않았지만 일반인보다 지능이 낮아 변변한 직업이 없던 김씨 부부는 월세를 내지 않고 이씨 집에 얹혀살면서 궂은 심부름과 폭행에 시달려왔다. 경찰은 김씨 부검 결과 두부 손상과 쇼크에 의한 사망으로 추정하고 이씨를 상대로 정확한 사건 경위와 여죄를 조사하고 있다.

_ 《한국일보》 2016년 7월 〈'말 듣지 않는다' 이웃 살해 50대 구속〉

② 강도

기본 기사

경남 창원 중부경찰서는 9일 택시요금을 지불하지 않으려고 운전기사를 폭행하고 택시를 빼앗아 달아난 혐의(강도)로 정모(30·경남거창군)씨에 대해 구속영장을 신청했다.

경찰에 따르면 정씨는 9일 오전 1시40분쯤 창원시 상남동 상남시장 앞에서 최모(34)씨가 운전하는 택시를 타고 같은 상남동 모 모텔 앞까지 간 후 요금 1800

원을 내지 않고 도주했다가 조금 후 다시 택시를 탔는데 공교롭게도 최씨의 택시였고, 다시 택시요금으로 실랑이를 벌이던 중 최씨를 폭행하고 차량을 빼앗아 달아난 혐의다.

정씨는 경찰 조사에서 "당시 술에 취해 전혀 기억이 나지 않는다"며 선처를 호소했지만 결국 강도 혐의로 구속영장이 신청됐다.

_ 《세계일보》 2005년 5월 〈요금 1800원 안내려고 택시탈취 도주〉

성매매를 미끼로 남성을 여관으로 유인한 뒤 금품을 뜯어낸 10대 남녀 5명이 무더기로 경찰에 붙잡혔다.

충북 청주 상당경찰서는 10일 인터넷 채팅으로 만난 남성들을 협박해 상습적으로 금품을 뜯어낸 김모(17)양 등 5명을 폭력행위 등 처벌에 관한 법률 위반 혐의로 불구속 입건했다.

가출 청소년인 이들은 지난해 11월 초 인터넷 채팅사이트에 올린 성매매 유인성 글을 보고 접근한 박모(27)씨를 청주시 상당구의 한 여관으로 불러낸 뒤 "경찰에 신고하겠다"고 협박해 10만원을 뜯어내는 등 최근까지 6명으로부터 70여만원을 받아 가로챈 혐의를 받고 있다.

경찰은 이들이 생활비와 유흥비 등에 사용하기 위해 범행을 저지른 것으로 보고 여죄를 조사 중이다.

_ 《문화일보》 2011년 1월 〈성매매로 유혹해 돈 뜯은 10대들〉

확대 기사

서울 서초경찰서는 직장을 구하기가 어렵자 승객을 가장해 택시에 승차한 뒤 흉기로 기사를 위협해 택시를 빼앗은 혐의(강도상해)로 K(29)씨에 대해 26일 구속영장을 신청했다.

경찰에 따르면 K씨는 지난 17일 오후 10시 10분께 서울 강남구 삼성동에서 강모

(68)씨가 몰던 개인택시에 승차한 뒤 서초구 내곡동 내곡IC부근에서 가방에 있던 흉기로 강씨를 위협하고 발로 폭행해 택시를 빼앗아 달아난 혐의를 받고 있다.

K씨는 강취한 택시를 몰고 가다 범행을 목격한 다른 택시가 계속 뒤쫓아오자 서초구 양재동 주택가에서 차량 4대를 잇따라 들이받은 뒤 택시를 버리고 달아났지만 차량 안에 지문을 남기는 바람에 경찰에 붙잡혔다.

서울소재 사립대를 졸업한 K씨는 2006년 5월 휴학 중에 강남지역 모 은행 지점에서 아르바이트로 청원경찰일을 하면서 지점장의 승용차를 훔쳤다가 경찰에 붙잡혀 벌금형을 선고받았으며 벌금을 제때 내지 못해 수배를 받아온 것으로 조사됐다.

K씨는 이 때문에 올해 버젓이 대학을 졸업하고도 구직활동을 하는 데 어려움을 겪어왔으며 어머니, 동생과 작은 임대아파트에 살면서 여러가지 경제적인 압박을 받아오다 범행을 결심하게 됐다고 경찰은 전했다.

K씨는 경찰에서 "직장 구하기가 어려워 택시를 빼앗은 뒤 직접 영업을 하며 돈을 벌 생각이었다"고 진술했다.

경찰은 K씨를 상대로 다른 죄가 있는 지를 캐고 있다.

_《연합뉴스》 2007년 10월 〈"취직이 안돼" 대학 졸업생 한밤 택시강도(종합)〉

광주 북부경찰서는 26일 사찰과 상점에 들어가 강도행각을 벌인 혐의(강도상해)로 한모(43)씨를 붙잡아 조사 중이다.

한씨는 지난 25일 오전 3시쯤 광주 북구에서 소규모 사찰을 운영하는 지인 A씨(55)를 흉기로 위협해 현금 8000원을 빼앗은 혐의를 받고 있다. 당시 한씨는 A씨와 함께 술을 마시던 중 "도와주지 않는다"는 이유로 테이프로 양손을 묶은 뒤 돈을 빼앗아 달아났다.

한씨는 또 같은날 오전 6시쯤 광주 북구 우산동 한 철물점에 들어가 주인 부부를 흉기로 위협해 돈을 빼앗으려 했으나 부인 B씨(57·여)가 흉기를 잡고 저항하는 바람에 미수에 그쳤다.

경찰은 일정한 직업 없이 알코올병원을 전전하던 한씨가 생활비를 마련하기 위해 범행을 저지른 것으로 보고 구속영장을 신청할 방침이다. 한씨는 경찰에서 "서울로 달아나기 위해 강도짓을 했다"고 진술했다.

_《중앙일보》 2016년 2월 〈"생활비 없다" 연쇄강도로 돌변한 40대〉

③ 강간(성폭행)

기본 기사

울산 남부경찰서는 19일 소개팅으로 처음 만난 여대생이 노래방에서 술에 취해 잠든 틈을 타 차례로 성폭행한 혐의로 대학생 이모(19), 최모(18)씨 등 2명을 구속하고, 이들이 범행을 하는 동안 망을 본 김모(19)씨를 불구속 입건했다.

경찰에 따르면 이들은 이달 초 여대생 박모(18), 강모(18)씨 등과 울산 남구의 한 노래방에서 소개팅으로 만나 게임에서 틀린 사람에게 술을 먹이는 놀이를 하는 등 함께 시간을 보내다가 여대생 박씨가 술에 취해 잠들자 차례로 성폭행한 혐의를 받고 있다. 경찰은 "당시 여대생 강씨는 술에 취한 채 화장실에 간 상태였고, 함께 자리에 있던 김씨는 이씨와 최씨가 차례로 성폭행하는 동안 외부사람이 알지 못하도록 망을 봤다"고 밝혔다.

이씨와 최씨는 경찰에서 "박씨가 정신을 잃고 잠든 것을 보고 순간적으로 욕정이 생겨 일을 저질렀다"며 "처음부터 성폭행할 생각은 아니었다"고 진술했다.

_《조선일보》 2010년 7월 〈소개팅녀 성폭행 대학생 둘 구속〉

경기 포천경찰서는 18일 비행청소년들을 선도한다며 청소년 선도단체를 만든 뒤 청소년들을 성폭행·감금 폭행해온 한국■■■■■회(회장 박○○) 경기북부지부장 류◇◇(39·서울 서대문구 홍제1동), 사무국장 이△△(34), 사무차장 노●●(34), 상담간사 박◆◆(27), 지도과장 문▲▲(27)씨 5명을 강간 및 강제추행 등 혐의로 구속했다.

경찰은 또 출동대원 장⊙⊙(36)씨를 같은 혐의로 불구속 입건하고 지도부장

이◆◆(35)씨 등 2명을 조사중이다.

경찰에 따르면 류씨 등은 92년 10월1일께 포천군 소흘면 송우리 14-29 사단법인 '한국■■■■■■회' 경기북부지부를 설립한 뒤 같은해 11월19일 오전 3시께 김아무개(16·여)양을 여관으로 끌고가 성폭행했다는 것이다.

경찰조사 결과 류씨 등은 이밖에도 지난해 9월 김아무개(16·여)양이 선도를 받으러 나오지 않는다며 폭행하는 등 성추행·폭행을 일삼아온 것으로 드러났다.

_《한겨레》 1994년 3월 〈청소년 선도회 10대 소녀 성폭행/간부 5명 구속〉

확대 기사

충남 공주에서 주민 9명이 지적장애 여학생을 성폭행해 무더기로 구속됐다.

공주경찰서는 22일 공주시의 한 면에 사는 이아무개(14)양을 성폭행한 혐의(성폭력 범죄의 처벌 및 피해자 보호 등에 관한 법률 위반)로 이아무개(31)씨 등 6명을 구속했다고 밝혔다. 앞서 경찰은 지난 3월 같은 마을 이아무개(76)씨 등 3명을 같은 혐의로 구속했다.

경찰 조사 결과, 구속된 피의자들 가운데 2명은 아버지와 아들 사이로 피해 여학생과 같은 마을 주민이며, 나머지 7명은 이웃 지역에 살고 있었다. 이양이 사는 마을은 주민이 20여가구 50여명이며, 1994년까지 모두 6차례 '범죄 없는 마을'에 선정되기도 했다.

이들은 중등 정도의 정신발육 지체장애가 있는 이양을 2008년부터 지난 2월까지 자신들의 집과 여학생의 집, 차량 등에서 성폭행한 혐의를 받고 있다. 이들 가운데 한 사람은 여학생에게 휴대전화를 사주며 유인한 것으로 밝혀졌다. 다른 피의자들도 여학생이 반항을 하지 못하고 주변 사람들에게 도움을 요청하지 못한다는 사실을 알고 용돈을 주거나 물품을 사주겠다고 유인해 이런 범행을 저질렀다.

지난 3월 초 이양이 평소와 달리 새 휴대전화를 수업중에도 갖고 있는 것을 이상하게 생각한 한 교사가 이 여학생을 상담하는 과정에서 성폭행 사실을 알게 됐으며, 관할 교육청 아동·청소년 상담센터에서 이런 사실을 경찰에 신고하면서 수사가 시작됐다. 경찰 관계자는 "여학생의 어머니 또한 지적장애가 있으며, 이 여학생은 현재 다른 지역의 한 보호시설에서 심리치료를 받고 있다"고 말했다.

피해 여학생은 농사를 짓는 아버지와 어머니, 오빠·남동생과 살고 있었으며, 아버지는 알코올의존증으로 병원 치료를 받느라 집을 비우는 때가 잦았던 것으로 알려졌다.

이양이 다녔던 중학교의 한 교사는 "학교 규모가 작아 평소에는 다른 학생들과 수업을 받고 일주일에 한차례씩 특수교사가 보충지도를 했다"며 "지난 3월 초 경찰 수사가 시작된 뒤 이 학생은 다른 곳으로 전학을 했다"고 말했다.

_《한겨레》 2010년 7월 〈지적장애 소녀 성폭행 혐의 주민 9명 구속〉

중학생들이 대낮에 학교 안에서 같은 반 여학생을 집단 성폭행, 충격을 주고 있다.

경기 가평경찰서는 28일 교내에서 같은 반 여학생을 상습적으로 집단 성폭행한 혐의(성폭력범죄처벌 및 피해자보호 등에 관한 법률위반)로 가평군 모 중학교 3학년 A(14)군 등 4명을 구속하고 B(14)군을 불구속 입건했다. 가담학생 가운데 형사미성년자인 C(13)군은 가정법원에 송치했다.

경찰에 따르면 A군 등은 15일 점심시간을 이용해 같은 반 D(14)양을 교내 무용실로 끌고 가 성폭행하는 등 2월부터 최근까지 교내에서 모두 6차례에 걸쳐 집단으로 성폭행과 성추행한 혐의다. 이들은 D양에게 도구를 이용해 상처를 입히는 등 변태행위도 자행한 것으로 드러났다.

조사결과 A군 등은 2월 초 D양에게 "부모에 대해 할 얘기가 있다"며 교내 병설유치원 놀이터로 유인, 성추행한 뒤 이를 약점 삼아 성폭행해 온 것으로 밝혀졌다. D양은 성폭행이 계속되자 이를 담임교사와 부모에게 알렸으며 부모의 신고로 A군 등은 경찰에 붙잡혔다.

경찰 관계자는 "어린 학생들이 포르노를 비롯한 음란물 동영상 등을 보고 흉내 낸 것 같다"며 "이들이 조사과정에서 죄의식을 거의 느끼지 못하는 걸 보고 오히려 당황했다"고 말했다.

_《한국일보》 2007년 3월 〈학교에서 포르노를 흉내내?〉

2) 발생 기사

누군가 의도를 가지고 다른 사람이나 공동체에 해악을 끼친 행위를 했지만 범인이나 피의자의 신상 정보를 정확히 모를 때 적용하는 스트레이트 작성법이 발생 기사 공식이다. 앞서 말했듯 여기서 범인이나 피의자에 대한 인지(認知) 주체는 경찰이나 검찰 등 수사 당국이 된다. 3단락짜리 발생 기사 기본공식 구성은 일반적 상황-구체적 상황-당국의 수사 현황 등으로 이뤄진다.

발생 기사 기본 공식

> ▲▲일 △△시쯤 ▼▼에서 □□가 발생했다. [▲▲일 △△시쯤 ▼▼에서 ◍◍가 ◐◐를 ◧◧하는 사건이 발생했다.]
>
> (▼▼일) ◆◆에 따르면 ~다. [(▼▼일) ◆◆에 따르면 ◍◍는 (어떻게) ◐◐를 ◧◧했다.]
>
> ◇◇은 ~로 보고 정확한 사건 경위를 조사 중이다. [◇◇은 ◈◈을 토대로 ◎◎이라 보고 정확한 사건 경위를 조사 중이다.]

첫 단락

일시(▲▲일 △△시쯤)가 가장 먼저 나오고 그다음에 따라오는 것이 장소(▼▼)다. 사건 내용(□□)은 첫 번째 단락의 맨 마지막에 등장한다. '□□'를 풀어 쓰면 '◍◍가 ◐◐를 ◧◧하는 사건'이 된다. 첫 단락에 등장하는 것은 모두 사건 자체에 대한 내용이다. 사건 발생 시점과 지점, 그에 대한 일반적 상황 정보라는 뜻이다. 이때 일시의 표현은 일반적으로 ▲▲일로 시작된다. 사건이 발생한 날 기사를 쓰게 되고, 다음날 기사가 나간다면 그냥 '▲▲일'이라고 쓴다. 만약 사건 발생일이 5일이고 바로 다음날인 같은 달 6일 아침 신문에 기사가 나가면 '5일'이라고 쓴다는 얘기다. 만약 사건 발생일이 4일인데 기사가 나가는 날이 6일이라면 그 앞에 '지난'이라는 표현이 붙는다. '지난 4일'이라고 적는다는 뜻이다. 2017년 현재 일요일 신문이 발간되지 않는 조간을 예로 들면, 토요일에 발생한 사건을 기사화할 때 이런 경우가 생긴다. 다음날 신문에 보도하기에는 너무 늦게 정보가 기자에게 전달되거나 묻혀 있던 정보가 갑자기 드러나 결과적으로 하루 이상 늦게 보도하는 경우에도 이런 식으로 기사가 작성된다. 하필 사건 발생이 전달이고 기사가 1일에 나가야 한다면 '지난달 30일' 또는 '지난달 31일'이라고 적는 게 원칙이다. 하지만 최근에는 그냥 '(지난) 30일', '(지난) 31일'이라고 적는 경우도 적지 않게 보인다. 그러나 독자들이 헷갈릴 수 있고, 정확하지 않은 표현이다. 기사가 1월 1일에 나가야 하고 지난해 12월 31일 발생한 사건처럼 고약한 상황도 있다. 과거에는 '구랍(舊臘) 31일'이라는 표현을 썼다. '구랍'은 지난해 마지막 달을 뜻하는 표현이다. 요즘에는 그냥 일반적으로 '지난달 31일'이라는 표현을 사용한다.

여기서 한 가지 더 유의할 점은 한국 신문 기사에서 어제, 오늘, 내일이라는 표현을 피한다는 것이다. 제목에서는 어제, 오늘, 내일 등을 사용하는 경우가 있지만 기사 본문에서는 삼가는 게 일반적이다. 날짜를 사용해 시간이 지난 기사를 찾더라도 그게 언제인지를 조금 더 자세히 알려주려는 모습을 취한다. 미국 신문도 Yesterday, Today, Tomorrow 등의 표현이 기사 본문에 등장하는 것을 피해왔다. 미국 신문 기사 작법의 일반적 전형을 소개하는 《AP Stylebook》은 이를 기사에서 피해야 할 단어로 지정하고 있다. 미국 등 서구의 신문들은 우리나라와 달리 날짜 대신 요일(Day of the Week)을 사용한다. 신문이 발행되는 날과 같은 주 안에서 발생한 일은 그냥 Sunday, Monday, Tuesday, Wednesday, Thursday, Friday, Saturday라고 쓴다. 예를 들어 목요일 발행되는 신문에 같은 주 월요일 발생한 사건을 적을 때는 'On Monday' 하는 식으로 정리하며, 'Last Monday'라고 적지 않는다. 'Last Monday'는 같은 주 월요일이 아니라 한주 이전의 월요일에 발생한 사건의 시점을 칭하는 표현이다. 우리가 24일 발간되는 신문에 21일 발생한 사건을 적을 때 '지난' 21일이라고 하는 것과는 다르다. 서구의 신문들이 그다음 주에 벌어질 사안을 소개할 때는 'Next' Tuesday 등으로 표현한다. 하지만 우리나라는 역시 '29일' 등 날짜를 적는다. 한편 서구 신문의 'Last'나 'Next'는 일주일의 시작을 Sunday로 보는 시각을 중심으로 사용된다.

'△△시쯤'에는 사건 발생 추정 시간을 쓰게 되는데, 이때 '쯤'을 사용하려면 정시나 5분 또는 10분 단위로 쓰는 것이 옳다. 오전 10시 2분쯤, 오전 10시 6분쯤, 오전 10시 8분쯤이 아니라 오전 10시쯤, 오전 10시 5분쯤 또는 오전 10시 10분쯤으로 적는다는 얘기다. 사실 기사에 등장하는 정보는 일반적으로 경찰 등 수사 당국에서 전달하는 것이다. 수사 당국이라도 사건 현장에 있어 발생 시각을 확인하거나 폐쇄회로TV(CCTV) 등을 통해 사건 발생 시각이 기록되는 상황 등을 제외하고는 정확한 시점을 알기 어렵다. 그렇기 때문에 주변 정황 등을 토대로 시간을 추정하는 경우가 많다. 말 그대로 그때 시간은 추정된 내용이다. 그렇기 때문에 6분쯤이나 8분쯤은 5분쯤이나 10분쯤과 큰 차이가 없다. 일반적으로 반올림이나 내림의 시점을 활용하는 게 좋다. 6분이나 8분은 상당히 정확한 시각을 적시하는 의미가 있어, 추정을 뜻하는 '쯤'이라는 단어에 어울리지 않기 때문이다.

참고로 언론사마다 시간 추정에 사용되는 표현이 다르다. 어느 곳은 '쯤'이고, 다른 곳은 '경'이며, 또 다른 곳은 '께'를 쓴다. 각 매체마다 표기 '스타일(Style)'이 다른데, 특정 언론사에서는 계속 같은 표현을 쓰는 게 맞다. 해당 매체 독자들이 그 표현에 익숙해져 있기 때문이다. 지속적으로 특정 표현에 노출되면 다른 표현을 만났을 때 어색해지고, 전체 정보에 대한 신뢰에도 차이가 생긴다. 익숙한 표현을 통해 전달하는 정보에 높은 신뢰감을 보이게 되기 때문이다. 더불어 보자면 밤 0시 0분 1초부터는 오전, 낮 12시 0분 1초부터는 오후라는 표현을 쓰는 게 일반적이다. 과거에는 상오(上午) 또는 하오(下午)를 쓰는 매체도 있었으나, 최근에 이 표현을 쓰는 경우는 거의 없다. 일반적인 경우 외에 특정 시간을 강조하기 위해 가끔 '새벽', '밤' 등의 단어가 사용될 때도 있다. 하지만 스트레이트 기사에서는 드물다. 최근에는 '0시'나 '12시'라는 의미의 혼동이 생기면서 '오후 12시 10분'을 '낮 12시 10분'으로 표현하는 경우도 생기고 있다. 기사에서 '오후 12시 10분'이라는 표현을 봤을 때 갑작스레 드는 이미지가 때에 따라 다를 수 있다는 점을 생각하면 왜 이런 시도가 생기는지 이해가 쉬울 것이다. 밤 12시는 자정, 낮 12시는 정오라 쓰기도 한다.

장소(▼▼)는 일반적으로 앞서 검거 기사에서 소개한 규칙을 따른다. 즉 자치단체–바로 아래 하위단체–그 아래 자치단체 등 세 가지 행정구역을 적어준다는 뜻이다. 전국지는 광역-기초-하위단체 순으로, 지방지는 기초-하위-그 하위단체의 순으로 쓴다. 과거에는 읍면동에 번지수까지 다 적었으나, 피해자는 물론 인근 주민의 사생활 침해 등이 우려된다는 차원에서 이들 세 가지 행정단위만 사용하는 것이 일반화됐다. 하지만 지역을 특정함으로써 공익이 크다고 판단되는 등 특별히 필요한 경우에는 조금 더 자세한 지번을 기록하기도 한다. 예를 들어 한 어린이 놀이터에서 풀리지 않는 사건이 지속적으로 발생한다면, 독자나 국민들의 안전을 위해 특정 지역 지번을 공개할 수도 있다. 하지만 이런 경우, 세심한 주의가 필요하다.

장소를 표현하는 방법은 크게 두 가지다. 피해자를 소개하면서 바로 뒤에 따라 나오는 괄호 안에 주소지를 넣거나, 피해자를 소개하기에 앞서 그 주소를 적는다. 예를 들면 '사채업자 박모(42·경기도 성남시 분당구)씨 집' 또는 '경기도 성남시 분당구 박모(42·사채업)씨 집' 등으로 구분된다. 일반적으로 괄호 안에 가려져 있지 않고 밖으로 빠져나와 본문의 한 요소로 자리 잡는 건 그 정보가 그만큼 중요하다는 걸 뜻한다. 전자는 박씨가 사채업자라는 요인이 중요한 정보이고, 후자는 장소가 중요하다고 봤기에 괄호 밖에 등장했다. 상황에 따라 차이가 있을 수는 있지만 대체적으로 괄호 안과 밖의 정보 의미 크기는 바깥쪽이 더 크다.

사건이 발생한 곳이 유명인과 관련됐거나 유명 장소일 때 위의 경우가 종종 파격을 띨 경우도 있다. 첫 번째 단락인 리드에서 아예 주소지가 나오지 않기도 한다. 예를 들어, 자산 규모 국내 1위 기업 총수 자택이나 정부서울청사 같은 건물에서 사건이 발생했다면 기사의 크기가 달라질 수 있다. 그냥 실명을 사용해 'X그룹 Q회장 자택에 20대로 보이는 남성이 침입' 또는 '정부서울청사에 학생으로 보이는 10대 소년들이 난입' 등의 표현만 리드에 등장하고, 서울 중구 장충동 혹은 서울 종로구 도렴동 등 주소 정보는 두 번째 단락에 넣을 수도 있다는 것이다. 물론 주소 정보를 첫 단락에 넣을 수도 있으나, 이때는 사건 규모에 대한 심각성이 크지 않을 경우다. 사태의 규모가 크면 첫 단락인 리드에 사안과 직접적으로 관련된 핵심 정보만 담고 자세한 시간과 장소 등의 요소는 제외되는 경우가 꽤 있다. 너무 많은 정보가 리드에 들어가면 집중도가 분산돼 강조해서 전달할 정보들이 힘을 잃을 수 있기 때문이다. 그러나 이는 기본적인 사건 공식에서는 예외적인 것들이다. 이후 기사가 세 개 단락 이상으로 확대될 만큼 중요할 때 적용될 수 있는 내용들이다. 이에 대한 자세한 설명은 나중에 사고 기사 공식에서 부연하겠다.

첫 단락에 등장하는 사건 내용(□□)은 사건 개요 수준이다. 즉 일반적 정황이라는 뜻이다. 일반적 혐의를 첫 번째 단락에 쓰고 구체적 혐의를 두 번째 단락에 사용하는 검거 기사 기본 공식과 마찬가지로 발생 기사에서도 일반적 사건 정황을 첫째 단락에, 구체적 정황을 둘째 단락에 적는다. 검거 기사와 다른 점은 피해자의 구체적 신상 정보가 첫 번째 단락부터 등장할 수 있다는 점이다. '□□'를 풀어 쓴 '◍◍가 ◐◐를 ◧◧하는 사건'을 예로 들면, 피의자의 신병을 확보해 그 신상 정보를 확인할 수 있는 검거 기사와 달리, 범인(◍◍)이 누구인지 모르는 발생 기사에는 피해자(◐◐)들의 신상 정보를 첫 단락에 활용하는 것이 일반적이기까지 하다. 물론 이름 전체를 활용하는 것이 아니라 보통 박 모, 김 아무개 등으로 처리하게 된다. 범인(◍◍)에 대한 정보는 당국에서 추정하는 내용을 활용한다. 이때 범행의 동기 등을 확정할 수 있는 표현 등은 피하는 게 좋다. 예를 들어 살인 및 금품 갈취가 동시에 일어난 사건의 경우라도 추정되는 범인(◍◍)을 '20대로 보이는 강도'라고 적는 것은 위험할 수 있다. 금품 갈취를 가장한 살인일 수 있기 때문이다. 이때는 '20대로 보이는 남성'이라고 쓰는 게 안전하다. 비록 수사 전문가인 경찰이나 검찰이 그렇게 본다고 하더라도 정황 증거만으로 확언하기는 힘들다. 심지어 경찰 체포, 검찰 기소 이후에도 피의자의 무죄가 결정될 수 있기에 검거 기사에서도 '혐의'라는 표현이 꼭 들어가야 하는 상황인데, 아직 추정의 의미가 더 큰 발생 기사에서 기자가 먼저 나서 '강도'라고 확언할 필요는 없는 것이다.

피해자의 신상 정보가 드러나는 이유 때문에 발생 기사 첫 단락에 들어가는 일반적 사건 정보는 검거 기사에 비해 구체적인 것으로 느껴진다. 하지만 신상 정보 이외에는 거의 모든 것, 예를 들면, 침입, 살해, 갈취 등의 단어를 통한 일반적 개념화 수준의 통상적 정보가 된다. 어떻게 침입했는지, 어떤 방식으로 살해했는지, 갈취한 액수를 구성하는 물품은 무엇인지 등은 두 번째 단락의 구체적 정황에 등장한다. 이상의 공식을 적용한 첫 번째 단락의 사례를 보면 아래와 같다.

발생 기사 첫 단락 사례

> 16일 오전 9시쯤 경기도 성남시 분당구 박모(42 · 사채업)씨 집에 20대로 보이는 남성이 침입, 박씨와 박씨의 부인 김모(38)씨, 아들(10) 등 3명을 살해한 뒤 1000만원 상당의 금품을 훔쳐 달아난 사건이 발생했다.

여기서 마지막 술어가 달라질 수 있는 점도 알아둘 필요가 있다. '발생했다'는 발생 기사를 공식으로 설명하기에 가장 편한 술어다. 앞에 '~는 사건이'라는 것까지 붙어, 이 표현은 없으면 안 될 정도로 늘 등장해왔다. 하지만 최근 들어 조금씩 변하고 있고, 그 변화는 '~는 사건이 발생했다'는 표현을 없애는 쪽으로 진행되고 있다. 글자를 줄이기 위해서다. 공식에 소개된 상황 개요, 즉 '□□' 자체가 이미 사건 내용이고 그걸 보고 사건이라는 걸 다 알 수 있기에, 굳이 '~는 사건이 발생했다'는 표현을 넣어 말을 길게 늘일 이유가 없다는 것이다. 그래서 최근에는 '~는'을 포함해 그 이후의 부분을 종결 술어로 바꾸기도 한다. 위 사례를 예로 들면 '16일 오전 9시쯤 ~ 금품을 훔쳐 달아났다'가 되는 것이다. 다른 사례로 '찌르고 달아난 사건이 발생했다'를 '찌르고 달아났다'로 고쳐도 된다. 가끔 '~는 사건이 발생해 경찰이 수사에 나섰다'는 식으로 오히려 글자 수를 늘린 표현도 나오지만 신문 기사에는 썩 바람직하지 않다. 한정된 지면에 글자 수를 줄여 정보를 더 줘야 하는 서비스 정신에 맞지 않기 때문이다.

한편 발생 기사는 목격자가 있는 경우가 적지 않아, 그들이 기사 첫 단락에 나오는 경우도 있다. 특히 살인으로 추정되는 사건의 경우는 그 현장을 처음 발견한 사람이 등장한다. 이때 '발생했다' 등의 술어가 '~을 ⊙⊙가 발견, 경찰에 신고했다'는 식으로 바뀐다. 이 역시 심심치 않게 등장하는 표현이다. 이는 '~는 사건이 발생해 경찰이 수사에 나섰다'의 후반부(경찰이 수사에 나섰다)와는 달리, 독자의 궁금증을 풀어주는 정보, 즉 어떻게 그 사건이 드러났는지를 보여주는 데 필요한 내용이다. 불필요하게 글자 수를 늘린다는 지적을 받는 대상이 아니라 적극적으로 사용이 가능한 표현이라는 뜻이다. 정리하자면 기본적으로 '발생했다'를 첫 단락의 술어로 사용하지만 상황에 따라 술어의 변화가 가능할 수 있다.

조금 더 첫 단락 관련 내용을 들여다보자. 앞선 검거 기사 설명에서와 같이 현장에서는 발생 기사의 기본 공식 첫 단락(▲▲일 △△시쯤 ▼▼에서 □□가 발생했다) 앞에 시선 끌기용 도입부를 놓는 경우가 있다. 전체 기사에서 자극적으로 보이는 내용들을 골라 요약 형태로 전달하는 이 문장 때문에 기초적인 사고 기사가 네 개 단락으로 나타나기도 한다. 기본 정보에 대한 추가 내용을 넣어 기사를 확대할 때, 즉 기사 자체가 세 개 단락의 기본 공식을 넘어 다양한 정보가 여러 단락에 걸쳐 추가돼야 할 정도로 심각한 사건을 다룰 때, 이런 전체 내용 요약 리드가 들어가는 경우가 생기기도 한다. 유사한 사건이 잇따라 발생해 사회에 경각심을 불러일으켜야 한다고 판단될 때 매체는 그 유사성을 중심으로 사건 내용을 개념화해 요약 리드를 만든다. 이런 경우 아예 요약 내용이 전체 기사의 첫 리드 단락 역할을 하고, 뒤에 나오는 문단들이 개별적인 내용을 상세히 담으면서 여러 개의 사건 개요를 나눠 소개한다. 하지만 역시 이런 시도는 위험할 때가 많다. 사안에 대한 일부 목격자의 주관적 해석이나 정황 증거만으로 사건을 지나치게 확대 또는 축소할 수 있기 때문이다. 확대 기사에서는 뒤에 나오는 정보들로 요약 리드의 용어들에 대한 설명이 이뤄져 어느 정도 그런 문장을 사용해도 된다는 당위성이 확보되기도 하지만, 그런 설명이 들어갈 자리가 부족한 세 개 단락짜리 기본 기사에 이런 리드가 들어가는 것은 오히려 엉뚱한 오해를 부를 수도 있다. 이런 위험성에 대한 부분은 이후 발생 및 검거 기사에서 조금 더 부연하겠다. 그러나 여기서 재차 확인하고자 하는 바는 이 책에서 제안하는 세 단락짜리 기본 공식 내용에 집중하는 것이 기초적인 사고 기사를 작성하는 데 도움이 될 것이라는 점이다. 확대 기사에서도 기초적인 세 개 단락을 중심으로 주변 정보가 추가된다는 것을 기억할 필요가 있다.

둘째 단락

상황의 개요를 알리는 발생 기사의 첫 번째 단락은 정보의 출처가 뚜렷하지 않다. 그냥 보면 마치 사건을 기자가 직접 본 것과 같은 착각이 들게 한다. 하지만 이 정보는 역시 대체로 경찰이나 검찰 등 수사 당국으로부터 온 정보다. 인용적시(Attribution Fitness) 공식에 따라 정리된 것이라 보면 된다. 즉 바로 앞이나 뒤 문장에 등장하는 취재원으로부터 얻은 정보로 인식될 수 있다는 얘기다. 그리고 이것이 발생 기사 두 번째 단락의 도입부를 결정하게 된다. 결국 두 번째 단락 도입부에는 반드시 '경찰에 따르면' 또는 '경찰은' 등 정례화된 정보원이 등장해야 한다.

이때 생각해봐야 할 부분이 있다. 바로 도입부를 그냥 '경찰'이라고 쓸지 아니면 사건을 담당하고 있는 특정 경찰서 명칭을 쓸지의 문제다. 검거 기사에서는 첫 단락에 특정 경찰서 이름이 나와 두 번째 단락에서 그냥 '경찰에 따르면' 또는 '경찰은'이라고 썼지만, 발생 기사 첫 단락에는 아예 특정 경찰서가 등장하지 않는다. 발생 기사의 경우, 두 번째 단락에서 경찰이 처음 등장하기에, 둘째 단락 도입부에서는 특정 경찰서 이름을 사용해야 한다는 주장이 있다. 예를 들어, 서울에 본부를 둔 중앙지에서는 '서울 강남경찰서에 따르면'이나 '강원 속초경찰서에 따르면', '경기 성남 분당경찰서에 따르면'이라는 식으로 쓰고, 충북 지역 지방지에서는 '청주 흥덕경찰서에 따르면' 등으로 처리한다는 것이다. 과거에는 그냥 '경찰에 따르면'이라는 식으로 적는 경우가 많았고 최근에도 일부 매체가 이런 표현을 계속 사용하는 경우도 발견되는데, 이는 취재원 투명도를 확보해 기사 정보의 신뢰도를 높이기 위해서라도 지양돼야 한다는 주장이다. 하지만 이렇게 특정 경찰서 이름을 적시하는 게 불필요하다는 입장도 있다. 이미 그 지역을 관할하는 수사 당국의 이름이 첫 단락에 등장하기 때문이다. 위 사례의 첫 단락을 보면 사건이 일어난 지역이 '경기도 성남시 분당구'라고 명기돼 있다. 그리고 이 지역에서 일어난 사건을 담당하는 것은 당연히 '경기 성남 분당경찰서'이고 이런 것은 상식에 해당하는데 일부러 경찰서 이름을 적시하는 것은 지면 낭비라는 것이다. 그리고 만약 해당 지역을 관할하는 곳이 아닌 기관에서 사건을 담당하게 될 경우, 그때 정확한 표현을 해줄 수 있다는 것이다. 위 사례의 예를 들면 '이 사건을 수사 중인 경기경찰청 광역수사대는' 또는 '이 사건을 수사 중인 경기경찰청 광역수사대에 따르면' 등의 표현을 넣어주면 된다는 것이다. 현재는 이와 같은 논의가 취재 및 보도 현장에서 이뤄지는 과정이고, 이를 반영하듯 몇몇 매체는 '경찰은' 하는 식으로, 또 다른 매체는

'경기 성남 분당경찰서는'이라는 식으로 적는다.

한편 사건이 발생한 시점과 경찰이 정보를 공개한 시점이 같다면 두 번째 단락은 위와 같이 그냥 '◆◆에 따르면'이라고 시작하면 된다. 하지만 사건 발생과 정보 공개 시점이 다르다면 '◆◆에 따르면' 앞에 정보 공개 시점이 붙는다. 즉 '▼▼일 ◆◆에 따르면'이라고 적는다는 얘기다. 이때 당국의 정보 공개 시점인 ▼▼일은 첫 번째 단락에 등장하는 사건 발생 시점인 ▲▲일과 다르기에, 일반적으로 첫 단락에 나오는 사건 발생 시점인 ▲▲일에는 대개 '지난'이라는 표현이 붙는다. 정보 공개 시점보다 발생 시점이 이를 수밖에 없기 때문이다.

이렇게 시작되는 두 번째 단락에는 첫 번째 단락에 정리된 일반적 사건 개요를 구체적으로 풀어 적는다. 위 첫 번째 단락에 제시된 사건의 일반적 상황을 확대해보자면 박씨의 집은 어떻게 생겼는지, 범인이 그런 집을 어떻게 들어갔는지, 범행에 사용한 흉기는 어떤 것인지, 어떻게 휘둘렀는지, 금품의 종류는 무엇인지, 용의자의 모습은 어땠는지 등이 두 번째 단락에 들어가게 된다. 즉 2층집인지 아파트인지, 창문을 뜯고 들어갔는지 외벽 에어컨 실외기를 밟고 침입했는지, 살해 도구가 칼인지 망치인지, 그래서 찔렀는지 때렸는지, 훔쳐간 금품이 현금인지 보석인지, 용의자의 키나 복장은 어땠는지 등이 묘사된다는 것이다. 첫 단락 예시로 제기된 박씨의 경우를 통해 이런 내용이 어떻게 표현되는지 구체적으로 확인해보도록 하겠다.

발생 기사 둘째 단락 사례

Ⓐ (경기 성남 분당)경찰(서)에 따르면 일요일인 이날 녹색 운동복을 입은 키 170cm가량의 젊은 남성이 2층짜리 박씨 집 1층 안방 창문을 밖에서 드라이버로 뜯고 들어가 늦잠을 자고 있던 박씨의 가슴을 흉기로 찌르는 등 같은 방에 함께 있던 가족 3명을 모두 같은 방법으로 살해하고 200만원 상당의 손목시계와 현금 60만원 등 약 1000만원어치의 금품을 가지고 달아났다.

Ⓑ (경기 성남 분당)경찰(서)은 일요일인 이날 녹색 운동복을 입은 키 170cm가량의 젊은 남성이 2층짜리 박씨 집 1층 안방 창문을 밖에서 드라이버로 뜯고 들어가 늦잠을 자고 있

던 박씨의 가슴을 흉기로 찌르는 등 같은 방에 함께 있던 가족 3명을 모두 같은 방법으로 살해하고 200만원 상당의 손목시계와 현금 60만원 등 약 1000만원어치의 금품을 가지고 달아났다고 말했다.

위 두 사례에는 '(경기 성남 분당)경찰(서)에 따르면'이라고 시작했을 때 '~다'라고 끝나는 술어와 '(경기 성남 분당)경찰(서)은'이라고 했을 때 '~다고 말했다' 등의 술어 차이만 있을 뿐 기술된 범행 내용은 똑같다. 첫 번째 단락에 비해 구체적으로 나타난 요소를 보면 우선 범행 날짜에 '일요일'이라는 정보가 붙어 주말임을 알렸다. 거기에 범인으로 보이는 사람의 키와 옷에 대한 어림이 들어갔다. 첫 단락과 둘째 단락을 종합했을 때 나타나는 일요일 오전 9시라는 정황은 사건 발생 당시 평범한 가정의 오전을 생각게 한다. 흉기와 이를 사용한 방법이 들어가 범행의 잔혹함을 알렸고, 절취된 금품의 사례를 들면서 전체 추정된 물적 피해에 대한 이해를 도왔다.

앞서 얘기한 것처럼 만약 사건 발생과 경찰의 정보 공개가 같은 시점이면 두 번째 단락에 날짜 관련 정보가 꼭 나올 필요는 없다. 이 사례는 사건 발생과 공개 시점이 같은 날이다. 그럼에도 불구하고 일요일이라는 점을 넣은 것은 범죄의 특성을 설명하는 도구가 될 수 있기 때문이다. 오히려 주말이 아닌 주중도 범행 특성이 될 수도 있다. 결국 이런 표현을 넣을지 여부에 대한 판단은 취재 과정에서 생긴다. 단 짧은 기사에서는 많은 설명을 못 하기에 판단의 배경을 적지 못할 때도 있다. 그래서 기사 전체에서 이 표현 때문에 오해가 발생할 여지가 있다면 아예 빼기도 한다. 하지만 오해 발생 여지에 대한 판단도 역시 기자와 매체의 몫이다. 여기서 이런 설명을 하는 이유는 독자들이 혹시 현장기자가 됐을 때 맞닥뜨릴 수 있는 상황을 미리 고민해보라는 취지다.

여기서 사용된 흉기라는 표현은 칼이나 송곳 등 베거나 찌를 수 있는 도구를 뜻한다. 망치나 돌 등 때리거나 내리칠 수 있는 도구가 범행에 사용됐을 때 기사에는 둔기로 표현된다. 이런 표현이 일반화되기 시작한 것은 1990년대 들어서면서부터다. 그전에는 칼이나 송곳, 드라이버 등 사람에 상해를 입힐 때 사용된 도구의 명칭이 그대로 기사에 등장했다. 심지어 회칼이나 식칼 등 용도에 따른 구분도 하고, 손잡이는 몇 cm 고 날 길이는 얼마인지 등의 설명도 나왔다. '몇 kg의 쇳덩이' 등 수치로 표현되기 힘들면 '남자 어른 주먹 크기의 돌덩이' 등으로 묘사하기도 했다. 이런 표현들은 사람들의 이목을 끌기 위한 방법으로 사용됐지만 지나친 선정주의라는 비판을 받으며 점차 흉기나 둔기 등으로 일반화됐다. 그러나 특별히 공익을 위해 범죄의 잔인함 등을 적나라하게 보여줄 필요가 있다고 판단될 때는 지금도 '날 길이 1m가 넘는 일본도와 30~50cm의 회칼' 등의 표현이 등장하기도 한다. 스트레이트 기사를 확대해 조직폭력배 간의 싸움 등을 길게 적을 때의 묘사에 사용되기도 한다. 그래도 이런 표현들은 드물며, 특히 기본적인 공식에는 잘 나오지 않는다.

여하튼 위 사례에 등장하는 대로 '찔렀으니' 범행에 사용된 도구는 흉기다. 둔기였으면 때리거나 내리쳤다는 표현이 사용되는 게 옳다. 흉기나 둔기 모두에 적용될 수 있는 술어는 휘두르는 것이다. '흉기를 휘둘러' 또는 '둔기를 휘둘러' 등의 표현이 사용된다. 사실 이와 같은 정보는 범행이 일어나는 순간 그 현장을 직접 보지 않고서는 정확히 알기 어렵다. 하지만 수사를 오래 해온 경찰관 등 당국의 공무원들은 전문가적 관점에서 또는 주변 탐문 수사나 세세한 조사를 통해 위와 같은 결론을 내리고, 언론에 공개해도 될 정도의 정보를 기자들에 전달한다. 앞선 검거 기사에서와 마찬가지로 발생 기사의 정보들도 수사 당국이 전해준 정보에 의해 기술된다. 하지만 그럼에도 불구하고 아직 정확한 내용이 아닐 수 있기에 이런 정보를 취재원 적시 없이 기사로 쓸 수는 없다. 그렇기 때문에 '경찰에 따르면' 또는 '경찰은 □□라고 말했다'는 식으로 쓴다.

그런데 일부 정보는 경찰이라도 이를 어떻게 확보했을까 하는 궁금증을 불러일으킨다. 사례로 든 발생 기사의 첫 번째와 두 번째 단락을 보면 경찰이 직접 보지도 못했는데 어떻게 박씨 집에 침입한 사람이 녹색 운동복을 입은 키 170cm가량의 20대인지, 그 사람이 안방 창문을 뜯은 도구가 드라이버였는지 등의 정보를 알 수 있었는지는 드러나지 않고 있다. 즉 이 책에서 설명하고 있는 내용을 보지 않으면 알기 어려울 수 있다. 기본적으로 기사는 독자들이 궁금할 만한 내용을 남겨두지 않는 게 원칙이다. 별도의 설명 없이도 이런 궁금증은 되도록 기사 안에서 풀려야 한다.

발생 기사에서 이 궁금증을 푸는 방법은 크게 두 가지다. 하나는 이 두 번째 단락의 표현을 약간 바꾸는 것, 다른 하나는 세 번째 단락에서 위에 전개한 내용과 관련해 추가 정보를 주는 것이다. 첫 번째 경우는 피해자나 목격자의 증언을 두 번째 단락에 담는 것이 주를 이룬다. 피해자나 목격자가 증언을 하는 경우는 대체로 살인이 아닌 강도나 강간의 경우다. 살인 사건의 경우도 일부 생존자가 있으면 그의 발언이 토대가 된다. 구체적으로 보면 [(강도를 당한 택시 운전자) A씨는 경찰에서 "~"라고 말했다.], [(성폭행을 당한 초등학생) B양은 경찰에서 "~"라고 말했다.] 또는 [(생존자) C군은 경찰에서 "~"라고 말했다.]라는 식으로 전개된다. 이는 검거 기사의 세 번째 단락과 유사한 형태를 띤다. 피해자 중 생존자가 없는 위 사례에서 목격자가 있었다고 가정하고, 그의 발언을 담는다면 [목격자 (이웃 주민) D씨는 (경기 성남 분당)경찰(서)에서 "일요일인 이날 녹색 운동복을 입은 키 170cm가량의 젊은 남성이 2층짜리 박씨 집 1층 안방 창문을 밖에서 드라이버로 뜯고 있는 것을 봤다"며 "창문을 고치고 있는 줄 알았다"고 말했다. 경찰은 이 남성이 늦잠을 자고 있던 박씨의 가슴을 흉기로 찌르는 등 같은 방에 함께 있던 가족 세 명을 모두 같은 방법으로 살해하고 200만원 상당의 손목시계와 현금 60만원 등 약 1000만원의 금품을 가지고 달아난 것으로 보고 있다.]는 식으로 약간 표현을 수정하면서 글을 풀어갈 수 있다. 위 사례를 그대로 두고 세 번째 단락에서 궁금증을 푸는 장치는 아래에 소개한다. 여기에 전개되는 당국의 수사 현황에는 지금까지의 조사 내용, 앞으로의 수사 방향 등이 소개된다.

셋째 단락

발생 기사 셋째 단락 [◇◇은 ~로 보고 정확한 사건 경위를 조사 중이다.]에서 '~로 보고' 부분은 당국이 발생 내용에 대한 지금까지의 수사를 근거로 관련 사안을 추정하는 내용을 담고 있다. 그리고 이 부분이 앞서 전개된 두 개 단락의 정보가 어떻게 나왔는지를 설명하는 구실을 한다. 구체적으로는 주변 탐문, 목격자 증언, CCTV 분석에 대한 내용이 나온다. 그에 앞서 문장 전체의 틀을 보자면 주어인 '◇◇은' 다시 당국에 대한 일반적 명칭으로 사용된다. 경찰을 예로 들면, '서울 강남경찰서', '강원 속초

경찰서', '경기 성남 분당경찰서', '청주 흥덕경찰서' 등 특정 경찰서 이름을 쓰는 게 아니라 '경찰'이라고 간단히 적는다는 뜻이다. 검거 기사의 첫째 단락에서 특정 경찰서 이름이 나오고 둘째 단락에서 그냥 '경찰'이라고 적는 것처럼, 발생 기사에서도 둘째 단락에서 특정 경찰서 이름이 나오는 경우가 있기 때문에 이들을 지칭하는 표현이 셋째 단락에 나올 때는 그냥 '경찰'이라고 표현한다. 설혹 둘째 단락에서 특정 경찰서의 이름이 나오지 않았더라도 첫째 단락에서 사건이 발생한 지역이 명기돼 담당 경찰서가 노출됐다고 보기에 셋째 단락에서 그냥 '경찰'이라고 해도 어색하지 않다. 또 발생 기사의 셋째 단락에서 '경찰에 따르면'이라는 부사구는 잘 사용하지 않고, 대체로 '경찰은'이라는 주어를 활용한다는 점도 기억해둘 만하다. 이 문장의 술어가 큰 예외 없이 '정확한 사건 경위를 조사 중이다.'로 끝나기 때문이다. '경찰에 따르면'이라고 문장을 시작하면 이 술어를 책임지기 어렵다.

이렇게 문장 형태가 굳어진 구조 안에서 앞선 단락의 정보가 나오는 근거를 대며 동시에 독자들의 궁금증을 풀어주게 되는 방법은 '◆◆을 토대로 ◎◎이라 보고'라는 내용에 핵심을 둔다. 여기서 '◆◆'는 조사나 분석, 증언, 탐문 등의 방식을 뜻한다. 구체적으로는 간단하게 '국립과학수사연구원의 조사 결과', '현장 감식 결과', '폐쇄회로TV 분석 결과', '목격자들의 증언', '피해자 지인들의 말' 등으로 나타날 때도 있지만, 더 구체적으로 조사나 감식의 결과, 증언이나 말의 내용이 무엇인지를 덧붙여 설명하기도 한다. 예를 들어 '경찰은 국립과학수사연구원의 조사 결과(현장 감식 결과 또는 폐쇄회로 분석 결과 또는 목격자들의 증언 또는 피해자 지인들의 말 등)를 토대로'라고 간단히 쓸 수도 있으나, 아예 '경찰은 피해자들 가슴에 난 상처 깊이와 위치가 모두 일치했다는 국립과학수사연구원의 조사 결과를 토대로', '경찰은 현장 감식 결과 피해자 3명 모두 잠에서 깨어 있었지만 저항한 흔적이 없었던 점으로 미뤄', '경찰은 범행이 이뤄진 시각 박씨 집 밖에서 계속 서성이던 한 여성의 모습이 골목 CCTV에 잡힌 점을 확인하고', '경찰은 오전 9시 10분쯤 박씨 집에서 운동복 차림의 청년이 뛰어 나와 골목을 빠져나가기가 가장 빠른 쪽으로 뛰어갔다는 목격자들의 증언을 근거로', '경찰은 사채업을 하는 박씨가 최근 빌려준 돈 때문에 큰 몸싸움을 벌인 적이 있다는 사무실 직원의 말에 따라'라는 식으로 구체적인 표현을 할 수 있다는 것이다. 여기서 볼 수 있듯이 '~을 토대로'라는 표현은 '~으로 미뤄', '~을 확인하고', '~을 근거로', '~에 따라' 등으로 변형될 수 있다.

그렇게 되면 '◎◎이라 보고' 부분은 이에 맞게 조정된다. 이어서 예를 들면 '전문적인 살인강도 수법에 의한 범행으로 보고', '면식범이 저지른 범행으로 보고', '공범이 있는 것으로 보고', '이 동네 지형을 잘 아는 사람의 소행으로 보고', '범행이 채무 관계에 연관이 있을 것으로 보고' 등의 표현이 자연스럽게 연결될 수 있다는 것이다. 물론 이 부분은 기자의 추측이 아니라 경찰 등 당국의 수사 결과에 기인해야 한다. 이런 자세한 표현을 쓸 것인지의 여부는 취재된 내용이 사안의 정곡을 찔러 사건 해결의 실마리를 제공할 만한 요소인지, 그렇기에 독자의 궁금증을 풀어줄 만한 요소인지에 따라 결정된다. 이런 과정에서 첫 번째와 두 번째 단락의 정보가 CCTV 분석 과정, 목격자 증언 등에 의해 나왔을 수 있다는 점이 확인될 수 있다. 이를 역으로 보면, 첫째와 둘째 단락의 정보도 결국 세 번째 단락의 마무리와 유기적으로 연결되는 내용으로 이뤄져야 한다. 이상의 내용을 토대로 먼저 첫째와 둘째 단락에 이은 셋째 단락 사례를 구성해보면 아래와 같다.

발생 기사 셋째 단락 사례

경찰은 범행이 이뤄진 시각 박씨 집 밖에서 계속 서성이던 한 여성의 모습이 골목 CCTV에 잡힌 점으로 미뤄 공범이 있을 것으로 보고 정확한 사건 경위를 조사 중이다.

이상의 사례들을 연결해 완성된 기사를 만들면 아래와 같은 모습을 갖추게 된다.

발생 기사 공식 사례 종합

16일 오전 9시쯤 경기도 성남시 분당구 박모(42 · 사채업)씨 집에 20대로 보이는 남성이 침입, 박씨와 박씨의 부인 김모(38)씨, 아들(10) 등 3명을 살해한 뒤 1000만원 상당의 금품을 훔쳐 달아난 사건이 발생했다.

(경기 성남 분당)경찰(서)에 따르면 일요일인 이날 녹색 운동복을 입은 키 170cm가량의 젊은 남성이 2층짜리 박씨 집 1층 안방 창문을 밖에서 드라이버로 뜯고 들어가 늦잠을 자고 있던 박씨의 가슴을 흉기로 찌르는 등 같은 방에 함께 있던 가족 3명을 모두 같은 방법으로 살해하고 200만원 상당의 손목시계와 현금 60만원 등 약 1000만원어치의 금품을 가지고 달아났다.

경찰은 범행이 이뤄진 시각 박씨 집 밖에서 계속 서성이던 한 여성의 모습이 골목 CCTV에 잡힌 점으로 미뤄 공범이 있을 것으로 보고 정확한 사건 경위를 조사 중이다.

만약 전체를 이어본 뒤 첫 단락과 두 번째 단락에 반복해 등장하는 '1000만원'이 어색하다고 판단되면 둘째 단락에 나온 '1000만원' 부분을 삭제해도 된다. 그 경우 둘째 단락의 뒷부분은 '200만원 상당의 손목시계와 현금 60만원 등을 가지고 달아났다'고 정리될 수 있다. 그래도 첫 단락의 일반적 혐의 내용을 구체적으로 보여주는 데 큰 지장이 없다.

이제 앞선 검거 기사 때와 마찬가지로 발생 기사도 세 가지 종류의 강력 사건인 살인, 강도, 성폭행에 적용해 살펴보자. 여기에도 역시 기존 공식이 그대로 적용된다는 점을 잊지 말자. 틀은 그대로고 범행이 살인이냐, 강도냐, 강간이냐 등에 따라 내용만 바꿔 넣으면 된다는 뜻이다. 기본적인 세 단락 외에 그 이상의 단락 수로 확대된 경우도 둘러보며 구체적으로 어떤 내용들이 추가될 수 있는지를 확인해볼 필요도 있겠다. 기본적으로는 역삼각형 스트레이트 형태로 기사가 작성된다는 점에서 '중요한 내용'이 기사의 위쪽에 배치되지만, 이 중요한 내용은 사건이 발생한 장소와 시간, 그리고 당시의 사회적 분위기 등 상황에 따라 결정된다. 하지만 역시 기본적으로는 앞서 전개한 세 개 단락의 순서를 따르게 된다.

현장 발생 기사 사례

① 살인

기본 기사

11일 오전 8시쯤 경기 안산시 단원구 대부북동 모 식당 앞에 주차된 승용차 안에서 성인 남녀와 10대 청소년 등 3명이 숨진 채 발견돼 경찰이 수사에 나섰다.

경찰은 목격자로부터 "식당 앞에 주차장 차량 밑에 피가 흘러내린 것 같다"는 112신고를 받고 현장을 확인하던 중 차량 내부 운전석과 조수석, 뒷좌석에서 숨진 이들을 발견했다. 차량 안에서는 연탄이 담긴 화덕이 발견됐으나, 유서가 있는지 등은 확인되지 않았다.

경찰은 차량 소유자와 변사자 등의 인적사항을 조사하는 한편 부검을 통해 사망 원인을 조사할 예정이다.

_《서울신문》 2016년 7월 〈안산 승용차 안에서 일가족 추정 변사체 3구 발견〉

16일 낮 12시쯤 대구시 칠성동 H 다방에서 신원을 알 수 없는 60대 남자가 장모(47·경북 상주시 모서면)씨의 머리에 공기총을 쏴 살해한 뒤 달아났다. 장씨는 그 자리에서 숨졌다.

경찰에 따르면 이날 60대 남자가 공기총을 들고 다방에 들어와 혼자 앉아 있던 장씨에게 다가간 뒤 갑자기 총을 들어 머리와 허리에 두 발을 발사했다. 이 남자는 범행 후 검정색 차량(다이너스티 또는 뉴그랜저)을 타고 대구 동구 쪽으로 달아났다.

경찰은 다방 주인 등 목격자의 진술에 따라 178cm의 키에 청색과 노란색이 섞인 점퍼, 노란색 바지를 입은 이 남자를 수배했다. 경찰은 이 남자가 범행 40분 전쯤 다방에 들어와 주위를 살펴 본 뒤 다시 들어와 범행했다는 목격자 진술로 미뤄 계획적으로 살해한 것으로 보고 있다.

_《중앙일보》 2007년 1월 〈대구에서 공기총 살해 사건 발생〉

확대 기사

21일 오전 7시 58분께 제주시 외도일동 모 어린이집에서 40~50대 부부와 자녀 등 일가족 4명이 숨져 있는 것을 출근한 여교사가 발견, 경찰에 신고했다.

경찰과 제주소방안전본부 등에 따르면 이들은 어린이집 원장 일가족으로 추정되며 남편 고모(52)씨가 아내인 어린이집 원장 양모(40)씨, 중학생 아들(14)과 초등학생 딸(11)을 흉기로 살해한 뒤 스스로 목숨을 끊은 것으로 추정되고 있다.

남편은 2층 계단 난간에 목을 맨 채 발견됐다. 이어 신고를 받고 출동한 경찰이 2층 가정집을 수색하는 과정에서 아내와 아이들이 숨져 있는 것을 발견했다.

고씨와 양씨는 4년 전 재혼한 부부로, 최근 가정 불화를 겪었다는 주변 사람들의 진술이 나오고 있다.

숨진 아이들은 원장 양씨와 전 남편 사이에서 태어난 것으로 알려졌다.

경찰은 "최초 발견자인 교사가 목맨 남성을 발견했고 약간 연기 냄새가 났다"는 진술을 바탕으로 정확한 사건 경위를 조사하고 있다.

_《연합뉴스》 2015년 9월 〈제주서 일가족 4명 숨진채 발견…재혼 남편 범행 추정〉

대낮 등산로에서 대학 여교수가 흉기에 난자당해 살해된 사건이 발생,경찰이 수사에 나섰다.

17일 하오 5시 10분쯤 부산시 금정구 장전2동 금정산 중턱 삼박골 등산로에서 ■■대 법과대 김◆◆ 교수(45 · 여 · 일반사회학과)가 흉기에 가슴등 7곳을 찔려 쓰러져 있는 것을 등산객 노⊙⊙씨(54 · 교사 · 금정구 장전1동)가 발견했으나 곧 숨졌다.

노씨에 따르면 등산을 마치고 산을 내려오던 중 길바닥에 사람이 쓰러져 있어 가보니 김교수가 얼굴과 가슴 등에서 피를 흘리며 신음중이고 옆에 있던 키 1백70cm 가량의 남자가 황급히 산아래로 달아났다는 것. 노씨는 그 남자를 뒤쫓다 포기하고 돌아와 보니 김교수는 이미 숨져 있었다고 말했다.

김교수는 이날 하오 교수 숙소로 찾아온 자녀 2명과 함께 있다 자녀들을 숙소에 남겨둔채 혼자 등산을 간 것으로 경찰조사 결과 밝혀졌다.

경찰은 범행수법이 잔인한 점으로 미뤄 원한이나 치정 · 정신질환자에 의한 범행으로 보고 수사중이다.

_《서울신문》 1996년 3월 〈대낮 등산로서 여교수 피살/"범행 잔인" 원한관계 등 수사〉

② 강도

기본 기사

7일 오후 3시쯤 경남 진주시 대안동 17 대안동■■■금고(이사장 서○○·52)에 스타킹으로 복면을 하고 공기총을 든 강도 2명이 침입, 직원 이◇◇(26), 안△△양(20) 등을 위협, 금고 속에 들어 있던 현금 1천9백만원을 털어 달아났다.

이양등 직원들에 따르면 이들은 이날 사무실에 고객이 없는 틈을 타 스타킹으로 얼굴을 가리고 들어와 이들중 1명은 카운터에 올라서서 공기총으로 돈이 있는 곳을 말하라고 위협, 겁에 질린 이양 등이 금고쪽을 가리키자 나머지 1명이 현금 1천9백만원을 털어 달아났다.

경찰은 시내 개양상평동 등 도주로를 차단, 검문검색을 강화하는 한편 인근 불량배등 주변에 대한 탐문수사를 벌이고 있다.

_《세계일보》 1992년 5월 〈새마을금고 공기총 강도〉

20일 밤 10시쯤 부산 해운대구 우2동 M금은방에 3인조 강도가 침입, 현금과 귀금속 등 3억원어치의 금품을 털어 달아났다.

경찰에 따르면 이들 3인조 강도는 전라도 또는 충청도 말투를 쓰는 키 165~170cm의 남성들로, 손님을 가장하고 금은방에 들어왔다가 강도로 돌변, 혼자 있던 주인 주모(52)씨를 흉기로 위협하고 노끈으로 주씨의 손과 발을 묶은 뒤 금고와 진열장에 있던 귀금속 등 금품 3억원어치를 싹쓸이한 뒤 달아났다. 주씨는 범인들이 달아난 것을 확인하고 비명을 질렀으며, 이를 듣고 달려온 행인들에 의해 풀려났다.

경찰은 금은방이 사람들의 통행이 잦은 도로변에 있고 가게 100m 근방에 경찰 지구대 사무실까지 있는데도 범인들이 대담하게 범행을 저지른 점 등으로 미뤄 전문털이범의 소행으로 보고, 유사한 전과가 있는 사람들을 조사하거나 가게 진열장에서 지문을 채취하는 등 용의자 신원파악에 나섰다.

_ 《조선일보》 2004년 12월 〈금은방 3인조 강도〉

확대 기사

대낮 서울 강남 한복판에서 권총을 든 강도가 은행에 침입해 억대 현금을 빼앗아 달아났다.

20일 오후 5시쯤 서울 강남구 역삼동 국민은행 강남지점 2층 PB센터에 30대 초반으로 보이는 남자 한 명이 권총을 들고 침입해 직원들을 위협한 뒤 현금 1억 500만원을 훔쳐 달아났다.

경찰에 따르면 범인은 이날 3시55분쯤 은행에 들어와 "8억원을 투자할 곳을 찾고 있다."며 지점장 면담요청을 한 뒤 황모(48) 지점장과 1시간가량 상담을 하다 갑자기 권총과 실탄을 꺼내보이며 현금 2억원과 수표 1000만원을 내놓을 것을 요구했다. 황 지점장은 "은행 금고에 이것밖에 없다."며 직원을 시켜 현금 1억 500만원을 보라색 종이가방 2개에 담아 건넸다. 범인은 오후 5시10분쯤 강남역 방향으로 걸어서 도주했다.

황 지점장은 경찰에서 "범인은 175~178cm 정도의 키에 짧은 머리, 진한 감색 양복과 흰색 와이셔츠를 입고 둥글고 짙은 선글라스를 끼고 있었으며 서울 말투를 썼다."면서 "범인이 우리 집과 가족을 알고 있어 신고하지 말라고 협박해 1시간이 지나서야 신고하게 됐다."고 말했다. 사건 당시 센터에는 손님이 없었고 직원만 12명 있었지만 별다른 상해를 입지는 않았다.

한편 경찰은 지난 18일 오후 9시30분쯤 양천구 목동사격장에서 발생한 권총도난 사건 용의자와 이 범인이 동일인물인 것으로 보고 있다. 당시 은행 강도범과 인상착의가 비슷한 인물이 사격장을 찾아와 "실탄 사격장을 자주 찾는 일본인들을 대상으로 하는 관광홍보회사 직원인데 권총 사진을 찍게 해주면 홈페이지에다 홍보해 주겠다."고 요구한 뒤 주인이 한눈을 파는 사이 오스트리아제 삽탄식 9mm 글락(GLOCK)17 권총 1정과 실탄 여러 발을 훔친 뒤 달아났다.

경찰 관계자는 "현재로선 단독 범행으로 보이며 사격장 주인에게 은행 폐쇄회로(CC)TV 화면에 찍힌 용의자와 권총 도난 사건 용의자를 보여준 뒤 두 사람이 동일인물임을 확인, 인근 지하철역과 주차위반 CCTV를 조사하고 있으며 현상금 1000만원을 내걸고 수배 전단지 10만장을 배포해 용의자를 공개수배할 예정"이라고 밝혔다. 신고는 서울 강남경찰서 (02)552-0112로 하면 된다.

_ 《서울신문》 2006년 10월 〈대낮 강남서 은행 권총강도〉

경기도 분당에 있는 현직 경찰서장 두 명의 자택과 관사가 잇따라 도둑을 맞았다.

14일 분당경찰서에 따르면 4일 오후 8시쯤 경기도 A경찰서장의 성남시 분당구 야탑동 S아파트 5층 자택에 2인조 절도범이 침입해 현금 40여만원을 훔쳐 달아났다. A서장은 올 3월 부임해 의정부경찰서 부근 관사에서 생활하고 있으며, 분당 자택에는 대학생 아들이 가끔 다녀가는 정도로 거의 비어 있는 상태였다고 한다. 이 서장은 "경찰에 신고한 도난품(현금 40만원)이 전부"라고 말했다.

이날 밤에는 A서장의 S아파트에서 2km 떨어진 B경찰서장의 관사인 야탑동 K아파트 11층에도 도둑이 침입했다.

분당서 관계자는 "도둑 침입 흔적만 있었을 뿐 도난품은 없었다"고 말했다. 한 서장은 "원래 분당 집이 있기 때문에 관사는 거의 이용하지 않고 있다"고 말했다.

4일에는 두 서장의 자택과 관사뿐 아니라 야탑동의 또 다른 S아파트와 D아파트 2곳도 털리는 사건이 발생했다. S, D아파트에선 현금과 귀금속 등 300만원 상당의 금품이 도난당했다고 신고됐다. 야탑동 반경 1.5~2km 안에 있는 네 곳의 아파트는 범행 당시 모두 집이 비어 있었다고 한다.

수사 관계자는 "네 곳의 절도범들은 빈집털이 동일범으로 보인다"며 "조사 결과 엘리베이터 대신 아파트 계단으로 이동하면서 빈집 여부를 확인한 뒤 철제 공구를 이용해 현관문 잠금장치를 부수고 침입했다"고 말했다. 이어 "경찰서장 집 · 관사를 처음부터 노린 것은 아닌 것 같다"며 "사전답사를 한 뒤 범행 당일 초인종을 누른 뒤 응답이 없으면 범행에 들어간 것"이라고 전했다.

경찰은 아파트 현관과 엘리베이터에 설치된 CCTV(폐쇄회로TV)를 통해 1m70~75cm의 키에 모자가 달린 점퍼를 입은 범인들의 모습을 확보했다.

수사 관계자는 "범인들이 손으로 얼굴을 가려 CCTV로는 신원을 파악하기 어렵다"며 "동일 전과자들을 상대로 탐문수사를 벌이고 있다"고 말했다.

경찰은 사건 발생 이후 집중적인 방범활동과 검문검색을 실시하고 있으나 열흘이 지나도록 결정적인 단서를 찾지 못하고 있다.

_ 《중앙일보》 2008년 12월 〈경찰서장 아파트 잇따라 털렸다〉

③ 강간(성폭행)

기본 기사

27일 0시5분께 서울 서대문구 대현동 럭키아파트 앞길에서 20대 남자 2명이 귀가중인 金모양(25·학생)을 승용치로 끌고가 성폭행한 뒤 도주, 경찰이 수사에 나섰다.

金양에 따르면 이날 귀가하는데 럭키아파트 앞길에서 20대 남자 1명이 길가에 세워둔 붉은색 르망승용차 뒷좌석으로 끌고가 기다리던 20대 운전자 1명과 함께 자신을 마구 때리고 성폭행한 뒤 홍익대 부근에 내려놓고 달아났다는 것.

경찰은 범행을 목격한 럭키아파트 경비원 崔모씨(61)가 진술한 범인들의 인상착의를 토대로 이들의 소재파악에 나서는 한편 동일수법 전과자들을 상대로 수사를 펴고 있다.

_ 《연합뉴스》 1995년 10월 〈20대 2명, 귀가 여대생 성폭행 후 도주〉

8일 오전 1시쯤 서울 강남구 청담동 사거리에서 택시운전기사가 승객 최모씨(39·여)를 흉기로 위협하고 성폭행한 뒤 현금 17만원을 빼앗아 달아났다.

최씨는 경찰에서 "집에 가기 위해 서울1아○○○○호 스텔라택시를 탔는데 갑자기 운전사가 흉기를 들이대며 경기도 성남시 한 비닐하우스로 끌고가 성폭행하고 돈을 빼앗은 뒤 서울에 내려주고 달아났다"고 말했다.

경찰은 차적 조회 결과 이 차량이 서울 ◆◆구 ●●동에 차고를 둔 ◈택시 소속임을 확인하고 택시회사 직원 등을 상대로 조사를 벌여 "이 택시가 사건발생시간에는 운행되지 않았다"는 진술을 받아냈다.

경찰은 누군가 이 택시를 훔쳐 타고 나가 범행을 저지른 것으로 보고 택시회사 주변인물을 대상으로 수사중이다.

_《세계일보》 1995년 5월 〈택시기사 여승객 위협/성폭행 후 돈 강탈 도주〉

확대 기사

등교하던 초등학생이 한 남성에 의해 납치된 뒤 성폭행 당한 사건이 발생해 경찰이 수사를 벌이고 있다.

청주 흥덕경찰서 등에 따르면 30일 오전 8시 10분께 청주시 흥덕구 주택가에서 40대 초반으로 추정되는 남성이 등교하던 A(12·초6)양을 납치, 흰색 코란도에 태워 청원군 한 야산으로 데려가 성폭행했다.

범행 뒤 차 열쇠를 찾지 못한 이 남성은 자신의 차량을 현장에 버려둔 채 A양과 함께 지나가던 화물차를 얻어 타고 청주시 상당구 용암동까지 온 뒤 다시 택시로 상당구 북문로에 도착, 지하상가 앞에서 A양을 내려주고 그대로 달아났다.

A양은 경찰에서 "학교에 가던 중 한 아저씨가 학교까지 태워주겠다고 해 차를 탔는데 이상한 방향으로 데려갔다"고 말한 것으로 알려졌다.

A양은 현재 큰 정신적 충격을 받은 상태며 폭행 등 외상을 입은 흔적은 발견되지 않은 것으로 전해졌다.

경찰은 A양이 진술한 인상착의를 토대로 이 남성의 행방을 쫓는 한편 범행 장소에 버려진 차량에 대한 정밀 감식 작업을 벌이는 등 신원을 특정할 수 있는 단서를 찾는 데 수사력을 모으고 있다.

_《연합뉴스》 2008년 6월 〈청주서 40대男, 등굣길 초등생 납치, 성폭행〉

서울 송파구 잠실과 가락동 일대에서 7~10세 여자아이들이 성폭행 당해 음부에 중상을 입은 사건이 최근 1주일 간격으로 4차례나 연쇄적으로 발생, 경찰이 수사에 나섰다.

경찰에 따르면 26일 오전 9시 30분쯤 송파구 잠실본동 H(7 · 초등학생)양이 우체국에 갔다가 귀가하려다 흉기를 들이댄 20대 중반에 청바지를 입은 까까머리 남자에게 이끌려 인근 다가구주택 5층 옥상에서 성폭행 당하고 음부에 중상을 입어 인근 K병원에 입원, 치료중이다.

이에 앞서 지난 21일 오후 1시쯤 송파구 가락동 P(8 · 초등학생)양이 학원에 갔다 오다 집 부근 건물 옥상에서 성폭행 당하고 같은 병원에서 폭행부위에 대한 봉합수술을 받고 25일 퇴원했다.

또 지난 9일과 15일 오후 6시쯤 각각 잠실과 가락동에서 K(9 · 초등학생)양과 신원이 확인되지 않은 여자어린이(10 · 초등학생)가 흉기로 위협당해 인근 건물 옥상에서 성추행당했고 K양 역시 K병원에서 수술을 받았다.

경찰은 이들 여자어린이가 주로 인적이 드문 건물 옥상에서 성폭행당해 폭행부위를 심하게 다치는 등 피해사례가 유사한데다 범인의 인상착의와 관련, "막내 삼촌 또래 나이에 머리가 짧다"는 피해자들의 진술이 일치함에 따라 변태적인 성격을 지닌 동일범의 소행으로 보고 있다.

경찰은 특히 용의자가 까까머리였다는 피해자들의 진술을 중시, 최근 잠실과 가락동 일대에 거주하는 교도소를 갓 출소한 전과자나 군대를 막 제대한 20~30대 남자들을 대상으로 수사를 벌이고 있다.

_《문화일보》 1997년 8월 〈성폭행후 음부에 중상..1주일간 4건 연쇄발생〉

3) 발생 및 검거 기사

발생 및 검거 기사는 사건이 벌어진 당일 또는 적어도 24시간 안에 용의자가 잡혀 당국에 의한 사법절차가 진행 중인 경우를 다룬다. 기본적으로 이런 상황에서 뉴스는 검거 기사의 형식에 따라 작성된다. 용의자를 알고 있는 마당에 '운동복 차림의 20대' 등 확인되지 않은 정보를 사용해 발생 기사 형태로 기사를 쓰는 것은 말이 되지 않는다. 그럼에도 불구하고 이런 기사를 검거 기사와 구분하는 것은 현재 한국 언론의 관행 때문이다. 이 관행은 특히 뉴스의 여러 가치 중 속보 전달, 즉 방금 일어난 사안을 빨리 전달하는 것을 중요하게 여기는 속성 때문에 생겨났다. 문제는 이 성격이 종종 왜곡된 표현을 자초하는 결과로 이어진다는 데 있다. 여기서는 적지 않게 발생하는 이 문제를 공식 차원에서 짚어보고 이를 극복할 방안도 함께 생각해보겠다.

발생 및 검거 기사는 우선 현장감을 담아 뉴스를 전달하는 식으로 표현된다. 이 현장감은 벌어진 상황을 직접 본 듯이 정리하는 '요약 리드'에 담긴다. 이런 요약 리드는 역삼각형 스트레이트 형태로 정형화된 검거 기사 공식의 도입부 앞에 놓인다. 즉 앞서 소개한 검거 기사 공식의 도입부인 원래 리드 전에 이 요약 리드가 등장한다는 것이다. 결과적으로 발생 및 검거 기사는 세 개의 단락이 아닌 네 개의 단락으로 구성된다. 하지만 여기서 많은 무리가 발생한다. 상황을 드라마틱하게 설명하려다 보니 사건의 배경이나 직접적인 사인(死因) 등 아직 정확하게 밝혀지지 않은 정보를 이 요약 리드에 사용하게 되는 경우가 많다. 특히 '혐의' 등의 표현이 요약 리드에 아예 등장하지 않는 경우도 다반사다. 둘째 단락, 즉 검거 기사의 원래 첫 번째 단락과 유사한 형태의 정보가 담기는 곳에 '혐의'라는 표현이 등장하기는 하지만, 발생 및 검거 기사는 독자들에게 가장 큰 인상을 남기는 첫 단락에 '혐의' 표현을 넣지 않음으로써 용의자를 아예 범인으로 낙인찍는 결과를 내기도 한다는 뜻이다. 종종 언론 현장에서는 검거 24시간 전에 발생한 사건을 다룰 때 일반 검거 기사 리드가 아닌 이런 식의 리드를 사용하기도 한다. 사안을 돋보이게 하기 위해서다. 하지만 특별한 경우가 아니라면 이런 접근은 더더욱 피하는 게 좋다. 현행범이 아니라 범죄 행위의 귀속 여부를 다툴 여지가

질 수 있는데도 '혐의'라는 표현을 함부로 빼는 것은 이후 벌어질 수 있는 명예훼손 관련 법정 논쟁에서 매체와 기자를 불리하게 만드는 요인이 되기 때문이다.

아래는 2005년을 전후해 국내 한 언론사가 쓴 기사를 재구성한 내용이다. 혹시나 모를 마찰을 피하기 위해 등장인물과 피해액만 바꿔 정리했다. 여기에 나타난 표현을 통해 특히 리드와 관련된 발생 및 검거 기사의 불편함을 확인해보자.

전형적인 발생 및 검거 기사 사례

> 아들의 대학 등록금 마련을 위해 빚 갚을 것을 독촉하다 채무자를 흉기로 찔러 숨지게 한 40대 가장이 경찰에 붙잡혔다.
>
> 서울 서대문경찰서는 4일 빌려준 돈을 갚지 않는다며 강모(52 · 자영업)씨를 흉기로 살해한 혐의로 구모(49 · 요식업)씨에 대해 구속영장을 신청했다.
>
> 경찰에 따르면 구씨는 이날 아들(21)의 모 전문대 입학금 마련을 위해 채무자 강씨의 상점을 찾아가 3년 전에 빌려준 돈 800만원을 요구했으나, 강씨가 이를 거절하자 말다툼 끝에 상점에 놓여 있던 흉기로 강씨의 가슴과 허벅지를 10여 차례 찔러 숨지게 한 혐의를 받고 있다.
>
> 구씨는 경찰에서 "채무 변제 기일을 2년이나 넘긴 강씨가 또다시 돈을 줄 수 없다고 버티는 바람에, 3수 끝에 합격한 아들이 입학금 때문에 대학에 못 들어가게 될까봐 화가 나서 범행을 저질렀다"고 말했다.

우선 전체 4개의 단락으로 구성된 이번 기사에서 세 번째[경찰에 따르면 구씨는 ~ 한 혐의를 받고 있다.]와 네 번째[구씨는 경찰에서 "채무 변제 ~ 범행을 저질렀다"고 말했다.] 단락 스타일은 앞서 소개한 일반 검거 기사와 똑같다. 발생 및 검거 기사와 일반 검거 기사의 차이는 첫 두 개 단락에서 난다는 뜻이 된다. 그런데 이 차이는 비교적 단순하다. 발생 및 검거 기사의 첫 두 개 단락은 일반 검거 기사의 첫 단락을 두 개로 쪼갠 형태이기 때문이다. 그리고 이 분리 과정에서 종종 무리한 표현이 등장한다.

위 사례 첫 단락[아들의 대학 등록금 마련을 위해 빚 갚을 것을 독촉하다 채무자를 흉기로 찔러 숨지게 한 40대 가장이 경찰에 붙잡혔다.]를 보면 '채무자를 찌른 40대에게는 아들이 있고, 그 아들이 대학에 다니거나 입학했을 것'이라는 정도의 피의자 관련 정보를 알 수 있다. 그리고 경찰이 붙잡아 조사 중이며, 그 과정에서 이런 점들이 나타났다는 것도 짐작 가능하다. 별 문제 없을 것 같은 이 문장의 큰 맹점은 바로 이런 정보들이 경찰 수사 단계 중 나타난 수준에 불과하다는 것이다. 즉 법원의 판결은 커녕 피의자에 대한 인신 구속에 대한 영장도 발부되지 않은 상태다. 발생 및 검거 기사는 당일 발생한 사건의 피의자를 수사 당국이 확보했을 때 작성되는 것이라는 점, 그리고 피의자 조사 및 그에 따른 구속영장 신청과 청구, 발부 등 일련의 사법 처리 과정이 빨라봤자 통상 하루 이상이 걸린다는 점 등에 비추면 이 문장의 표현, 특히 '찔러 숨지게 한 40대 가장이 붙잡혔다'는 결정적인 오류다. '혐의'라는 표현이 빠졌기 때문이다. 결론부터 말하면 '찔러 숨지게 한 혐의로 40대 가장이 붙잡혔다'라고 적어야 한다.

다시 정리하지만, 대체로 기자는 범행 현장을 직접 보지 못한다. 발생 및 검거 기사에 연관된 가해자들은 일반적으로 현행범이라 지칭되는 경우가 많고, 이 현행범은 범행이 벌어지는 현장 또는 범행 직후 잡힌 사람을 뜻하지만, 이들을 검거하는 경찰 등 수사 당국도 보통은 이들의 범행을 직접 목격하지 못한다. 설혹 목격했다 하더라도 범행을 막지 못했다면 당국의 직무 수행에 문제가 발생한 것으로 여겨질 수 있기에, 발생과 검거가 근소한 시간차에 연달아 일어나는 사건은 여러 차원에서 조심스럽게 다뤄진다. 그런데 사례에 드러난 첫 단락에서 매체는 40대 가장을 '범인'으로 낙인찍었다. '찔러 숨지게 한' 사람이라고 표현했기 때문이다. 이러한 표현이 기사에 등장하면, 기자가 그 사건 현장을 직접 봤다는 뜻이 된다. 비록 바로 다음 문장에서 '서울 서대문경찰서'라고 적어 정보의 출처가 경찰이라는 점을 밝혔다고 주장할 수 있을지는 몰라도, 경찰 조서를 보면 대부분 '혐의'라는 말이 적시되어 있기에 매체가 그 40대 가장을 범인으로 몰았다는 비판을 피하기 어렵다.

약 100년 동안 현재의 골격 안에서 다양한 사건과 사고 등을 수사하고 조사해온 경찰 등 당국은 사안을 보고하고 전달하는 틀을 지속적으로 발전시켜왔고, 그 책임의 범위와 관련한 내용들도 관행화 또는 체계화했다. 범행 현장을 직접 보지 못했을 가능성이 높은 당국은 용의자가 '범인'임을 최종 인정하는 내용을 경찰 조서가 아닌 법원의 판결 기록으로 남긴다. 사건이 종결되기 전까지 용의자는 그런 범죄를 일으킨 것으로 의심을 받는 '피의자'일 뿐이다. 그렇기 때문에 기자는 '찔러 살해한'이라는 표현을 써 대상을 범인으로 낙인찍을 것이 아니라 '찔러 살해한 혐의로'라고 해서 그 대상이 피의자 신분임을 명확히 해야 한다.

그럼에도 불구하고 매체가 위와 같이 피의자가 범인임을 드러내는 식으로 글을 쓰는 이유는 속보를 통해 '현장의 신선함'을 전달할 수 있다고 판단하기 때문이다. 또 경찰 등 사법 당국이 실적을 위해 수사 중인 내용을 마치 결론이 난 것처럼 전달하는 상황도 이런 오류의 이유가 된다. 사실 과거에는 경찰을 정보 출처로 삼아 이렇게 용의자를 범인으로 낙인찍는 식의 표현들이 심심치 않게 등장했다. 당국이 알려준 내용을 전달만 하는 매체는 책임을 피할 수 있다고 봤기 때문이다. 그러나 약 100년 동안의 수사 노하우 발달과 매체와의 관계 정립 등을 거친 당국은 소송 등을 통해 매체에도 책임이 있음을 명확히 했다. 당일 벌어진 사건에 대해 수사도 끝나지 않은 상태에서 기자가 초반의 어수선한 정보를 전달하는 것은 매체 자체의 판단이며, 당국은 그런 상황에서는 공식 발표를 하지 않는다는 입장을 취하기도 한다. 그렇기 때문에 매체는 아무리 속보가 중요하더라도 무리하게 초기 정보를 기사화하는 것은 조심해야 하며, 굳이 써야 한다면 리드에서부터 '혐의'를 넣는 등의 방법을 통해 용의자에 불과한 사람에 대해 펼치는 무리한 낙인 효과를 피해야 한다. 결과적으로 첫 단락은 '아들의 대학 등록금 마련을 위해 빚 갚을 것을 독촉하다 채무자를 흉기로 찔러 숨지게 한 혐의로 40대 가장이 경찰에 붙잡혔다'고 적는 게 안전하다. 이때 술어는 '당국(경찰, 검찰 등)에 붙잡혔다'가 일반적이다. 이는 두 번째 단락에서 약간 더 구체화할 혐의를 이끄는 방식이다.

두 번째 단락은 위 내용을 다시 재구성하는 표현으로 정비된다. 일반 검거 기사에 비해 이 부분은 조금 더 복잡하다. 원래 일반 검거 기사에서 하나의 단락이었던 내용을 두 개의 단락으로 분리했기 때문이다. 세 개 단락으로 이뤄진 일반 검거 기사에서 첫 단락은 일반적 혐의를 담는다. 그리고 두 번째 단락에 구체적 혐의가 등장한다. 앞서 말했던 것과 같이 네 개 단락으로 구성된 발생 및 검거 기사의 첫 두 개 단락은 바로 이 일반적 혐의를 담는 전형적 검거 기사의 첫 번째 단락을 두 개로 나눈 것이다. 간단히 표현하자면 일반 검거 기사의 일반적 혐의가 발생 및 검거 기사의 1-1단락과 1-2단락으로 구분돼 표현된다고 할 수 있겠다.

그런데 이미 1-1단락, 즉 발생 및 검거 기사의 리드에 해당하는 첫 번째 단락에 일반적 혐의 대부분이 나온 상황에서 1-2단락에 이를 재정비해 표현한다는 것은 별 의미가 없다. 결국 1-2단락의 혐의 내용은 일반 검거 기사의 두 번째 단락에 나오는 '구체적 혐의' 내용 중 일부를 끌어올 수밖에 없다. 그 대표적인 정보가 바로 피해자의 신상 정보다. 일반적 혐의만을 다루는 전형적 검거 기사의 첫 번째 단락에는 피의자의 신상 정보만 나오는 게 보통이다. 하지만 이 일반적 혐의를 두 개의 단락에 나누게 되는 발생 및 검거 기사에서는 1-2에 피의자와 피해자의 신상 정보가 같은 수준에서 등장하게 된다. 이때 노출 수준은 일반 검거 기사 첫 단락에 나오는 피의자의 신상 정보 정도다. 즉 나이와 성별, 직업, 주소 등의 기초적인 정보가 나타난다는 뜻이다. 위 사례에서는 이 정보 중 피의자나 피해자의 여타 사생활과는 무관한, 그래서 기사 작성에만 필요하다고 보이는 나이와 직업이 나왔다.

조금 더 설명하자면, 이렇게 피의자와 피해자의 신상 정보를 같은 수준에서 노출시키기 위해 발생 및 검거 기사의 첫 단락, 즉 리드인 1-1단락에 나타나는 피의자의 정보를 원래 일반 검거 기사의 첫 번째 단락에서 등장하는 나이·성별·직업·주소 등 기초 정보보다는 조금 더 막연한 수준으로 조절한다. 위 사례에서는 '40대 가장'으로 표현된 것이 그 결과다. 이를 1-2단락의 '구모(49·요식업)씨'에 비교하면 신상 정보의 막연함과 구체성 차이를 느낄 수 있을 것이다. 결국 발생 및 검거 기사는 1-1단락에 피의자의 막연한 신상 정보를 이용한 일반적 혐의 일부를 담고, 1-2단락에서는 원래 일반 검거 기사에 등장하는 수준의 피의자 신상 정보와 그 수준에 맞춘 피해자 신상 정보, 1-1에서 빠졌던 일반적 혐의 등이 정리돼 첫 두 단락이 완성된다고 볼 수 있겠다. 결론적으로 보면 발생 및 검거 기사의 1-1과 1-2단락에 함께 정비되는 일반적 혐의는 일반 검거 기사의 일반적 협의에 비해 조금 더 구체적이다. 적어도 피해자의 신상 정보가 피의자 신상 정보와 같은 수준에서 노출되고 이 과정에서 주변의 자세한 정보가 일부 함께 배치되기 때문이다. 이를 통해 1-1의 표현 일부가 1-2에서는 조금 더 구체화된다. 앞서 제기한 바와 같이 1-1의 술어는 '당국에 붙잡혔다'이다. 1-2에서 당국은 피의자에 대한 구속영장을 신청하거나 피의자를 구속한다. 즉 '붙잡힌' 모습이 어떠하냐를 조금 더 구체적으로 설명하게 되는 것이다. '구속영장을 신청했다'와 '구속했다' 등은 앞선 일반 검거 기사에서도 소개된 대표적 사법 처리 행위 술어 세 가지 중 두 가지 표현들이다. 그리고 1-1의 '붙잡혔다'는 '붙잡아 조사 중'이라는 또 다른 대표 술어의 변형이다. 만약 기사가 쓰이는 시점에서 피의자가 구속되지 않았거나 구속영장이 신청되지 않은 경우라면, 1-1에서 쓴 '붙잡혔다' 표현에 이어 1-2에서는 위 세 가지 기본 술어 유형과는 약간 다른 술어를 적어야 한다. 보통 기자들은 이런 경우 담당 형사 등 수사 관계자들에 물어 정확한 표현을 구사하게 되는데, 주로 '~혐의로 ~를 (긴급) 체포했다' 등의 표현을 사용한다. 물론 위 사례의 경우 '붙잡아 조사 중'이라고 쓸 수도 있지만 이미 앞서 '붙잡'이라는 음절들이 사용된 것이 불편하다면 다른 발음의 단어들을 사용할 수 있다는 것이다.

이상에서 보는 바와 같이 피의자와 같은 수준의 피해자 신상 정보만 제외하면 발생 및 검거 기사 1-1과 1-2단락에 배치되는 정보들은 보통 수준의 일반적 혐의로 치환할 만한 요소들이기도 하다. 발생 및 검거 기사의 1-1, 1-2, 그리고 세 번째(일반 검거 기사에서는 구체적 혐의를 담는 두 번째 단락)의 정보는 또 다른 예술(Art)을 요구한다. 그에 비하면 발생 및 검거 기사의 네 번째 단락(일반 검거 기사에서는 피의자의 입장을 담는 세 번째 단락)은 전형적 스트레이트 뉴스 관행을 따라가기만 하면 되기에 기술(Skill)로 불릴 정보로 간단한 수준이다.

하지만 이와 같은 첫 두세 단락 작성의 복잡함, 그리고 '혐의'가 자꾸 빠지면서 생기는 위험함 등을 무릅쓰고 발생 및 검거 기사를 사용할 필요가 있느냐는 비판이 계속 제기된다. 현장에서도 발생 및 검거 기사의 첫 번째 단락에 '혐의'가 빠지면서 기자들이 소송 위험에 빠지게 만드는 것은 독자들의 시선을 끌기 위해 벌이는 지나친 모험이라고 지적을 받기도 한다. '초 친다'는 식으로 비판받는 이 리드 단락은 결국 사용하지 말아야 한다는 쪽으로 진행되는 중이다. 하지만 독자들을 텔레비전과 인터넷 매체 등에 빼앗긴다는 위기 위식에 빠진 일부 신문들은 아직 이런 리드에 대한 미련을 버리지 못하고 있다. 결국 이 책은 일단 두 가지 제안을 하고자 한다. 우선 발생 및 검거 기사의 1-1 리드를 쓴다면 그 안에 반드시 '혐의'라는 표현을 포함시킬 것이 그 첫 번째다. 이 경우 1-1(피의자의 막연한 신상 정보와 함께 하는 일반적 혐의), 1-2(나이·성별·직업·주소 등 기초적 수준에서 피의자와 피해자의 신상 정보가 동시에 등장하며 묘사되는 일반적 혐의), 그리고 세 번째 단락(피해자의 구체적 혐의) 등 세 개의 단락에 '혐의'라는 표현이 반복되는 지루함을 감수해야 한다. 두 번째 제안은 신문이 속보(速報)라는 부분에 대한 강박을 탈출하고 발생 및 검거 기사도 일반 검거 기사로 치환하는 방식을 택하라는 것이다. 어차피 방송과 온라인 매체 등과 속보 경쟁을 벌일 수 없는 마당이라면 더 정확하고 안전한 기사를 쓰는 게 오히려 신문 기사의 장점을 살리는 길일 수 있다. 이와 같은 한계를 가진 배경에서 일반 검거 기사와 구분되는 발생 및 검거 기사의 공식을 정리하면 아래와 같다.

발생 및 검거 기사 기본 공식

> □□한 혐의로 ○○가 경찰에 붙잡혔다.
> ◆◆는 ▲▲일 ◐◐를 ◧◧한 혐의로 ◍◍에 대해 구속영장을 신청했다.
> ◇◇에 따르면 ○○는 이날 ▦▦한 혐의를 받고 있다.
> ○○는 ◇◇에서 "(자신의 입장)"(이)라고 말했다.

앞서 설명한 내용을 간략히 정비하는 차원에서 위 공식을 재차 정리하자면 우선 1-1단락[□□한 혐의로 ○○가 경찰에 붙잡혔다.]에서 ○○는 피의자의 막연한 정보다. 마치 발생 기사에 등장하는 정체 모를 범인을 묘사할 때처럼 '~하는 40대' 정도로 적으면 된다. '30대 회사원', '50대 노숙자' 등이 사례가 될 수 있겠다. 혐의 내용[□□]은 일반 검거공식에서의 일반적 혐의 또는 그보다는 조금 더 막연한 수준에서의 혐의 내용을 적을 수 있다. 바로 이어질 다음 단락들을 고려해 이런 정보를 활용한다. 만약 채권-채무 관계라면 첫 단락에 '빚'이라고 쓰고 둘째 단락에는 '등록금을 위한 빚' 또는 '1000만원대 빚', 세 번째 단락에서는 '빚 1,540만원'이라고 점점 구체화해나갈 수 있다. 첫 단락의 술어는 일반적으로 '붙잡혔다'이다. 발생 당일 입건돼 조사가 진행 중이기에 구속 등 신속하고 드라마틱한 사법 절차가 진행되기 어렵기 때문이다. 붙잡은 주체를 여기서는 경찰이라고 썼다. 가장 일반적으로 기사에 등장하는 수사 당국이기 때문이다. 하지만 주체는 검찰 등 다른 기관이 될 수도 있다.

둘째 단락[◆◆는 ▲▲일 ◐◐를 ◧◧한 혐의로 ◍◍에 대해 구속영장을 신청했다.]에서 ◆◆는 '서울 강남경찰서', '부산 금정경찰서' 등 구체적인 경찰서 이름을 적는다. 발생 및 검거 기사에서 ▲▲일을 당국이 피의자를 잡은 날로 볼 것인지, 아니면 사건이 발생한 날로 볼 것인지를 고민할 일이 별로 없다. 대부분 그날 발생해 그날 잡기 때문이다. 그래서 '◆◆는' 다음에 곧장 '▲▲일'이 따라 나온다. ◐◐은 피해자다. 여기에 나이·성별·직업·주소 등 기초적인 신상 정보가 제공된다. ◍◍는 피의자다. 역시 기초적인 수준의 신상 정보와 함께 한다. 둘째 단락의 혐의 내용[◧◧]은 첫 단락의 혐의 내용[□□]에 비해 구체적이다. '□□'와 '◧◧' 등 두 가지의 혐의 내용을 포함한 것은 전형적 검거 기사의 일반적 혐의 내용과 같은 수준이거나 이보다 약간 더 자세한 정보를 담을 수 있다. 하지만 세 번째 단락에 나오는 구체적 혐의보다 더 자세할 수는 없다.

발생 및 검거 기사 세 번째 단락[◇◇에 따르면 ○○는 이날 ▦▦한 혐의를 받고 있다.]에서는 '이날'이라는 표현이 자주 등장한다. 발생과 검거가 함께 이뤄졌기 때문이다. 이 표현이 있어야 발생 및 검거라는 점이 확연해진다. 결국 '이날'은 둘째 단락의 ▲▲일을 지칭한다. 만약 이날(▲▲일) 이외의 또 다른 날짜가 여기 셋째 단락에 등장한다면 이는 발생 및 검거 기사가 아닌 일반 검거 기사로 처리되는 게 맞다. 결국 그런 이유로 발생 및 검거 기사의 세 번째 단락에서는 다양한 혐의(▦▦)의 종합[○○는 (언제) (어디서) (무엇을) 하는 등 (언제부터 언제까지) (몇 차례에 걸쳐)] 표현이 나오지 않는다. 즉 발생 및 검거 기사의 세 번째 단락에 조응하는 일반 검거 기사 두 번째 단락 옵션 중 '피의자가 저질렀을 수 있는 여러 건의 범죄 행위'를 적기 어렵다는 얘기다. 피의자가 과거에 범행을 저질렀더라도 특별한 경우가 아니라면 당일 잡힌 현행범의 과거 행적을 빠른 시간 안에 파악하기도 쉽지 않을 뿐더러, 그런 범행들이 기사의 핵심 내용에 이어질 여지도 확인되기 어렵기 때문이다. 따라서 그렇게 다양한 범행 내용의 종합 대신, 발생 및 검거 기사 세 번째 단락의 혐의([illegible])는 당일 벌어진 사건의 상세한 과정 등을 담게 되는 것이 보통이다. 사례에서 '상점에 놓여 있던 흉기로 강씨의 가슴과 허벅지를 10여 차례 찔러 숨지게 한'이라는 표현이 이에 해당한다. 발생 및 검거 기사 네 번째 단락[○○는 ◇◇에서 "(자신의 입장)"(이)라고 말했다.]의 설명은 기존 일반 검거 기사의 세 번째 단락에 대한 설명과 동일하다. 단, 주로 당일 또는 24시간 안에 발생한 사건의 피의자를 붙잡아 사법 처리를 진행하는 발생 및 검거의 경우, 경찰이 조사 중인 피의자가 현행범일 경우가 많아 아예 이들의 반론이 실리지 않을 때가 많다는 점도 이런 형태의 기사 특성이라고 할 수 있겠다. 즉 범행 주체가 확연해, 아예 기사 내에서는 피의자의 반론 대신 경찰 등 수사 당국이 주장하는 사건 묘사나 사법 처리 사유 등을 더 구체적으로 적기도 한다는 것이다. 그러나 이때도 되도록 피의자의 반론을 싣는 것이 더 바람직하다.

사실 이렇게 사건의 느낌을 생생하게 전달한다는 생각은 당일 발생한 사건의 피의자를 그날 잡지 않고 나중에 붙잡은 경우, 즉 일반적인 검거 기사에 적용되는 경우도 있다. 앞서 제기한 검거 기사의 현장 사례들에도 나타난 현상이다. 그러나 이는 더더욱 피해야 할 내용이다. 발생 기사에서도 이런 요약 리드를 배치하는 경우도 있지만, 이때는 범인이 누구인지 모르는 상황에서, 벌어진 사안에 집중하기에 특정 용의자가 범행 주체임을 확정하는 위험은 덜하다. 그러나 이 역시 목격자나 수사 당국의 주관적 편견을 전달할 수 있어 바람직하지는 않다. 앞에서도 거론했지만 아래 현장 기사를 보면서 왜 이 책에서 제안하듯이 되도록 확정적 요약 리드를 배제하는 것이 필요한지를 더 고민해보자.

◎ 40代 "배 구경 가자" 꼬여… 추행후 바다에 던져

이웃집 여자어린이와 남자어린이 등 2명을 유괴한 뒤 살해하고 시체를 바다에 버린 40대가 경찰에 붙잡혔다.

부산 남부경찰서는 17일 김모(38·부산시 수영구)씨의 아들 ○○(7)군과 정모(여·42)씨의 딸 문◇◇(5)양을 유괴·살해한 혐의 등으로 張◆◆(장△△·43)씨에 대해 구속영장을 신청했다. 경찰에 따르면 張씨는 지난 15일 오후8시50분쯤 부산시 수영구 광안1동 충남슈퍼 앞에서 놀고있던 문양과 김군에게 "배를 구경시켜줄테니 같이 놀자"고 꾀어 끌고 가 김군을 목 졸라 살해하고 문양도 성추행한 뒤 살해, 바다에 버린 혐의를 받고 있다.

張씨는 시체를 숨기기 위해 문양과 김군을 비닐로 씌우고 밧줄과 쇠파이프등으로 묶어 정박중인 해성호와 금양호사이 바다밑으로 던진 것으로 밝혀졌다.

경찰은 16일 오후 張씨가 아이들을 데리고 가는 것을 봤다는 인근주민의 신고에 따라 張씨를 붙잡아 추궁끝에 범행일체를 자백받고 수색작업을 벌여 이날 오후7시쯤과 17일 오전9시25분쯤 사고해역에 가라앉아있던 김군과 문양의 시체를 각각 인양했다.

張씨는 경찰조사에서 "술에 만취된 상태에서 안면이 있는 여자아이를 보는 순간 성폭행하고 싶은 마음이 나 문양과 같이있던 김군을 함께 유괴, 살해했다"고 말했다.

_《문화일보》 1998년 11월 〈어린이 2명유괴 성추행 살해 40대 용의자 검거〉

이 사례는 이틀 전 발생한 사건의 피의자를 붙잡았다는 내용을 담았다. 이는 일반적인 검거 기사로 [부산 남부경찰서는 이웃집 어린이를 놀자고 꾀어 유괴한 뒤 살해한 혐의로 張◆◆(장○○·43)씨에 대해 구속영장을 신청했다.]와 같이 적으면 된다. 하지만 이 기사는 당일 발생하지도 않은 사건 피의자를 붙잡아 사법 처리하는 과정의 내용을 굳이 발생 및 검거 기사 형태로 적었다. 이런 접근은 결국 사안의 현장감을 살리기 위한 것이다. 그러나 현장 기사의 첫 단락에서는 '혐의'라는 내용을 담지 않아, 매체와

소속기자는 피의자에게 범행의 책임을 그대로 덮어씌우는 위험을 떠안았다. 아무리 장씨의 경찰 조서 자백 내용이 있다고 하더라도 자백이 그의 의지에 따른 것인지는 나중에 재차 확인해야 할 요소다. 그렇기 때문에 '혐의'라는 내용이 첫 단락부터 들어가야 한다. 더욱이 이 기사는 피의자 검거 이틀 전 발생한 범죄 내용을 다룬다. 현장감을 이유로 '혐의'를 빼는 위험을 감수할 이유가 더더욱 없다. 만일 요약 리드를 사용해 현장성을 살리더라도 꼭 '혐의'라는 표현은 첫 단락부터 들어가야 한다.

이상에서 설명한 발생 및 검거 기사 역시 일반 검거 또는 발생 기사와 동일하게 세 가지 종류의 강력 사건인 살인, 강도, 강간에 적용해볼 수 있다. 역시 틀은 그대로 유지한 채 살인, 강도, 강간 등 범행 내용에 따라 기사를 작성하면 된다. 여기서는 검거 기사로 대치되는 내용은 빼고 1-1와 1-2를 포함해 네 개 단락으로 구성된 기본 기사, 그리고 이 틀을 활용해 그 이상의 단락 수로 확대된 경우를 둘러보면 20년 이상 지속적으로 활용된 관련 기사의 공식을 확인할 수 있을 것이다. 네 개 이상의 단락으로 확대된 기사에 등장하는 정보의 순서는 역시 사건 발생 당시의 상황에 따라 결정될 수 있다는 점을 유의하면 되겠다. 한국의 매체들이 이 책에서 제안하는 주의 요소들(요약 리드를 배제하거나, 사용하더라도 그 안에 '혐의'를 적어야 한다는 점)을 적극적으로 활용하지 않는다는 것을 생각하면서 현장 사례들을 조금 더 추가로 살펴보자. 현장에서는 아직 그런 위험 요소를 안고 기사들이 작성되는 경우가 많지만, 그 요소들을 제외하고 쓸 수 있는 방법들을 고민하면서 아래 실제 사례들을 확인해보자는 뜻이다.

현장 발생 및 검거 기사 사례

① 살인

기본 기사

> 결혼 한 뒤 평생 동안 자신을 무시했다며 남편을 둔기로 때려 살해한 70대 할머니가 경찰에 붙잡혔다.
>
> 강원 원주경찰서는 살인 혐의로 ㄱ씨(75·여)를 긴급체포해 조사하고 있다고 10일 밝혔다.

ㄱ씨는 이날 오전 6시쯤 원주시 자신의 집에서 남편 ㄴ씨(74)가 화장실 전등을 교체하려다 넘어져 다치자 방 안에 있던 둔기로 남편의 머리를 수차례 때려 살해한 혐의를 받고 있다.

ㄱ씨는 경찰에서 "남편이 평생 무시하고 욕설한 것이 가슴에 맺혀 범행을 했다"고 진술했다. 사건 직후 ㄱ씨는 119에 전화를 걸어 "남편이 전등을 교체하다가 넘어져 다쳤다"고 신고했다. 그러나 119 구급대원이 도착하기 전 남편은 이미 숨을 거둔 상태였다.

경찰은 숨진 ㄴ씨의 머리에 난 상처 등 현장 감식을 벌였고, ㄱ씨의 방 안에서 범행에 사용된 둔기를 찾아내 추궁하자 ㄱ씨는 남편을 살해했다고 자백했다. 경찰은 ㄱ씨에 대해 살인 혐의로 구속영장을 신청할 예정이다.

_ 《경향신문》 2016년 8월 〈"평생 무시하고 욕설했다"…70대 할머니 남편 둔기 살해〉

80대 노부부가 40여년 만에 재결합했지만 가정 불화로 남편이 부인을 살해하는 어이없는 불상사가 일어났다.

부산 서부경찰서는 18일 아내를 흉기로 찔러 숨지게 한 김모(83)씨를 살인 혐의로 긴급체포했다.

김씨는 이날 오전 6시쯤 부산 서구 집에서 아침밥을 차려주지 않고 잔소리를 한다며 아내 이모(74)씨와 말다툼을 벌이다 참극을 벌인 혐의를 받고 있다.

이 부부는 1945년 결혼했으나 김씨의 바람끼와 급한 성격, 아내의 강한 성격 때문에 불화를 겪으면서 40대 후반부터 이혼은 하지 않고 따로 살아왔다. 최근 자식들의 권유로 다시 함께 살게 됐지만 첫날부터 둘 사이는 삐걱거렸고, 결국 3일 만에 살인극을 맞게 됐다.

김씨는 "17일 오전에 아내가 아침밥만 차려주고 혼자 외출하는 바람에 점심, 저녁까지 굶어, 분통이 터져 뜬눈으로 밤을 새웠다."면서 "이날 아침 이 일로 말다툼을 벌이다 순간적으로 분을 참지 못해 일을 저질렀다."고 털어놨다.

_ 《서울신문》 2005년 7월 〈40년 만에 재결합 80대 노부부 살인극〉

확대 기사

서초구의 한 건물 공용 화장실에서 20대 여성을 살해한 30대 남성이 경찰에 긴급 체포됐다. 이 남성은 경찰 조사에서 "평소 여성들에게 무시를 당해 범행을 저질렀다"고 자백했다.

서울 서초경찰서는 서초구의 한 3층짜리 건물 공용화장실에서 A(23 · 여)씨를 흉기로 살해한 혐의로 김모(34)씨를 긴급체포해 조사 중이라고 17일 밝혔다.

경찰에 따르면 김씨는 17일 오전 1시 20분쯤 서울 서초구의 3층 건물 화장실에서 A씨의 왼쪽 흉부 등을 수차례 흉기로 찔러 살해한 혐의를 받고 있다. 숨진 A씨는 당시 지인들과 건물 1층에 위치한 음식점에서 술을 마시다 1층~2층 사이 계단에 있는 공용 화장실에 들어갔다가 변을 당했다.

경찰은 A씨 지인들의 신고를 받고 출동, 현장 주변 폐쇄회로TV(CCTV)를 분석해 김씨를 용의자로 특정했다. CCTV 화면에는 김씨가 범행 추정 시간 전후에 해당 화장실에 들어갔다가 나오는 장면이 찍혀 있었다. 이후 경찰은 도주한 김씨의 행방을 추적했고, 범행 현장 인근에서 오전 10시쯤 김씨를 검거했다.

범행을 부인하던 김씨는 경찰 조사 6시간만에 범행을 인정했다. 김씨는 "사회 생활에서 늘 여성들에게 무시를 당해 범행을 저질렀다. A씨와는 모르는 사이다"고 말했다고 한다. 검거 당시 김씨는 범행 도구로 추정되는 흉기를 품 안에 소지하고 있었고, 오른손에는 범행 당시 다친 것으로 보이는 상처가 발견됐다.

김씨는 사건이 발생한 건물 인근 음식점에서 일하는 직원으로, 범행 당일은 쉬는 날이었다고 한다. 김씨는 오래전 준강도죄(물건을 훔친 피의자가 잡히지 않으려고, 또는 훔친 물건을 빼앗기지 않으려고 폭행이나 협박을 저지르는 일)로 기소유예 처분을 받은 전과가 있다.

경찰 관계자는 "김씨가 A씨를 성폭행 할 의도가 있었는지, 평소 김씨에게 정신적인 문제가 있었는지 등에 대해 조사할 계획"이라고 말했다.

_《중앙일보》 2016년 5월 〈화장실서 모르는 여성 살해한 남성 "평소 여성에게 무시당했다"〉

카드빚을 진 부인을 죽인 뒤 딸마저 살해한 아버지가 경찰에 붙잡혔다.

충북 옥천경찰서는 27일 옥천군 옥천읍 자신의 아파트에서 부인 백모씨(35)와 딸(3)을 살해한 혐의로 김모씨(43)를 긴급체포해 조사를 벌이고 있다.

경찰에 따르면 김씨는 이날 새벽 1시쯤 안방에서 술에 취해 잠든 부인을 흉기로 찔러 살해하고 옆에 있던 세 살배기 딸을 목졸라 숨지게 한 혐의를 받고 있다.

김씨는 경찰에서 "아내가 4000만원이 넘는 카드빚을 질 정도로 낭비벽이 심해 죽이기로 마음먹었다"며 "딸까지 살해할 생각은 없었지만 범행장면을 본 딸이 큰 소리로 우는 바람에 목을 졸랐다"고 진술한 것으로 알려졌다.

경찰조사 결과 김씨는 1주일 전에 범행도구를 미리 구입해 집안 보일러실에 숨겨두고, 아내가 반항하지 못하도록 범행 하루 전날 수면제를 탄 커피와 술을 마시게 한 것으로 드러났다. 또 범행 뒤 흉기를 땅에 묻고 피묻은 옷가지를 불태워 증거를 없앤 뒤 처남과 선배 등을 불러내 함께 술을 마시는 등 알리바이 조작을 시도한 것으로 확인됐다.

경찰은 "김씨가 아파트 현관에 설치된 폐쇄회로(CC) TV에 찍힐 것을 우려해 범행도구와 피묻은 옷가지 등을 베란다 밖으로 던진 뒤 태연하게 걸어 내려와 땅에 묻거나 태우는 치밀함을 보였다"며 "그러나 귀가 후 2시간이나 늦게 경찰에 신고하는 등 허점도 보였다"고 말했다.

김씨는 범행 8시간 뒤 경찰에 전화를 걸어 "새벽까지 술을 마신 뒤 목욕탕에 들렀다가 집으로 돌아와 보니 아내와 딸이 숨져 있었다"고 허위 신고했다. 경찰은 김씨에 대해 살인혐의로 구속영장을 신청할 방침이다.

_ 《경향신문》 2008년 11월 〈'옥천 모녀' 살해범은 남편 – 카드빚 진 아내 죽이고 우는 딸까지 목졸라〉

② 강도

기본 기사

노조의 장기파업으로 임금을 받지 못한 근로자가 생활고에 시달리자 남의 집에 들어가 강도짓을 하다 붙잡혔다.

경남울산남부경찰서는 29일 남의 집에 들어가 현금등을 훔친뒤 뒤따라오는 집주인을 폭행한 혐의로 ■■산업㈜ 직원 金○○(27·울산시남구신정4동)씨에 대해 구속영장을 신청했다.

경찰에 따르면 金씨는 이날 오전 7시 30분쯤 울산시남구야음2동朴모(25·여)씨 집 보일러실 창문을 통해 방으로 들어가 핸드백 안에 있던 현금 등 52만원 상당의 금품을 훔친 혐의다.

金씨는 경찰에서 지난달 18일부터 노사분규로 두달치 임금을 받지못해 생활고에 시달리다 이 같은 일을 저질렀다고 말했다.

_《중앙일보》 1996년 7월 〈노조파업으로 생활苦 근로자가 가정집 강도〉

세 형제가 중소기업 임원 집에 들어가 강도 행각을 벌이다 피해자 가족들과 격투 끝에 붙잡혔다.

서울 송파경찰서는 중소기업 임원 집에 침입해 일가족을 흉기로 위협하고 금품을 훔친 혐의(특수강도)로 4일 진모씨(21·무직)와 진씨의 쌍둥이 동생(16·무직) 등 3명에 대해 구속영장을 신청했다.

경찰에 따르면 이들은 이날 오전 3시경 복면을 한 채 서울 송파구 H빌라 신모씨(57) 집 방충망을 뚫고 침입해 잠자던 신씨 일가족 4명을 흉기로 위협, 손과 발을 빨랫줄로 묶고 집안에 있던 현금 80만원과 귀금속 등 500만원 상당의 금품을 털어 달아난 혐의다.

진씨의 쌍둥이 동생 중 한 명은 느슨해진 빨랫줄을 풀고 거실로 나온 신씨와 신씨의 아들(31)에게 격투 끝에 현장에서 붙잡혔고 자신의 승용차를 타고 달아난 진씨 등 나머지 2명은 112 신고를 받고 출동한 경찰에 의해 진씨의 집 앞에서 붙잡혔다.

경찰 조사 결과 이들 세 형제는 큰형 진씨가 승용차 구입 등으로 진 카드 빚 750여만원을 갚기 위해 범행한 것으로 드러났다.

_《동아일보》 2002년 3월 〈3형제, 강도짓하다 피해자 가족들에게 붙잡혀〉

확대 기사

인터넷에 거짓 구인광고를 낸 뒤 이를 보고 찾아온 20대 여성을 납치해 몸값을 요구하며 53시간 동안 인질극을 벌인 용의자 2명이 붙잡혔다.

서울지방경찰청은 ㄱ(23)씨를 납치한 뒤 가족에게 돈을 요구한 혐의(인질강도)로 김아무개(30 · 무직)씨와 허아무개(26 · 무직)씨의 구속영장을 신청했다고 20일 밝혔다.

경찰 수사 결과, 동네 선후배 사이인 김씨 등은 지난달 초 유명 인터넷 구인 · 구직 사이트에 '사무직 및 보조, 월수 200만~250만원' 등의 내용을 담은 광고글을 올린 뒤 면접을 보기 위해 찾아온 학습지 교사 ㄱ씨를 납치해 끌고 다니며 가족들에게 "몸값 5000만원을 내놔야 딸을 살릴 수 있다"고 협박한 혐의를 받고 있다.

이들은 특히 ㄱ씨를 유인해 감금하기까지 철저하게 사전 계획을 세웠던 것으로 밝혀졌다. 경찰의 설명을 종합하면, 김씨 등은 지난 16일 저녁 7시께 서울 성북구 보문역 근처로 피해자 ㄱ씨를 불러낸 뒤 "사무실로 가자"며 카니발 차량으로 유인했다. 김씨 등은 ㄱ씨가 차에 올라타자마자 손을 끈으로 묶고 눈과 입을 테이프로 가린 채, 중랑구 망우동으로 이동해 미리 준비해뒀던 에쿠스 차량으로 바꿔탄 뒤 송파구 올림픽공원으로 옮겼다. 납치 5시간 만인 17일 밤 12시께 ㄱ씨의 가족에게 전화를 걸어 몸값을 요구한 이들은 이후 경북 칠곡군의 한 무인 모텔로 내려가 투숙한 뒤 역할을 나눴다.

17일 오전 김씨가 서울에 올라와 가족에게 몸값을 요구하는 동안 허씨는 모텔에 남아 ㄱ씨를 감시했다. 이어 18일 오후 3시께 ㄱ씨의 가족으로부터 1000만원이 입금된 사실을 확인한 김씨는 스쿠터를 타고 동대문구·중랑구·을지로 등지를 돌며 은행 현금자동입출금기에서 한차례씩 돈을 빼냈다. 경찰 추적을 피하기 위해 한 장소에서 2분 이상 머물지 않았지만, 18일 저녁 7시 45분께 동대문구 용두동에서 스쿠터를 타고 가던 김씨를 경찰이 추적해 붙잡았다. 김씨의 승용차에서는 흉기와 삽, 이불 등도 발견됐다.

김씨는 경찰 조사에서 "카드빚과 전 애인에게 빌린 1700만원 등 5300만원에 이르는 빚을 해결하기 위해 지난 4월 초 후배 허씨와 짜고 거짓 구인광고를 내고 납치를 준비했다"고 말했다. ㄱ씨는 납치된 지 51시간 만에 무사히 구출됐다. 경찰은 "납치 전과가 없는 김씨 등이 납치를 다룬 영화를 보고 대포폰과 대포차량을 이용해 추적을 피했다"며 "일자리를 구하려는 젊은이들의 절박한 심정을 악용한 범죄"라고 설명했다.

_《한겨레》 2012년 5월 〈구인광고가 납치 '미끼'일 줄이야… 20대여성 감금 53시간만에 구출〉

2억 1900만 원이 든 현금수송차량을 몰고 달아난 용의자가 사건 발생 약 21시간 만에 서울의 한 모텔에서 붙잡혔다. 지난해 말 수송업체인 V사에서 퇴사한 전 직원 S씨(26)였다. 그를 용의자로 특정하고 곧바로 검거할 수 있었던 데는 곳곳에 깔린 폐쇄회로(CC)TV가 큰 역할을 했다.

부산 금정경찰서는 11일 0시 15분경 서울 광진구 화양동의 한 모텔에서 S씨를 붙잡아 절도 혐의로 구속영장을 신청했다. 경찰은 10일 오전 3시 28분경 경부고속도로 하행선 부산요금소 주차장에서 현금수송차량 도난사건이 발생한 뒤 차량이 발견된 곳의 CCTV에 찍힌 범인의 키와 걸음걸이가 S씨와 비슷하다는 직원들의 진술을 확보한 후 그를 용의자로 특정했다.

또 S씨가 퇴사 직전 동료들에게 "절대 잡히지 않고 수송차량의 현금을 훔칠 수 있다"고 말한 점, 범행 전 친한 친구로부터 쏘렌토 차량을 빌린 뒤 이날 오전 1시 25분경 범행 현장 인근 청룡동을 통과한 사실도 CCTV를 통해 확인했다.

S씨는 지난해 7월 입사한 뒤 경부고속도로 요금소 현금수송업무의 안전요원을 맡았기 때문에 차량 동선과 직원들의 움직임을 훤히 꿰고 있었다. 그는 현금 수금액이 가장 많은 월요일 새벽을 디데이로 잡았다. 범행 2시간 전 사건 장소에서

800m 떨어진 곳에 차를 주차시키고 범행 장소까지 걸어갔다. 현장에 숨어 있던 그는 현금수송차량이 도착한 뒤 직원들이 사무실로 이동하자마자 퇴사할 때 몰래 갖고 나갔던 예비키로 차량 문을 열고 운전해 달아났다. 쏘렌토 차량이 있는 곳으로 이동한 그는 현금 가방을 옮겨 실었다.

S씨는 "금고문이 열려 있어 쉽게 돈을 꺼낼 수 있었다"고 경찰에서 진술했다.

현금수송차량에 위성위치확인시스템(GPS)이 달려 있다는 사실을 아는 S씨는 경찰의 추적을 따돌리기 위해 이 차량을 4km 정도 떨어진 청룡동 골목길까지 몰고 가 버렸다. 이후 자신은 지름길로 2.1km를 걸어서 쏘렌토 차량까지 와 서울로 도망쳤다. 그는 오후 4시경 지인이 살고 있는 광진구 화양동에 도착해 한 모텔에 투숙했다.

경찰은 휴대전화 위치추적으로 S씨가 서울로 갔고, 휴대전화 전원을 끈 뒤 공중전화로 부모와 통화한 위치가 화양동이란 걸 파악했다. 경찰은 화양동 일대 CCTV를 뒤져 S씨가 모텔에 투숙한 사실을 확인한 뒤 붙잡았다. 그가 훔친 현금 2억 1900만 원 중 모텔비 등 50만 원만 빼고 2억 1850만 원은 쏘렌토 차량에 그대로 실려 있었다.

_《동아일보》 2014년 3월 〈치밀했던 현금車 탈취범, 그물망 CCTV는 못 피했다〉

③ 강간(성폭행)

기본 기사

여성을 위협해 금품을 빼앗고 성폭행하려던 20대가 마침 주변을 지나던 경찰 순찰차에 목격되면서 현장에서 붙잡혔다.

부산 해운대경찰서는 26일 강도 강간 미수혐의로 김모(20) 씨를 붙잡아 구속영장을 신청했다. 경찰에 따르면 김 씨는 지난 25일 오후 10시 40분쯤 부산 해운대구 재송동의 한 원룸 주차장에서 이모(여·43) 씨를 흉기로 위협, 반지 등 20여만 원 상당의 금품을 빼앗고 성폭행하려 한 혐의를 받고 있다. 마침 이곳을 지나던 해운대경찰서 재송지구대 순찰차 근무자들은 근처 모텔로 끌려가다가 "살려달라"는 이 씨를 목격해 구조했다.

_《문화일보》 2014년 12월 〈성폭행하려다 순찰차에 딱걸려〉

여자 경찰관을 성폭행하려던 미군 병사들이 경찰에 붙잡혔다.

서울 강남경찰서는 5일 미 8군 2사단 소속 A(23), B(21) 씨 등 2명을 강간 미수 혐의로 입건했다고 밝혔다.

경찰에 따르면 이들은 이날 오후 9시 20분경 서울 강남구 청담동의 한 술집 화장실에서 강남경찰서 소속 C(29·여) 순경을 성폭행하려다 미수에 그친 혐의를 받고 있다.

이들은 화장실에서 나오던 C순경의 입을 막고 다시 화장실로 끌고 간 뒤 성폭행을 하려다 C순경의 비명을 듣고 달려온 건물 경비원에 의해 붙잡혔다.

C순경은 이날 근무를 마치고 친구들과 함께 이 술집을 찾았다.

경찰 관계자는 "한미주둔군지위협정(SOFA)에 따라 일단 미군을 미 헌병대에 인계한 뒤 이른 시간 내에 다시 소환해 조사할 계획"이라고 밝혔다.

_《동아일보》 2007년 4월 〈여경 성폭행 미수 미군 2명 검거〉

확대 기사

군 전역을 기념한다며 친구와 해수욕장을 찾은 20대가 성폭행에 이어 강도행각까지 했다가 경찰에 붙잡혔다.

강원 속초경찰서는 17일 해수욕장에서 처음 만난 여성을 성폭행하고 캠핑카에 침입해 돈을 빼앗은 혐의(특수강도 등)로 K(23)씨를 붙잡아 조사하고 있다고 밝혔다.

K씨는 이날 오전 2시 50분쯤 술에 취한 A(여 · 24)씨를 양양군의 한 모텔로 데려가 둔기로 머리를 수차례 때리고 성폭행한 혐의를 받고 있다. 이어 K씨는 해수욕장 주변에 주차된 캠핑카에 침입, 흉기로 B(62)씨를 위협해 현금 3만원과 옷 한 벌을 빼앗은 혐의도 받고 있다.

범행 후 달아나 풀숲에 숨어있다가 검거된 K씨는 경찰 조사에서 "전역 기념으로 친구 1명과 함께 해수욕장에 놀러왔다 범행을 저질렀다"고 진술한 것으로 전해졌다.

경찰에 따르면 K씨는 친구와 16일 오후 5시쯤 양양군 모 해수욕장으로 놀러왔다가 바닷가에서 만난 여성 2명과 모텔에서 술을 마셨다. 이후 A씨 등과 해변으로 나가 폭죽놀이를 한 K씨는 술에 취한 A씨만 다시 모텔로 데려가 성폭행한 것으로 드러났다.

_《세계일보》 2016년 7월 〈軍 제대 기념? 해수욕장서 성폭행하고 강도질한 20대〉

남자 친구와 모텔로 들어가는 여성을 뒤쫓아 가 남자가 자리를 나간 사이 객실에 침입해 여성을 옆방으로 끌고 가 성폭행한 20대가 경찰에 붙잡혔다. 경기도 수원서부경찰서는 특수강간 혐의로 김아무개(24 · 무직)씨의 구속영장을 신청했다.

김씨는 지난 15일 오전 7시20분께 수원시 팔달구 매산로 한 모텔에 투숙한 ㅇ아무개(18)양을 전기충격기로 충격한 뒤 바로 옆방으로 끌고 가 성폭행한 혐의를 받고 있다. 김씨는 오전 3시께 호신용으로 허가 받은 전기충격기를 들고 수원시 매산로 집에서 나와 범행대상을 물색하다 오전 6시 30분께 남자친구와 술을 마신 ㅇ양이 투숙한 모텔까지 뒤따라갔다.

김씨는 ㅇ양이 투숙한 바로 옆방을 잡아 귀를 기울이다 15분쯤 뒤 ㅇ양 남자친구가 객실에서 나가자 옆방으로 가 노크를 해 문을 열게 한 뒤 자신의 방으로 끌고 가 성폭행한 것으로 조사됐다.

ㅇ양의 신고를 받은 경찰은 탐문수사와 현장 주변 폐쇄회로텔레비전 녹화화면을 분석 등을 통해 같은 날 오후 7시45분께 자신의 집에서 쉬고 있던 김씨를 붙잡았다. 경찰은 김씨의 범행수법이 대담한 점 등을 들어 다른 죄가 있는지도 캐고 있다.

_《한겨레》 2012년 11월 〈모텔서 전기충격기로 여성 납치해 성폭행한 20대〉

4) 자살 기사

자살은 사람의 의지와 무관하게 일어난 '사고'가 아니다. 독특한 형태의 '사건'이다. 일을 저지른 사람이 자신의 의지에 의해서 일으킨 것이기 때문이다. 하지만 보통 범죄라는 말로 대체되는 사건, 즉 앞서 소개한 살인, 강도, 강간 등과는 많이 다르다. 공동체 구성원 중 누군가에게 피해를 주는 일이긴 한데, 그 직접적인 피해자가 타인이 아닌 당사자이기 때문이다. 하지만 비록 남에게 해를 끼치지 않는 일이라고 할지라도, 자살은 그 피해자가 공동체 일원이라는 차원에서 가볍게 볼 사안이 아니다. 살인, 강도, 강간 등의 강력 범죄가 개인의 일탈로 여겨질 수 있지만 그 뒤에는 공동체의 책임이 존재한다고 생각할 수 있는 것과 마찬가지로, 스스로 목숨을 끊는 원인이 피해 당사자가 소속된 사회 전체의 문제와 연결될 수 있기 때문이다. 게다가 이런 사안들은 한 시대 사회 현상을 보여주는 창(窓)이 될 수 있기에 이 현상을 기록하는 것은 언론에게 필요한 작업이다. 이후 사회의 구조적 문제를 비판하고 그 원인을 치유하는 대안을 제시할 수도 있다. 이런 성격을 가진 자살 기사는 범행을 저지른 사람이 살아 있지 않기에 그를 붙잡아 조사하거나 구속한다는 표현을 쓸 수 없다. 즉 검거가 불가능하다는 얘기다. 이는 결국 자살 기사에는 발생의 공식만 적용될 수밖에 없다는 것을 뜻한다. 또한 자살의 배경이 사회적 문제가 될 수 있다는 차원에서, 자살 '원인'에 대한 정보를 비교적 구체화 해 정비하는 쪽으로 기사가 구성된다.

자살 기사 기본 공식

▲▲일 △△시쯤 ◀◀에서 ◍◍가 □□을 발견, ◆◆에 신고했다. [▲▲일 △△시쯤 ◀◀에서 ◐◐가 ◧◧한 것을 ◍◍가 발견, ◇◇에 신고했다.]

◍◍는 ◆◆에서 "~"고 말했다. [◍◍는 ◇◇에서 "▥▥하고 있는데 ◩◩해서 봤더니 ◐◐가 ◨◨하고 있었다"고 말했다.]

◇◇은 ~로 보고 정확한 사건 경위를 조사 중이다. [◇◇은 ◐◐가 ◪◪했다는 ◒◒에 따라 ◐◐가 ◎◎해 스스로 목숨을 끊은 것으로 보고 정확한(또는 자세한) 사건 경위를 조사 중이다.]

첫 단락

발생 기사니만큼 첫 단락 도입부는 시간(▲▲일 △△시쯤)과 장소(◀◀에서)가 먼저 나온다. 하지만 다른 사건에 비해 장소 정보가 조금 더 구체적인 경우가 많다. 중앙 일간지를 기준으로 했을 때 살인이나 강도, 강간 등 일반 범죄기사에서 광역-지방-하위단체 등 세 개 주소 정보만 나오는 것과 달리, 자살 기사에서는 인구 밀집 지역의 경우 최종 지번(아파트의 경우 호수)만 뺀 주소지와 공간 위치, 인구 한산 지역의 경우 이정표로 삼을 수 있는 구체적 지역 명칭과 공간 위치 등이 제공된다. 여기서 이정표로 삼을 수 있는 구체적 지역 명칭은 특정한 산이나 강, 호수, 들판, 고속도로 등 사람들에게 잘 알려진 곳의 이름이고, 공간 위치는 시신이 발견된 구체적 정황 장소를 뜻한다. 인구 밀집 지역을 예로 들면, 최종 지번만 뺀 주소지는 '서울 송파구 삼전동 D병원 앞'이나 '서울 성북구 돈암동 S아파트 1130동' 등이 되고 공간 위치는 '도로변에서'나 '화단에서' 등이 될 수 있겠다. 이들을 붙이면 '서울 송파구 삼전동 D병원 앞 도로변에서', '서울 성북구 돈암동 S아파트 1130동 화단에서'가 된다. 인구 한산 지역의 경우는 '강원 춘천시 신북읍 천전리 소양강댐 서쪽 입구 아래 30m 지점에서', '전남 나주시 금천면 원곡리 '영산강 살리기' 5공구 공사 현장에서', '충북 음성군 삼성면 양덕리 마이산 등산로 해발 90m 지점에서' 등을 사례로 꼽을 수 있다.

바로 뒤에는 사건 개요가 이어지는데, 이 부분은 '□□가 발생했다'가 아니라 '□□을 발견, ◆◆에 신고했다'는 식의 정보로 구성된다. 사실 이 표현은 현장의 일반 발생 기사에서도 종종 등장하기도 한다. 이를 자살 기사에 적용해 구체적으로 보면 '◐◐(자살한 사람)가 ◧◧(몸의 상태)한 것을 ◍◍(발견자)가 발견, ◇◇(경찰 등의 당국)에 신고했다'가 공식이다. 이때 '자살한 사람(◐◐)'이 사회적으로 대단히 영향력 있는 인물이 아니라면 대개 익명 처리한다. 여기서 말하는 '대단히 영향력 있는 인물'은 일차적으로 정치, 경제, 문화, 스포츠 등의 영역에서 많은 공동체 구성원에게 알려진 사람을 칭한다. 입법·행정·사법 등의 분야에서 공직을 가진 공인은 물론 국가 경제에 큰 영향을 끼치는 기업 총수, 청소년들에게 역할 모델이 될 수 있는 연예계나 프로야구 스타 등을 예로 들 수 있겠다. 이런 영향력에 가깝지 않은 사람들은 대부분 나이·성별·직업·주소 등 기초적 신상 정보 중 기사에 필요한 내용과 함께 사망자를 익명으로 소개한다. 기사에 필요한 내용은 왜 그 사람이 그 시간과 장소에서 자살을 했는지를 보여줄 실마리로서, 그게 없으면 독자들이 궁금해할 내용을 뜻한다. 이 중 아주 간결하게 처리할 내용은 괄호 안에 넣고, 조금 더 설명이 필요한 내용은 괄호 밖으로 뺀다. 아파트에서 일어난 자살 기사를 사례로 보면 '이 아파트 12층에 사는 심모(36·회사원)씨가' 등이 아주 일반적인 기술 방식이다. '이 아파트 12층에 사는'이라는 정보로 조금 더 구체적인 주소 정보를 괄호 밖에서 전달해 아파트 주민이라는 사실을 알렸고, 자살 장소와 추정 시간과는 직접적인 관계가 없을 것으로 여겨지는 나이와 직업은 괄호 안에서 간단히 처리했다. 또 다른 상황을 위의 사례에 이어 검토해보자면, '(D병원 앞 도로변에서) 이 병원에 입원 중이던 환자 박모(57·여)씨가', '(소양강댐 서쪽 입구 아래 30m 지점에서) 댐 관리 직원 최아무개(29)씨가', '(영산강 살리기 5공구 공사 현장에서) 주민피해대책본부장 Q(61)씨', '(마이산 등산로 해발 90m 지점에서) 40대 남성이' 등을 사례로 꼽을 수 있다.

'몸의 상태(◧◧)'는 발견됐을 때 자살한 사람의 모습을 말한다. 뒤에 나오는 '발견자(◍◍)'가 경찰에 진술한 내용을 중심으로 이뤄진다. 아주 전형적인 모습으로 거의 변함없이 사용되고 있는 표현들은 '머리에 피를 흘린 채 쓰러져 있는 것을', '나무에 목을 맨 채 숨져 있는 것을' 등이다. 피를 흘린 곳이나 목을 맨 방법 등이 특이할 때 이 표현들에 살짝 변화를 주는 정도로 달리 쓸 수는 있지만 대개 이와 같은 방식으로 역삼각형 스트레이트 기사 작성법은 고정돼 있다. 역시 위 사례에 이어보면 '이 아파트 12층에 사는 심모(36·회사원)씨가 머리에 피를 흘린 채 쓰러져 있는 것을', '이 병원에 입원 중이던 환자 박모(57·여)씨가 온몸에 피를 흘린 채 쓰러져 있는 것을', '댐 관리 직원 최아무개(29)씨가 출입 차단용 지렛대 한쪽에 목을 매 숨져 있는 것을', '주민피해대책본부장 Q(61)씨가 자신의 차 안에서 쓰러져 있는 것을', '40대 남성이 나무에 목을 매 숨져 있는 것을' 등의 표현이 나올 수 있다. 물론 취재 결과에 따른 표현을 가정한 것으로, 이와 같은 내용들은 경찰 조서나 목격자 증언 등을 통해 확보해야 한다.

바로 이어 나오는 '발견자(◍◍)' 정보 역시 독자의 궁금증을 유발하지 않는 선에서

처리된다. 일반적으로 '자살'이라는 형태의 기사는 피해자가 스스로 목숨을 끊었을 것이라는 정황에 기초해 작성된다. 비록 초동 수사 단계에서 피해자 사인(死因)을 정확하게 가리기는 어렵지만, 과거 수사 등에 기초한 경험, 즉 '이와 같은 정황이면 십중팔구 자살일 것'이라는 당국의 판단에 의해 기사가 작성되는 것이다. 이런 판단을 내리게 하는 요인 중 하나가 신고자의 특성이다. 적어도 신고자가 표면적으로는 사망자의 죽음과 관계가 없을 것이라는 합리적 판단이 내려지면 당국은 일단 사건을 자살로 규정하고, 매체는 그에 따라 기사를 작성한다. 결국 자살 기사에 등장하는 '발견자(◎◎)'는 사체를 보고 경찰 등 수사 당국에 신고한 사람으로, 사망자의 죽음과는 무관하게 보이는 연유로 사체가 발견된 시간과 장소에 있었던 사람이 된다. 일반화된 사례로 '아파트 주민 심모(36·회사원)씨'는 '아파트 경비원 곽모(53)씨'가, '입원 환자 박모(57·여)씨'는 '아침 운동 중이던 행인 차모(29·여)씨'가, '댐 직원 최아무개(29)씨'는 '(수위 점검을 위해 댐을 순찰하던) 동료 강아무개(32)씨'가, '주민피해대책본부장 Q(61)씨'는 '마을 주민 X(60)씨'가, '나무에 목을 맨 40대 남성'은 '등산객 고모(27)씨'가 발견한 것으로 기사에 등장하는 것을 들 수 있다.

이때 주의할 것은 역시 기사가 작성되는 시점에서 이 사건이 자살인지 타살인지를 100% 확언할 수 없다는 점이다. 그렇기 때문에 자살 기사 형태로 보도하더라도 최대한 수의해서 표현을 골라야 한다. 그래서 상황을 자살로 확정할 수 있는 단어들, 예를 들어 '스스로 목을 매' 등에 들어갈 수 있는 '스스로' 등의 표현은 되도록 피하려 한다. 위에 소개된 내용들도 아무렇게나 만들어진 것 같지만 과거 수십 년 동안 취재 현장에서 나타난 시행착오를 겪으며 탄생한 표현들이다. 그럼에도 불구하고 아직 완벽하지는 않다. 위에서 나타난 것과 같이 '목을 매'라는 표현은 능동적 표현으로 '스스로'라는 단어가 없어도 사건이 '자살'임을 암시하는 경향이 강하다. '피를 흘린 채 쓰러져'라는 표현과 비교해보면 상황을 단정하는 뉘앙스의 차이가 느껴질 것이다. 하지만 '매다'라는 단어가 자동사와 타동사의 역할을 모두 하고 있음에도 불구하고, 국내 매체는 '목이 매'라는 표현을 아직 잘 사용하지 않고 있다. 앞뒤에 배치되는 정보를 조사들에 엮어 의미를 전달할 때 '목이 매'보다는 '목을 매'라는 표현이 훨씬 더 자연스럽게 느껴지는 언어 습관 때문으로 보인다. 즉 이는 오랜 시간 기자와 독자들 사이에 형성된 암묵적 동의로, 결국 보도 관행으로 굳어졌다. 능동적인 자살을 암시하는 정황을 피하기 위해서 사용될 수 있음직한 이 '목이 매'라는 표현은 아직 기자와 독자 모두에게 익숙하지 않다는 것이다. 하지만 '스스로'라는 표현이 적어도 전체 정보 중 가장 중요한 내용을 담는 기사 리드에 나타나지 않게 하는 식으로 변화해온 것처럼, 완전하게 확인되지 않은 사실을 마치 확정된 내용처럼 전달하는 형태들은 적절한 시점에 조금씩 변화할 것으로 기대한다. 덧붙이자면, 자살과 타살을 구별하지 못하는 경우가 많기 때문에 죽음과 관련된 발생 기사에는 '□□가 발생했다' 또는 '□□를 누군가 신고했다'는 식의 표현이 혼용되기도 한다. 위 사례 중 주민피해대책본부장 Q(61)씨 사건의 경우 앞에 제시한 것처럼 적을 수도 있지만 '12일 오전 7시쯤 전남 나주시 금천면 원곡리 '영산강 살리기' 5공구 공사 현장에서 이 지역 주민피해대책본부장 Q(61)씨가 자신의 차 안에 쓰러져 숨진 사건이 발생했다'고 할 수도 있다. 둘 모두 자살과 타살에 대한 가능성을 열어둔 표현이다. 단 자살로 의심된다면 이와 관련된 정보를 후속 단락에 둠으로써 그렇게 추정되는 이유를 전달하면 된다.

여기에 연결되는 설명이 전형적인 자살 기사의 첫 단락 마지막 부분이 '◇◇에 신고했다'로 종결된다는 것이다. 비록 표현도 그 자체로는 자살과 타살을 구별하기 어렵지만 대부분 자살 기사에는 이 술어가 많이 활용된다고 보면 되겠다. 여기서는 일반적으로 수사 당국 일반을 지칭하는 표현, 즉 '경찰에 신고했다' 또는 '검찰에 신고했다' 등을 쓴다. 앞선 설명에서 일반 발생 기사에서는 경찰이나 검찰 등 당국의 표현이 두 번째 단락 도입부에 '경찰에 따르면' 하는 식으로 처음 등장한다고 적었다. 또 이를 첫 번째 단락부터 특정 경찰서 이름이 등장하는 일반 검거 기사에 비교하면서, 발생 기사 두 번째 단락에 당국이 처음 나올 때 당국 일반(예를 들어 '경찰')을 적는 것이 좋은지 아니면 특정 당국(예를 들어 '서울 성북경찰서')을 쓰는 게 좋을지 등을 논의했다. 그리고 양측 입장 모두 설득력을 가지고 있다고 정리했다. 하지만 자살 기사 첫 단락에서는 일단 특정 당국의 개별 담당 명칭이 아닌 당국 일반을 지칭하는 표현을 쓴다. 한 단락에 같은 표현이 길게 등장해 지루해지는 것을 피하기 위한 방편이다. 만약 당국의 개별 수사 담당 명칭을 자살 기사 첫 단락에 쓴다면 '~ 서울 송파구 삼전동 D병원 앞 도로변에서 ~ 박모(57·여)씨가 ~ 쓰러져 있는 것을 ~ 차모(29·여)씨가 ~ 서울 송파경찰서에 신고했다.' 혹은 '~ 강원 춘천시 신북읍 천전리 소양강댐 서쪽 입구 아래 30m 지점에서 ~ 최아무개(29)씨가 ~ 목을 매 숨져 있는 것을 ~ 강아무개(32)씨가 ~ 강원 춘천경찰서에 신고했다.'는 식으로 문장이 전개된다. 한 문장으로 이뤄진 한 단락에 '서울 송파' 또는 '강원 춘천' 등 같은 지역 정보가 두 차례 등장하는 것이다. 당국 정보가 두 번째 단락에 처음 나타나는 일반 발생 기사에서 첫 등장에 당국의 '일반' 또는 '개별' 명칭 활용 모두 가능하다고 한 이유는 위와 같은 지루함의 문제로부터 비교적 자유롭기 때문이기도 하다. 하지만 자살 기사에서는 기사 구조상 당국 일반 명칭을 첫 단락에 사용하는 게 일반적이며 옳다. 위 내용을 모두 적용해 풀어본 자살 기사 첫 단락 사례들은 아래와 같이 정리될 수 있다.

자살 기사 첫 단락 사례

12일 오전 6시쯤 서울 송파구 삼전동 D병원 앞 도로변에서 이 병원에 입원 중이던 환자 박모(57 · 여)씨가 온몸에 피를 흘린 채 쓰러져 있는 것을 아침 운동 중이던 행인 차모(29 · 여)씨가 발견, 경찰에 신고했다.

7일 오전 4시쯤 서울 성북구 돈암동 S아파트 1130동 화단에서 이 아파트 12층에 사는 심모(36 · 회사원)씨가 머리에 피를 흘린 채 쓰러져 있는 것을 아파트 경비원 곽모(53)씨가 발견, 경찰에 신고했다.

지난 3일 오후 6시쯤 강원 춘천시 신북읍 천전리 소양강댐 서쪽 입구 아래 30m 지점에서 댐 관리 직원 최아무개(29)씨가 출입 차단용 지렛대 한쪽에 목을 매 숨져 있는 것을 (수위 점검을 위해 댐을 순찰하던) 동료 강아무개(32)씨가 발견, 경찰에 신고했다.

지난달 31일 오후 10시쯤 전남 나주시 금천면 원곡리 '영산강 살리기' 5공구 공사 현장에서 주민피해대책본부장 Q(61)씨가 자신의 차 안에서 쓰러져 있는 것을 마을 주민 X(60)씨가 발견, 경찰에 신고했다.

24일 오전 7시쯤 충북 음성군 삼성면 양덕리 마이산 등산로 해발 90m 지점에서 40대 남성이 나무에 목을 매 숨져 있는 것을 등산객 고모(27)씨가 발견, 경찰에 신고했다.

둘째 단락

자살 기사 둘째 단락[◍◍는 ◆◆에서 "~"고 말했다.]은 첫 단락에 등장하는 발견자, 즉 신고자로 출발한다. 간단하게 앞에서 '모' 또는 '아무개'라고 표현한 익명 부분을 떼 내고, 그냥 성(姓) 뒤에 씨(氏)만 붙여 진행한다. 예를 들면 '차씨는', '곽씨는', '강씨는', 'X 씨는', '고씨는' 하는 식이다. 그리고 이 발견자가 주어가 되면서 두 번째 단락의 최종 술어는 '말했다'로 처리된다. 이 주어와 술어 사이에 등장하는 것이 당국에서 한 발견자의 진술이다. 그리고 여기 나오는 '당국'의 표현과 관련해 앞선 첫 단락 마지막 술어 설명에 부연한 '◇◇에 신고했다' 부분, 특히 '◇◇(당국의 일반적 명칭)' 활용 내용이 다시 이어진다. 여기에는 일반 발생 기사의 두 번째 단락 도입부 활용 표현의 논리가 적용된다. 예를 들어, 발견자가 진술하는 장소 혹은 대상이 '서울 성북경찰서에서' 또는 '경찰에서'가 모두 가능한 표현이라는 뜻이다.

재차 설명하자면 과거에는 자살 기사 두 번째 단락 두 번째 어절인 해당 부분(◆◆에서)에 사건 담당 책임 소재를 구체적으로 쓰지 않고 그냥 당국 일반을 사용했고, 지금도 대체적으로 그런 관행이 이어지고 있다. 예를 들어 '서울 성북경찰서에서' 등 특정 경찰서를 지칭하지 않고 '경찰에서'로 적었다는 뜻이다. 중앙 일간지에서는 아직 후자의 관행이 일반적이지만 최근에는 '서울 성북경찰서에서'라는 식의 표현도 왕왕 등장한다. 이는 특정 경찰서 등을 명확히 지칭함으로써 당국의 수사 책임 회피 등의 우려를 제거하고 취재원 명기를 통해 기사의 신뢰도를 확보하자는 입장과, 이미 첫 단락에서 사건 발생 지점이 나왔고 그 관할 지역에서 사건을 담당하는 것이 아주 일반적이기에 담당 경찰서 등 수사 당국의 특정 지명을 반복할 이유가 없다는 입장이 마주치는 중에 벌어지는 현상이다. 비록 입장들 사이에 차이는 있지만, 이와 같은 논의들 모두 기사 작성 원리의 근본인 정보 신뢰도 및 정보력 제고 등과 관련해 의미 있는 내용들이라 지속적으로 고민할 필요가 있다. 그 과정에서 각 편집국의 철학에 따라 이를 반영하는 방법을 택하고, 현장 기자들은 독자들과의 접촉, 즉 독자 피드백 등을 확인하며 더 나은 보도 방법을 찾아가는 노력을 기울이면 되겠다. 이 책에서는 두 가지 내용을 모두 채택할 수 있다는 결론을 우선 내린다.

'경찰에서' 또는 '특정 경찰서에서' 진행된 진술 내용은 첫 단락에 묘사된 사체의 상태에 덧붙여져, 둘째 단락에서 발견 당시의 상황을 더욱 구체적으로 보여주는 역할을 하게 된다. 여기에는 당시 발견자의 행적, 발견 경위 등이 포함된다. 아주 일반적으로, 특히 추락한 자살 기사에서 거의 변하지 않고 나오는 것은 "▥▥(발견자 행적)하고 있는데 갑자기 '퍽'하는 소리가 들려 돌아보니 ◐◐(자살한 사람)가 ◨◨(자살자 묘사)하고 있었다."는 표현이다. '퍽' 대신 '쿵'이나 '쾅' 등 의성어가 사용되기도 하지만 대부분 이런 식이다. 앞서 첫 번째 단락의 사례로 든 아파트 자살을 가져오면, "아파트 순찰을 도는데 갑자기 '쿵'하는 소리가 들려 뒤를 돌아봤더니 양복 차림의 심씨가 화단에 엎어져 있었다" 정도의 표현이 되겠다. 이 사례에서 발견자의 행적은 '아파트 순찰'이고 발견 경위(◩◩)는 '쿵 하는 소리가 들려 돌아본 것', 그리고 구체적인 상황으로 부연된 추가적인 자살자 묘사는 '양복을 입은 채 엎어져 있었던 것'이다. 이와 같은 방식을 유지해 앞서 제기된 내용들을 엮어보면 진술 내용들은 "새벽 조깅을 하고 있는데 발에 뭐가 걸려 내려다보니 환자복 차림의 박씨가 인도에 엎어져 있었다.", "오후 6시로 예정된 정기 수위 점검을 위해 댐 아래쪽으로 내려가던 중 입구 아래 사람 옷으로 보이는 것이 걸쳐져 있어 가보니 최씨가 당직실에 있던 구조용 밧줄로 목을 맨 채 몸을 늘어뜨리고 있었다.", "공사 반대 시위를 마치고 저녁 식사를 하다 오후 8시쯤 밖에 나간 본부장 Q씨가 돌아오지 않아 찾아 나섰는데, 약 2시간 만에 공사 현장 주차장에 세워진 본인 차 안에서 움직이지 않는 그를 발견했다.", "동료들과 함께 산을 오르는데 등산로에서 약 5m 떨어진 곳에 오렌지색 점퍼를 입은 사람이 나무에 걸려 바람에 흔들리고 있었다." 등의 표현이 가능하다. 위 사례 중 아파트 자살을 중심으로 주어와 술어, 진술 장소 및 내용 등으로 이뤄진 이상의 정보를 모두 이으면 아래와 같은 사례가 만들어진다.

자살 기사 둘째 단락 사례

> 곽씨는 (서울 성북)경찰(서)에서 "아파트 순찰을 도는데 갑자기 '쿵'하는 소리가 들려 뒤를 돌아봤더니 양복 차림의 심씨가 화단에 엎어져 있었다"고 말했다.

물론 주어와 진술 (장소 및) 내용만 바꾸면 위에 제시한 다른 사례들도 모두 이 둘째 단락과 같은 형태로 간단히 만들 수 있다.

셋째 단락

수사 당국 일반 명칭(◇◇)을 주어로 시작하는 자살 기사 셋째 단락은 '~로 보고 정확한 사건 경위를 조사 중이다.'라는 전형적인 술어 구(句)로 끝난다. 수사 당국 일반 명칭이란 결국 '경찰' 또는 '검찰' 등이다. 여기서 '~로 보고'의 '보고'는 추정한다는 의미고 '~'는 그 추정의 근거다. 주어와 술어가 기계적으로 확정됐다면 결국 세 번째 단락은 이 추정의 근거를 정리하는 게 관건이다. 하지만 이 역시 아주 일반화된 패턴에 따르는 게 보통이다. 이 패턴은 '◆◆을 토대로 ◎◎이라 보고'라고 소개된 일반 발생 기사 내용의 변형이다. 이 내용을 조금 자세하게 정리한 자살 기사 추정 공식은 '◐◐(자살자)가 ◪◪했다(어떤 모습을 보였다)는 ◒◒(주변 지인 등의 증언)에 따라 ◐◐(자살자)가 ◎◎(상황을 비관)해 스스로 목숨을 끊은 것'이 골자다. 보편적으로 설정되는 이 공식에 다양한 사실을 정보 흐름에 맞게 끼워 넣기만 하면 된다.

역시 앞선 심씨의 아파트 자살 사례를 추정 공식에 넣어보자면 '심씨(◐◐)가 최근 2억원대 카드빚 독촉에 괴로워했다(◪◪)는 심씨 부인 김모(35)씨의 말(◒◒)에 따라, 심씨(◐◐)가 채무 관계에 대한 마음의 부담을 이기지 못해(◎◎) 스스로 목숨을 끊은 것'이 되겠다. 여기서 만약 증언한 사람이 여럿이거나 증언 당사자가 자신의 신변을 완전히 가리고자 한다면 그냥 '주변인' 또는 '지인' 등이라 표현할 수도 있다. 예를 들어 '괴로워했다는 주변인(심씨 지인)들의 증언에 따라' 등으로 고쳐질 수 있다는 뜻이다. 물론 이 증언은 경찰 조서나 증언 당사자들로부터 확인된 내용이어야 한다. 기계적인 주어와 술어구를 연결해 이 내용을 완결하면 세 번째 단락은 아래와 같이 꾸려진다.

자살 기사 셋째 단락 사례

> 경찰은 심씨가 최근 2억원대 카드 빚 독촉에 괴로워했다는 심씨 부인 김모(35)씨의 말에 따라, 심씨가 채무 관계에 대한 마음의 부담을 이기지 못해 스스로 목숨을 끊은 것으로 보고 자세한 사건 경위를 조사 중이다.

앞에서 다른 식으로 제시한 내용들도 같은 형식으로 정리될 수 있다. '입원 환자 박모(57·여)씨' 사례는 '경찰은 박씨가 전날 폐암 말기 진단을 받고 괴로워했다는 박씨 딸 길모(32)씨의 말에 따라 박씨가 신병을 비관해 자살한 것으로 보고 정확한 사건 경위를 조사 중이다.'로, '댐 직원 최아무개(29)씨' 사례는 '경찰은 최씨가 최근 사귀던 여자친구로부터 이별 통보를 받고 힘들어했다는 회사 동료들의 증언에 따라 최씨가 실연의 아픔을 견디지 못해 스스로 목숨을 끊은 것으로 보고 정확한 사건 경위를 조사 중이다.'로, '주민피해대책본부장 Q(61)씨' 사례는 '경찰은 Q씨가 대책위원회를 이끄는 과정에서 독단적인 결정을 내렸다는 비판을 받고 힘들어했다는 마을 주민들의 증언을 토대로 Q씨가 위원회 운영과 관련한 주변사람들의 비난을 참기 어려워 스스로 목숨을 끊은 것으로 보고 정확한 사건 경위를 조사 중이다.'로 세 번째 단락을 만들 수 있다.

기사 작성 단계에서 정확하게 신원이 파악되지 않은 '나무에 목을 맨 40대 남성' 사례는 발견 당시 상황 등을 토대로 셋째 단락을 구성한다. 이는 자살임이 거의 확정적일 경우에 해당한다. 예를 들면 "경찰은 사체 점퍼 주머니에서 '여보, 돈 문제 해결하지 못하고 먼저 가서 미안해'라는 내용의 유서가 발견된 것으로 미뤄 채무 관계 등을 고민하다 이 남성이 스스로 목숨을 끊은 것으로 보고 정확한 사건 경위를 조사 중이다."로 쓸 수 있다. 만약 완결된 자살 기사의 전형적 사례를 확인하고 싶으면 앞서 제시한 자살 기사의 첫 번째, 두 번째, 세 번째 단락 사례들을 그대로 이으면 된다. 아래 정리된 심씨의 경우를 통해 이상의 내용을 확인할 수 있다.

자살 기사 공식 사례 종합

7일 오전 4시쯤 서울 성북구 돈암동 S아파트 1130동 화단에서 이 아파트 12층에 사는 심모(36 · 회사원)씨가 머리에 피를 흘린 채 쓰러져 있는 것을 아파트 경비원 곽모(53)씨가 발견, 경찰에 신고했다.

곽씨는 (서울 성북)경찰(서)에서 "아파트 순찰을 도는데 갑자기 '쿵'하는 소리가 들려 뒤를 돌아 봤더니 양복 차림의 심씨가 화단에 엎어져 있었다"고 말했다.

경찰은 심씨가 최근 2억원대 카드빚 독촉에 괴로워했다는 심씨 부인 김모(35)씨의 말에 따라, 심씨가 채무 관계에 대한 마음의 부담을 이기지 못해 스스로 목숨을 끊은 것으로 보고 자세한 사건 경위를 조사 중이다.

설명 과정에서 나타난 다른 사례들의 내용들도 위와 같이 적어보면 자살 기사의 기본 유형을 익히는 데 도움이 되겠다. 한편 이처럼 아주 평범한 사람들의 자살은 기본적인 세 단락으로 전달될 수 있지만, 사회에서 공통적으로 주목받는 사람들은 더 많은 정보가 필요하다. 그만큼 공동체 구성원들의 관심이 높기 때문이다. 그래서 이들 기본 세 단락 공식 주변에 추가 정보들이 사건 발생 당시 사회적 맥락과 관련된 중요도순으로 배치된다. 그리고 아주 특별한 경우, 예를 들어 사회적으로 명망이 높은 학자나 정치가, 기업가의 자살은 공식 자체가 무너지기도 한다. 하지만 세 단락짜리 기본 공식에 들어갈 내용들은 기사 전체에 나뉘어 분산될 뿐 그 정보는 그대로 유지된다. 구체적인 사례는 아래 현장 기사들에서 확인 가능하다. 사실 이와 같은 공식의 파기와 관련한 부분은 특히 발생 기사에서 많이 발견되는데, 이 내용은 주로 발생 기사로 이뤄지는 사고 기사에서 조금 더 체계적으로 다뤄보겠다.

그에 앞서 살인 사건 발생 기사가 위의 자살 기사와 비슷한 형태로 구성될 수 있다는 점은 추가로 짚어볼 만하다. 사람이 죽은 발생 사건의 경우, 직접적인 목격자가 없으면 살인과 자살을 구분하기는 쉽지 않다. 이들을 구별하는 단서는 경찰의 현장 조사, 사체 상태 및 부검 결과, 죽은 사람과 관련된 정황 탐문 등이다. 만약 이런 수사 등을 통해 자살로 결론지을 만한 상황이 아니라면 살인 사건의 가능성을 열어둘 수밖에 없다. 그럼에도 불구하고 목격자가 없다면 결국 발견자의 진술에 근거해 기사를 쓰게 되는데, 이때는 살인 가능성을 열어둔 기사라도 자살 기사의 형태를 빌게 된다. 아래 현장 기사 사례는 이 설명에 대한 이해를 돕는다.

살인 사건 기사가 자살 기사 형태로 정비된 사례

14일 하오 3시 55분께 경기 동두천시 광암동 494의 33 이○○(68 · 여 · 암달러상)씨 집 욕실에서 이씨가 목에 흉기가 꽂힌 채 숨져 있는 것을 사위 김◇◇(41 · 자영업 · 동두천시 광암동)씨가 발견, 경찰에 신고했다.

김씨는 경찰에서 『딸이 같은 동네에 있는 외갓집을 다녀온 후 「외할머니가 안 보인다」고 해 가보니 안방 문이 열린 채 절제금고가 뜯겨 있고 장모가 욕실에서 목 오른쪽부분에 10㎝가량 칼 손잡이만 남고 칼날이 박힌 채 피를 흘리며 숨져 있었다』고 말했다.

경찰은 이씨가 동두천 미군부대 주변에서 카투사 등 군인들의 생활용품판매업을 하면서 달러교환도 해온 점으로 미뤄 이씨를 잘 아는 사람이 금품을 노려 살해한 것으로 보고 수사 중이다.

_《한국일보》 1995년 4월 〈잇단 엽기적 살인사건/여 암달러상 목에 흉기찔려〉

앞서 거론한 것처럼 자살 기사가 사회적으로 큰 여파를 몰고 올 수 있는 정황, 즉 3부 요인, 국가 경제에 큰 역할을 담당해온 재계 인사, 스포츠 명사, 저명 학자나 문인 등 유명 인사가 목숨을 끊거나 사회 구조적 문제 때문에 세상을 스스로 등진 외국인

근로자나 청소년, 소외에 노출된 사람들의 죽음과 연결됐다면 뉴스는 간단하게 세 개 단락으로 정리되지 않는다. 이제 그 사례들을 직접 만나보자. 그러나 여기서도 위에 거론한 세 개 단락의 기본 축은 유지되는 게 일반적이고, 기초 공사가 탄탄해야 기사 정보로서의 가치가 살 수 있다는 점도 느껴지길 기대한다. 아래 현장 기사 사례들을 통해 이와 같은 내용을 확인해보자.

현장 자살 기사 사례

기본 기사

부산 영도구 한 주택에서 홀로 살던 50대가 숨진 지 한 달 만에 발견됐다.

11일 오후 2시쯤 부산 영도구 청학동의 한 주택 단칸방에서 세들어 살던 A씨(59)가 숨져 있는 것을 집주인이 발견해 경찰에 신고했다. 집주인은 경찰에서 "A씨가 집세를 내지 않아 찾아가니 문이 잠겨 있어 119구조대를 불렀다"고 진술했다. A씨는 발견 당시 몸이 심하게 부패돼 있었다. 경찰은 김씨가 특별한 직업 없이 가족과 떨어져 혼자 살아온 것으로 파악하고 정확한 사망 원인을 조사 중이다.

_《중앙일보》 2016년 8월 〈홀로 살던 50대 숨진 지 한 달 만에 발견〉

26일 오후 5시40분께 경기 수원시 장안구 파장동 경기인력개발원 4층 발코니에 경기도청 국장급 간부 신모(44)씨가 쓰러져 숨져 있는 것을 인재개발원 직원 김모(50)씨가 발견, 경찰에 신고했다.

김씨는 경찰에서 "오후 4시40분께 휴식 공간인 발코니 쪽에서 '쿵'하는 소리가 들렸으나 대수롭지 않게 생각한 뒤 1시간 정도 지나 담배를 피우러 나가보니 신씨가 쓰러져 있었다"고 말했다.

숨진 신씨가 사용한 8층 사무실 책상 위에서는 '불면증과 마음의 병이 깊어졌다. 생각해보니 몇 년은 된 것 같다. 가족들에게 미안하다'는 내용의 A4용지 3장 분량의 유서가 발견됐다.

경찰은 신씨가 우울증을 비관해 목숨을 끊은 것으로 보고, 정확한 사인을 가리기 위해 국립과학수사연구소에 부검을 의뢰하는 한편 유족 등 주변 인물을 상대로 정확한 사고경위를 조사 중이다.

신씨는 지난해 6월말 민간근무 휴직제도에 따라 2년간 수원 S전자에 파견됐으며, 논문작성 등을 위해 최근 개발원 사무실을 빌려 사용해온 것으로 알려졌다.

_《한국일보》 2007년 11월 〈경기도청 국장급 간부 투신자살〉

1일 밤 0시 30분쯤 충남 논산시 강산동 D아파트 103동 옥상에서 경기도 모 고교 3학년 우모(18·경기도 오산시 누읍동)군과 박모(17·오산시 수정동)양이 함께 투신자살했다.

아파트 주민 이모(41)씨는 "쉬고 있는데 갑자기 밖에서 '쿵'하는 소리가 들려 나가보니 남녀 학생이 바닥에 떨어져 있었다"고 말했다.

경찰은 15층 아파트 옥상에서 '항상 시간에 쫓겨 진정 필요한 것을 배우지 못했다. 사랑하는 사람과 마지막까지 함께 있고 싶다. 부모님께 죄송하다'는 등의 내용이 적힌 유서와 술병이 발견된 점으로 미뤄 애인 사이인 이들이 교제 문제 등으로 자살한 것으로 보고 유가족을 상대로 경위를 조사 중이다.

_《조선일보》 2002년 5월 〈남녀 고교생 2명 아파트서 투신자살〉

22일 오전 10시 20분경 충남 공주시 의당면 유계리의 한 야산에서 모 생명보험사 지점장 유모(42)씨가 숨져 있는 것을 이 산을 수색하던 경찰이 발견했다.

경찰은 전날 오후 11시 10분경 "차가 일주일 동안 공터에 방치돼 있다"는 유계리 이장 이모씨의 신고를 받고 출동해 수색작업을 벌이던 중이었다. 발견 당시 유씨의 시신 주변에는 소주와 농약이 놓여 있었으나 유서는 발견되지 않았다.

경찰 조사 결과 유씨는 서울에 있는 모 생명보험사 지점장으로 근무하다 최근 집을 나온 뒤 수일간 연락이 되지 않아 본사로 인사 발령이 난 것으로 밝혀졌다.

이 보험사 관계자는 "이 지점은 펀드 등에 투자하기 때문에 주가에 영향을 많이 받는 변액보험 등을 주로 취급하고 있다"고 말했다.

경찰은 "유씨가 주식이 폭락해 고객들에게 미안하다고 말해 왔다"는 유족들의 진술 등을 토대로 정확한 사망 경위를 조사 중이다.

경찰 관계자는 "차적을 조회해보니 차량 소유주인 유씨는 16일 경기 고양시 자신의 집에서 가출해 경찰에 가출신고가 된 상태였다"며 "시신을 살펴본 결과 타살 흔적은 없었다"고 말했다.

_《동아일보》 2008년 10월 〈생보사 지점장 야산서 숨진 채 발견〉

확대 기사

"비운의 황태자!" 4일 새벽 스스로 목숨을 끊은 정몽헌 현대아산 이사회 회장을 두고 주변에서 하는 말이다.

정 회장은 이날 새벽 3~4시께 서울 종로구 계동 현대본사 사옥 12층 회장실에서 몸을 던져 자살했다. 정 회장의 주검은 4일 새벽 5시 50분께 서울 종로구 계동 현대본사사옥 뒤편 화단에서 발견됐다.

정 회장을 처음 발견한 건물 청소원 윤아무개(63)씨는 경찰에서 "술 취한 사람이 쓰러져 있는 것 같아 일단 경찰에 신고했으며, 경찰이 도착한 잠시 뒤 비서실 여직원이 나와 '정몽헌 회장'이라고 확인했다"고 진술했다. 경찰은 정 회장이 3일 밤 11시50분께 계동 사옥에 도착해 집무실로 들어갔으며, 4일 새벽 3~4시께 집무실 창밖으로 뛰어내려 스스로 목숨을 끊은 것으로 추정했다. 정 회장은 투신하기 전 집무실 탁자 위에 자신이 사용하던 안경, 시계와 함께 흰 편지봉투 세 통에 담긴 유서 넉 장을 남겼다. 세 유서봉투 겉봉에는 각각 '○○ 엄마'(2장), '김윤규 사장'(1장), '죄송합니다'(1장)라고 적혀 있었다.

현대그룹 창업주인 고 정주영 명예회장의 다섯째 아들인 그는 2000년 3월 '왕자의 난'으로 불리는 골육상쟁을 거쳐 당시 재계 1위였던 현대의 공식 후계자로 선정되는 영광을 안았다. 하지만 이후 그룹의 해체와 계열사 경영난, 대북사업 어려움, 형제간 갈등, 핵심 측근의 배신 등으로 심한 정신적 고뇌를 겪었으며, 끝내 자살이라는 비극적 종말로 이어졌다.

논리 정연한 사고와 치밀함을 갖췄지만 수줍음도 많았던 정 회장은 여덟 형제 중에서도 자질이 우수하다는 평을 받았지만 경영 성적은 썩 좋지 않았다. 2001

년 이후 분리된 현대차와 현대중공업 등 다른 형제그룹과는 달리 정 회장에게 남겨진 현대 계열사들은 만성적인 경영난에서 허덕였다.

정 회장 계열의 현대그룹은 올 4월 현재 자산규모 10조원(금융 제외)으로 국내 재벌순위 15위이지만, 전체 12개 계열사들은 지난해 2,240억원의 손실을 냈다. 금융사를 뺀 나머지 9개 계열사들의 부채비율은 361.6%로, 재무구조도 극히 취약하다. 그룹의 얼굴이던 현대건설과 하이닉스반도체에 이어 현대상사마저 지난달 말 채권단의 출자전환으로 그룹에서 분리된 것도, 그로서는 '불명예'다. 현대에서는 정 회장이 1996~99년에 주도했던 한남·국민투신과 엘지반도체의 인수를 현대부실의 '원흉'이라고 지목하는 이들이 많다.

대북사업은 고 정 명예회장의 유업으로 정 회장이 유서에서까지 집념을 보인 사업이지만 결과적으로는 현대와 자신의 목을 죄는 '올가미'가 됐다. 정 회장은 정부가 해야 할 대북사업을 대신하는 것에 대해 정치권이나 언론이 격려는커녕, 온갖 특혜설만 제기하는 것에 대해 고민이 컸던 것으로 알려졌다. 대북창구인 현대아산은 만성적인 적자 속에서 지난 4년 동안 2천억원의 누적손실을 내며, 계열사까지 동반부실에 빠뜨리고 있다.

현대그룹의 한 임원은 "지난해 9월 이후 대북송금 사건이 터진 뒤 현대상선 분식회계 지시 혐의로 불구속 기소되고 정치권에 150억원의 비자금을 준 혐의로 조사를 받은 게 정 회장 자살의 큰 요인이라면, 결국 정치권과 검찰, 언론의 책임이 크다"고 말했다.

후계다툼 과정에서 비롯된 정몽구 현대차 회장과의 형제간 불화도 정 회장에게는 인간적인 고통을 주었던 것으로 알려졌다. 지난 3월 정 명예회장의 2주기 제사를 포함한 각종 가족행사에서도 두 사람은 대화가 거의 없었다. 한번 믿은 사람은 끝까지 신뢰하는 스타일이던 정 회장으로서는 오랜 측근이었던 이익치 전 현대증권 회장의 배신 행각도 큰 타격이 된 것으로 알려졌다.

정주영 현대그룹 창업주는 평생 '시련은 있어도 실패는 없다'는 좌우명을 강조했다. 그러나 그 후계자로 지목된 정 회장은 결국 시련을 견뎌내지 못했다. 27살에 현대중공업 차장으로 현대그룹 생활을 시작해서 약관 33살에 현대상선 사장으로 경영 전면에 나선 뒤 25년간 아버지 밑에서의 경영수업을 거쳐 한국 최대 재벌의 후계자가 된 정 회장이지만, 한국경제의 거목 정주영이 남긴 유산은 너무 벅찼던 것 같다.

_《한겨레》 2003년 8월 〈비운에 스러진 대북사업 '집념'/정몽헌 현대아산 회장 어제 계동 본사서 투신자살〉

실험이 빈번한 과학고등학교 학생이 실험실에서 빼돌린 독극물을 이용해 자살하는 사건이 발생했다. 학교의 독극물 관리가 허술한 탓이었다.

27일 오전 6시쯤 인천 중구 운서동 ■■과학고등학교 기숙사에서 이 학교 학생 김모양(17 · 고2)이 자신의 방 침대 위에서 신음하는 것을 친구 박모양이 발견, 경찰에 신고했다. 박양은 "아침에 친구가 침대에 누운 채 일어나지 않아 깨우려고 몸을 흔들어보니 신음소리를 내고 있었다"고 말했다. 김양은 출동한 119 구급대에 의해 인천공항 인하대응급센터로 이송됐으나 곧 숨졌다.

경찰은 숨진 김양의 방 책상 위에서 '안녕, 용서해줘'라는 내용의 유서를 발견했으며 시안화칼륨(청산가리)으로 추정되는 약물이 담긴 실험용 병을 책상 서랍 안에서 찾았다.

경찰과 학교 등에 따르면 김양은 지난 2월 사귀어오던 남자친구와 헤어진 뒤 "죽고 싶다"는 말을 자주 하고 성적 등으로 고민했던 것으로 알려졌다. 김양은 일부 친구들에게 "용서해줘. 사랑했었다"는 문자메시지도 보냈다.

특히 김양은 지난달 말부터 실험, 실습을 하면서 시안화칼륨을 조금씩 빼돌려 병 4개에 나눠 보관했던 것으로 밝혀져 학교의 실험실 독극물 관리에 허점이 있는 것으로 드러났다.

이달 초 기숙사 친구들은 김양이 숨긴 시안화칼륨 3병을 찾아내 폐기했다. 친구들은 김양이 "더 이상 약병이 없다"고 버티는 바람에 나머지 1병의 존재 여부를 확인하지 못한 것으로 알려졌다.

학교 관계자는 "실험용 약품 등은 잘 관리가 되고 있다"면서 "경찰 수사 결과가 나오면 관리체계를 점검하겠다"고 밝혔다.

경찰은 이날 국립과학수사연구소에 김양의 사체 부검을 의뢰했다. 또 김양의 친구들이 보관하고 있던 약물도 성분 분석을 의뢰했다. 경찰은 부검결과 시안화칼륨으로 인해 사망한 사실이 밝혀질 경우 학교 등을 상대로 독극물 유출 경위를 조사할 방침이다.

경찰 관계자는 "일반 기업체 등에서는 유해화학물질관리법 등에 근거해 독극물 관리가 철저하게 이뤄지는 반면, 학교에서는 관련법이 미비해 관리가 부실하다"면서 "이번 기회에 학교에서의 실험용 약물 등에 대한 관리 개선안이 마련돼야 한다"고 말했다.

_《경향신문》 2005년 4월 〈'독약' 방치한 과학고–인천서 학생 독극물 마시고 자살, 실험실서 유출〉

수뢰 혐의로 검찰 소환을 앞두고 있던 오근섭(62) 경남 양산시장이 자택에서 목을 매 자살했다.

27일 오전 7시 10분쯤 경남 양산시 상북면 오 시장의 자택이 있는 농장 별채 부엌에서 오 시장이 목을 매 숨져 있는 것을 고향 후배인 이모씨가 발견, 경찰에 신고했다.

이씨는 이날 오 시장이 아침밥도 먹지 않은 채 보이지 않아 집 아래채를 둘러보던 중 오 시장이 태극기와 양산시 기로 몸을 두른 채 높이 2.5m 부엌 천장 철제 빔에 노끈으로 목을 매단 채 있었다고 경찰에서 진술했다.

오 시장은 이씨의 신고를 받은 경찰과 119구급대가 도착했을 때는 이미 숨을 거둔 상태였던 것으로 알려지고 있다. 경찰은 오 시장이 발견되기 전 1~2시간 전쯤에 숨진 것으로 추정하고 있다.

경찰은 오 시장이 현장에 남긴 A4용지 2매 분량의 유서에는 '양산시 공무원을 사랑한다, 최선을 다해 살아왔다, 가족들에게 미안하다'는 등의 내용이 적혀 있었으나 검찰의 소환 조사와 관련한 내용은 없었다고 전했다. 또 이명박 대통령과 최근 재선거에서 당선된 한나라당 박희태 의원의 이름을 언급하며 '양산을 발전시키고 대한민국을 발전시켜 달라'는 내용도 있었다고 경찰은 밝혔다. 오 시장의 시신은 양산부산대병원에 안치됐다.

오 시장은 27일 오전 10시 울산지검 특수부에 출두해 조사를 받을 예정이었다. 검찰은 지난 9월 양산시 도시계획사업과 관련해 부동산 업자를 수사하던 중 개발업자 A씨의 자금이 다른 부동산개발업자 B씨를 통해 양산시장 측에 전달된 정황을 포착하고 내사를 벌여왔다.

검찰은 그동안 오 시장 비서실장을 비롯해 친인척과 주변 인물에 대한 금융계좌 압수수색을 벌이는 등 조사를 벌여온 것으로 알려지고 있다. 오 시장이 자살함에 따라 공소유지가 어렵게 돼 더 이상의 수사는 없을 것으로 전망되고 있다.

오 시장은 초등학교 졸업이라는 학력의 벽을 극복하고 자수성가해 지방자치단체장에까지 오른 입지전적인 인물로, 2006년 5월 무소속으로 출마해 양산시장에 당선됐다.

경찰은 오 시장이 피내사자 신분으로 검찰 조사를 받게 되자 심리적 압박으로 자살을 택한 것으로 추정하고 조사를 벌이고 있다.

울산지검은 오 시장의 죽음에 대해 "안타까운 일이 발생했다. 심심한 유감의 뜻을 표함과 동시에 고인의 명복을 기원한다"고 밝히고 더 이상의 언급은 하지 않고 있다.

_《세계일보》 2009년 11월 〈오근섭 양산시장 자택서 자살〉

'또 다른 시작'이란 히트곡과 함께 서울방송 쇼프로인 '점프 챔프' 사회를 맡아 10대 청소년들 사이에서 인기가 높았던 가수 徐지원군(19)이 2집 앨범 출반을 앞두고 자신의 아파트에서 자살했다.

1일 오후 8시 30분께 서울 동작구 대방동 대방주공2단지아파트 205동 203호 안방 침대 위에서 인기가수 朴병철군(예명 서지원)이 온몸에 경련을 일으키고 있는 것을 후배 尹모군(18.무직)이 발견, 병원으로 옮겼으나 숨졌다.

尹군에 따르면 이날 술에서 깨어나 밖에서 담배를 사가지고 들어와 담배를 피우고 있던 중 침대 위에 누워 있던 朴군이 갑자기 입술과 온몸이 파랗게 변한 채 경련을 일으켰다는 것이다.

朴군이 잠을 자던 침대 위에는 노란색 알약 1알이 떨어져 있었으며 방안에는 평소 朴군이 복용하던 빈 약병과 유서를 써놓은 일기장이 놓여져 있었다.

이 일기장에는 "2집 앨범 활동을 앞두고 나는 더 이상 자신도 없고 군대도 가야하며 사무실 가족들을 책임지기에도 너무 벅차다. 전무님은 내가 죽은 뒤에라도 홍보를 잘해 2집 앨범을 성공시켜주기를 빈다"고 적혀 있었다.

朴군의 매니저 李병희씨는 "평소 우울증 증세를 보였던 朴군이 새해를 맞아 부모님이 별거하고 있는 것을 가슴 아파했다"면서 "朴군은 '내 눈물 모아'를 대표곡으로 하는 2집 앨범 준비를 끝낸 상태"라고 말했다.

국교 5학년 때 아버지와 함께 미국으로 건너갔던 朴군은 지난 94년 미국에서 고등학교를 졸업하고 한국으로 돌아와 같은 해 10월 '또 다른 시작'이란 노래로 가요계에 뛰어들었다.

한편 경찰은 朴군이 신경 안정제 과다복용으로 숨진 것으로 보고 평소 朴군이 복용하던 빈 약병과 침대 위에 있던 알약을 수거, 국립과학수사연구소에 감식을 의뢰했다.

_《연합뉴스》 1996년 1월 〈인기가수 徐지원 자살〉

4장

사고 기사

1. 사고 기사 정의 및 성격

사고는 사건과 마찬가지로 일상(日常)에서 불거져 사회와 국가, 그리고 시민과 국민에게 피해를 주는 일이다. 사안의 돌발성과 특이성, 피해 등으로 나타나는 성격도 사건과 유사하고, 그런 일들을 매체가 정리해 보도하는 것이 결국 한 시대 사회 현상을 보여주는 창(窓)으로 기능한다는 점도 같다. 하지만 사고는 사람의 의도에 의해서 발생하지 않는다는 점이 사건과 다르다. 즉 사람이 아닌 동물 혹은 자연 현상 때문에 일어나거나, 사람이 일으켰더라도 그게 의도하지 않는 것일 때 사고라고 한다. 이상의 내용을 개념화하자면, 사고 기사는 '일상(日常)에서 불거져 나와 공동체나 그 구성원에게 피해를 주는 일 중, 사람의 의도와 무관하게 생긴 것을 수용자가 이해하기 쉽도록 저널리즘 글쓰기 방식에 따라 뉴스 매체가 정리한 정보'가 된다.

자연에 의해 발생한 홍수나 태풍, 사람의 실수로 일어난 열차 탈선이나 비행기 추락 등은 그 피해 규모 때문에 재해라고 표현되기도 하지만, 큰 틀에서는 사고다. 이런 재해는 그 규모 자체가 이에 대한 예방을 요구하게 만든다. 작은 크기의 화재나 교통사고라도 매체는 이를 무시할 수 없다. 이런 사고가 빈발할 경우, 사람들에게 이를 알려야 추가 피해를 막기 위한 대책을 생각하게 되기 때문이다. 이는 공동체의 안녕 등을 지향하는 인간 사회의 특성이다. 사고 기사는 바로 이런 사안들을 정리해 공동체 구성원에게 전달함으로써 사회적 대응을 촉구하게 만드는 역할을 한다. 사람의 의도 여부에 따라 사건과 구분되는 사고는 보도 방식에서도 사건 기사와 약간의 차이가 있다. 그리고 보도의 기초가 되는 취재도 그 대상이나 방법 등에 미세한 차이가 있다. 이 책이 목표로 하는 기사 작성법 설명에 앞서, 이 취재 방법을 간단히 소개하고자 한다. 전술한 것처럼 이를 알아두는 것이 사고 기사 작성 실력 고취에 도움이 될 것이라 보기 때문이다.

2. 사고 기사 취재

기자는 모든 취재에 있어 오감을 열어야 한다. 그래야만 간단한 세 개 단락의 기본적 보도를 할지 아니면 더 확대할지를 판단할 수 있다. 미리 정해진 방식에 의해서 취재를 한다 하더라도 늘 다른 루트를 통해 들어올 수 있는 추가 정보에 대비해야 한다. 사고 기사도 예외는 아니다. 역삼각형 스트레이트 형태라도 사안이 사회적 반향을 일으킬 가능성이 높으면 그 틀 안에서 기사를 확대할 수 있다. 기사 확대 여부에 대한 기초적인 판단은 오감을 연 상태에서 진행하는 취재 초기 단계에 이뤄진다. 기본적인 육하원칙(六何原則·5W1H)을 우선 취재하더라도, 이 과정에서 기사의 중요성이 우선 가늠된다는 것이다.

사고는 사건에 비해 현장 취재가 수월한 편이다. 보다 정확히 말하면 훼손되지 않은 현장 접근이 가능하다는 뜻이다. 사건은 일이 벌어진 후 수사 당국이 단서를 훼손할 우려가 있는 기자들의 현장 접근을 적극적으로 제지하지만, 사고는 그 피해 원인 등을 찾는 데 도움을 얻기 위해 언론에 일부러 현장을 공개하기도 한다. 게다가 큰 홍수나 화재 등은 사고가 진행 중인 경우가 많아 생생한 현장을 기록할 수 있다. 물론 후속 사고의 위험을 피하거나 전문가만이 확인할 수 있는 단서들을 보호하기 위해 현장 접근이 통제될 수도 있으나, 사건에 비해서는 비교적 현장 공개가 빈번한 편이다. 기자들은 공무 집행에 방해가 되지 않는 선에서 조금이라도 더 많은 정보를 얻기 위해 현장을 뛰어다닌다. 그리고 이때 기본적인 육하원칙 요소들을 먼저 파악해야 한다. 현장에서 얻는 정보는 보다 불편부당한 시각으로 사안을 바라볼 수 있게 만들어 더욱 의미가 크다. 관련 인물의 이해관계에 따라 가공되지 않았기 때문이다.

사고 기사에서 일차적으로 중요한 것은 피해자의 신원, 그리고 피해의 규모다. 이는 육하원칙 중 '누구'와 '무엇'에 해당하는 내용이다. 사건 기사에서는 이 '누구'가 피해자뿐만 아니라 피의자를 포함하지만, 일반적으로 검거할 대상이 없는 사고 기사는 주로 피해자에 집중된다. 결국 사고는 나중에 검거가 아닌 발생 기사로 처리될 수밖에 없다는 점이 여기서 나타난다. 이 상황에서 사고로 죽거나 다친 사람이 사회적으로 영향력이 있는지, 또 사상자가 있다면 얼마나 많은지, 그리고 재산 피해는 얼마나 되는지 등이 주요 관건이다. 일반인의 안위가 중요하지 않다는 것이 아니라, 사회 구성원이 공통적으로 관심을 가질 만한 정보를 다룬다는 차원에서 언론 매체는 장삼이사(張三李四)보다 주목받는 사람들의 피해 여부를 우선 확인한다는 것이다. 사고 피해자가 대통령이나 장차관, 국회의원, 굴지 기업의 CEO, 법조계를 대표할 만한 인사, 유수 대학의 총장이나 유명 학자 등이라면 기사는 단순한 세 개 단락으로 구성되지 않으며, 더 확대될 수밖에 없다. 일반인이라도 피해자 수가 수십 명에 이르거나 사회적 약자나 어린이, 청소년 등이 피해를 입었다면 안타까움의 정서가 더해져 기사가 더 커진다.

재산 피해 정도가 100만원 정도인 경우와 수천억원인 상황은 기사 크기에 차이가 날 수밖에 없다. 이렇듯 피해가 사람이 아닌 재산으로 이어질 경우, 취재 내용은 '누구'를 벗어나 '무엇'에 방점이 찍힌다. 기본적으로 사고 내용이 화재인지 교통사고인지, 아니면 그 규모가 커 재난 수준인지를 파악하는 게 '무엇'에 관한 취재다. 이는 사고 현장의 묘사와 개요를 파악하는 것으로 이어지는데, 규모가 큰 사고는 거시적 상황에서 미시적 상황에 이르기까지 모든 자료를 확보해야 한다. 개별 사고의 경우 현장 스케치 정도의 미시적 상황 파악으로 끝나는 경우가 많다. 하지만 규모가 크면 이 사고가 정치적으로 또는 경제적으로 어디까지 영향을 미치는지의 문제도 고민해야 한다.

일반적으로 보면, 특히 경미한 사고의 경우, 피해 내용 중 '누구'와 관련된 정보는 '무엇'에 비해 더 예민하고 중요하다. 이런 내용이 많은 사람들의 공감을 얻을 수 있는지를 판단하는 데 기초가 되기 때문이다. 피해자의 신상 정보 파악은 기본이다. 이름, 나이, 직업, 주소 등 기초적인 정보는 보통 조사 당국으로부터 얻는다. 화재의 경우 관할 소방서, 교통사고는 담당 경찰서로부터 확보할 수 있다. 이때 피해자뿐 아니라 이들과 연결된 가족이나 지인 등에 영향력 있는 인물이나 사회적 약자들이 있는지도 함께 취재할 필요가 있다. 아주 관행적인 취재만 한다면 당국이 주는 조사 결과에 나온 이름만 파악하겠지만, 오감을 연다면 여기서 '누구'에 대해 더 중요한 정보를 추적할 근거가 생긴다. 만약 사고의 규모가 크다면 피해자의 수가 한둘이 아닐 것이다. 예를 들어 비행기 추락이나 열차 탈선 사고의 경우 탑승자 명단의 확보는 기본이다. 개인 정보라 얻기 쉽지 않지만 비행기나 열차에 탄 사람을 확인하고자 하는 가족들이 있을 수 있어, 정부 당국이나 항공사 또는 열차 회사 등은 결국 이 정보를 공개하게 된다. 홍수 피해의 경우, 피해 마을 전체의 주민등록 정보도 필요하다. 홍수가 나면 동이나 읍의 사무소도 침수돼 현장에서는 이런 정보를 구하기 어려울 때가 많다. 이 경우 더 멀리 떨어진 상위 관공서나 재해대책본부의 중앙 통제소를 통해 정보를 확보해야 한다. 이 과정에서 안타까운 사연이나 공분을 일으킬 만한 정보가 나타날 수 있다. 이들은 단순히 사람들의 심정적 관심을 끌 뿐 아니라 이후 이렇게 슬프고 화가 날 일을 만들지 말아야 한다는 당위론, 더 나아가 이를 막는 대책 등으로 이어진다.

사고 기사에서도 일을 일으킨 것으로 의심 가는 사람에 대한 취재는 이뤄진다. 벌어진 일이 사람의 의도에 의한 것인지 아닌지가 일단 판단돼야 하기 때문이다. 이는 사안을 사건으로 볼지 아니면 사고로 판단할지를 가늠하는 주요 정보다. 만약 사람의 의지와 연관됐고 관련자가 드러난다면 경찰은 그를 곧장 체포해 구속영장을 신청하거나 구속하게 될 것이고, 사안은 곧장 검거형 사건 기사로 정리될 수 있다. 보도 시점까지 당국이 피의자를 붙잡지 못했다면 관련자를 수배하는 형식으로 기사가 작성될 것이다. 하지만 사람의 의도와 관련 있다는 근거를 정확히 잡지 못하면 기사는 발생 형태의 사고 기사로 쓰이게 된다. 결국 이를 확인하려면 육하원칙 중 '왜'와 '어떻게'에 대한 취재에 집중할 수밖에 없다. 그렇기 때문에 이 두 개 영역 역시 사고 기사 중 예민한 것으로 평가된다.

문제는 사고 초기 단계에 이들 두 요소는 확정적으로 취재되기 어렵다는 점이다. 당국도 일단 '왜'와 관련된 사고 원인보다는 수습에 매달린다. 인적·물적 피해가 확산되지 않도록 해야 하기 때문이다. 또 사태가 수습되더라도, 그리고 일차적으로 의심되는 사고 원인이 있더라도, 당국은 그 내용을 쉽사리 공개하지 않는다. 원인 제공자가 누구냐에 따라 책임의 화살이 달라지기 때문이다. 그렇기에 언론도 보도에 신중을 기해야 한다.

실제 상황을 보면, 시점이 언제건 간에 사고와 관련해 당국이 내놓는 발표는 물론 공무(公務) 관계자가 전달한 개인적 의견까지도 뉴스에 등장하는 순간 공식적인 기록이 된다. 그런데 만약 나중에 자세한 조사 뒤 사고 원인이 다른 것으로 밝혀지면, 그 사이 벌어진 수많은 분란의 책임이 고스란히 1차로 사고 원인을 발표하거나 발설한 당국의 책임이 될 수 있다. 사고와 관련된 보상 및 보험사 문제, 사고 원인과 관련됐을 것이라 알려졌던 사람들의 정신적 피해 등과 관련해 사고 조사 등을 담당한 공무원들은 엄중한 문책으로부터 자유롭지 못하다. 이 경우 개인적 발언임을 전제로 한 취재 응대 내용을 경솔하게 보도한 언론사의 책임도 가볍지 않다.

거대 사고일 때는 원인이 파악되기까지 시간이 더 오래 걸린다. 만약 이런 오판과 이에 관련된 보도가 사고 초기에 이뤄진다면, 나중에 제대로 된 원인이 밝혀질 때까지의 시점까지 그런 보도에 근거해 일이 엉뚱한 방향으로 흘러가버릴 수 있기 때문에, 그만큼 초기 단계의 잘못된 정보는 피해 보상의 규모와 방향에 더 큰 혼란을 야기할 수 있다. 그래서 언론도 1차적으로 확보된 원인에 대해 함부로 단정적인 보도는 하지 않는 것이 좋다. 간단한 사고라도 나중에 달리 밝혀질 내용을 앞서 무책임하게 보도한다면 기자나 매체가 법정 소송에 연루될 수 있다. 그렇기 때문에 언론은 확실하지 않은 원인 관련 내용은 추론으로 놔두고 보도하지 않거나 아예 추측임을 명확하게 알리고 쓰는 방법을 택하게 된다.

이 '왜'의 문제는 기본적으로 사고의 직접적 배경과 관련되지만, 홍수나 화재 등의 사고가 조기 수습되지 못하고 진행되는 과정에서 피해가 확산되는 이유와도 연관이 있다. 하지만 이 역시 사람들의 이해관계가 얽히고 경황이 없는 상황에서 벌어진 일들이라 쉽게 단정적인 정보로 귀결되기 어렵다. 그리고 피해 확대 등 사고 진행 과정에서 추가적으로 발생하는 내용에 대한 원인은 결국 '어떻게'를 취재하는 쪽으로 이어진다. 어떤 방식으로 사고가 진행됐고 당국이 사태를 수습해갔는지 등의 정보가 반드시 확보돼야 한다는 것이다. 하지만 위와 같은 원인 취재의 한계 때문에 조심스럽고 제한적인 보도만 가능하게 된다. 그렇다고 하더라도 취재는 적극적으로 해서 나올 수 있는 모든 시나리오를 당국이나 전문가, 목격자 등의 증언을 통해 확보해놔야 한다. 그리고 누가 원인을 지적했는지 정보 원천 적시(Attribution Fitness) 원칙을 확실히 따라야 한다.

'어디'와 '언제'도 중요한 내용이긴 마찬가지다. 사고가 인구 밀집 지역에서 일어났는지, 발생 장소의 교통이 복잡한지 등의 정보는 기본적으로 파악돼야 한다. 그 피해 여파 때문이다. 동떨어진 곳에 있는 단독 주택보다 군집을 이룬 골목길 내의 가정집들, 또 그보다는 촘촘히 가구가 붙은 고층 아파트에서의 사고가 이목을 끈다. 사람들이 많이 모인 극장이나 공연장, 서울 도심 한복판의 사고는 주택가나 한산한 시골 도로에서 일어난 것보다 뉴스 중요도가 높다. 또 국가 정치나 경제적으로 또는 사회 문화적으로 의미가 깊은 곳에서 사고가 일어나면 기사는 커진다. 화재가 청와대나 국회, 정부 청사나 국립 박물관 등에서 일어난 것과 일반 주택에서 일어난 것을 비교해보면 무슨 뜻인지 금방 이해가 될 것이다. 대학이나 유명 건물 등 랜드 마크가 될 정도의 장소에서 사고가 일어났더라도, 그 장소에 대해 광역-기초-하위 지역 단체는 물론 그 아래 읍, 면, 동의 번지수까지 파악할 필요가 있다. 정보는 조사 당국으로부터 쉽게 확인 가능하다. 주택 등의 일반적인 장소라면 더욱더 그런 정보가 필요하다. 아파트 동과 호수는 물론이다. 보도 여부는 사건의 여파 등을 고려해 판단하고, 크고 유명한 건물이나 지역의 경우에는 단순히 몇 동 몇 번지에서 사고가 발생했다는 사실은 별 의미가 없을 수도 있지만, 일단 정보를 확보해놔야 후속 취재 및 보도의 향방을 결정하는 데 도움이 된다. 가스 폭발사고의 경우 그 진원지가 매우 중요해 최초 발생지를 파악하는 것은 기본이다. 그러나 피해 범위가 광범위할 때는 피해 지역의 지적도가 필요할 수도 있다. 비행기 추락 또는 선박 충돌 사고 등의 경우, 정확한 번지수를 찾기 어려운 경우가 많다. 그럴 때는 위도, 경도, 그리고 중요한 건물 또는 행정 지역에서 얼마나 떨어져 있는지 등을 파악해야 한다. '언제'에 대한 취재도 피해의 규모나 범위 등과 관련해 같은 맥락에서 이해할 수 있다. 또 책임 소재를 밝히기 위한 단서가 될 수도 있기에 몇 시 몇 분 몇 초까지 정확히 파악해야 한다. 더욱이 1차 피해가 발생한 뒤 후속 사고가 이어지면 '초 단위' 취재는 더 당위성을 띤다. 다른 환경과 맞물려 판단할 근거가 될 수 있기 때문이다.

이와 같은 기초 정보가 사고 기사에서 공식화된 모습으로 쉽게 확보되지 않는다는 점을 늘 염두에 둘 필요가 있다. 물론 앞에 거론한 것처럼 사고는 사건에 비해 직접 현장 취재가 수월하다. 진행 중인 경우가 꽤 있어서다. 하지만 그렇기 때문에 오히려 당국 등에 의해 공식화된 정보를 얻기 까다로울 수 있다. 정보를 얻을 수 있는 취재원이 모두 상황 수습 등으로 바쁘기 때문이다. 결국 기자들은 눈으로 직접 본 것과 관련 당국이 취합한 종합적인 정보를 버무려 기사를 쓰게 된다. 우선 개괄적인 기초 정보는 담당 경찰서나 소방서의 종합상황실을 통해 얻을 수 있다. 여기서 공식화된 피해자 범위 및 인적사항, 정확한 발생 장소와 시각, 사고 개요들을 접하고 정리하게 된다. 특히 당국의 정보이기 때문에 우선은 책임 있는 내용으로 받아들일 수 있다. 심지어 확실하지 않더라도 당국의 사고 원인 추론은 기사화할 수 있다. 이때 반드시 그 추론이 어디서 나왔는지를 적어야 한다. 대부분 이런 정보들은 상황실에서 정보를 취합하는 상급 관리들에게서 얻는다. 현장에서 사태를 직접 수습하는 직원들로부터 생생한 얘기를 들을 수도 있으나, 조각난 내용들이라 전체를 조망하는 기사를 쓰기에는 불완전한 정보일 수 있다. 그렇기에 현장에 투입된 수사관이나 소방관 등이 다발적으로 보고하는 내용을 모아야 한다. 이들은 상부에 상황을 지속적으로 보고하는 체제를 갖추고 있다. 그래야 당국도 종합적인 판단을 할 수 있기 때문이다. 현장에는 현장 상황실을 두고, 여기에 모인 정보는 다시 본부 상황실로 전달된다. 당국 관리들은 사방으로부터 상황실로 들어오는 정보를 모아 퍼즐을 맞추듯 사고 개요를 정비해나간다. 이렇게 모아진 정보가 공식화돼 발표됨으로써 매체는 정제된 내용을 기사화할 수 있게 된다. 하지만 당국도 불명확한 것으로 보이는 정보로 발생할 수 있는 책임 요인들에서 자유로울 수 없는 경우가 있기에, 모든 정보를 기자들에게 전달하지 않는다. 이때는 다시 사고 수습 현장에서 몸으로 뛰며 활약하는 수사관이나 소방관들의 얘기를 참고하고, 현장에 투입된 기자들이 직접 확인한 내용들을 담아 기사를 구성하게 된다.

결국 사고 초기 단계의 1차 취재원들은 현장의 수사관과 소방관, 그리고 이들이 보내는 정보를 취합해 매체에 전달하는 종합상황실의 고위 관리들이다. 현장에서 만난 부상자나 재산 피해자들 역시 놓쳐서는 안 될 취재원들이다. 다시 정리해보자면, 화재는 소방서, 홍수 등 자연재해 등은 중앙재해대책본부 등 각종 사고의 정보가 취합되는 사고 관련 당국이 기본적인 취재 대상이 된다. 사고가 단순 사고인지, 사건인지를 판단하는 과정에서 경찰은 거의 반드시 개입하기에 놓칠 수 없다. 하지만 역시 불완전할 수 있으므로 기자 개인이 직접 취재한 정보와 비교해보는 것이 필요하다. 사건 기사와 마찬가지로 당한 사람이 상황을 잘 안다. 그렇기에 피해자 취재는 기본이다. 특히 감정적인 부분과 관련된 내용은 피해자나 그 가족 입장만한 것이 없다. 다만 이들이 너무 흥분해 객관적 사실보다는 주관적인 주장만 되풀이하거나, 자기에게 불리한 사실을 숨기는 경우도 있기 때문에 이런 부분에 대해서는 기자가 조심해서 접근해야 한다. 이를 보완하기 위해 목격자 확보가 필요하다. 목격자 증언은 피해자 증언에 비해 객관적이다. 피해자나 그 지인들로부터 들은 얘기를 기자가 냉철하게 보완할 수 있는 도구가 된다. 또 소방관이나 경찰이 확보하지 못한 내용을 들려줄 수도 있다. 이런 증언은 사고를 바라보는 시각에 변화를 줘, 당국의 사고 조사 방향을 틀 수도 있다. 특히 여러 목격자의 증언이 엇갈릴 때는 추가 취재를 통해 사안을 종합함으로써 공통적으로 나타나는 문제를 확인해 사안의 핵심을 잡아내도록 해야 한다. 또 사고마다 상황이 다를 수 있기 때문에 그에 따른 기타 취재원을 다양하게 확보하는 것이 관건이다. 오감을 열고 취재원을 찾는 것이 필요하다.

하지만 사건 기사와 마찬가지로 이런 취재원들로부터 나오는 정보도 여러 이유에서 좋은 기사를 쓰기에 불완전할 수 있다. 기사를 작성하는 데 부족하거나 궁금한 점이 있다면 기자들은 1차 취재원들을 벗어나 무조건 후속 정보를 좇아야 한다. 이때 후속 취재원은 피해자 지인이나 관계자, 사고 지역의 주민 등이 될 수 있다. 또 사고 원인에 대한 분석을 해줄 전문가 등도 유용하다.

사고가 재해 수준인 경우 이들 전문가들은 필수적인 취재 대상이 된다. 많은 사상자를 낸 비행기나 열차 등은 교통 문제 전문가, 이런 사고에 비해 피해자들이 사망에 이르는 시간이 더 길 수 있는 선박 사고 희생자들의 입장을 소개할 심리학자, 홍수 피해 지역에 대한 지질학자 등을 취재원으로 확보해야 기사를 통해 일어난 사고에 대한 심각성을 알리고 추후 대책을 촉구하는 기제를 만들 수 있다. 즉 대형사고의 경우 다양한 취재원 확보는 단순한 플러스가 아니라 필수 요소라는 것이다. 일반 사고의 경우에도 특이한 사고 원인이나 형태, 사회의 구조적 문제와 연관이 있는지 등을 확인하고, 주변에 비슷한 유형의 사고 발생이 있었는지 등을 검토하는 것은 후속 보도 여부를 판단하는 잣대가 된다. 여기에 규모가 커 후속 보도가 필수인 대형사고 취재를 위해서는 외국의 유사 사례, 관련 사고의 장기적 역사, 과거 피해의 규모, 과거 사고의 원인 등을 확인해가면서 언론과 사고 관련 당국이 문제의 실마리를 함께 풀어간다. 당국보다 언론이 먼저 원인을 규명해내는 경우도 있다. 기자는 결국 누가 어느 정보를 줄 수 있는지를 파악하고 정보의 길목에 서 있어야 한다. 그렇게 하기 위해서는 기존의 보도들이 어떤 부분에 집중하고 있었는지를 숙지해놓고, 추가로 확인할 만한 정보가 무엇인지를 미리 고민해놓는 것이 좋다. 이런 것을 놓치면 결국 낙종의 위기에 처하게 된다.

3. 사고 기사 보도

1) 기본 리드 5개 종류

사고 기사도 사건 기사와 마찬가지로 역삼각형 스트레이트 뉴스 공식에 따라 소개된다. 제일 중요한 정보가 기사 첫 단락에 나오고, 그다음 단락부터 중요도에 따라 정보가 배치되는 형태를 띤다는 뜻이다. 사건 기사와 달리 검거할 대상이 없는 사고 기사는 결국 발생 기사 형태로만 정리된다. 이 과정에서 '중요한 정보'를 어떻게 판단하느냐가 큰 관건으로 부각된다. 검거와 발생 등 두 가지 형태로 분산된 사건 기사보다는 발생 한 가지에만 집중한 사고 기사가 발생 기사의 형태를 더 세분화시키며 발달했고, 그 세분화의 기준이 중요도에 따른다는 뜻이다. 그리고 이런 발생 형태 사고 기사의 모습은 크게 리드에 따라 다섯 개 정도로 구분된다.

이들 다섯 가지 기사 형태는 사고가 크고 중요할수록 리드가 짧고 뒤에 이어지는 단락의 수가 늘어나는 경향이 있다. 거꾸로 사고가 크지 않으면 리드가 길고, 뒤에 이을 정보가 적다. 사고 기사도 사건 기사와 마찬가지로 기본적인 세 개 단락이 가장 기초적인 공식이 된다. 이를 중심으로 덜 중요한 사고는 단락 수가 줄어들고, 중요할수록 단락 수는 늘어난다. 종합하자면, 사안의 중요성이 리드의 형태를 결정하고, 그 리드의 모습에 따라 뒤에 이어지는 단락의 정보가 달라지는 것이 사고 기사의 특징이라 할 수 있겠다. 이렇게 사안의 중요도에 대한 판단에 따라 다섯 가지로 구분되는 사고 기사 공식은 화재, 교통사고, 재난 등의 형태에 적용된다. 이들 공식은 이 책에서 화재사고를 중심으로 우선 소개되고, 교통사고로 외연을 확대해갈 것이다. 또 재난은 규모 때문에 저절로 중요성이 높은 것으로 나타나기에, 공식 확대를 설명하는 과정에서 그 내용을 소개하고, 현장 사례를 통해 기사에 대한 이해를 돕는 방식으로 차례를 구성해보겠다. 먼저 리드를 기준으로 다섯 가지 공식의 기본적인 성격을 아래 소개하고, 개별 리드에 따른 변형 공식을 이어가기로 한다.

우선 사고 기사의 공식을 결정하는 리드는 장소, 시간, 사고(피해) 내용, 원인, 해결 여부 등에 의해 영향을 받는다고 할 수 있다. 조금 더 정확하게 보자면, 이들 중 어떤 것이 중요한가에 따라 리드 형태가 결정된다고 할 수 있다. 육하원칙으로 따지면, 어디서(Where·장소), 언제(When·시간), 무엇(What·사고 피해 내용), 왜(Why·원인), 어떻게(How·해결 여부) 등 5개 요소를 축으로 한다. 일반적으로는 여기에 제시된 그대로, 즉 장소, 시간, 피해 내용, 원인, 해결 여부가 사고 기사의 무게를 결정하는 순서가 된다.

즉 사고가 어디서 일어났느냐가 이 기사를 얼마나 크게 쓸 것인가를 결정하는 데 가장 중요한 요인이 되고, 그다음은 언제 일어났는지, 피해의 크기는 얼마나 되는지, 왜 발생했는지, 그리고 그 사고로 의한 피해 상황 등이 종결됐는지 여부와 어떻게 수습됐는지 등의 정보가 뒤를 잇는다. 육하원칙 중 나머지인 누가(Who)는 이들 요소와의 관계 속에 녹아들면서, 이 관계의 정도가 기사의 크기를 결정하는 추가 요소로 작용하기도 한다. 장소나 피해 내용과의 연관 여부, 원인이나 해결 방식의 참여도 등이 '누구'와 어떤 고리를 맺고 있느냐에 따라 기사의 크기 및 형태가 달라질 수 있다는 뜻이다. 결국 사고 기사의 공식을 결정하는 것이 리드라는 내용을 여기에 이어보면, 육하원칙 중 어느 요인을 강조할 것인가에 따라 리드가 결정되고 그에 맞춰 후속 단락에 담을 정보가 정해지는 식으로 공식이 구성된다는 얘기다. 아래 제시하는 공식 다섯 가지는 이를 반영한 사고 기사의 리드 형태다. 이 리드는 후속 단락의 형태를 결정하기에, 이들이 기본 공식의 근거가 된다고 볼 수 있다.

① ▼▼에서 □□가 발생했다. (장소가 중요할 때)
② ▲▲일 △△시쯤 ▼▼에서 □□가 발생했다. (장소만으로 의미를 부여하기 부담스러울 때)
③ ▲▲일 △△시쯤 ▼▼에서 □□가 발생, ◔◔ 등의 피해를 냈다. (피해 규모가 클 때)
④ ▲▲일 △△시쯤 ▼▼에서 ▪▪로 추정되는 □□가 발생, ◔◔ 등의 피해를 냈다. (원인이 궁금할 때)
⑤ ▲▲일 △△시쯤 ▼▼에서 ▪▪로 추정되는 □□가 발생, ◔◔ 등의 피해를 낸 뒤 ▽▽만에 해결됐다. ('누가'의 정보가 나머지 5개 육하원칙 안에 녹아들며 결과적으로 모든 기초 정보가 나타났을 때)

전체 형태를 보면 기본적으로 ①에서 ⑤로 갈수록 리드의 길이가 길어진다. 그리고 하나씩 정보 종류가 늘어나는 형태다. ①에는 장소만 기록됐는데, ②에는 거기에 시간이, ③에는 피해 내용이, ④에는 원인이, ⑤에는 사고의 해결 여부가 각각 앞선 번호에 추가됐다. 위에 설명한 내용을 이어가자면, 결국 가장 큰 사고였을 때 ①의 리드를 사용하고, 뒤의 리드들은 점차 사고의 규모가 줄어들 때 순차적으로 사용된다고 볼 수 있다. 역으로 보면, 매체가 사고의 중요성을 판단하는 수준에 따라 리드의 종류가 정해진다는 뜻이다.

①은 장소만 거론하더라도 사고의 심각성을 생각할 수 있고, 그만큼 사고의 잠재적 피해도 크다는 점을 암시하는 성격의 리드다. ②는 장소의 의미가 커 그 나름으로 기사 가치가 있지만, ①에 비해 피해 규모가 크지 않았을 때 사용한다고 볼 수 있다. 헌법이 최우선 순위로 규정하고 있는 우리나라 국가 형태, 그리고 이를 지탱하는 대표적 상징인 청와대를 사고 장소로 예를 들면 이 설명을 이해하는 데 보탬이 될 수 있겠다. 화재를 가정하고 이를 리드 ①에 대입하면 '청와대에 불이 났다' 또는 '청와대에서 화재가 발생했다'고 적게 된다. 대한민국 상징인 청와대에 불이 났다는 상황만으로도 국가적 사태로 볼 수 있다. 이 판단은 앞서 말했듯이 사고가 발생한 청와대라는 장소와 연관된 인물, 즉 누구(Who)의 정황에 근거한다. 관련 인물은 당연히 대통령이고 그를 보좌하며 국가적 리더십을 유지하고 진행하는 청와대 비서실과 관계자들이다. 기사가 클 수밖에 없다. 그 위기의 크기를 감안해 사고를 긴박하게 전달하려는 의도는 ①번 리드처럼 기사 도입부를 짧고 간결하게 정비하는 것으로 나타난다. 사고 대부분이 그렇듯 발생 초기에 원인은 파악이 어렵고 사고 발생 직후 밝혀진 정보로 더 이상 넣을 내용이 없기 때문이기도 하다. 짧은 리드지만, 청와대 화재라면 역시 사안이 크다. 그래서 급하면 드러난 사실만 1보로 쓴다. 한 줄짜리 기사다. 즉 '청와대에 불이 났다' 또는 '청와대에서 화재가 발생했다'에서 기사가 끝난다.

하지만 곧장 속보가 뒤따라야 한다. 어떤 정황인지 파악해 알려야 할 의무가 매체에 있기 때문이다. 그래야 국민들이 당황하지 않는다. 시간이 지날수록 상황이 나타난다. 그때 드러나는 게 피해 규모다. 이때 장소만 사용한 ①번 리드냐 아니면 시간까지 들어간 ②번 리드냐를 결정할 수 있다. 만약 피해 규모가 크면 ①번으로 가는 게 맞다. 그렇지 않고 별 피해가 없으면 ②번 리드를 선택한다. '4일 오후 4시쯤 청와대에서 화재가 발생했다'는 리드를 독자가 읽을 때 '청와대에서 화재가 발생했다'에 비해 호흡이 길어지면서 안정감을 찾을 수 있고, 이를 통해 후자에 비해 전자가 사안이 덜 심각하다는 인상을 줄 수 있다. 거꾸로 피해가 큰데도 ②번 리드를 사용하면 사안의 긴장감을 전달하는 데 실패할 수 있다. 예를 들어 이 화재로 청와대 수석 몇 명이 사망하거나 비서관들이 부상을 입는 등 국가 리더십이 물리적 피해를 입었을 때 적절한 리드는 ①번이다. 부총리와 장관, 청와대 비서실장 및 수석 등 국가 최고 수뇌부를 포함한 한국인 17명과 현지인 4명이 사망했던 1983년 아웅산 묘소 폭탄 테러의 경우에도 ②번보다는 ①번이 더 적절한 리드가 된다. 피해 규모에 따른 리드 형태는 기본적으로 사고가 인명 및 재산 등에 끼친 파급력 크기를 기준으로 매체가 결정한다. 그러나 사고 발생 장소가 청와대라는 점을 고려하면 당시의 정치적 마찰, 대북관계, 사회적 분위기 등 여러 정황 등이 결정에 반영될 수 있다. 사고 장소가 일반인 거주지 또는 그 인근이라도 당시 사회적 상황 등은 기사 크기를 결정하는 추가 요소가 된다. 즉 이 책이 제시하는 공식들은 기본적일 틀일 뿐, 주변 상황에 따라 변화가 가능하다는 뜻이다. 다만 이들을 알고 있느냐의 문제가 기사를 제대로 쓸 수 있느냐의 현실론을 결정한다고 이해하면 되겠다.

사고 직후 시간이 지나고 상황이 더 드러나면 리드는 바뀔 수 있다. 예를 들어 '4일 오후 4시쯤 청와대에서 화재가 발생, ▩▩ 청와대 수석 등 6명이 숨지고 □□ 비서관 등 11명이 중경상을 입었다'고 적을 수 있다. ③번 형태의 리드다. 정보가 추가로 파악돼 사용됐지만 ①번이나 ②번 리드에 비해서는 긴장감이 떨어진다. 하지만 사고 발생 후 시간이 얼마나 지났느냐, 그리고 이에 따라 기초적인 정보가 다른 채널을 통해 수용자들에게 이미 얼마나 전달됐느냐 등에 따라 '긴장감'을 희생하고 '추가 정보'를 선택하는 게 옳을 수 있다. 이와 같은 리드 변화 판단에는 텔레비전이나 인터넷, 사회 관계망 서비스 등을 통한 속보 전달 환경이 영향을 미치는 요인이 된다.

한편 만약 시간이 더 지나 추정 원인이 공식적으로 밝혀지거나, 그렇지 않은 경우라도 원인에 대한 언급이 있어야 한다는 판단이 생기면 ④번 공식이 선택될 수 있다. '4일 오후 4시쯤 청와대에서 폭발물에 의한 것으로 보이는 화재가 발생, ▩▩ 청와대 수석 등 6명이 숨지고 □□ 비서관 등 11명이 중경상을 입었다' 또는 '4일 오후 4시쯤 청와대에서 원인을 알 수 없는 화재가 발생, ▩▩ 청와대 수석 등 6명이 숨지고 □□□ 비서관 등 11명이 중경상을 입었다'고 적는다. 전자의 경우 드러난 것만으로도 상황은 심각하다. 청와대에 폭발물이라면 그 여파가 상상을 초월하게 된다. 거기에 피해 상황이 더해지면 자연스레 사고는 국가적 비상사태로 간다. 이는 단순 사고가 아닌 사건으로 확대되고, 기사도 사고가 아닌 사건 발생 기사로 전환된다. 후자의 경우도 비록 원인은 밝혀지지 않았지만, 엄중한 상태로 처리된다.

원인을 모르는데도 굳이 '원인을 알 수 없는'이라는 표현을 써 ③번이 아닌 ④번 형태의 리드를 사용한 이유는 사안의 크기에 따른 판단이다. '왜' 청와대에서 그런 일이 발생할 수 있을까에 대한 궁금증이 곧장 따라올 수 있기 때문이다. ①, ②, ③번 리드를 사용하더라도 기사의 후속 단락 중 어디엔가는 반드시 나와야 할 정보로, 사고 발생 후 시간이 어느 정도 경과하고 드러나는 후속 정보의 크기에 비춰 원인 여부를 리드에 넣어야겠다는 판단이 생기면 '원인을 알 수 없는'이라는 표현을 써서라도 리드에서부터 그에 대한 궁금증을 풀어주고 갈 수 있다. 정확한 원인이 무엇인지를 밝히지는 못하더라도 적어도 그 원인이 뭔지를 아는지 모르는지를 명확히 한다는 것이 궁금증을 약간이나마 해소하는 길이다. 하지만 역시 사안의 급박함 정도에 따라, 즉 사고 발생 후 시간 경과 정도에 따라 추가로 파악된 정보의 수준 및 양이 적용되는 리드의 중요성 및 긴박감은 ①에서 ④로 갈수록 떨어진다.

이 정도의 사안이라면 ⑤번 리드는 거의 사용하지 않는다. 국가 비상사태가 될 수도 있는 사고를 '4일 오후 4시쯤 청와대에서 원인을 알 수 없는 화재가 발생, ▩▩ 청와대 수석 등 6명을 숨지게 하고 □□□ 비서관 등 11명이 중경상을 입힌 뒤 30분 만에 진화됐다'는 식으로 쓰지 않는다는 얘기다. 앞서 ①번과 ②번 리드의 비교에서 봤듯이 정보가 추가될수록 글의 긴장감이 떨어진다. 단문의 힘이 장문에 비해 크기 때문이다. 비록 시간이 지나고 상황이 드러나면서 정보를 추가해야 할 경우가 생기기도 하지만, 그 정보가 사고가 해결된 구체적 방법에 대한 것도 아니고 진화에 걸린 시간 정도일 때는 이를 중요하게 거론할 이유는 없을 것이다. 물론 상황에 따라 필요할 수도 있지만 일반적으로 아주 절실한 정보는 아니라는 뜻이다.

사실 ⑤번은 사안이 아주 사소할 때, 혹은 그보다는 조금 더 주목받더라도 여러 단락으로 나눠 구체적인 정보를 전달할 이유가 없을 때 사용한다. ⑤번 리드는 그 자체로 기사 전체가 될 수 있다. 한 줄로 구성된다는 점에서 최초 1보로 전달될 때 사용되는 한 줄짜리 ①번 리드와 얼핏 같아 보이지만 성격이 전혀 다르다. ①번 리드가 한 줄 기사로 소개될 때는 사안이 긴박할 때 던져지는 1보의 성격이다. 즉 ①번은 이후 속보(續報)를 통해 반드시 보완돼야 한다. 하지만 이론상 ⑤번은 그럴 필요가 없다. 위에 등장하는 청와대 사례가 아니라 피해 규모가 작은 일반 주택 화재 정도에 주로 사용되는 ⑤번 리드는 독자들에게 후속 내용에 대한 궁금증을 거의 유발하지 않는다. 사실 사건이나 사고 또는 그 이외의 정보가 많아 이들을 모두 지면에 담을 수 없는 경우라면 ⑤번 리드 한 줄로 이뤄진 기사는 신문 지면에 잘 등장하지도 않는다. 신문사 등 일반 수용자를 대상으로 하는 언론사에 정보를 제공하는 연합뉴스 등 통신사도 사용하기 애매해하는 리드다. 하지만 그럼에도 자세한 정보를 추가해 후속 단락을 만들 수는 있다. 그리고 후속 단락에 등장하는 구체적 정보의 내용은 사안에 따라 변화할 수 있다.

이상의 다섯 가지 형태 리드를 중심으로 이뤄지는 사고 기사는 모두 세 줄짜리 기초적인 기사 형태로 만들어질 수도 있고, 그 이상의 길이로 확대될 수도 있다. 우선 앞선 사건 기사에서부터 리드를 포함 총 세 개의 단락으로 기사가 구성되는 것을 기초적인 공식 형태로 본 점을 상기해보자. 현장에서 관행적으로 '1단짜리' 기사 혹은 '세 줄짜리' 기사라고 부르는 것이 이들을 뜻한다. 조금 더 자세하게 보자면 세 줄짜리 기사는 주로 한 문장으로 구성된 단락이 모두 세 개로 이뤄진 기사를 뜻한다. 즉 이 책에서 거론하는 기초 공식을 말하는 것이다. 공식적으로 1단짜리 기사는 신문 지면을 물리적인 칼럼(Column)으로 나눴을 때 한 개 칼럼에 모두 배치되는 기사다. 원래 과거 세로쓰기 방식이 적용되던 지면에서 기사를 설명하는 제목의 단수에 따라 결정되던 기사 지칭 방식이었는데, 일반적으로 짧은 기사를 말했다. 그리고 이들은 대개 세 줄짜리 기초 공식으로 이뤄졌다. 역삼각형 스트레이트 기사 작성 방식에 따라 지면에 모든 정보를 담기 어려울 경우 아래쪽에서부터 기사를 쳐내면 두 줄 또는 한 줄짜리 기사가 되기도 했지만 기본적으로 기초 공식을 뜻하는 표현이었다. 이런 형태는 가로쓰기 시대에도 적용된다. 기사에 사용되는 글자보다는 크지만 다른 것에 비해 작은 크기의 글자로 제목(Headline)을 유지하면서 그 아래 짧은 기사를 제공하는 방식이 그대로 유지된다는 뜻이다.

사고 기사도 마찬가지로 이들 세 줄짜리 기사가 기초가 된다. 특히 이들은 앞서 기본적인 리드 다섯 개를 모두 적용해서 설명 가능하지만, ③번 리드가 세 줄짜리 기사를 이끄는 주요 구도로 활용된다. 하지만 기사 전체를 통해 육하원칙의 내용이 소개된다는 전제를 감안한다면, 어떤 형태의 리드건 간에 세 줄짜리 기사를 만들 수 있다. 이때 중요하게 여겨지는 순서에 따라 육하원칙의 요소를 배열하면 된다. 이론적으로만 보면, 예를 들어 장소가 가장 중요하다고 판단해 이를 리드에 사용한 ①번 형태의 경우, 이어지는 단락에 육하원칙 나머지 다섯 개 요소 중 그다음으로 중요하다고 생각되는 요소서부터 순서대로 정비해 넣으면 된다. 기초적인 세 줄짜리 기사로 생각한다면 이어지는 두 개 단락에 이들 정보를 배치하면 된다. 만약 시간과 장소를 리드에 함께 사용한 ②번 형태라면 이어지는 단락에 나머지 네 개 요소를 끼워 넣으면 된다. ③, ④, ⑤번 형태 모두 이런 식으로 정비가 될 수 있다. 다만 앞서 얘기한 것처럼 ①번과 ②번 리드를 사용할 경우는 그 형태 자체가 사안의 심각성을 암시하는 경우가 많아 세 줄짜리 공식보다는 더 많은 단락을 사용해 자세한 정보를 제공하게 된다.

결국 기초적인 세 줄짜리 공식은 ③번 리드에 연동하는 경우가 가장 많고, ④번과 ⑤번도 기초적인 ③번을 변형하는 방식으로 처리된다. 이때 ④번과 ⑤번 리드를 사용한 기사는 아예 세 줄보다 짧은 형태를 띠기도 한다. 거꾸로 부연하자면 사안의 심각성을 반영해 ①번과 ②번 리드를 사용한 기사는 육하원칙에 기초한 정보들을 기본적으로 확보해놓고, 기사 위쪽 리드 바로 다음에 이어지는 단락에 기본 정보에 대한 일반적인 묘사를 배치한 다음, 그 뒤 구체적인 정보를 전달하는 방식을 취하면서 기사의 크기를 확대해갈 수 있다. 이때도 이런 시도는 육하원칙 모든 요소에 대한 일반적 묘사를 한꺼번에 하고, 그에 따른 구체적 묘사를 나중에 모두 함께 제시하는 것이 아니라, 육하원칙 중 기자가 중요하다고 판단하는 일부 요소에 대한 일반적 묘사, 그에 대한 구체적 묘사, 그다음 중요하다고 판단하는 일부 요소에 대한 일반적 묘사, 그에 대한 구체적 묘사 등의 순으로 기사가 정리된다. 이들 설명이 이후 제시되는 사례들을 통해 선명해지길 기대한다. 이제 아래에 다섯 가지 리드 형태에 따른 기초 공식들을 소개하겠다. 미리 언급한 것처럼 공식들은 화재사고를 중심으로 우선 정비된다.

2) 화재 기사

(1) ①번 리드를 활용한 기초 공식 1

> ▼▼에서 □□가 발생했다.
>
> Ⓐ ▲▲일 △△시쯤 일어난 이 사고로 ●● 등의 피해가 났다. (사고는 ▽▽만에 해결됐다.) 또는 Ⓑ ▲▲일 △△시쯤 일어난 이 사고는 ●● 등의 피해를 내고 ▽▽만에 해결됐다.
>
> ◆◆은 (사고) 원인을 ◎◎이라 보고 정확한 사고 경위를 조사 중이다.
>
> [◇◇은 ◈◈을 토대로 ◎◎이라 보고 정확한 사고 경위를 조사 중이다.]

첫 단락

기초 공식 1에서 중요한 것은 장소다. 기사 첫 문장인 리드(▼▼에서 □□가 발생했다.)는 그 장소(▼▼)로 시작하고 바로 뒤에 '에서'가 붙으면서 부사구가 형성된다. 그리고 사고의 '일반적' 내용(□□), 즉 '화재' 또는 '교통사고'가 나오고 주격조사 '가' 또는 '이'가 붙어 '발생했다'는 술어로 이어지는 게 보통이다.

아주 간단한 이 첫 단락은 원래 장소(▼▼)의 중요성을 부각하면서 그 자체로 사안의 심각함을 알리는 의미를 갖는다. 즉 아주 기본적인 세 줄짜리 기사를 구성할 때 사용되는 경우는 거의 없다. 하지만 장소의 의미를 살려야 하는 리드를 가진 기사를 기본적인 세 줄짜리 형태로 만들 수는 있다. 단, 잘 사용하지 않는 것을 활용하려 한다면 그에 따른 설명이 부연돼야 한다. 그에 앞서 간단히 정비될 수 있는 술어 부분부터 보자. '□□가 발생했다'의 □□는 사고 내용이다. 이 책에서는 우선 화재 기사를 기본으로 공식을 설명한다고 했으니 결국 □□는 화재가 된다. 결론적으로 '□□가 발생했다'는 '화재가 발생했다'이다. '화재가 발생했다' 대신 쓸 수 있는 표현은 '불이 났다'이다. 이 둘 중 하나를 골라 적으면 첫 단락은 마무리된다. 여기서도 리드에는 '화재'라는 일반적 내용만 등장하는데 나중에 뒤에 따라 나오는 단락에서 구체적인 정보를 주기에 충분한 표현이다. 화재 등 사고의 자세한 경위나 원인 등이 리드에 나오면 그만큼 뒤에 추가할 정보는 줄어든다.

원래 짧은 리드를 사용하는 취지대로 장소(▼▼)의 중요성을 부각하려면 첫 단락에 나타나는 장소 표현은 '자치단체-바로 아래 하위단체-그 아래 자치단체' 등 세 가지 행정구역의 통상적인 지번 형태가 아니라 그냥 이정표(Landmark)로서의 장소 이름이 돼야 한다. 사례로 '청와대', '국회', '현대건설 본사 사옥' 등을 들 수 있다. 즉 '청와대에서 불이 났다', '국회에서 화재가 발생했다', '현대건설 본사 사옥에서 불이 났다' 등이 된다. 하지만 이 정도 의미를 가지는 장소에서의 사고는 세 줄짜리 기사로 감당하기 어렵다.

그러나 장소만을 리드에 넣으며 이를 첫 단락으로 활용하는 세 줄짜리 기초 공식에 활용하는 방법이 없는 것은 아니다. 그 이정표를 빼고 대신 세 가지 행정구역의 지번 형태를 쓰면 된다. 물론 이 경우 리드에 등장한 장소의 중요성은 그만큼 상실되지만 공식에 맞출 수는 있다. 또 이에 구색을 갖추는 방법도 없지 않다. 통상적인 지번을 활용해 세 줄짜리 공식에 우선 맞춰보자면 '서울 강남구 대치동에서'로 출발한 단락은 '화재가 발생했다'로 이어진다. 합하면 '서울 강남구 대치동에서 화재가 발생했다'이다. 이 내용 그대로 지면에 기사가 나가면 상당히 어색하다. 마치 '서울 강남구 대치동' 전체에서 불이 나 모두 다 타버린 것 같은 느낌을 주기 때문이다. 특히 리드에서 사고가 발생한 장소만 특정했을 때 그렇게 특정될 만한 무게가 수반돼야 하는데, 대치동 전체를 화마(火魔)가 휩쓸고 가야지만 그런 중요성이 인식되고, 이와 같은 리드를 사용할 수 있을 것이다. 하지만 그리되면 역시 세 줄짜리 기사로 그런 심각함을 담기 어렵다. 세 줄짜리 기사에 맞는 리드가 되려면 사고의 범위를 줄이는 게 일반적 방법이다. 결국 '한 주택가' 등의 표현을 추가해 피해 지역을 축소하면서 세 줄짜리 기사로서의 구색을 맞춘다. 예를 들면 '서울 강남구 대치동 한 주택가에서 화재가 발생했다'가 된다. 만약 추가하는 표현이 '한 아파트 단지'가 되면 조금 복잡해질 가능성도 있다. 주택가보다 사람들이 더 밀집한 경우가 많고, 그 경우 피해 범위가 클 것으로 예상되기 때문이다. 물론 주택가도 그럴 여지가 없는 것은 아니다. 그러나 만약 기사를 세 개 단락 이상으로 키우려면 '거주민이 밀집한 주택가'라고 써야 하고, 그 경우는 자연스레 세 줄 이상의 기사가 될 것이다.

①번 리드를 활용한 사고 기사 기초 공식 1 첫 단락 사례

> 서울 강남구 대치동 한 주택가에서 화재가 발생했다.

둘째 단락

일반적으로 둘째 단락은 '이 사고로'라고 시작되고, 내용으로 구체적인 피해 상황을 담는다. 나중에 세 줄짜리 기본 공식의 일반적 전형을 설명할 때 부연되겠지만, 원래 세 줄짜리 공식의 리드 단락에는 일반적 정황이 나오고 두 번째 단락은 구체적 정황이 쫓아온다. 사건 기사의 검거나 발생 공식 모두에 적용됐고, 사고 기사에도 이 규칙이 반영된다. 세 줄짜리 사고 기사 전형의 리드에 등장하는 일반적 정황은 피해의 포괄적 소개가 되고, 두 번째 단락의 구체적 정황은 더 자세한 피해 정보를 담는다.

하지만 '기초 공식 1'의 두 번째 단락은 조금 모양을 달리한다. 리드부터 사고 기사 기본 전형과는 살짝 다르기 때문이다. 게다가 사고와 관련해 '어떻게(How·해결 여부)'에 대한 정보를 처리하는 방식에 따라 두 가지 유형[Ⓐ ▲▲일 △△시쯤 일어난 이 사고로 ●● 등의 피해가 났다. (사고는 ▽▽만에 해결됐다.) 또는 Ⓑ ▲▲일 △△시쯤 일어난 이 사고는 ●● 등의 피해를 내고 ▽▽만에 해결됐다.]으로 나뉠 수 있다. 차이가 나는 부분은 뒤에서 설명하기로 하고 우선 이들 두 가지 유형에 공통적으로 적용되는 요소를 보자면, '기초 공식 1'의 두 번째 단락은 '시간'으로 시작한다는 점을 확인할 수 있다. 원래 전형적인 세 줄짜리 사고 기사 리드에 등장하는 일반적 정황에는 '시간'이

들어간다. 하지만 '기초 공식 1'의 리드에는 시간이 들어가지 않았다.

그래서 둘째 단락은 시간(▲▲일 △△시쯤)을 제시하며 시작된다. 즉각적인 궁금증을 풀어주기 위해서다. '시간'과 '장소'는 같이 움직이는 경향이 크기 때문에 독자들도 리드에 함께 등장하지 않은 정보가 빨리 뒤따라 나올 것을 기대한다. 사건의 검거와 발생 기사를 봐도 일반적으로 그렇다. 결국 여기서는 두 번째 단락 도입부에 '▲▲일 △△시쯤'을 적고 거기에 '일어난 이 사고로'라는 말이 붙게 된다. 덧붙이자면 '이 사고로'는 '이 화재로' 또는 '이 불로'라고 바뀔 수 있다. 전환 여부는 리드에 사용된 단어에 달렸다. 동일 단어 반복 회피가 목적이다. 만약 리드의 술어가 '화재가 발생했다' 혹은 '불이 났다'라면 두 번째 단락의 표현은 '이 사고로'라고 하는 것이 일반적이다. '화재가 발생했다' 다음에 '이 불로' 또는 거꾸로 '불이 났다' 다음에 '이 화재로'도 가능하다. 하지만 '화재가 발생했다' 다음에 '이 화재로' 또 '불이 났다' 다음에 '이 불로'는 피하는 게 좋다는 뜻이다.

'이 사고로'에 이어 나오는 정보는 피해 내용이다. 세 줄짜리 사고 기사 전형에서 원래 리드에 일반적 사고 정보가 나오고 둘째 단락에 구체적 사고 정보가 나와야 하지만, '기초 공식 1'의 리드에는 화재가 났다는 것 외에는 아무 내용이 없어 이 둘째 단락에 일반적 정황과 구체적 정황을 모두 넣어야 한다. 단도직입적으로 말하면 일반적 정황에 사용하는 표현과 구체적 정황에 사용되는 정보를 모두 섞어 표현한다는 얘기다. 예를 들어 만약 리드에서 '5명의 사상자가 발생했다'는 일반적 정보가 나왔다면 둘째 단락에서 '이모(54)씨 등 2명이 숨지고, 고모(42)씨 등 3명이 다쳤다'는 구체적 정황이 따라오는데, 리드에서 그런 일반적 정보가 없다면 둘째 단락에서 '이모(54)씨 등 2명이 숨지고, 고모(42)씨 등 3명이 다치는 등 5명의 사상자가 발생했다'는 식으로 모든 정보를 한꺼번에 섞어 적는다는 뜻이다. 만약 재산 피해까지 났다면 기초 공식 1의 둘째 단락은 '이모(54)씨 등 2명이 숨지고, 고모(42)씨 등 3명이 다치는 등 5명의 사상자가 발생하고 주택 2채가 전소돼 모두 10억원가량(소방서 추산)의 재산 피해가 났다'고 적을 수 있다. 이 정보가 세 줄짜리 사고 기사 전형의 첫 단락 일반적 정황과 둘째 단락 구체적 정황으로 나뉜다면, 첫 단락에 '5명의 사상자가 발생하고 10억원가량의 재산 피해가 났다'고 적고 둘째 단락에 '이모(54)씨 등 2명이 숨지고, 고모(42)씨 등 3명이 다쳤으며 주택 2채가 전소됐다'고 적게 된다.

재산 피해의 경우 피해 액수를 적는 경우가 있는데 이때는 반드시 그 규모를 추정한 주체를 적어줘야 한다. 이 정보가 기사에 들어가지 않으면 피해 액수에 대한 추정은 기자가 한 것으로 여겨질 수밖에 없다. 재산 피해는 이후 보험사 등의 피해 보전 등과 관련해 다툼의 여지가 있는데, 그 갈등을 정리하는 과정에서 기사에 적힌 피해 추정 규모가 사용될 수 있으며, 어떤 경우에는 법정 자료로도 쓰인다. 그렇게 사용될 여지가 있는 정보를 비전문가인 기자가 적어 넣을 수는 없는 일이며, 만약 피해 추정 전문가에게 그 내용을 듣고 적었다고 하더라도 그 전문가를 기사에서 밝히지 않으면 이후 기자가 이를 소명해야 하기에, 처음 기사를 작성할 때부터 규모 추정 주체를 적어 넣어야 한다. 대개 첫 기사인 1보를 신속하게 작성하는 단계에서는 소방서 추산을 넣는 경우가 많다. 하지만 홍수나 태풍, 지진 등 자연재해에 의한 것으로 피해 규모가 크거나 비행기 사고 등 원인에 따라 피해 보상의 주체나 규모가 달라질 정도로 그 성격이 예민한 경우, 여기에 대한 피해 액수를 소방서가 단독으로 결정하지 못할 때가 많다. 이때는 특정 보험단체나 중앙 정부 당국 등의 의견을 들어야 한다. 사실 그 정도로 규모가 크고 복잡한 사고일 경우에는 아예 피해 액수 등에 대한 정보를 별도 기사로 담고 여기서 소개하는 스트레이트 뉴스에서는 적지 않는 경우가 많다.

일반적으로 특히 공식 1에서 사고가 어떻게 수습됐는지 여부는 덜 중요하게 다뤄지며 독자들의 궁금증을 풀기 위한 수준으로 전달되는 게 보통이다. 육하원칙이라는 것이 사람들이 대상을 이해하는 사고 체계의 기본 틀을 이루고 있고, 이에 맞춰 정보를 전달하는 게 뉴스이기 때문에, 이 중 하나라도 빠지면 독자들은 어색해하고 궁금해한다. 리드를 구성하는 방식을 떠나 전체적인 기사 내용을 따진다면 사고 기사에서 '무엇(What·사고 피해 내용)'과 '왜(Why·원인)', 그리고 거기에 연루된 '누가(Who)'가 가장 중요하게 취급되고, '어디서(Where·장소)'와 '언제(When·시간)'는 이를 둘러싼 배경으로 따라온다. 결국 '어떻게(How·해결 여부)'는 아주 특별한 경우가 아니라면 사안이 거의 정리된 뒤의 일로 긴장감이 떨어지는 정보가 된다. 즉 불을 끄거나 사람을 구조한 게 소방관이 아니라 열 살짜리 초등학생이라면, 또 화재가 20~30분 만에 꺼진 게 아니라 10~20시간 계속됐다면 특이한 상황이라 볼 수 있고, 기사는 여기에 초점을 맞추게 된다. 하지만 이런 일은 잘 발생하지 않는다. 발생했다면 큰 뉴스다.

결국 우리가 우선 익숙해지고자 하는 보통 기사에서 이런 상황은 잘 다루지 않기에 '어떻게(How · 해결 여부)'는 간단히 정리되거나, 아예 기사에 등장하지 않기도 한다. 만약 이 '어떻게(How · 해결 여부)'를 기사에서 다루지 않는다면 위의 공식 Ⓐ에서 괄호 안의 표현(사고는 ▽▽만에 해결됐다.)을 적지 않고 '▲▲일 △△시쯤 일어난 이 사고로 ●● 등의 피해가 났다'고 쓰면 끝난다. 즉 '4일 오전 2시쯤 일어난 이 사고로 이모(54)씨 등 2명이 숨지고, 고모(42)씨 등 3명이 다치는 등 5명의 사상자가 발생하고 주택 2채가 전소돼 모두 10억원가량(소방서 추산)의 재산 피해가 났다'고 쓰면 둘째 단락이 정리된다는 뜻이다. 그렇지 않고 '해결 여부'를 표현하고자 한다면 다음의 두 가지 방식 중 하나를 택할 수 있다.

간단하게는 먼저 공식 Ⓐ 괄호 안의 표현(사고는 ▽▽만에 해결됐다.)을 살리면 된다. 구체적으로는 '화재는 20분 만에 진화(진압)됐다' 또는 '불은 20분 만에 꺼졌다'가 예시다. 즉 둘째 단락이 두 개의 문장으로 구성된다. '4일 오전 2시쯤 일어난 이 사고로 이모(54)씨 등 2명이 숨지고, 고모(42)씨 등 3명이 다치는 등 5명의 사상자가 발생했으며 주택 2채가 전소돼 모두 10억원가량(소방서 추산)의 재산 피해가 났다. 불은 20분 만에 꺼졌다'는 형태가 된다. 만약 '어떻게(How · 해결 여부)'를 다루면서 둘째 단락을 하나의 문장으로 정비하고 싶으면 Ⓑ 공식처럼 문장의 도입부를 바꾸고 그에 따라 후속 정보들의 조사 등을 변환하면 된다. 즉 '이 사고로'가 '이 사고는'으로 바뀌고, '피해가 난 것'이 아니라 '피해를 낸 것'이 되며, 이어서 그 사고가 '해결되는' 술어로 문장이 종결되는 것이다. 기본 정보는 공식 Ⓐ와 똑같지만 그 안에서 바뀌어야 할 표현들을 찾는 게 만만치 않다. 이 단락 안에서뿐만 아니라 앞뒤 단락에 나오는 단어들까지 고려해야 하기 때문이다.

구체적으로 보자면 앞서 제시한 공식 Ⓐ 사례 중 밑줄 친 표현[4일 오전 2시쯤 일어난 이 사고로 이모(54)씨 등 2명이 숨지고, 고모(42)씨 등 3명이 다치는 등 5명의 사상자가 발생했으며 주택 2채가 전소돼 모두 10억원가량(소방서 추산)의 재산 피해가 났다. (불은 20분 만에 꺼졌다.)]이 공식 Ⓑ[4일 오전 2시쯤 일어난 이 불은 이모(54)씨 등 2명의 목숨을 앗아가고 고모(42)씨 등 3명에게 부상을 입히는 등 5명의 사상자를 냈으며 주택 2채를 모두 태워 10억원가량(소방서 추산)의 재산 피해를 입힌 뒤 20분 만에 꺼졌다.]에서는 밑줄 친 표현으로 전환된다. 먼저 '사고로'가 '불은'으로 바뀌었다. 술어를 '꺼졌다'로 했기 때문에 주어를 '사고를'이라고 하기 어려워서 첫 리드 단락에 나온 '화재'와 다른 표현인 '불'을 사용했다. 만약 첫 리드 단락 술어가 '화재가 발생했다'가 아니라 '불이 났다'였으면 둘째 단락 주어를 '화재'로 택했을 수 있고, 이에 따라 뒤의 술어도 '꺼졌다'가 아닌 '진화됐다'로 바꿀 수 있을 것이다.

한편 Ⓐ에서 '사고로 숨지거나 다친 (사람들)'은 Ⓑ에서 '불이 (사람들의) 목숨을 앗아가고 (그들에게) 부상을 입히는' 형태로 전환됐다. '사고로 피해가 발생한' 것이 '불이 피해를 내거나 입히는' 식으로 변했다. Ⓑ 공식 마지막에 '재산 피해를 입힌 뒤'도 '재산 피해를 낸 뒤'라고 적을 수 있지만 바로 앞의 '사상자를 냈다'는 표현에서 '내'의 음소가 사용됐기 때문에 반복을 피한 것이다. 이 표현을 또 '재산 피해를 입히고'라고 쓸 수도 있지만 이미 앞의 '앗아가고', '내고' 등의 표현에서 '고'자가 이어져 '입힌 뒤'라는 식으로 변화를 줬다. 위에 이미 정리한 내용들을 중심으로 기초 공식 1의 두 번째 단락을 정비하면 아래와 같다.

①번 리드를 활용한 사고 기사 기초 공식 1 둘째 단락 사례

Ⓐ 4일 오전 2시쯤 일어난 이 사고로 이모(54)씨 등 2명이 숨지고, 고모(42)씨 등 3명이 다치는 등 5명의 사상자가 발생했으며 주택 2채가 전소돼 모두 10억원가량(소방서 추산)의 재산 피해가 났다. (불은 20분 만에 꺼졌다.)

Ⓑ 4일 오전 2시쯤 일어난 이 불은 이모(54)씨 등 2명의 목숨을 앗아가고 고모(42)씨 등 3명에게 부상을 입히는 등 5명의 사상자를 냈으며 주택 2채를 모두 태워 10억원가량(소방서 추산)의 재산 피해를 입힌 뒤 20분 만에 꺼졌다.

참고로 공식 Ⓐ 사례에서 괄호 안의 주어를 '불'로 한 것은 먼저 예시로 든 첫 리드 단락에 '화재'가 등장했고 둘째 단락 첫 문장의 단어가 '사고'였기 때문이다. 즉 같은 단어들을 모두 피한 것이다.

앞서도 얘기했지만, 기초 공식 1의 리드를 쓰는 경우는 대부분 대형 기사로 이어진다. 아니라면 그 리드는 사람들의 시선을 끄는 고리로 사용되고, 둘째 단락에서 아예 나중에 설명하게 될 3공식이나 4공식 정도의 리드를 사용한 뒤, 그들 공식에 따른 세 단락짜리 정보를 잇게 되는 경우가 일반적이다. 즉 기초 공식 1의 리드(한 개 단락)와 기초 공식 3이나 4의 기본 기사 형태(세 개 단락)에 이어 전체 네 단락 정도의 기사로 구성하게 된다는 것이다. 하지만 이런 네 단락 기사에는 첫째 단락(기초 공식 1의 리드)에 들어가는 장소가 다시 둘째 단락(기초 공식 3이나 4의 리드)에서 반복돼 어색할 수 있다. 이런 지루함을 피하자는 차원에서 위 기초 공식 1을 제안한 것이다. 하지만 현장에서는 이 책이 소개하는 기초 공식 1보다는 네 단락짜리 기사를 더 많이 활용한다.

그럼에도 불구하고 이 책의 기초 공식 1이 제안하는 내용(장소만으로 사고의 중요성을 확인하고, 둘째 단락에서는 첫 단락에 등장한 장소 정보를 빼면서 육하원칙 중 새로운 사실만을 전달하는 것)이 스트레이트 기사의 큰 축을 유지한다는 점은 기억해둘 만하겠다. 더불어 이후 장소와 시간 정보만을 리드에서 소개하게 될 기초 공식 2도 기초 공식 1과 같은 모습을 띨 수 있다는 것도 생각해둘 필요가 있다. 즉 현장에서는 이 책에서 제시하는 세 단락짜리 기초 공식 2보다 기초 공식 2의 리드(한 개 단락)와 기초 공식 3이나 4의 기본 기사 형태(세 개 단락)을 이어 전체 네 단락 정도의 기사로 구성하는 경우가 많다는 것이다. 그러나 이 책의 기초 공식 2가 가지고 있는 스트레이트 뉴스로서의 효용 가치 등을 고민해볼 필요는 있다. 이후 이어질 기초 공식들에 대한 설명은 해당 부분에서 더 자세하게 부연하겠다.

셋째 단락

기초 공식 1의 셋째 단락[◆◆은 (사고) 원인을 ◎◎이라 보고 정확한 사고 경위를 조사 중이다.]은 육하원칙 중 앞선 두 단락에서 다루지 않는 '왜(Why · 원인)'에 집중한다.

조금 더 정확하게 얘기하면 밝혀지지 않은 원인을 다룬다. 사실 사고 원인이 밝혀지면 이 내용이 전체 기사 중 적극적으로 앞에서 다뤄지는 경우가 많다. 특히 대형사고 일 때는 아예 별도 기사로 취급하기도 한다. 하지만 일반적으로 사고 원인은 쉽게 밝혀지지 않는다. 특히 장소 정보만 가지고 1보라도 적어야 하는 기초 공식 1의 경우는 사고 원인을 기사에 쓰기 어렵다. 사고 발생 장소의 의미가 크기에 발생 사실 자체만이라도 보도해야 할 정도로 다급한 상황에서 원인을 파악하기는 쉽지 않기 때문이다. 나중에 기본적인 세 줄짜리 형태에 대한 이해를 돕기 위해 여기서 일반적이지 않은 상황을 가정해 설명을 이어가고는 있지만, 현재 집중하고 있는 기초 공식 1은 원래 그런 다급한 정황을 보도하기 만들어진 공식이다. 이렇듯 사고 원인은 원래 중요하게 확보돼야 할 정보지만, 확인되지 않을 경우 그 내용을 리드에서부터 적지 않는 것이 일반적이기에 맨 뒤에 있는 단락에서 '왜(Why·원인)'를 다룬다.

결국 이런 공식은 사람들이 알아야 할 필요가 있다고 생각하는 무게의 순서에 따라 정보를 앞에서부터 다루는 역삼각형 스트레이트에서 '일반적으로 중요한 요소지만 확인되지 않은 정보'보다 '일반적으로 덜 중요하더라도 확인된 정보'가 무겁게 사용될 수 있다는 것을 설명하는 준거가 된다. 나중에 사건이나 사고 기사의 확대된 스트레이트에서 볼 수 있듯, 확인되지 않은 정보로는 후속 내용으로 담을 만한 게 거의 없어, 아무리 생래적으로 중요한 요소라도 관련 정보가 없다면 많은 내용을 앞쪽에서 다루지 못한다. 확인된 내용이 없는 정보를 기사 앞쪽에 배치하면 독자의 궁금증을 해소하지 못할 뿐 아니라 오히려 궁금증을 증폭하는 결과만 낳게 된다. 이는 앞에서부터 차근차근 해소해야 할 스트레이트 기사의 임무를 완성하지 못하게 만든다. 확인되지 않은 추측성 정보는 취재원을 투명하게 사용할 수 없을 뿐만 아니라 문장을 종결하는 술어 자체도 '알려졌다', '전해졌다' 등 모호한 표현만 사용 가능하기 때문에 독자들의 신뢰를 잃기 십상이다.

이렇듯 마지막 셋째 단락은 대체로 불명확한 또는 아직 확실하게 검증되지 않은 사고 원인을 다루기 때문에 종결 술어가 '원인을 ◎◎이라 보고 정확한 사고 경위를 조사 중이다'라는 식으로 정리된다. 일부 알려진 내용이 있더라도 더 추적해야 하기 때문에 같은 표현을 사용한다. 만약 기사가 너무 길면 바로 앞의 '원인을 ◎◎이라 보고 있다'에서 문장을 끝내기도 한다. 즉 당국이 사건의 원인을 그렇게 추정하고 있다는 식으로 문장을 끊어도 추후 그 차원에서 사고에 대한 조사를 이어간다고 해석될 것이라 볼 수 있다는 얘기다.

종결 술어가 '원인을 ◎◎이라 보고 있다'건 '원인을 ◎◎이라 보고 정확한 사고 경위를 조사 중이다'건 이들 술어의 주어는 조사 당국(◆◆)이 된다. 사고 기사의 마지막 셋째 단락을 시작하는 이 주어는 사고 조사를 담당하는 주체에 따라 달라진다. 화재 기사일 경우 '소방 당국은'이라는 표현이 주로 사용되지만, 보통 '당국은'도 그냥 사용된다. 경찰이 조사를 한다면 '경찰은'이 되겠고, 경찰과 소방서가 함께 협동 조사를 한다면 '경찰과 소방 당국은' 등의 표현으로 처리한다. 사고 초기 단계에 원인이 확실하게 밝혀지지 않기 때문에 경찰과 소방서가 함께 조사에 참여하는 경우가 많다. 화재의 경우 실화라면 소방서가 중심이 되고, 방화 혐의가 있으면 사안이 사건으로 전환돼 수사가 진행되기에 경찰이 중심이 되기 때문이다. 하지만 이 경우라도 특정한 경찰서나 소방서를 적시해야 하느냐의 문제가 나타나기도 한다. 여기에는 다시 사건 기사 중 발생이나 자살 기사 두 번째 단락에 등장하는 수사 주체의 특정 지역명을 명시하느냐와 같은 논리가 적용된다. 결국 첫 번째 단락에 사고가 발생한 장소의 지번 주소가 이미 나왔고, 그렇기에 당연히 그 장소를 관할하는 소방서나 당국이 그 사고를 조사할 것이기에 일반적으로는 별도로 조사 당국의 특정 지역을 표기하지 않는 경우처럼 보통은 특정 지역명을 사용하지 않게 된다는 뜻이다. 즉 '서울 강남소방서는', '서울 강남경찰서는', '서울 강남경찰서와 강남소방서는' 등으로 쓰지 않고 '소방 당국은', '경찰은', '경찰과 소방 당국은'이라고 쓰거나 아예 그냥 '당국은'으로 표현한다는 것이다. 하지만 일이 발생한 장소가 애매해거나, 피해가 전국에 미쳐 광역 단위로 조사를 진행해야 할 때는 명기해주는 것이 원칙이다. 이때는 '사고를 조사 중인 서울경찰청과 서울소방재난본부는', '사고를 조사 중인 서울 강남경찰서와 서울 송파소방서는', '중앙재해대책본부는' 등으로 처리한다.

이들 주어(◆◆)와 술어('보고 있다' 또는 '보고 정확한 사고 경위를 조사 중이다') 사이에 들어가는 것이 주어인 조사 당국이 원인을 그렇다고 보거나 사고 경위를 추가로 조사하게 되는 배경이다. 앞서 말했듯 기사 작성 단계에서는 잘 확인되지 않는 내용이다. 실제로 아무것도 알려지거나 조금이라도 확인된 게 없다면 그냥 '당국은 정확한 사고 경위를 조사 중이다'라고 쓰기도 한다. 이렇게 쓰기가 너무 밋밋하다고 느끼고 지면에 여유가 있을 때 기자들이 관행적으로 쓰는 게 바로 '목격자들의 증언을 토대로' 또는 '현장 감식 결과를 토대로' 등이다. 목격자 확보나 현장 감식 등은 당연히 조사 당국이 해야 할 일이기 때문에 묻지도 않고 관습적으로 쓴다. 정확한 사고 경위를 어떻게 조사할 것인지에 대해 독자가 궁금해할 것이라 예상하기 때문이다. 결국 '당국은 목격자들의 증언을 토대로 정확한 사고 경위를 조사 중이다' 또는 '당국은 현장 감식 결과를 토대로 정확한 사고 경위를 조사 중이다'라고 술어를 정리한다. 어차피 당연한 추론이기에, 목격자 증언이나 현장 감식도 당국의 여러 조치 중 하나로 본다면 이들에게 '등(等)'자를 붙여 당국의 원인 파악 방법에 대한 옵션을 늘릴 수도 있다. 즉 '당국은 목격자들의 증언 등을 토대로 정확한 사고 경위를 조사 중이다' 또는 '당국은 현장 감식 결과 등을 토대로 정확한 사고 경위를 조사 중이다'라고 쓸 수 있다는 뜻이다.

조금 더 취재하는 과정에서 원인(◎◎)에 해당하는 정보가 잡히면 '당국은 사고 원인을 ◎◎으로 보고 있다' 또는 '당국은 사고 원인을 ◎◎으로 보고 정확한 사고 경위를 조사 중이다'라고 쓸 수 있다. 그러나 당국이 특정 방향으로 조사를 하고 원인을 추정한다는 요인이 나오면 최대한 그 추정의 근거를 취재해서 쓰는 것이 좋다. 물론 추정이라 정확한 것은 아니기에 첫 단락부터 쓸 수는 없지만 육하원칙 중 마지막 '왜(Why·원인)'에 대한 궁금증을 풀어야 하는 기자들은 이 셋째 단락에 그 내용을 담는다. 그러나 애매하게 '당국은 사고 원인을 ◎◎으로 보고 정확한 사고 경위를 조사 중이다'라고 적는 것은 '당국은 정확한 사고 경위를 조사 중이다'라는 아예 건조한 문장보다 오히려 궁금증을 증폭시키기 때문에 만약 기사에 '원인'이라는 단어를 담으려면 그 배경을 써줘야 한다. 즉 그렇게 추정하는 근거를 써줘야 한다는 것이다. 예를 들어 '당국은 불이 난 이씨 집 텔레비전 전선이 다른 가전기기 전선들과 엮인 채 녹아 있는 것으로 미뤄 누전에 의한 화재로 보고 정확한 사고 경위를 조사 중이다' 또는 '당국은 이씨 집 옆 전신주에서 불꽃이 튄 뒤 펑하는 소리가 들렸다는 목격자들의 증언을 토대로 전기 합선에 의한 화재로 보고 정확한 사고 경위를 조사 중이다' 등으로 정리하는 것이 좋다는 것이다. 조금 더 짧게 정리한다면 '당국은 불이 난 이씨 집 텔레비전 전선이 다른 가전기기 전선들과 엮인 채 녹아 있는 것으로 미뤄 누전에 의한 화재로 보고 있다' 또는 '당국은 이씨 집 옆 전신주에서 불꽃이 튄 뒤 펑하는 소리가 들렸다는 목격자들의 증언을 토대로 전기 합선에 의한 화재로 보고 있다'고 적을 수 있다. 물론 이와 같은 정보가 확보되지 않았다면 위처럼 담백하게 쓰거나, 지면에 여유가 있을 경우 관행적으로 '당국은 목격자들의 증언을 토대로 사고 원인을 누전으로 보고 정확한 사고 경위를 조사 중이다' 또는 '당국은 현장 감식 결과를 토대로 사고 원인을 전기 합선에 의한 것으로 보고 정확한 사고 경위를 조사 중이다'라는 식으로 적게 된다. 결국 마지막 단락은 아래와 같은 예시로 정리될 수 있겠다.

①번 리드를 활용한 사고 기사 기초 공식 1 셋째 단락 사례

Ⓐ 당국은 정확한 사고 경위를 조사 중이다.

Ⓑ 당국은 목격자들의 증언 등을 토대로 (또는 현장 감식 결과 등을 토대로) 정확한 사고 경위를 조사 중이다.

Ⓒ-1 당국은 불이 난 이씨 집 텔레비전 전선이 다른 가전기기 전선들과 엮인 채 녹아 있는 것으로 미뤄 누전에 의한 화재로 보고 정확한 사고 경위를 조사 중이다.

Ⓒ-2 당국은 불이 난 이씨 집 옆 전신주에서 불꽃이 튄 뒤 펑하는 소리가 들렸다는 목격자들의 증언을 토대로 전기 합선에 의한 화재로 보고 있다.

위에 제시한 세 개 단락을 이으면 아래와 같은 식으로 기초 공식 1이 정리될 수 있다.

기초 공식 1 사례 종합

Ⓐ 서울 강남구 대치동 한 주택가에서 화재가 발생했다.

4일 오전 2시쯤 일어난 이 사고로 이모(54)씨 등 2명이 숨지고, 고모(42)씨 등 3명이 다치는 등 5명의 사상자가 발생했으며 주택 2채가 전소돼 모두 10억원가량(소방서 추산)의 재산 피해가 났다. (불은 20분 만에 꺼졌다.)

당국은 목격자들의 증언 등을 토대로 (또는 현장 감식 결과 등을 토대로) 정확한 사고 경위를 조사 중이다.

Ⓑ 서울 강남구 대치동 한 주택가에서 화재가 발생했다.

4일 오전 2시쯤 일어난 이 불은 이모(54)씨 등 2명의 목숨을 앗아가고 고모(42)씨 등 3명에게 부상을 입히는 등 5명의 사상자를 냈으며 주택 2채를 모두 태워 10억원가량(소방서 추산)의 재산 피해를 입힌 뒤 20분 만에 꺼졌다.

당국은 불이 난 이씨 집 텔레비전 전선이 다른 가전기기 전선들과 엮인 채 녹아 있는 것으로 미뤄 누전에 의한 화재로 보고 있다.

이제 이런 형태가 적용된 현장 기사 사례들을 확인해보자.

현장 화재 사고 기사 기초 공식 1 사례

기본 기사

서울 강남구 역삼동에서 대형 화재가 발생했다.

16일 오후 4시 39분쯤 서울 강남구 역삼동의 한 신축공사장에서 발생한 화재는 1시간 7분만인 오후 5시 46분쯤 진화됐다.

화재신고를 받은 소방당국은 소방차와 구급차 등 56대, 소방 인력 140여명을 투입해 화재 진압에 나섰고, 1시간여 만에 완전히 꺼졌다. 인명피해는 없는 것으로 나타났다.

목격자들은 "사고 현장에서 검은 연기가 많이 발생했다"고 화재 당시 상황을 전했다.

아직 정확한 화재 원인이 알려지지 않은 가운데 경찰과 소방당국은 화재 원인과 피해규모를 조사할 예정이다.

_ 《세계일보》 2015년 11월 〈역삼동 화재, 1시간 만에 진화…인명피해는?〉

확대 기사

국보 제1호인 숭례문(남대문)이 10일 밤 화재로 무너졌다.

불은 저녁 8시 50분께 서울 중구 남대문로의 숭례문 2층 누각 천장에서 시작해 2층 지붕을 모두 태웠다. 이날 화재는 출동한 소방 당국이 초기 진압에 실패하면서 최악의 사태로 이어졌다.

화재 초반 소방 당국이 물을 계속 뿌리며 진압에 나서 불길이 잡히는 듯했다. 하지만 이날 밤 자정께 불길이 2층 지붕의 기왓장 사이를 뚫고 나오며 순식간에 2층 누각이 완전히 불길에 휩싸였다. 소방당국은 문화재청의 자문을 거쳐 불길이 처음 일어난 2층 누각 지붕의 기와 일부를 뜯어내려고 했으나 이미 많은 물이 뿌려진 기와지붕이 붕괴될 위험이 높아 포기했다. 소방당국은 산소 질식제를 투입하며 진화에 나섰으나 이미 불길은 걷잡을 수 없이 번졌다.

전문가들은 이번 화재가 커진 이유로 초동 화재 진압의 실패와 함께 스프링클러를 설치하거나 목재 방염 처리를 하지 않은 등 평소 안전 관리의 문제점을 꼽았다.

현장에 있던 문화재 전문가 황평우 문화연대 문화유산위원회 위원장은 "대한민국이 무너지는 모습같아 가슴이 아프다. 숭례문은 여러 차례 보수를 거쳤지만, 조각상 등 조선 초기 모습도 많이 갖추고 있었는데 모두 사라졌다"고 안타까워했다.

경찰은 불이 나기 직전 한 남자가 숭례문 안으로 들어갔다는 신고를 받았고, 불이 처음 일어난 숭례문 2층 누각에는 전기 시설이 없는 점으로 미뤄 방화 가능성이 큰 것으로 보고 있다.

택시기사 이상권(45)씨는 "숭례문 맞은 편에서 대기하고 있던 중 한 남자가 숭례문 가운데 홍예(무지개형으로 뚫린 곳)로 들어가는 걸 봤다"며 "얼마 뒤 2층 누각 가운데 부분에서 불꽃이 일었다"고 말했다. 이 남자는 불이 난 뒤 남산 방향으로 달아났다고 이씨는 전했다.

경찰은 숭례문 근처 남대문 시장에서 방화 용의자와 인상 착의가 비슷한 이아무개(55)씨를 붙잡아 조사를 벌였으나 혐의점을 찾지 못해 귀가시켰다.

_《한겨레》 2008년 2월 〈국보1호 '숭례문〈남대문〉' 01시 54분 완전 붕괴〉

앞에서 거론한 것처럼 기초 공식 1은 일반적으로 사고 규모가 클 때 사용된다. 위 《세계일보》 기사처럼 피해 규모가 적은데도 기초 공식 1을 사용하는 건 예외적이다. 그렇기 때문에 《한겨레》의 사례와 같이 사회적 의미가 큰 곳에서 발생한 화재의 경우 장소만을 가지고 첫 단락을 구성하는 게 기본이다. 이때 이 책에서 제안하는 것(▲▲일 △△시쯤 일어난 이 사고로)처럼 두 번째 단락 도입부를 시작할 수도 있지만 실제 그런 경우는 많지 않다. 규모가 큰 사고는 첫 단락에 사람들의 시선을 끌기 위해 장소만을 적시하고, 둘째 단락은 뒤에 나오는 2공식이나 3공식 혹은 4공식의 리드 단락 형태를 유지하면서 그 내용을 조금 더 구체화해 사용하는 게 일반적이다. 《세계일보》 기사 사례는 이 책이 제안하는 두 번째 단락 도입부를 활용했지만, 규모가 작은 사고에는 잘 사용하지 않는 기초 공식 1이 독특하게 적용된 것이기에 전체적으로 일반적이라 보기 어렵다. 정리하자면, 이 책이 제안하는 기초 공식 1의 세 개 단락을 그대로 활용하려면 주로 사고 크기가 작은 기사에만 적용하고, 규모가 큰 기사에는 기초 공식 1의 리드만 활용한 채 이어지는 단락들은 뒤에 설명하는 기초 공식들, 특히 2나 3 또는 4의 골격을 유지하면서 추가 정보를 활용해 뉴스를 확대하는 방식을 택하는 것이 좋다. 위의 《한겨레》 기사가 그런 모습을 보여준 사례다.

(2) ②번 리드를 활용한 기초 공식 2

> ▲▲일 △△시쯤 ▼▼에서 □□가 발생했다.
>
> Ⓐ 이 사고로 ●● 등의 피해가 났다. (사고는 ▽▽만에 해결됐다.) 또는 Ⓑ 이 사고는 ●● 등의 피해를 내고 ▽▽만에 해결됐다.
>
> ◆◆은 (사고) 원인을 ◎◎이라 보고 정확한 사고 경위를 조사 중이다. [◇◇은 ◈◈을 토대로 ◎◎이라 보고 정확한 사고 경위를 조사 중이다.]

첫 단락

기초 공식 2는 기초 공식 1을 살짝 변형한 것이다. 이론적으로는 장소만으로 의미를 부여하기가 부담스러울 때, 즉 사고 발생 장소만으로 거의 모든 일반 대중이 그 사고를 아주 중요하거나 특이하다고 판단하지 않을 때, 리드(▲▲일 △△시쯤 ▼▼에서 □□가 발생했다.)에 사고 발생 시점을 써주는 경우다. 구체적으로 보면 위 기초 공식 1에서 두 번째 단락 도입부에 들어간 발생 시점 정보(▲▲일 △△시쯤)를 첫 단락인 리드 도입부에 사용하는 것이다. 이것을 제외한 나머지 요소인 장소(▼▼)나 사고 내용(□□)에 대한 설명은 기초 공식 1과 똑같다. 바로 위 내용을 거꾸로 부연해 설명하자면, 이때 장소의 중요성은 기초 공식 1에 비해 떨어진다고 볼 수 있겠다.

②번 리드를 활용한 사고 기사 기초 공식 2 첫 단락 사례

> 4일 오전 2시쯤 서울 강남구 대치동 한 주택가에서 화재가 발생했다.

둘째 단락

기초 공식 2의 둘째 단락[Ⓐ 이 사고로 ●● 등의 피해가 났다. (사고는 ▽▽ 만에 해결됐다.) 또는 Ⓑ 이 사고는 ●● 등의 피해를 내고 ▽▽ 만에 해결됐다.]에서는 기초 공식 1 둘째 단락에서 사용됐던 시점 정보(▲▲일 △△시쯤)만 빼고 나머지 내용을 그대로 활용하면 된다. 기초 공식 1에서 둘째 단락에 있던 시점 정보가 기초 공식 2에서는 첫 번째 리드 단락에 사용됐기에 둘째 단락에서 다시 사용할 필요가 없기 때문이다. 이 차이만 제외하면 나머지 정보, 즉 시점 정보가 빠지면서 자연스레 '이 사고로', '이 화재로' 또는 '이 불로' 등으로 시작되는 도입부, 피해 내용(●●)과 해결 여부(▽▽ 만에 해결됐다)는 기초 공식 1과 같은 형식과 의미를 가진다.

'어떻게(How·해결 여부)'에 관련해 보자면, 기초 공식 2에서도 역시 사고 수습에 얼마나 걸렸고 사고가 어떤 방식으로 정리됐는지 여부가 중요하게 다뤄지지 않는다는 점을 확인할 수 있다. 기초 공식 2가 기초 공식 1보다 작은 규모의 사건을 다루지만 나중에 따라올 기초 공식 3·4·5에 비해서는 상대적으로 큰 사건을 전달하기 때문에, 기초 공식 2의 둘째 단락에 꼭 '어떻게(How·해결 여부)'에 대한 정보를 넣을 필요는 없다. 즉 기초 공식 2에서도 첫 단락 다음으로 중요한 정보를 많이 담는 둘째 단락에 사고 수습 방법이나 여부 등을 붙일 정도로 '어떻게(How·해결 여부)'의 내용이 의미 있는 정보는 아닐 수 있다는 얘기다. 아주 특별한 경우가 아니라면 '어떻게(How·해결 여부)'는 사안이 거의 정리된 뒤의 일이라 긴장감이 떨어지는 정보가 된다는 점에서, 기초 공식 3·4·5에 비해 큰 사건을 다루는 기초 공식 2가 그 정보를 둘째 단락에 사용함으로써 기사가 전달하는 내용의 중요성을 스스로 해칠 필요가 없다는 뜻이다.

하지만 반대로 기초 공식 2 자체가 기초 공식 1에 비해 작은 사고를 전달한다는 점을 고려한다면, 기초 공식 1에 비해 기초 공식 2에서는 오히려 어떻게(How·해결 여부)가 두 번째 단락 정도에 나오는 것이 더 자연스러울 수도 있다. 아주 큰 사고를 다룬 기사(기초 공식 1)에 큰 의미가 없는 어떻게(How·해결 여부)를 굳이 넣어 사고 자체의 긴장감을 떨어뜨릴 필요는 없지만, 그것보다 작은 사고를 다룬 기사(기초 공식 2)에서는 일부러라도 그 내용을 넣어 정보의 중요성을 높일 수도 있다는 뜻이다. 즉 기본적인 '이 사고로 ●● 등의 피해가 났다' 정보에 '사고는 ▽▽ 만에 해결됐다'는 내용을 추가함으로써 정보의 축적을 통해 사안의 심각성을 높일 수 있다는 얘기다. 그러나 이 방법도 해결에 걸린 방법이나 시간이 일반적이지 않은 수준, 예를 들어 불을 끈 인물이나 방법이 독특했거나 꽤 오랜 시간 동안 화재가 진행된 뒤 진화된 정도가 돼야 의미가 있을 수 있다. 결론적으로 기초 공식 1에 비해 기초 공식 2에는 '사고는 ▽▽ 만에 해결됐다'는 식의 '어떻게(How·해결 여부)' 관련 정보가 두 번째 단락에 나와도 조금 덜 어색할 수 있다는 뜻이다. 단, 정보 독특성의 크기 등을 비판적으로 판단할 필요가 있다. 이런 내용을 감안해 아래 제시되는 기초 공식 2의 두 번째 단락 사례를 이해하는 것이 좋다.

②번 리드를 활용한 사고 기사 기초 공식 2 둘째 단락 사례

Ⓐ 이 사고로 이모(54)씨 등 2명이 숨지고, 고모(42)씨 등 3명이 다치는 등 5명의 사상자가 발생했으며 주택 2채가 전소돼 모두 10억원가량(소방서 추산)의 재산 피해가 났다. (불은 20분 만에 꺼졌다.)

Ⓑ 이 불은 이모(54)씨 등 2명의 목숨을 앗아가고 고모(42)씨 등 3명에게 부상을 입히는 등 5명의 사상자를 냈으며 주택 2채를 모두 태워 10억원가량(소방서 추산)의 재산 피해를 입힌 뒤 20분 만에 꺼졌다.

셋째 단락

기초 공식 2의 셋째 단락[◆◆은 (사고) 원인을 ◎◎이라 보고 정확한 사고 경위를 조사 중이다.]은 기초 공식 1의 셋째 단락과 똑같다. '왜(Why·원인)'에 집중하는 의미, 조사 당국(◆◆)의 활용이나 사고 원인(◎◎) 소개, 술어 처리 방법 등을 포함한 문장 형식 모두 마찬가지다. 마지막 단락은 기초 공식 1의 셋째 단락과 같은 예시로 정리된다.

②번 리드를 활용한 사고 기사 기초 공식 2 셋째 단락 사례

Ⓐ 당국은 정확한 사고 경위를 조사 중이다.

Ⓑ 당국은 목격자들의 증언 등을 토대로 (또는 현장 감식 결과 등을 토대로) 정확한 사고 경위를 조사 중이다.

Ⓒ-1 당국은 불이 난 이씨 집 텔레비전 전선이 다른 가전기기 전선들과 엮인 채 녹아 있는 것으로 미뤄 누전에 의한 화재로 보고 정확한 사고 경위를 조사 중이다.

Ⓒ-2 당국은 불이 난 이씨 집 옆 전신주에서 불꽃이 튄 뒤 펑하는 소리가 들렸다는 목격자들의 증언을 토대로 전기 합선에 의한 화재로 보고 있다.

위에 제시한 세 개 단락을 이으면 아래와 같은 식으로 기초 공식 2가 정리될 수 있다.

기초 공식 2 사례 종합

Ⓐ 4일 오전 2시쯤 서울 강남구 대치동 한 주택가에서 화재가 발생했다.

이 사고로 이모(54)씨 등 2명이 숨지고, 고모(42)씨 등 3명이 다치는 등 5명의 사상자가 발생했으며 주택 2채가 전소돼 모두 10억원가량(소방서 추산)의 재산 피해가 났다. (불은 20분 만에 꺼졌다.)

당국은 목격자들의 증언 등을 토대로 (또는 현장 감식 결과 등을 토대로) 정확한 사고 경위를 조사 중이다.

Ⓑ 4일 오전 2시쯤 서울 강남구 대치동 한 주택가에서 화재가 발생했다.

이 불은 이모(54)씨 등 2명의 목숨을 앗아가고 고모(42)씨 등 3명에게 부상을 입히는 등 5명의 사상자를 냈으며 주택 2채를 모두 태워 10억원가량(소방서 추산)의 재산 피해를 입힌 뒤 20분 만에 꺼졌다.

당국은 불이 난 이씨 집 텔레비전 전선이 다른 가전기기 전선들과 엮인 채 녹아 있는 것으로 미뤄 누전에 의한 화재로 보고 있다.

역시 현장 사례를 통해 기초 공식 2가 적용된 경우를 살펴보자.

현장 화재사고 기사 기초 공식 2 사례

기본 기사

26일 오전 3시 30분쯤 강원도 춘천시 동내면 거두리의 한 아파트 1층에서 화재가 발생했다.

이 불로 집안에 있던 이모(35)씨가 숨졌다. 이씨는 거실 바닥에 누워 있는 상태로 화재 진화에 나선 소방대원에 발견됐다. 불은 신고를 받고 출동한 119소방대에 의해 1시간여 만에 꺼졌다.

소방당국 관계자는 "이날 화재는 화장실이 심하게 훼손된 것으로 미뤄 화장실 천장에서 시작된 것으로 추정된다"고 말했다. 경찰과 소방당국은 이씨의 사망 원인과 정확한 화재 원인을 조사 중이다.

_《중앙일보》 2016년 1월 〈춘천 아파트 화재 30대 남성 숨져〉

확대 기사

1일 오전 11시15분께 서울 종로구 인의동 광장시장 맞은편의 H주상복합건물(지상 19층 · 지하 5층) 신축 공사장에서 불이 났다. 건물 내부에서 작업 중이던 인부 100여명은 화재 직후 밖으로 빠져 나왔지만 옥상 등으로 긴급 대피하거나 안에 갇혀있던 70여명은 헬기와 소방대원에 의해 구조됐다. 구조 도중 연기에 질식한 8명은 서울대병원에서 치료를 받고 있다.

이날 화재로 인근 건물에서 일하던 시민 300여명이 대피하느라 큰 혼잡을 빚었고, 종로4가~세종로4거리 방향 도로 2개 차로와 종로4가~창경궁 방향 도로 4개 차로의 차량 통행이 제한돼 일대 교통이 사실상 마비됐다.

불이 나자 소방차 80대가 긴급 출동해 진화에 나섰으나 내부에 스티로폼 단열재 등 인화물질이 많아 유독 가스가 대거 발생하는 바람에 불을 끄는 데 어려움을 겪었다. 불길은 낮 12시30분께 완전히 잡혔다.

불이 난 건물은 쌍둥이 빌딩으로 화재는 B동 2층에서 발생한 뒤 A동 건물로 옮겨 붙어 B동 건물 1~4층과 A동 1~12층의 상당부분을 태웠다. 화재 당시 건물 내부엔 170여명의 인부가 10월 말 완공을 앞두고 마무리 작업을 하고 있었다.

경찰과 소방당국은 건물 2층 외벽에서 용접을 하다 불티가 튀면서 불이 난 것으로 보고 정확한 화재원인을 조사하고 있다.

_《한국일보》 2006년 9월 〈종로 주상복합 공사장 큰 불〉

(3) ③번 리드를 활용한 기초 공식 3

기초 공식 1처럼 발생 장소만으로 심각성을 알릴 필요가 없거나, 그보다는 못하지만 기초 공식 2와 같이 거기에 일시만 추가해서 신속한 보도를 해야 할 정도의 중요성을 가지지 않은 사고는 기초 공식 3의 형식에 담는다. 바꿔 말하면 사고가 발생한 곳이 아주 중요하다고 보기 어려운 일상적 장소이거나 발생 시점을 추가하더라도 심각성을 그 정도로 부각할 만큼의 사안이 아니라고 판단될 때 사용하는 것이 기초 공식 3이라는 것이다. 그래도 뉴스가 되려면 피해 규모가 사람들의 주의를 끌 정도는 돼야 한다. 즉 이 공식에서는 뉴스에 노출된 공동체 구성원들이 모두 장소나 시점을 특별하게 거론하지 않더라도 사고를 의미 있게 받아들일 요소가 필요하며, 피해 규모가 바로 그 중심이 된다는 것이다.

기초 공식 3이 갖는 중요한 의미는 이 형태가 전체 사고 기사 다섯 가지 공식 중 가장 기본적인 모습을 띤다는 것이다. 아주 일반적인 스트레이트 뉴스 특성을 갖는다는 뜻으로, 사건의 검거 기사 기본 공식에서 일반적 혐의가 첫 단락에 나오고 둘째 단락에 구체적 혐의가 나오는 것처럼, 사고의 기초 공식 3의 첫째 단락에서는 사고 내용의 일반적 정황이 소개되고 이어지는 둘째 단락에 구체적 정황을 담게 되는 전형이다. 단, 일반적 정황이나 구체적 정황의 정도 및 내용은 사고 상황에 따라 달리 나타날 수 있는데, 이 책에서는 이를 기초 공식 3-1과 기초 공식 3-2로 나눠 구분해보겠다.

기초 공식 3-1

> ▲▲일 △△시쯤 ▼▼에서 □□가 발생, ●● 등의 피해를 냈다. [▲▲일 △△시쯤 ▼▼에서 □□가 발생, ▶◁명의 사상자를 내고 ◀◀의 재산 피해가 났다.]
>
> Ⓐ 이 사고로 ◭◭ 등 ▶▶명이 사망하고 (▷▷ 등 ◁◁명이 중경상을 입었으며) ◭◭가 불에 탔다. (사고는 ▽▽ 만에 해결됐다.) 또는 Ⓑ 이 사고는 ◭◭ 등 ▶▶명의 목숨을 앗아가고 (▷▷ 등 ◁◁명에 중경상을 입혔으며) ◭◭를 태운 뒤 ▽▽ 만에 해결됐다.
>
> ◆◆은 (사고) 원인을 ◎◎이라 보고 정확한 사고 경위를 조사 중이다. [◇◇은 ◈◈을 토대로 ◎◎이라 보고 정확한 사고 경위를 조사 중이다.]

첫 단락

기초 공식 3-1은 기초 공식 3의 전형이다. 여기에서는 보통 피해 규모로 구분하면 일반적 정황을 나타내는 첫 단락[▲▲일 △△시쯤 ▼▼에서 □□가 발생, ●● 등의 피해를 냈다.]에 피해를 뭉뚱그리는 '●● 등의 피해'라는 부분에 그냥 몇(▶◁) 명의 사상자와 얼마(◀◀)의 재산 피해를 냈다고 쓴다. 누구누구(◭◭) 등 몇 명이 죽고(▶▶명이 사망하고) 누구누구 등 몇 명이 다쳤으며 (▷▷ 등 ◁◁명이 중경상을 입었으며) 무엇 등이 손실됐다(◭◭가 불에 탔다)고 쓰는 두 번째 단락을 예고하는 의미다. 다시 말해 첫 단락에는 두 번째 단락에서 자세하게 쓸 내용을 대비해 전체를 묶어 기술한다는 뜻이다. 이때 술어에 약간의 변화가 생길 수 있다. 예를 들어 첫 단락 앞쪽에서 '화재가 발생해'라고 쓰면 뒤쪽에서는 '피해를 냈다' 또는 '피해가 났다'고 쓰고, 앞에서 '불이 나'라고 쓰면 뒤에서 '피해가 발생했다'고 쓸 수 있다는 뜻이다. 이는 '화재가 발생해 ~ 피해가 발생했다'는 식으로 쓰여 '발생' 등의 단어가 반복되는 것을 피하기 위함이다. 술어 표기는 사고로 야기된 전반적인 상황에 따라 조정 가능하다.

'●● 등의 피해'를 풀어놓은 위 내용을 보면 결국 이는 인명과 재산 피해를 뜻한다는 것을 알 수 있다. 이를 쓰는 방식은 일반화되어 있다. 우선 피해 규모에 초점을 맞추는 기초 공식 3의 첫 단락에는 사고로 인한 인명 피해가 없으면 재산 피해만, 재산 피해가 없으면 인명 피해만 적는다. 너무 당연한 얘기 같지만, 인명이나 재산 중 한쪽의 피해가 미비하다면 크지 않다고 판단된 피해 내용을 구태여 첫 단락에 적을 필요가 없다는 뜻이다. 만약 인명 및 재산 피해가 모두 심각하게 발생했다면 거의 모든 경우 인명 피해가 먼저 나오고 재산 피해는 나중에 따라온다. 인간 공동체 안에서 발생한 사고를 다루는 기사에서 사람 목숨보다 더 중요한 것은 없기 때문이다. 만약 두 종류 피해 모두 발생했는데, 재산 피해가 미미하다고 판단할 경우에는 첫 단락에 인명 피해만 써주고 재산 피해는 두 번째나 세 번째 단락에 간단히 적어주거나, 아예 거론하지 않을 수도 있다. 하지만 두 종류 피해 중 재산 피해가 크고 인명 피해가 미미할 때의 접근 방식은 약간 다르다. 인명 피해를 아예 적지 않을 수는 없다. 지면에 실릴 만큼 중요한 사고라면, 독자들은 당연히 관련된 인명 피해 여부가 궁금할 수밖에 없다. 이때는 전체 기사 단락 중 적절한 곳에 '다행히 인명 피해는 없었다'는 내용을 쓰면 된다. 이때 '적절한' 위치는 사고 발생 장소와 시간 등을 고려해 결정하게 된다. 만약 한낮의 학교 건물, 공연이나 시합이 한창 진행 중인 늦은 밤의 대형 운동 경기장 등 사람이 밀집한 지역에서 발생한 사고라면 이 표현은 기사 앞쪽에 등장한다. 아예 첫 단락부터 나올 수도 있다. 그런 위험이 적을수록 이 표현은 뒤로 밀려, 추석 연휴 밤 12시 대부분이 일손을 놓고 친지들을 찾아 떠난 뒤 가동이 중지된 제조업 공장에서 발생한 경미한 화재 등 사람의 피해가 예상되지 않는 경우에는 마지막 단락 끝부분에 이 표현을 사용한다. 이때 왜 피해가 없었는지 등의 이유도 간단히 적을 수 있다. 이와 반대로 큰 사고라 인명 피해가 우려됐는데도 사상자가 없었다면 그 배경을 꼭 적어줘야 한다. 정리하자면 기사에서 인명 피해를 재산 피해보다 먼저 쓰고, 사상자가 없었더라도 인명 피해가 없었다는 사실을 기사에 적는 것이 원칙이며, 그 사실을 쓰는 위치와 피해가 없었던 연유 기술 여부는 사고의 크기, 장소 및 시간 등에 따라 달리 정할 수 있다.

앞서 적은 것처럼 인명 피해 여부는 거론하지 않고 재산 피해만 전달되는 경우도 간혹 있다. 재산 피해가 아주 크지만, 사고 발생 시간과 지역이 사람의 접근이 아예 불가능한 경우나, 인명 피해가 있더라도 재산 피해 크기에 비해 지나치게 경미할 때가 그렇다. 이때 '아주 큰' 재산 피해, '지나치게 경미한' 인명 피해 등을 정하는 기준은 개별 매체에 달렸다. 만약 수백억 또는 수천억원대나 그 이상의 피해가 발생했는데 1~2명이 찰과상을 입었거나, 사망자가 있더라도 그 사람이 누구인지를 파악할 수 없는 경우 등이 그 사례다. 하지만 특별히 지면이 모자라지 않는 한 '가벼운 찰과상', '신원이 파악되지 않는 사체 1구' 등의 표현으로 인명 피해를 쓰는 것이 기사 작성의 차원에서 안전하다.

아래 첫 단락 사례는 네 가지 형태로 구성됐다. 모든 사례들의 도입부(▲▲일 △△시쯤 ▼▼에서 □□가 발생)는 기초 공식 2의 정보를 그대로 적용하면 되기에 그에 따랐다. Ⓐ는 도입부 술어로 '발생'을, Ⓑ는 '불이 나'를 사용한 차이가 있다. 꺾쇠([ ]) 안에는 '죽거나 다치고'라는 표현을 적어 '사상자를 내고'라는 표현이 달리 나타날 수도 있다는 걸 보여줬다. 인명 및 재산 피해를 모두 적은 이 두 사례와 달리 Ⓒ는 인명 피해만 쓰고, Ⓓ는 재산 피해에 집중해 적은 경우다. 화재사고에 재산 피해가 발생하지 않는 경우가 거의 없지만, Ⓒ처럼 쓰면 인명 피해가 심각하거나 재산 피해가 미미하다는 것을 암시하게 되고, Ⓓ는 재산 피해에 중점을 뒀지만, 새벽 2시에 주택가에서 화재가 발생한 것으로 미뤄 잠을 자던 주민들의 안위에 대한 독자의 궁금증이 곧장 생길 것이라고 판단해, 없는 피해라도 무시하지 않고 인명 피해가 없었다는 정보를 굳이 적어 넣은 것이다. 다양하고 복잡해 보이지만 결국 공식의 기본 축(▲▲일 △△시쯤 ▼▼에서 □□가 발생, ●● 등의 피해를 냈다.)을 유지하면서 위에 설명한 내용을 적용한 것뿐이다.

③번 리드를 활용한 사고 기사 기초 공식 3-1 첫 단락 사례

Ⓐ 4일 오전 2시쯤 서울 강남구 대치동 한 주택가에서 화재가 발생, 7명의 사상자를 내고 2억원 상당(소방서 추산)의 재산 피해가 났다. [4일 오전 2시쯤 서울 강남구 대치동 한 주택가에서 화재가 발생, 7명이 죽거나 다치고 2억원 상당(소방서 추산)의 재산 피해가 났다.]

Ⓑ 4일 오전 2시쯤 서울 강남구 대치동 한 주택가에서 불이 나, 7명의 사상자와 2억원 상당(소방서 추산)의 재산 피해가 발생했다. [4일 오전 2시쯤 서울 강남구 대치동 한 주택가에서 불이 나, 7명이 죽거나 다치고 2억원 상당(소방서 추산)의 재산 피해가 났다.]

Ⓒ 4일 오전 2시쯤 서울 강남구 대치동 한 주택가에서 불이 나, 7명의 사상자가 발생했다. [인명 피해만 쓴 경우]

Ⓓ 4일 오전 2시쯤 서울 강남구 대치동 한 주택가에서 화재가 발생, 2억원 상당(소방서 추산)의 재산 피해가 났다. 다행히 인명 피해는 없었다. [재산 피해만 발생한 경우]

둘째 단락

첫째 단락에서 일반적 정황, 즉 피해 내용을 뭉뚱그려 담았으니, 둘째 단락[Ⓐ 이 사고로 ▲▲ 등 ▶▶명이 사망하고 (▷▷ 등 ◁◁명이 중경상을 입었으며) ▲▲가 불에 탔다. (사고는 ▽▽만에 해결됐다.) 또는 Ⓑ 이 사고는 ▲▲ 등 ▶▶명의 목숨을 앗아가고 (▷▷ 등 ◁◁명에 중경상을 입혔으며) ▲▲를 태운 뒤 ▽▽만에 해결됐다.]에서는 그에 대한 구체적 정황을 쓰게 된다. 인명 피해나 재산 피해에 대한 사례를 각각 한두 개씩 들고 이를 '등(等)'에 붙여 이으면서 피해 내용을 세세하게 적는 것이다. 이때 '세세함'이란 사망자와 부상자를 구분하고, 재산 피해액을 산정하게 된 배경을 포함하는 것을 뜻한다.

사례는 인명 피해의 경우 대표적인 사망자나 부상자 신상 정보 일부, 피해를 입은 재물 중 눈에 띄는 것을 말한다. 대표적인 사상자는 피해를 입은 대상이 사회적으로 중요하거나 많이 알려진 인물이 될 수도 있고, 만약 그런 경우가 없으면 피해 장소나 시간과 더 직접적인 관련이 있는 사람, 혹은 안타까운 죽음, 부상의 정도가 심한 사람 등을 사례로 삼는다. 모두가 같은 조건이라면 모아진 정보 중 하나를 무작위로 택해 사용한다.

안타까운 죽음이나 각별한 부상의 경우 별도의 문장으로 분리해 적어주기도 한다. 이를 판단하는 기준은 일반적인 통념에 따른다. 주관적으로 들릴 수 있으나, 기자들은 오랜 취재 생활을 통해 독자들이 어떤 것을 상식적인 차원에서 안타까움이나 각별함을 느끼게 된다. 아마 '사망자 중에는 6세 아동도 포함됐다' 등의 사례가 될 수 있을 것이다. 재산 피해의 경우에도 눈에 띌 정도로 손괴된 재물이나 특이한 집기 등을 사례로 삼을 수 있으며, 특별한 것이 없다면 피해액이 큰 것으로 보이는 물건, 그것도 모호하다면 옷장이나 가구 등 일반적으로 잘 알려진 가구나 냉장고 등 가전제품을 앞세우기도 한다. 이런 내용을 담은 둘째 단락은 기초 공식 2와 같이 '이 사고로'로 출발한다.

또 사고가 얼마나 지속돼 언제 어떤 방식으로 정리됐는지를 보이는 '어떻게(How·해결 여부)' 요소도 기초 공식 2에 대한 설명과 마찬가지로 적용된다. 즉 '불은 출동한 소방관들에 의해 20분 만에 꺼졌다' 등 사고가 얼마 만에 어떻게 끝났는지 등에 관련된 내용을 이 둘째 단락에 적을 수 있는데, 구체적인 피해 내용에 이어 한 문장에 담든지, 아니면 별도 문장으로 떼어 적든지 할 수 있다는 뜻이다. 만약 이런 내용이 전체 기사 흐름에 방해가 되거나 특별한 의미를 주지 않는다면, 기초 공식 2에서 설명한 것처럼 아예 쓰지 않을 수도 있다. 이 둘째 단락은 첫째 단락과 같이 피해를 표현하는 방법에 따라 술어 활용 방식에 약간씩 변형을 줄 수 있다.

③번 리드를 활용한 사고 기사 기초 공식 3-1 둘째 단락 사례

Ⓐ 이 사고로 이모(54)씨 등 2명이 숨지고, 고모(42)씨 등 5명이 중경상을 입었으며 주택 2채 일부가 탔다. (불은 20분 만에 꺼졌다.)

Ⓑ 이 불은 이모(54)씨 등 2명의 목숨을 앗아가고 고모(42)씨 등 5명에게 중경상을 입혔으며 주택 2채 일부를 태운 뒤 20분 만에 꺼졌다.

위 내용들은 '③번 리드를 활용한 사고 기사 기초 공식 3-1 첫 단락 사례' 중 Ⓐ, Ⓑ, Ⓒ의 둘째 단락으로 모두 활용 가능하다. 이때 Ⓒ의 리드에 인명 피해만 적은 것은 상대적으로 재산 피해가 적다고 판단해 인명 피해에만 집중하면서 재산 피해 내용을 뺐을 뿐이라는 점을 고려해야 한다. 즉 화재에 재산 피해가 없을 수 없지만 일단은 인명 피해에만 초점을 맞춘 것이라는 뜻이다. 이와 같은 이유에서 ③번 리드를 활용한 사고 기사 기초 공식 3-1 첫 단락 사례 Ⓒ의 경우라도 둘째 단락에 재산 피해를 추가로 적을 수 있다. 이때 재산 피해의 총액을 첫 단락에 적지 않았다는 것을 감안해 그 내용을 둘째 단락에 넣어줘야 한다. 구체적으로 보면 '이 불은 이모(54)씨 등 2명의 목숨을 앗아가고 고모(42)씨 등 5명에게 중경상을 입혔으며 주택 2채 중 일부를 태워 2억원 상당(소방서 추산)의 재산 피해를 낸 뒤 20분 만에 꺼졌다'고 쓸 수 있다는 뜻이다. 단 둘째 단락에서도 재산 피해를 거론하지 않겠다고 판단하면 '이 사고로 이모(54)씨 등 2명이 숨지고, 고모(42)씨 등 5명이 중경상을 입었다. (불은 20분 만에 꺼졌다.)'고 정리하면 된다.

하지만 ③번 리드를 활용한 사고 기사 기초 공식 3-1 첫 단락 사례 Ⓓ에는 여기에 적은 둘째 단락 사례들을 그대로 이을 수 없다. 인명 피해가 없었기 때문이다. 그렇다고 이를 작성하기 어려운 건 아니다. 바로 위에서 재산 피해를 뺀 것처럼 여기서는 인명 피해만 제외하고 적으면 된다. 구체적으로 보면 '이 사고로 이모(54)씨와 고모(42)씨의 집 등 주택 2채 일부가 타 모두 2억원가량(소방서 추산)의 재산 피해가 났다. (불은 20분 만에 꺼졌다.)'고 하거나 '이 불은 이모(54)씨와 고모(42)씨의 집 등 주택 2채 일부를 태워 모두 2억원가량(소방서 추산)의 재산 피해를 낸 뒤 20분 만에 꺼졌다'고 쓴다는 것이다.

셋째 단락

기초 공식 3-1의 셋째 단락[◆◆은 (사고) 원인을 ◎◎이라 보고 정확한 사고 경위를 조사 중이다.]은 기초 공식 1이나 기초 공식 2의 셋째 단락과 같다. 단어의 활용이나 술어 처리 방법 등에 적용된 문장 형식이나 전체 의미 모두 마찬가지다. 마지막 단락은 앞선 기초 공식 1과 기초 공식 2의 셋째 단락과 유사한 예시로 정리된다.

③번 리드를 활용한 사고 기사 기초 공식 3-1 셋째 단락 사례

Ⓐ 당국은 정확한 사고 경위를 조사 중이다.

Ⓑ 당국은 목격자들의 증언 등을 토대로 (또는 현장 감식 결과 등을 토대로) 정확한 사고 경위를 조사 중이다.

Ⓒ 당국은 숨진 이씨 집 텔레비전 전선이 다른 가전기기 전선들과 엮인 채 녹아 있는

것으로 미뤄 누전에 의한 화재로 보고 정확한 사고 경위를 조사 중이다.

Ⓓ 당국은 이씨 집 옆 전신주에서 불꽃이 튄 뒤 펑하는 소리가 들렸다는 목격자들의 증언을 토대로 전기 합선에 의한 화재로 보고 있다.

위에 제시한 세 개 단락을 이으면 아래와 같은 식으로 기초 공식 3-1이 정리될 수 있다.

기초 공식 3-1 사례 종합

Ⓐ 4일 오전 2시쯤 서울 강남구 대치동 한 주택가에서 화재가 발생, 7명의 사상자를 내고 2억원 상당(소방서 추산)의 재산 피해가 났다.

이 불은 이모(54)씨 등 2명의 목숨을 앗아가고 고모(42)씨 등 5명에게 중경상을 입혔으며 주택 2채 일부를 태운 뒤 20분 만에 꺼졌다.

당국은 정확한 사고 경위를 조사 중이다.

Ⓑ 4일 오전 2시쯤 서울 강남구 대치동 한 주택가에서 불이 나, 7명이 죽거나 다치고 2억원 상당(소방서 추산)의 재산 피해가 발생했다.

이 사고로 이모(54)씨 등 2명이 숨지고, 고모(42)씨 등 5명이 중경상을 입었으며 주택 2채 일부가 탔다. (불은 20분 만에 꺼졌다.)

당국은 목격자들의 증언 등을 토대로 (또는 현장 감식 결과 등을 토대로) 정확한 사고 경위를 조사 중이다.

Ⓒ 4일 오전 2시쯤 서울 강남구 대치동 한 주택가에서 불이 나, 7명의 사상자가 발생했다.

이 사고로 이모(54)씨 등 2명이 숨지고, 고모(42)씨 등 5명이 중경상을 입었으며 주택 2채 일부가 타 2억원 상당(소방서 추산)의 재산 피해를 냈다. (불은 20분 만에 꺼졌다.)

당국은 숨진 이씨 집 텔레비전 전선이 다른 가전기기 전선들과 엮인 채 녹아 있는 것으로 미뤄 누전에 의한 화재로 보고 정확한 사고 경위를 조사 중이다.

Ⓓ 4일 오전 2시쯤 서울 강남구 대치동 한 주택가에서 화재가 발생, 2억원 상당(소방서 추산)의 재산 피해가 났다. 다행히 인명 피해는 없었다.

이 사고로 이모(54)씨와 고모(42)씨의 집 등 주택 2채 일부가 탔으며 불은 20분 만에 꺼졌다.

당국은 이씨 집 옆 전신주에서 불꽃이 튄 뒤 펑하는 소리가 들렸다는 목격자들의 증언을 토대로 전기 합선에 의한 화재로 보고 있다.

화재사고와 관련된 기사 작성과 관련, 한 가지 더 유의해야 할 것은 아주 특별한 경우가 아니라면 기사 도입부인 첫째 단락에 발화 지점을 되도록 쓰지 않는다는 점이다. 사고 기사 1보의 경우 대체로 그 원인이 정확하지 않은 상태에서 기사를 쓰는 경우가 많다는 것, 잘못하면 발화 지점에서만 피해가 발생한 것으로 오해가 생길 수 있다는 우려가 생긴다는 것이 대표적인 이유다. 우선 원인이 정확하지 않다는 것은 왜 그 사고가 발생했는지가 뚜렷하게 확인되지 않았다는 뜻이다. 발화 지점은 그 원인을 보여주는 근거로 작용할 수 있다. 그러나 목격자의 증언이나 당국의 초동 수사 등에 근거해 알려진 발화 지점 등도 여러 원인 중 하나일 뿐이다. 아무리 타당도가 높아 보이더라도 아직은 확인되지 않은 추정에 불과할 수 있다는 것이다. 세밀한 조사 등을 거쳐도 의견이 분분할 수 있는 원인을 단지 추정에 근거해 가장 중요한 정보가 적혀야 할 첫 단락에 쓰는 것은 독자에게 잘못된 인식을 심어줄 수 있다. 즉 첫 단락에 등장하는 정보의 위력 때문에 독자들이 추정 원인을 확인된 원인으로 볼 수 있다는 것이다. 이런 이유로 사고 원인에 직접적으로 연결될 수 있는 발화 지점을 함부로 적지 않는다. 그렇기 때문에 원인에 대한 확언을 유보한 상태에서 이런 내용은 세 개의 단락으로 구성되는 기초 공식에서 세 번째 단락에 쓰는 경향이 생기는 것이다.

더불어 사고 내용, 특히 피해 상황이 적시되는 첫 번째 단락의 정보가 발화 지점에 연결되는 것은 다른 곳으로 피해가 확산됐다는 내용을 연결할 고리를 잃어버리게 만들고 거기에서만 피해가 발생했다는 식으로 오해가 생길 수 있다는 점도 유의해야 한다. 위 Ⓒ(이씨 집 가전기기 전선이 녹아 있는 곳)와 Ⓓ(펑 소리와 함께 불꽃이 튄 이씨 집 옆 전신주)의 사례 셋째 단락에 등장한 발화 추정 지점을 첫 번째 단락에 넣을 때 생기는 오해를 고려해보면 이 의미가 쉽게 이해될 수 있다. 만약 Ⓒ 사례의 리드를 '4일 오전 2시쯤 서울 강남구 대치동 이모(54)씨 집 텔레비전 전선이 다른 가전기기 전선들과 엮인 곳에서 불이 나, 7명의 사상자가 발생했다'고 적으면 마치 피해를 입은 7명이 전선이 뭉친 곳에 모여 있었다는 식으로 이해될 수 있다. Ⓓ 사례를 '4일 오전 2시쯤 서울 강남구 대치동 이모(54)씨 집 옆 전신주에서 펑하는 소리와 함께 불꽃이 튀면서 화재가 발생, 2억원 상당(소방서 추산)의 재산 피해가 났다'고 하면 전신주 파손으로 2억원대의 피해가 발생했다는 의미로 들릴 수 있다. 이런 오해를 막기 위해 되도록 첫 단락에 발화 지점을 적는 것을 피한다. 결국 첫 단락에는 발화 지점 대신 화재로 인한 피해가 번진 영역을 아우르는 표현을 적는 것이 일반적이다.

한편 기사에는 사망자나 부상자 처리 등과 관련해 추가 정보가 들어갈 수 있다. 일반적인 표현은 '사망자 중 누구는 어디에 안치됐고 어떤 상태의 부상자가 어느 병원으로 옮겨져 치료를 받는다'는 식이 된다. 위 사례를 보면 '이씨 등 사망자는 인근 I병원 영안실에 안치됐으며, 전신에 3도 화상을 입은 고씨 등 2명은 H병원, 팔과 다리에 1도 화상을 입은 심모(42)씨 등 3명은 K병원으로 옮겨져 치료를 받고 있다'는 식이다. 사실 이런 정보는 사고 규모가 큰 경우에 사용되며 이는 화재뿐 아니라 교통사고 기사에도 적용된다. 결국 세 개 단락 이상으로 구성되는 확대 스트레이트에 담길 수 있는 내용이다. 한편 교통사고를 다루는 기사에서는 화재 기사와 달리 첫 단락에 사고 지점을 정확하게 적어준다는 점을 기억해둘 필요가 있다. 1보에서 사고 원인이 정확하게 밝혀지지 않는다는 점은 교통사고도 마찬가지지만, 적어도 화재사고의 발화 지점에 해당하는 발생 장소가 별 이견 없이 세밀하게 정리될 수 있기 때문에 첫 단락부터 그 내용을 담는다. 교통사고와 관련된 내용은 우선 화재사고를 중심으로 정비되는 사고 기사 공식들을 소개한 뒤 나중에 부연하는 식으로 전달하겠다.

기초 공식 3-2

> ▲▲일 △△시쯤 ▼▼에서 □□가 발생, ◭◭ 등 ▶▶명이 사망하고 (▷▷ 등 ◁◁명이 중경상을 입었으며) ◮◮가 불에 타는 등 ◀◀의 재산 피해가 발생했다.

Ⓐ 사고가 발생한 ▼▼는 ◍◍ 등이 ◐◐을 하는 곳으로, 사고 당시 ◙◙ 상황이라 해결에 어려움을 겪었다. (사고는 ▽▽만인 △△시에 해결됐다.) 또는 Ⓑ 사고 당시 ▼▼에는 ◍◍ 등이 ◐◐을 하고 있었으며, ▥▥ 등이 ◑◑을 해 다행히 추가 피해를 막았다. (사고는 ▽▽만에 해결됐다.)

◆◆은 (사고) 원인을 ◎◎이라 보고 정확한 사고 경위를 조사 중이다. [◇◇은 ◈◈을 토대로 ◎◎이라 보고 정확한 사고 경위를 조사 중이다.]

첫 단락

기초 공식 3-2는 기초 공식 3의 변형이다. 여기에서는 기초 공식 3-1에서 첫 번째[▲▲일 △△시쯤 ▼▼에서 □□가 발생, ●● 등의 피해를 냈다.]와 두 번째 단락[Ⓐ 이 사고로 ◭◭ 등 ▶▶명이 사망하고 (▷▷ 등 ◁◁명이 중경상을 입었으며) ◭◭가 불에 탔다. (사고는 ▽▽만에 해결됐다.) 또는 Ⓑ 이 사고는 ◭◭ 등 ▶▶명의 목숨을 앗아가고 (▷▷ 등 ◁◁명에 중경상을 입혔으며) ◭◭를 태운 뒤 ▽▽만에 해결됐다.]에 나눠 썼던 인명 및 재산 피해 내용을 첫 번째 단락[▲▲일 △△시쯤 ▼▼에서 □□가 발생, ◭◭ 등 ▶▶명이 사망하고 (▷▷ 등 ◁◁명이 중경상을 입었으며) ◭◭가 불에 타는 등 ◀◀의 재산 피해가 발생했다.]에 모두 써주고, 두 번째 단락에서는 피해 내용 이외의 정황을 적는다. 이 과정에서 기초 공식 3-1 첫 단락에 등장했던 일반적 피해 내용, 즉 '●● 등의 피해를 냈다'와 둘째 단락의 도입부[이 사고로]는 사라진다. 이를 들여다보면 이 형태는 결과적으로 기초 공식 2의 첫 단락[▲▲일 △△시쯤 ▼▼에서 □□가 발생했다.]과 둘째 단락[Ⓐ 이 사고로 ●● 등의 피해가 났다. (사고는 ▽▽만에 해결됐다.) 또는 Ⓑ 이 사고는 ●● 등의 피해를 내고 ▽▽만에 해결됐다.]을 합쳐놓은 것과 유사한 모습을 띤다. 기초 공식 2의 기준에서 보자면 첫 단락은 그대로 살리면서 둘째 단락의 '이 사고로 ●● 등의 피해가 났다'를 자세한 내용으로 풀어 써준 형태가 되는 것이다. 사실 기초 공식 2나 기초 공식 3-1의 기본적인 차이가 피해 내용을 첫 단락에 쓰느냐 둘째 단락에 쓰느냐에 있고, 구체적으로 보자면 그 피해 내용을 어디에다 얼마만큼 어떤 방식으로 상세하게 쓰느냐가 두 공식 차별화의 초점이다. 그렇기에 첫 단락과 둘째 단락을 합쳐 쓰는 것은 결국 같은 형태로 수렴될 수밖에 없는 구조다. 정리하자면 기초 공식 3-2의 첫 단락에 적히는 일반적 정황은 전체 기사에 한 차례 등장하는 피해 내용의 상세한 기술이 된다.

이때 한 가지 유의할 점은 기초 공식 2건 기초 공식 3-1이건 첫 단락과 둘째 단락을 합쳤을 때 원래 이들 공식 두 번째 단락에 위치했거나 위치할 수 있었던 '어떻게(How · 해결 여부)'의 부분이 기초 공식 3-2의 첫 단락에 등장하지 않는다는 것이다. 즉 사고가 언제 어떤 방식으로 종결됐는지를 설명하는 '▽▽ 만에 해결됐다(불은 몇 분 만에 꺼졌다 등)'는 표현이 첫 단락에 나오지 않는다는 얘기다. 결국 피해 내용을 중시하는 사고 기사 공식 3의 유형이 3-1이건 3-2건 이들 모두 그 해결 방식을 첫 단락에 둘 정도로 중요하게 여기지 않는다는 뜻이 된다. 물론 첫 단락에 발생 시각과 장소만 담아 사고의 중요성에 집중하는 기초 공식 2, 장소만으로 사고의 심각성을 알리는 기초 공식 1 등 기초 공식 3이 주목하는 피해 내용에 비해 더 간단한 육하원칙 정보만으로 사안의 영향력을 강조하는 공식들에서 사고 해결을 다루지 않는다는 점은 앞에서 설명한 바와 마찬가지다. 굳이 사고가 언제 어떤 방식으로 종결됐는지를 설명하는 정보를 첫 단락에 넣어 전달하려는 사고의 의미를 축소할 필요는 없기 때문이라는 뜻이다.

③번 리드를 활용한 사고 기사 기초 공식 3-2 첫 단락 사례

Ⓐ 4일 오후 8시쯤 서울 강남구 대치동 한 주택가에서 불이 나 이모(54)씨 등 2명의 목숨을 앗아가고 고모(42)씨 등 5명에게 중경상을 입혔으며 주택 2채 일부를 태워 2억원 상당(소방서 추산)의 재산 피해를 냈다.

Ⓑ 4일 오후 8시쯤 서울 강남구 대치동 한 주택가에서 화재가 발생, 이모(54)씨 등 2명이 숨지고, 고모(42)씨 등 5명이 중경상을 입었으며 주택 2채 일부가 타 2억원 상당(소방서 추산)의 재산 피해가 났다.

Ⓒ 4일 오후 8시쯤 서울 강남구 대치동 한 주택가에서 불이 나 이모(54)씨 등 2명의 목숨을 앗아가고 고모(42)씨 등 5명에게 중경상을 입혔다.

Ⓓ 4일 오후 8시쯤 서울 강남구 대치동 한 주택가에서 화재가 발생, 이모(54)씨와 고모(42)씨의 집 등 주택 2채 일부가 타 2억원 상당(소방서 추산)의 재산 피해가 났다. 다행히 인명 피해는 없었다.

둘째 단락

기초 공식 3-2의 둘째 단락에 따라 나오는 구체적 정황은 그 뿌리가 같은 기초 공식 3-1과 다르다. 기초 공식 3-1의 경우 첫 단락에 나온 일반적 피해 내용을 상세하게 정리한 내용을 구체적 정황으로 담아 둘째 단락에 배치했다. 하지만 기초 공식 3-2는 첫 단락에 상세한 피해 내용을 모두 담아 그 내용을 일상적인 맥락에서 둘째 단락에 더 구체적으로 부연하기 쉽지 않다. 이때 선택할 수 있는 방법이 그런 피해가 발생하게 된 배경 설명이다. 즉 둘째 단락에서의 구체적 정황은 육하원칙 중 이미 피해 내용을 중시하는 기초 공식 3-2의 첫 단락에서 주요하게 소개된 '무엇(What·사고 피해 내용)'과 그에 연관돼 등장한 '누가(Who)'의 요소를 일단 가볍게 처리하고 나머지 네 개 요인을 중심으로 전개된다고 할 수 있겠다. 그러나 이 두 가지 요소는 피해 내용의 핵심이기에 이를 완벽히 배제한 채 둘째 단락을 구성하기는 어렵다. 더 정확하게 말하자면 '무엇(What·사고 피해 내용)'과 '누가(Who)'의 요소가 완전히 둘째 단락에서 빠지는 것이 아니라 또 다른 요인과 어울려 등장하게 되는 것이다. 하지만 이들 다른 요인 중 '왜(Why·원인)'의 문제는 둘째 단락에서 거론하기 어렵다. 같은 뿌리를 가진 기초 공식 3-1과 마찬가지로 기초 공식 3-2도 사고 원인이 확연하게 드러나지 않는 경우에 사용될 여지가 많기 때문에 이 요소는 주로 마지막 단락에 배치된다. 또 같은 맥락에서 언제 어떤 방식으로 화재 등 사고가 종료됐는지를 설명하는 '어떻게(How·해결 여부)'의 문제도 둘째 단락에서 심각하게 다뤄지지 않는다.

결국 기초 공식 3-2의 둘째 단락은 사고 발생 시간과 장소, 즉 언제(When·시간)와 어디서(Where·장소)의 요소를 확장하는 방법으로 일단 그 구체적 정황을 확보하게 된다. 그리고 이 둘 중 무엇이 기사가 쓰일 당시의 사고 맥락, 사회적 분위기에 비춰 더 중시될 수 있느냐에 따라 사안에 대한 정보의 자세한 정도가 결정된다. 이와 같은 설명은 기초 공식 3-2의 둘째 단락이 기존의 다른 공식들처럼 특별히 정형화된 틀을 갖기 어렵다는 것을 의미한다. 그렇기에 기초 공식 3-1이 다섯 가지 사고 기사의 전형 중 하나가 되고 3-2는 그 변형이라고 볼 수밖에 없다.

예를 들어 발생 사고와 관련해 일이 벌어진 장소가 중요하다면 그 내용이 둘째 단락에 집중적으로 등장한다. '집중적 등장'은 아예 하나의 요소에만 둘째 단락이 치중하거나, 이 단락의 앞에 특정 요소가 먼저 등장하고 이후 덜 중요한 요소가 따라 나오는 형식을 띤다는 것을 의미한다. 만약 육하원칙 중 다른 요인들이 전체 기사의 의미를 살리기 어렵다면 아예 중요한 요소 하나에만 치중함으로써 뉴스의 가치를 높게 만드는 방법을 선택하게 된다. 그런 뒤 추가 요인 중 완전히 버리기 어려운 요소가 있다면 이를 중요도순에 따라 배치하게 되는데, 그런 정보가 적으면 이들 내용들은 둘째 단락 한 문단에 모두 배치되고, 그렇지 않으면 단락을 바꿔 별도의 문단을 만들며 기사가 확대된다.

구체적으로 예를 들어 사고 발생 장소가 병원이나 시장, 학교 또는 유치원일 때, 즉 그 장소에 있는 사람들이 쉽게 안전 조치를 취하기 어렵거나 사람들이 밀집한 곳일 때 사고의 규모가 클 수 있어 일단 눈길을 끈다. 더불어 지하철, 놀이공원, 주유소 인근 등 사고가 사회적 안전 불감증 등 구조적 문제로 이어질 수 있는 장소라면 주목도는 더 커진다. 그 밖에도 발생 장소가 저수지나 댐 등 공적 업무와 관련 있거나 대기업 본사 등 전체 국가 경제에 큰 영향을 미치는 사적 집단과 연관된 곳, 또는 공인이나 유명인 거주지라면 그 공간적 의미가 대단히 크기에 집중적으로 기사에 거론될 수 있다. 이런 논리는 비단 장소뿐 아니라 사고 발생 시간에도 적용된다. 만약 모두가 잠든 밤에 인구 밀집 지역에서 사고가 터지면 탈출이나 구조 등 사람들이 안전을 위해 취할 수 있는 방법이 낮에 비해 제한적이다. 오히려 한낮이 문제가 되는 경우도 있다. 학기가 진행되는 기간 주중 오전 11시쯤 유치원이나 초등학교에서 사고가 발생했다면 방학 기간 밤에 발생한 것보다 문제는 심각해진다.

이제 앞서 설명한 내용 중 피해 내용에 초점을 맞춘 기초 공식 3-2의 첫 단락에 등장한 '누가(Who)'와 '무엇(What·사고 피해 내용)'의 요소, 즉 인명 피해와 재산 피해와 관련된 정보가 둘째 단락에서 완벽히 배제되는 것이 아니라 또 다른 요인과 어울려 등장하게 된다는 내용을 가져와보자. 평소에는 조용한 장소(예를 들어 병원, 시장, 학교, 유치원, 지하철, 놀이공원, 주유소 인근, 저수지, 댐, 총리 공관, 부산시장 관사, 광주교육청, 세종 정부종합청사, 유명 아이돌 가수 숙소 등)에서 사고가 나거나, 역시 평상시에는 큰 의미가 부여되지 않는 시간(예를 들어 새벽 2시, 오전 8시, 오전 11시, 오후 4시 등)에 사고가 났을 때, 그 시공간에 있던 환자나 상인, 학생과 유치원생, 출퇴근 시민들, 휴일에 함께 나들이 온 가족들, 주유소나 저수지 혹은 댐 인근 주민들, 총리 관저나 부산시장 관사, 광주교육청, 세종 정부종합청사 공무원이나 관리인들, 청소년 등에게 영향을 끼치는 그룹 멤버나 그 주변을 찾은 수많은 팬 등이 피해자(Who)가 되고, 화재, 폭발, 범람, 압사 등으로 나타난 그들의 사고 피해(What)를 고려해보면 기초 공식 3-2의 둘째 단락에 들어갈 내용은 무궁무진하다. 사실 여기서 든 사례에 해당하는 사고는 기초 공식 3-1이나 3-2로 감당하기 어렵다. 결국 세 개 단락 이상으로 구성되는 사고 기사 형태로 확대될 수밖에 없다. 하지만 세 개 단락을 중심으로 이뤄지는 기초 공식에서도 이들 내용을 둘째 단락에 집중적으로 다루면서 기사의 가치를 높이기도 한다. 특히 피해를 입은 사람이 위에서 말한 유명인이나 공인 등이 아니라 평범한 시민인 경우에는 피해자의 나이 또는 직업 등 일반적인 신상 정보 자체가 의미를 가지면서 나름대로의 기사 가치를 높일 수 있다. 예를 들어 아르바이트 대학생이나 퇴직 후 몇 년째 낮은 임금의 계약직을 벗어나지 못하는 60대 은퇴자, 유치원생, 자식들이 돌보지 않는 치매 환자나 거동이 불편한 장애인 등의 피해 사실은 사회 약자를 대변한다는 언론의 입장에서 큰 의미를 두고 다뤄야 하는 이슈가 되기도 한다.

한편 육하원칙 중 이상의 네 가지 요인 외에 기사의 구조적 이유 때문에 기초 공식 3-2의 둘째 단락에서 다뤄지기 쉽지 않은 '어떻게(How·해결 여부)'와 '왜(Why·원인)'의 요소도 이 위치에서 완벽하게 배제되는 것은 아니다. 단지 다뤄지기 어려울 뿐이다. 우선 사고가 언제 어떤 방식으로 정리됐는지를 보여주는 '어떻게(How·해결 여부)'가 아주 일반적인 상황이라면 앞선 공식들과 마찬가지로 둘째 단락에서 '화재는 출동한 소방관에 의해 ▽▽ 만에 진화됐다'는 식으로 처리될 수 있다. 물론 전체 기사에서 큰 의미가 없다면 아예 빠지기도 한다. 불은 당연히 소방관들이 끄는 것이라 특별한 경우가 아니기 때문이다. 또 거기에 걸린 시간이 짧아 피해가 크지 않은 경우에는 이 표현이 굳이 들어갈 필요는 없다. 단 기초 공식 3-2 역시 피해에 중점을 두는 보도 형태이기에 피해가 큰 것을 가정한다면 이 '어떻게(How·해결 여부)' 부분이 확대될 가능성이 아주 없지는 않다. 우선 불을 끄거나 사람들을 구조한 주체가 전문적인 소방관이 아니라면 얘기가 달라진다. 인근 주민이 돕거나, 휴가 중인 장병들이 구조 활동에 뛰어든 경우 아예 리드를 달리 쓸 정도로 기사의 의미가 달라질 수도 있다. 기상 조건이 좋지 않아 불길을 잡는 데 어려움을 겪거나 바람이 불어 해상 구조에 난항이 있다면 이런 정보는 '어떻게(How·해결 여부)'와 관련됐음에도 불구하고 둘째 단락에 등장할 이유로 충분하다.

사고 이유를 다루는 '왜(Why·원인)'의 요소도 유사한 차원에서 다뤄질 수 있다. 특히 당국의 추정이 강하면 세 개 문단으로 이뤄진 기초 공식에서 셋째 단락이 아닌 둘째 단락에서 다룰 수도 있다. 하지만 사고 원인은 해결 여부에 비해 책임 귀속의 성격이 강해, 함부로 다루다가는 기자가 곤란해질 수 있다. 그래서 결국 둘째 단락에 다루더라도 그 원인을 강조하는 주체, 즉 취재원이 누구인지가 드러나는 경우에만 활용 가능하다고 보는 것이 안전하다. 앞의 '어떻게(How·해결 여부)' 요소에 이어 '왜(Why·원인)' 요소를 둘째 단락에 배치하는 사례는 '당국이 사고 원인으로 추정하는 가전기기 전선들의 합선은 2층에서 발생, 확산되지 않으면서 1층과 2층의 피해는 없었다' 정도가 될 수 있겠다. 그러나 원인 기술(記述)이 가지는 책임 귀인의 파괴력 때문에 확인 여부가 불확실한 '왜(Why·원인)'의 요소는 마지막 단락에 놓는 경향이 더 강하다. 이 '왜(Why·원인)' 요소와 관련해서는 이 내용을 리드에 다루는 기초 공식 4에서 조금 더 부연하겠다.

이상의 내용을 종합해보면, 사고 기사 기초 공식 3-2의 둘째 단락은 강하게 정해진 형태가 없다는 얘기가 된다. 앞서 공식 형태로 적은 내용[Ⓐ 사고가 발생한 ▼▼는 ◍◍ 등이 ◐◐을 하는 곳으로, 사고 당시 ◯◯ 상황이라 해결에 어려움을 겪었다. (사고는 ▽▽만인 △△시에 해결됐다.) 또는 Ⓑ 사고 당시 ▼▼에는 ◍◍ 등이 ◐◐을 하고 있었으며, ▥▥ 등이 ◑◑을 해 다행히 추가 피해를 막았다. (사고는 ▽▽만에 해결됐다.)]도 변화 가능하다는 뜻이다. 주로 육하원칙 중 언제(When·시간)와 어디서(Where·장소)의 요소를 중심으로 정비되며, 이 요소들이 첫 단락에 나온 '누가(Who)'와 '무엇(What·사고 피해 내용)', 즉 인명 및 재산 피해와 연결돼 그 의미를 부각하는 형태로 정보가 구성된다는 게 둘째 단락의 틀이라고 할 수 있을 것이다. 거기에 기초 공식 3-2 이전의 공식들과 마찬가지로 둘째 단락에는 잘 활용하지 않는 어떻게(How·해결 여부)와 왜(Why·원인)들이 들어갈 수도, 안 들어갈 수도 있다는 애매한 설명만 가능하다. 결국, 여기서는 정형화된 틀에 맞춘 내용보다는 여러 사례들을 중심으로 기초 공식 3-2 둘째 단락의 이해를 도울 수밖에 없겠다.

③번 리드를 활용한 사고 기사 기초 공식 3-2 둘째 단락 사례

Ⓐ 화재가 발생한 주택가는 학원이 밀집한 대로변 바로 안쪽 골목에 위치해 있고, 사고 당시 학원 통학 버스 및 학부모 승용차들이 현장 주변에 무차별 주차돼 있어 소방차 진입에 어려움을 겪었다. (화재는 발화 2시간 만인 오후 10시에 진압됐다.)

Ⓑ 사고 당시 피해 가구 주변인 학원 밀집 지역으로 학생 200여 명이 등원 중이었으나, 수능이 끝난 직후라 평소보다 유동 인구가 절반 이하였던 것으로 알려졌다. 소방 당국에 따르면 발화 후 사고 현장 100m 거리의 소방서에서 2분 만에 출동한 소방관들의 진화작전으로 대형 참사는 막을 수 있었다. 화재는 10분 만에 진화됐다.

셋째 단락

기초 공식 3-2의 셋째 단락[◆◆은 (사고) 원인을 ◎◎이라 보고 정확한 사고 경위를 조사 중이다.]은 기초 공식 1이나 기초 공식 2, 기초 공식 3-1의 셋째 단락과 같다. 이전과 마찬가지로 마지막 단락은 앞선 기초 공식들의 셋째 단락과 유사한 예시로 정리된다.

③번 리드를 활용한 사고 기사 기초 공식 3-2 셋째 단락 사례

Ⓐ 당국은 정확한 사고 경위를 조사 중이다.

Ⓑ 당국은 목격자들의 증언 등을 토대로 (또는 현장 감식 결과 등을 토대로) 정확한 사고 경위를 조사 중이다.

Ⓒ 당국은 숨진 이씨 집 텔레비전 전선이 다른 가전기기 전선들과 엮인 채 녹아 있는 것으로 미뤄 누전에 의한 화재로 보고 정확한 사고 경위를 조사 중이다.

Ⓓ 당국은 이씨 집 옆 전신주에서 불꽃이 튄 뒤 펑하는 소리가 들렸다는 목격자들의 증언을 토대로 전기 합선에 의한 화재로 보고 있다.

위에 제시한 세 개 단락을 이으면 아래와 같이 기초 공식 3-2가 정리될 수 있다.

기초 공식 3-2 사례 종합

Ⓐ 4일 오후 8시쯤 서울 강남구 대치동 한 주택가에서 불이 나 이모(54)씨 등 2명의 목숨을 앗아가고 고모(42)씨 등 5명에게 중경상을 입혔으며 주택 2채 중 일부를 태워 2억원 상당(소방서 추산)의 재산 피해를 냈다.

화재가 발생한 주택가는 학원이 밀집한 대로변 바로 안쪽 골목에 위치해 있고, 사고 당시 학원 통학 버스 및 학부모 승용차들이 현장 주변에 무차별 주차돼 있어 소방차 진입에 어려움을 겪었다. (화재는 발화 2시간 만인 오후 10시에 진압됐다.)

당국은 정확한 사고 경위를 조사 중이다.

Ⓑ 4일 오후 8시쯤 서울 강남구 대치동 한 주택가에서 화재가 발생, 이모(54)씨 등 2명이 숨지고, 고모(42)씨 등 5명이 중경상을 입었으며 주택 2채 중 일부가 타 2억원 상당(소방서 추산)의 재산 피해가 났다.

화재가 발생한 주택가는 학원이 밀집한 대로변 바로 안쪽 골목에 위치해 있고, 사고 당시 학원 통학 버스 및 학부모 승용차들이 현장 주변에 무차별 주차돼 있어 소방차 진입에 어려움을 겪었다. (화재는 발화 2시간 만인 오후 10시에 진압됐다.)

당국은 목격자들의 증언 등을 토대로 (또는 현장 감식 결과 등을 토대로) 정확한 사고 경위를 조사 중이다.

Ⓒ 4일 오후 8시쯤 서울 강남구 대치동 한 주택가에서 불이 나 이모(54)씨 등 2명의 목숨을 앗아가고 고모(42)씨 등 5명에게 중경상을 입혔다.

사고 당시 피해 가구 주변인 학원 밀집 지역으로 학생 200여 명이 등원 중이었으나, 수능이 끝난 직후라 평소보다 유동 인구가 절반 이하였던 것으로 알려졌다. 소방 당국에 따르면 발화 후 사고 현장 100m 거리의 소방서에서 2분 만에 출동한 소방관들의 진화작전으로 대형 참사는 막을 수 있었다. 화재는 10분 만에 진화됐다.

당국은 숨진 이씨 집 텔레비전 전선이 다른 가전기기 전선들과 엮인 채 녹아 있는 것으로 미뤄 누전에 의한 화재로 보고 정확한 사고 경위를 조사 중이다.

Ⓓ 4일 오후 8시쯤 서울 강남구 대치동 한 주택가에서 화재가 발생, 이모(54)씨와 고모(42)씨의 집 등 주택 2채 일부가 타 2억원 상당(소방서 추산)의 재산 피해가 났다. 다행히 인명 피해는 없었다.

사고 당시 피해 가구 주변인 학원 밀집 지역에는 학생 200여 명이 등원 중이었으나, 수능이 끝난 직후라 평소보다 유동 인구가 절반 이하였던 것으로 알려졌다. 소방 당국에 따르면 발화 후 사고 현장 100m 거리의 소방서에서 2분 만에 출동한 소방관들의 진화작전으로 대형 참사는 막을 수 있었다. 화재는 10분 만에 진화됐다.

당국은 이씨 집 옆 전신주에서 불꽃이 튄 뒤 펑하는 소리가 들렸다는 목격자들의 증언을 토대로 전기 합선에 의한 화재로 보고 있다.

이제 현장 사례로 넘어가보자.

현장 화재사고 기사 기초 공식 3 사례

기본 기사

3일 오전 7시 45분쯤 식용유 공장인 인천시 중구 신흥동 3가 CJ(옛 제일제당) 제2공장에서 불이 나 소방관 등 6명이 다치고 2억7000만원(경찰추산)의 재산 피해를 냈다.

불은 연면적 1600m², 4층 높이의 공장건물 1개동 전체를 태우고 2시간 40여분 만인 오전 10시 25분쯤 진화됐다.

이날 불로 인천 송현 소방파출소 소속 김○○(42) 소방장 등 소방관 5명과 CJ 협력업체 직원 조모(42)씨 등 6명이 얼굴과 다리 등에 1~3도의 화상을 입어 인근 기독병원과 인하대병원에 옮겨져 치료를 받고 있다. 또 식용유를 만드는 콩기름 10만l와 생산기계 일부가 불에 탔다.

협력업체 직원 오모(48)씨는 "공장 내에 설치된 콩기름을 만드는 핵산 혼합펌프에서 '펑'하는 소리와 함께 불길이 치솟았다"고 말했다. 경찰은 핵산 혼합펌프에서 전기 합선으로 인해 불이 난 것으로 보고 정확한 화재원인을 조사 중이다.

_《조선일보》 2003년 6월 〈CJ 인천 식용유 공장 화재 발생...소방관등 6명 다쳐〉

29일 오전 8시30분께 서울 강남구 개포2동 156 은행나무마을 판자촌에서 불이 나 14채가 불에 타고, 51명의 이재민이 발생했다. 이날 불을 처음 본 주민 임아무개(56·여)씨는 "20여 채 판자 집 가운데 쪽에서 갑자기 회색 연기가 솟아오르고 불길이 솟구쳐 삽시간에 마을 전체로 옮겨 붙었다"고 말했다.

이날 불은 판사 집 11채를 완전히 태운 것을 비롯해 모두 14채에 피해를 입히는 등 7백80여만원(경찰 추산)의 재산 피해를 낸 뒤 52분 만인 이날 오전 9시22분께 진화됐다.

경찰은 누전에 의해 불이 난 것으로 잠정 결론을 내리고 정확한 화인을 조사하고 있다.

_《한겨레》 1996년 11월 〈개포동 판자촌에 불/14채 타 51명 이재민〉

확대 기사

30일 오전 0시 41분쯤 경기 포천시 군내면의 한 요양병원에서 불이 나 치매 환자 유모(59)씨가 숨지고 4명이 유독가스를 마셔 병원에서 치료를 받고 있다.

불이 나자 직원 8명이 환자들을 대피시켰으나 불은 병실 일부를 태우고 소방서 추산 4000여만원 상당의 재산 피해를 낸 뒤 20여분 만에 진화됐다. 소방당국에 따르면 불이 난 병실은 7인실로 7개의 침대 중 숨진 유씨가 사용한 침대만 불에 탔다. 유씨는 발견 당시 한쪽 손이 침대에 묶인 상태였으며 침대에서는 불에 탄 라이터와 담배 1갑이 발견됐다.

경찰과 소방당국은 유씨가 담배를 피우다가 불똥이 침대에 튀면서 불이 났을 가능성, 라이터로 묶인 나머지 한 손을 풀려다 불이 났을 가능성을 염두에 두고 정확한 화재 원인을 조사하고 있다. 경찰은 병원 측의 과실이 있는지도 조사할 방침이다.

요양원 측은 경찰 조사에서 "유씨의 발작 증세가 심해 보호자에게 퇴원을 요구한 뒤 보호자 동의를 받아 빈 병실로 옮겨 양손을 묶어 놓았다"고 밝혔다.

불이 난 요양병원은 지상 1층, 연면적 399m² 규모로 환자 45명을 수용할 수 있는 7개 병실을 운영하고 있다. 화재 발생 당시 모두 19명의 환자가 입원 중이었으며 대부분 치매를 앓거나 거동이 불편한 노인으로 조사됐다.

_《서울신문》 2013년 7월 〈요양병원 화재… 침대에 한 손 묶인 치매환자 사망〉

11일 오후 2시15분쯤 경기 부천시 오정구 내동 경인고속도로변 (주)대성에너지 LP가스충전소에서 연쇄 폭발사고가 일어나 주변일대가 불바다로 변했다.

거센 불길은 사고 후 3시간가량 지난 다음 진정됐지만 지하 저장소에 남은 가스를 연소시키기 위한 잔불이 12일 오전까지 계속돼 주민들은 밤새 불안에 떨었다. 이날 사고로 소방대원 24명과 행인 37명등 모두 61명(2명 중상)이 화상을 입었고 주변 건물 12동과 차량 50여대가 불에 타는 등 총 22억8천8백여만원 상당의 재산피해를 냈다.

▷ 사고 발생 ◁

3도 화상을 입은 충전소 안전관리인 남○○(25)씨는 "사고 당시 부탄가스와 프로판가스 지하탱크의 기계실 내부의 파이프이음매에서 가스가 새어나와 시동이 걸린 채 충전소 내에 있던 흰색 레간자 택시로 불이 붙은 뒤 15t 탱크로리트럭이 폭발했다"고 말했다. '꽝'하는 굉음과 함께 가스충전소 지하에 묻혀 있던 30t짜리 LPG 탱크와 40t짜리 부탄가스 탱크, 15t과 9t짜리 탱크로리 2대, 소형 가스통 40여개가 연쇄폭발하면서 불기둥이 2백m 이상 치솟았다.

▷ 사고 현장 ◁

LP가스충전소 반경 5백m 내는 전쟁터를 방불케 했다. 12일 낮까지 지하저장탱크에 남아 있는 프로판가스 30t과 부탄가스 40t이 연소되면서 불길이 계속 타올랐다. 사고현장에는 불에 탄 승용차와 부서진 탱크로리 잔해, 유리파편 등이 그대로 널려 있었다. 사고 당시 폭발충격으로 산산이 부서진 15t탱크로리는 30여m 떨어진 8차선 도로 건너편 근린공원과 10여m 떨어진 충전소 옆 3층짜리 세차장 건물 앞으로 날아갔다.

▷ 사고 원인 ◁

충전소직원 전모(27)씨 등 3명은 "15t탱크로리에서 지하탱크로 가스를 주입하던 중 지하탱크기계실에서 갑자기 하얀 LP가스가 10여 분간 새나왔다"고 말했다. 경찰은 저장탱크밸브에 문제가 있는 것으로 판단하고 있으나 노후한 장비 탓인지, 연결 잘못이나 조작미숙인지 여부를 두고 정밀조사를 벌이고 있다. 가스누출이 한곳 파이프가 아니라 20여 곳에서 동시에 이루어졌다는 목격자들의 말에 따르면 탱크로리와 지하저장탱크 간 밸브가 닫혀 있어 압력이 가해지자 가스가 새어나간 것으로 보인다. 경찰은 그러나 이번 폭발사건이 총체적인 안전관리미숙으로 인한 과실로 빚어진 것으로 보고 안전점검을 벌인 가스안전공사 직원과 충전소 안전 관리원 및 목격자들을 불러 과실여부를 조사 중이다.

경찰과 가스안전공사 등이 참가하는 합동조사반은 12일 오전 국립과학수사연구소를 동원하는 등 사고현장 검증을 실시해 정확한 사고원인을 조사할 예정이다.

_《문화일보》 1998년 9월 〈61명 중화상 차량 50대 全燒/부천 가스충전소 어제 연쇄 폭발〉

(4) ④번 리드를 활용한 기초 공식 4

▲▲일 △△시쯤 ▼▼에서 Ⓐ ■■로 추정되는 (또는 Ⓑ 원인을 알 수 없는) □□가 발생, ●● 등의 피해를 냈다. [▲▲일 △△시쯤 ▼▼에서 □□가 발생, ▶◁명의 사상자를 내고 ◀◀의 재산 피해가 났다.] Ⓐ 이 사고로 ◭◭ 등 ▶▶명이 사망하고 (▷▷ 등 ◁◁명이 중경상을 입었으며) ◭◭가 불에 탔다. (사고는 ▽▽ 만에 해결됐다.) 또는 Ⓑ 이 사고는 ◭◭ 등 ▶▶명의 목숨을 앗아가고 (▷▷ 등 ◁◁명에 중경상을 입혔으며) ◭◭를 태운 뒤 ▽▽ 만에 해결됐다. ◆◆은 (사고) 원인을 ◎◎이라 보고 정확한 사고 경위를 조사 중이다. [◇◇은 ◈◈을 토대로 ◎◎이라 보고 정확한 사고 경위를 조사 중이다.]

첫 단락

기초 공식 4는 중요하게 여겨지는 정보의 초점이 장소(기초 공식 1), 장소와 시간(기초 공식 2), 장소와 시간 및 피해 상황(기초 공식 3)에 이어 '원인'으로 확장된 형태다. 첫 단락인 리드를 보면 기초 공식 3-1의 리드에 비해 '■■로 추정되는'이라는 식의 표현만 더 붙었다. 앞에서 정리한 바와 같이 기초 공식 3-1이 기본적인 사고 기사 공식의 축을 이어가는 전형이고 기초 공식 3-2는 그 변형이기에, 기초 공식 3-1에 이어 기초 공식 4를 설명한다. 이런 공식의 기본 축을 중심으로 덧붙이자면 기초 공식 4의 둘째 단락과 셋째 단락은 기초 공식 3-1과 그 모양새가 같다. 단 그 형태는 같더라도 기초 공식 4의 셋째 단락은 기초 공식 3-1과 의미가 약간 다르다. 첫 단락에서 원인을 전혀 소개하지 않는 기초 공식 3-1과 달리 이미 원인의 일부를 리드에서 언급하는 기초 공식 4는 첫 단락에 미리 그 원인을 밝혀줄 정도의 이유가 있기에 마지막 단락에서의 설명은 기초 공식 3-1에 비해 조금 더 자세한 정보가 추가돼야 하거나, 혹시 정보가 추가되지 않더라도 사고 원인에 대한 신뢰도가 기사 전체에 묻어나게 된다. 즉 기초 공식 4는 사고 원인의 의미가 강화된 것이다.

사실 사고 기사에서 리드에 원인을 밝혀줄 정도의 이유는 크게 두 가지고 그에 따라 원인을 정비하는 형태도 두 가지로 나뉜다. 하나는 사고 원인이 명확하지 않은데도 알려야 하는 것이고 나머지는 사고 원인이 비교적 뚜렷하게 나타나는 경우다. 전자는 사고 발생 장소나 시간, 그리고 피해 규모 자체가 원인이 무엇인지를 궁금하게 만드는 경우로, 왜 하필 거기서 그 시간에 그렇게 큰 규모의 피해가 났는지 궁금증을 유발하지만 기사를 작성하는 단계에서 그 원인이 뚜렷하게 드러나지 않아 대부분 '원인을 알 수 없는'이라는 표현을 사용하게 된다. 후자는 사고 원인이 책임 있는 당국에 의해 거의 확실하게 드러난 경우로 '■■로 추정되는'이라는 표현이 리드에 삽입된다.

이 설명에 이미 대략적으로 나타나지만 사고 발생 장소나 시간, 그리고 피해 규모 등 그 자체로 원인에 대한 궁금증을 유발하는 요소들은 앞선 기초 공식 1과 2, 그리고 3의 리드에서 중점적으로 다루는 요소다. 하지만 앞선 공식들의 리드에서 원인을 밝히지 않았다. 기본적으로는 그 원인이 명확하지 않기 때문이다. 정확하지 않아 중요한지 여부를 판단하기조차 어려운 원인 관련 내용을 가장 중요한 내용을 적어야 할 스트레이트 기사 리드에 적기는 어렵다. 하지만 그럼에도 불구하고 원인 관련 정보는 기본적으로 사고와 관련해 중요한 의미를 가지고 있다는 점도 무시하기 쉽지 않다. 그렇기 때문에 '원인을 알 수 없는'이라는 표현을 리드에 써줘야 할 만한 이유가 있는지를 판단할 필요가 있다. 판단의 근거는 바로 '사고 발생 장소나 시간, 그리고 피해 규모' 등이 그 자체로 궁금증을 유발할 만한 요소이냐의 문제로 귀결된다. 예를 들자면 대낮에 사람들이 많이 모인 재래시장이나 백화점에서 화재가 발생해 수십 명이 죽거나 다친 경우와 마을 노인들이 모여 있는 한낮 동네 놀이터에서 불이 나 나무벤치 두세 개가 탄 경우를 비교해본다면, 사고 원인에 대한 의구심이 어디에 더 집중될 것인가에 대한 판단을 어렵지 않게 할 수 있을 것이다. 결국 '원인을 알 수 없는'이라는 표현을 리드에 적지 못한다는 것은 사고 발생 장소나 시간, 그리고 피해 규모 등 세 가지 요소들이 궁금증을 유발할 정도의 의미를 갖지 못한다는 뜻이기도 하다. 비교적 그 일이 일어날 만한 시간대에 그럴 만한 장소에서 사고가 발생했으며, 그런 배경에서 벌어진 일일 때 그만큼의 피해가 있을 수 있다는 사회적 경험이 있다면, 그 원인이 궁금하지 않게 된다. 이미 앞선 여러 번의 기사들에서 정리된 원인들이 공동체 구성원들에게 전달된 상태이고, 그런 사안들은 벌써 구성원들 사이에서도 주의해야 할 일로 받아들여졌을 것이기 때문이다. 그리고 마지막 사고 원인을 추정하며 전달하게 되는 세 번째 단락에서 결국 과거 기사에서 줄곧 사용됐고 역시 그럴 수밖에 없을 만한 요소가 추정된 원인으로 제시될 때는 굳이 첫 번째 단락인 리드에 '원인을 알 수 없는'이라는 표현을 사용하지 않게 된다. 이는 다시 말해 앞선 기초 공식 1과 2, 3의 내용들이 그런 의미를 가지고 쓰인다는 것을 뜻한다. 한 번 더 부연하자면 기초 공식 4는 '사고 발생 장소나 시간, 그리고 피해 규모'의 의미를 종합적으로 판단해 작성되는 것으로, 기초 공식 4의 리드에 등장하는 원인 관련 표현들, 즉 '원인을 알 수 없는' 또는 '■■로 추정되는'은 이런 맥락에서 이해될 필요가 있다. 결국 '원인을 알 수 없는'이라는 표현은 앞선 두 가지 예시 중 대낮에 사람들이 많이 모인 재래시장이나 백화점에서 화재가 발생해 수십 명이 죽거나 다친 경우에 들어갈 수 있는 것으로, 특정 사고가 기존의 사회 경험상 평범하게 받아들여지지 않는 상황에서 발생했지만 그 원인이 불분명할 때 활용되는 문구라 보면 된다.

한편 표현 '■■로 추정되는' 또는 '■■에 의한 것으로 보이는'이 리드에 들어가려면 이 추정의 근거가 명쾌해야 하고, 그 추정을 하는 당사자가 반드시 기사 안에 들어가야 한다는 조건이 붙는다. 대부분 이 추정 당사자는 세 단락짜리 기사 공식에서 마지막 문단에 들어간다. 명확한 추정의 근거는 당국의 치밀한 현장 감식 결과, 목격자의 정확한 증언 등에 기초한다. 그럼에도 불구하고 여기서 중요한 점은 기사 리드에서 '추정' 또는 이와 유사한 표현을 빼면 안 된다는 것이다. 이는 사건의 검거 기사에 등장하는 '혐의'와 마찬가지 무게를 갖는다. 즉 사건의 검거 기사에서도 피의자를 붙잡아 조사 중이거나 구속영장을 신청했거나 심지어 구속했다 하더라도 그 사람이 범죄를 저질렀는지, 또는 그 행위에 의해 범죄를 확정짓는 결과가 나타났는지를 단정하기는 어렵기에 '혐의'를 적는 것과 마찬가지로, 사고 기사에서도 '추정'의 표현을 넣어 이후에라도 달리 판단될 수 있을 가능성을 열어둬야 한다는 것이다.

만약 '추정'을 빼면 '■■으로 보이는'이라는 식으로 여겨질 수도 있으나 '■■이 원인인'이라는 식으로 해석될 수도 있다. 즉 중의적(重義的) 표현이 된다는 뜻이다. 독자들에게 전자의 뜻으로 해석되면 별 문제 없을 수 있지만, 만약 후자로 풀이된다면 얘기는 달라진다. 독자들이 그걸 확정적 원인으로 믿어버릴 우려가 크기 때문이다. 아주 극단적으로 말해 사고에서 정확한 원인을 인간이 찾기는 어렵다. 그걸 바로 앞에서 봤더라도 그건 목격자의 주관이 들어간 판단이지, 직접적이고 최종적인 원인이라고 하기는 조심스럽다. 또 사고 장소를 감식한 결과가 특정 방향으로 나왔다고 하더라도 세상일에서 다른 원인을 완벽하게 배제하기는 어렵다. 해당 분야를 전문적으로 연구하는 과학자도 어떤 원인을 유일하다고 장담하기 쉽지 않은 것이다. 게다가 기사가 쓰이는 시점이 사고에 대한 원인 추적 초기 단계라는 점을 고려하면 더더욱 조심스럽다. 기사에서 중의적 표현은 피한다는 보도 기법 차원에서, 그리고 한계를 가진 인간이 완벽한 원인을 확정적으로 진단하기는 어렵다는 측면에서 '추정' 또는 그와 유사한 표현은 반드시 들어가야 한다.

그리고 누가 추정한다는 정보, 즉 추정의 주체를 기사에서 빼면 그 추정은 결국 기자가 한 것으로 여겨질 수 있다. 비록 '■■로 추정되는'을 리드에 넣더라도 기사 후반부에 누가 그 추정을 하고 있는지를 넣지 않으면 현장 감식 전문가나 목격자가 아닌 기자가 판단하고 있다는 식으로 받아들여지기에, 전체 기사 안에, 특히 세 개 단락짜리 기사라면 마지막 문장에 이 내용을 넣게 된다. 이 부분은 아래 세 번째 단락을 설명할 때 조금 더 부연하겠다.

이상과 같은 논의를 바탕으로 기초 공식 3-1에 등장했던 리드를 활용, 기초 공식 4의 리드를 적어보면 아래와 같이 된다. 비록 사례 자체가 아주 의미 있는 시간과 공간에서 어마어마한 피해를 냈는가에 대한 판단을 하기 어렵지만, 세 단락짜리 공식을 만들어 제시한다는 차원의 의미로 이해하기를 바란다.

④번 리드를 활용한 사고 기사 기초 공식 4 첫 단락 사례

Ⓐ 4일 오전 2시쯤 서울 강남구 대치동 한 주택가에서 원인을 알 수 없는 화재가 발생, 7명의 사상자를 내고 2억원 상당(소방서 추산)의 재산 피해가 났다. [4일 오전 2시쯤 서울 강남구 대치동 한 주택가에서 원인을 알 수 없는 화재가 발생, 7명이 죽거나 다치고 2억원 상당(소방서 추산)의 재산 피해가 났다.]

Ⓑ 4일 오전 2시쯤 서울 강남구 대치동 한 주택가에서 원인을 알 수 없는 불이 나, 7명의 사상자와 2억원 상당(소방서 추산)의 재산 피해가 발생했다. [4일 오전 2시쯤 서울 강남구 대치동 한 주택가에서 원인을 알 수 없는 불이 나, 7명이 죽거나 다치고 2억원 상당(소방서 추산)의 재산 피해가 났다.]

Ⓒ 4일 오전 2시쯤 서울 강남구 대치동 한 주택가에서 전기 합선에 의한 것으로 추정되는 불이 나, 7명의 사상자가 발생했다.

Ⓓ 4일 오전 2시쯤 서울 강남구 대치동 한 주택가에서 전기 합선에 의한 것으로 보이는 화재가 발생, 2억원 상당(소방서 추산)의 재산 피해가 났다. 다행히 인명 피해는 없었다.

둘째 단락

기초 공식 4의 둘째 단락은 기초 공식 3-1의 둘째 단락과 형태 및 의미 면에서 똑같다고 보면 된다. 즉 첫째 단락에 피해 내용을 뭉뚱그려 담은 일반적 정황에 이어, 둘째 단락에서는 구체적 정황[Ⓐ 이 사고로 ▲▲ 등 ▶▶명이 사망하고 (▷▷ 등 ◁◁명이 중경상을 입었으며) ▲▲가 불에 탔다. (사고는 ▽▽만에 해결됐다.) 또는 Ⓑ 이 사고는 ▲▲ 등 ▶▶명의 목숨을 앗아가고 (▷▷ 등 ◁◁명에 중경상을 입혔으며) ▲▲를 태운 뒤 ▽▽만에 해결됐다.]을 붙여주면 된다. 인명 피해나 재산 피해에 대한 사례를 각각 한두 개씩 들고 이를 '등(等)'에 붙여 이으면서 피해 내용을 세세하게 적게 된다는 것이다. 그 배경은 기초 공식 3-1에서 이미 설명했으니 그 내용을 기초 공식 4에도 적용해 이해하면 되겠다. 결국 기초 공식 4의 둘째 단락 사례라고 적은 아래 내용은 기초 공식 3-1의 둘째 단락 사례와 동일하다.

④번 리드를 활용한 사고 기사 기초 공식 4 둘째 단락 사례

Ⓐ 이 사고로 이모(54)씨 등 2명이 숨지고, 고모(42)씨 등 5명이 중경상을 입었으며 주택 2채 중 일부가 탔다. (불은 20분 만에 꺼졌다.)

Ⓑ 이 불은 이모(54)씨 등 2명의 목숨을 앗아가고 고모(42)씨 등 5명에게 중경상을 입혔으며 주택 2채 중 일부를 태운 뒤 20분 만에 꺼졌다.

셋째 단락

기초 공식 4의 셋째 단락 형태는 기초 공식 3-1과 유사하다. 하지만 그 의미가 다르다. 일단 기초 공식 3-1이나 3-2에서 소개된 간단한 원인 단락은 여기서는 제한적으로 사용된다. 우선 '당국은 정확한 사고 경위를 조사 중이다.' 또는 '당국은 목격자들의 증언 등을 토대로 (또는 현장 감식 결과 등을 토대로) 정확한 사고 경위를 조사 중이다.' 등은 리드에서 '원인을 알 수 없는'이라는 표현이 등장했을 때만 사용 가능하다. 만약 '■■로 추정되는' 또는 '■■에 의한 것으로 보이는' 등의 표현이 리드에 들어갔는데, 마지막 단락에 위의 문장만 들어가면 앞뒤가 맞지 않는다. 비록 리드에 위의 표현이 들어가지 않아도, 간단한 원인만 기술하는 두 가지 종류의 마지막 단락을 '추정을 바탕으로 한 추가 조사 등을 벌인다는 의미'로 해석될 수 있지 않겠느냐는 판단도 가능하지만, 그러면 당국의 명쾌한 조사나 목격자의 확실한 증언에 기초해야 리드에 '■■로 추정되는' 또는 '■■에 의한 것으로 보이는' 등의 표현을 넣을 수 있다는 원래의 기사 작성 취지에 어긋난다. 즉 추정의 근거로서 당국의 현장 감식이나 목격자의 사고 확인 내용이 기사에 들어가야 리드에서의 '추정'이 탄력을 받는데, 위의 두 종류 마지막 단락들은 그런 정보의 지지대 역할을 하지 못한다는 뜻이다. '■■로 추정되는' 또는 '■■에 의한 것으로 보이는' 등의 표현을 리드에 넣어 사용하려면 적어도 앞선 기초 공식 3-1의 Ⓒ(당국은 숨진 이씨 집 텔레비전 전선이 다른 가전기기 전선들과 엮인 채 녹아 있는 것으로 미뤄 누전에 의한 화재로 보고 정확한 사고 경위를 조사 중이다.)와 Ⓓ(당국은 이씨 집 옆 전신주에서 불꽃이 튄 뒤 펑하는 소리가 들렸다는 목격자들의 증언을 토대로 전기 합선에 의한 화재로 보고 있다.) 정도의 설명이 나와야 한다. 또는 이 단락 안에 한 문장 정도를 덧붙여 리드에 그런 추정이 나올 정도의 배경을 더 명쾌하게 해줄 수도 있다. 설혹 '■■로 추정되는'이 아니라 '원인을 알 수 없는'이라는 표현이 리드에 나오더라도 아주 간단한 '당국은 정확한 사고 경위를 조사 중이다'보다는 '당국은 목격자들의 증언 등을 토대로 (또는 현장 감식 결과 등을 토대로) 정확한 사고 경위를 조사 중이다'는 문장을 기초 공식 4의 마지막 단락으로 삼는 것이 더 바람직하다. 적어도 '원인을 알 수 없는'이라는 표현이 리드에 들어갈 정도의 무게를 기사 전체가 받아주는 것이 옳고, 그 무게를 견딜 수 있는 힘을 마지막 단락에서 마련해줄 수 있기 때문이다. 이때 앞서 설명한 것처럼 여기에서는 반드시 추정의 주체가 들어가야 한다. 기자를 기사에 등장하는 사안으로부터 분리함으로써 기자의 주관을 배제해야 하기 때문이다. 기사로부터 기자의 분리(Reporter' s Detachment)는 기사의 객관성뿐 아니라, 기초 공식 4에서 리드에 써주는 '원인' 부분에 대한 신뢰를 높여준다.

아래 기초 공식 4의 셋째 단락 사례 Ⓐ는 기초 공식 3-1의 Ⓒ를 그대로 가져온 것이고, 기초 공식 4의 사례 Ⓑ는 기초 공식 3-1의 Ⓓ에 추가 배경을 붙인 것이다. 기초 공식 4의 사례 Ⓑ는 기초 공식 3-1 Ⓓ의 도입부 '당국'이 첫 문장의 '소방 당국'과 둘째 문장의 '경찰'로 나뉘어 제시된 것이다. 그런 식으로 변화가 가능하다는 점을 보여준 것이다.

④번 리드를 활용한 사고 기사 기초 공식 4 셋째 단락 사례

Ⓐ 당국은 숨진 이씨 집 텔레비전 전선이 다른 가전기기 전선들과 엮인 채 녹아 있는 것으로 미뤄 이곳에서 화재가 시작된 것으로 보고 정확한 사고 경위를 조사 중이다.

Ⓑ 소방 당국은 숨진 이씨 집 옆 전신주에서 불꽃이 튄 뒤 펑하는 소리가 들렸다는 목격자들의 증언을 토대로 전기 합선 때문에 불이 난 것으로 보고 있다. 한편 경찰은 지난 두 달간 이 일대에서 합선 형태의 화재 4건이 2~3주 간격으로 발생했다는 점을 확인하고 방화 가능성에 대한 수사도 진행 중이다.

위에 제시한 내용들을 이으면 세 개 단락으로 구성된 기초 공식 4를 만들 수 있다. 아래는 그 사례들이다.

기초 공식 4 사례 종합

Ⓐ 4일 오전 2시쯤 서울 강남구 대치동 한 주택가에서 원인을 알 수 없는 화재가 발생, 7명의 사상자를 내고 2억원 상당(소방서 추산)의 재산 피해가 났다. [4일 오전 2시쯤 서울 강남구 대치동 한 주택가에서 원인을 알 수 없는 화재가 발생, 7명이 죽거나 다치고 2억원 상당(소방서 추산)의 재산 피해가 났다.]

이 불은 이모(54)씨 등 2명의 목숨을 앗아가고 고모(42)씨 등 5명에게 중경상을 입혔으며 주택 2채 중 일부를 태운 뒤 20분 만에 꺼졌다.

당국은 목격자들의 증언 등을 토대로 (또는 현장 감식 결과 등을 토대로) 정확한 사고 경위를 조사 중이다

Ⓑ 4일 오전 2시쯤 서울 강남구 대치동 한 주택가에서 원인을 알 수 없는 불이 나, 7명의 사상자와 2억원 상당(소방서 추산)의 재산 피해가 발생했다. [4일 오전 2시쯤 서울 강남구 대치동 한 주택가에서 원인을 알 수 없는 불이 나, 7명이 죽거나 다치고 2억원 상당(소방서 추산)의 재산 피해가 났다.]

이 사고로 이모(54)씨 등 2명이 숨지고, 고모(42)씨 등 5명이 중경상을 입었으며 주택 2채 중 일부가 탔다. (불은 20분 만에 꺼졌다.)

당국은 숨진 이씨 집 텔레비전 전선이 다른 가전기기 전선들과 엮인 채 녹아 있는 것으로 미뤄 누전에 의한 화재로 보고 정확한 사고 경위를 조사 중이다.

Ⓒ 4일 오전 2시쯤 서울 강남구 대치동 한 주택가에서 누전에 의한 것으로 추정되는 불이나, 7명의 사상자가 발생했다.

이 사고로 이모(54)씨 등 2명이 숨지고, 고모(42)씨 등 5명이 중경상을 입었으며 주택 2채 중 일부가 탔다. (불은 20분 만에 꺼졌다.)

당국은 숨진 이씨 집 텔레비전 전선이 다른 가전기기 전선들과 엮인 채 녹아 있는 것으로 미뤄 이곳에서 화재가 시작된 것으로 보고 정확한 사고 경위를 조사 중이다.

Ⓓ 4일 오전 2시쯤 서울 강남구 대치동 한 주택가에서 전기 합선에 의한 것으로 보이는 화재가 발생, 2억원 상당(소방서 추산)의 재산 피해가 났다. 다행히 인명 피해는 없었다.

이 사고로 이모(54)씨와 고모(42)씨의 집 등 주택 2채 중 일부가 탔으며 불은 20분 만에 꺼졌다.

소방 당국은 이씨 집 옆 전신주에서 불꽃이 튄 뒤 펑하는 소리가 들렸다는 목격자들의

증언을 토대로 전기 합선 때문에 불이 난 것으로 보고 있다. 한편 경찰은 지난 두 달간 이 일대에서 합선 형태의 화재 4건이 2~3주 간격으로 발생했다는 점을 확인하고 방화 가능성에 대한 수사도 진행 중이다.

사실 기초 공식 3이 1유형과 2유형으로 나뉜 것처럼 기초 공식 4도 그 변형을 둘 수 있다. 즉 위에 설명한 내용을 기초 공식 4-1로 하고, 리드 형태와 둘째 단락 도입부의 변형 방식을 기초 공식 3-2처럼 적용해 기초 공식 4-2를 만들 수도 있다는 뜻이다. 하지만 굳이 그렇게 하지 않는 이유는 기초 공식 4-2유형을 만들 경우, 추가적으로 원인에도 집중해야 할 필요 때문에 작성되는 기초 공식 4의 의미가 약해질 수 있기 때문이다. 기초 공식 3이 전형과 변형을 막론하고 기본적으로 첫 단락부터 인명 및 재산 피해에 집중하지만, 그 변형인 기초 공식 3-2는 첫 단락에서 피해 내용을 자세히 모두 다 써주고 둘째 단락에서 피해의 배경을 더 자세하게 설명해주기에, 이 기초 공식 3-2를 원인의 의미를 강화하는 기초 공식 4의 형태로 발전시키면 기초 공식 4에서 전달하고자 하는 사고 원인에 대한 강조점이 사라질 수 있기 때문이다. 즉 기초 공식 3-2의 둘째 단락에는 원인을 제외한 사고 배경이 들어가면서 사고 원인을 제외한 여타 배경에 집중도를 높이는 도구가 되기에, 이를 다시 리드에서 원인을 강조하고자 하는 기초 공식 4에 이으면, 기초 공식 3-2나 기초 공식 4 모두 기사 전체를 통해 전달하고자 하는 목적, 즉 기초 공식 3-2의 경우는 사고 배경, 기초 공식 4의 경우는 사고 원인에 대한 강조 목적을 상실할 수도 있다. 기초 공식 3-2를 기준으로 그 리드에 '원인을 알 수 없는' 또는 '■■로 추정되는' 또는 '■■에 의한 것으로 보이는' 등의 표현을 넣어 만든 기초 공식 4-2는 아래와 같이 나타날 수 있는데, 얼핏 보면 기초 공식 4-1과 의미상 별 차이가 없을 수도 있으나 정보의 흐름에서 강조하는 점이 달리 느껴질 수 있다. 결론짓자면 특별한 경우가 아니라면 기초 공식 4는 되도록 1유형을 기본으로 하고, 2유형은 현장에서 그렇게 보도해야겠다는 판단이 들 때 사용하는 변형 정도로 받아들이면 되겠다. 사실 더 중요한 것은 이 기초 공식 4-2가 이후 소개되는 사고 기사 마지막 공식인 기초 공식 5의 틀이 된다는 점이다. 일단 기초 공식 4-2는 사례를 중심으로 둘러보고 자세한 내용은 기초 공식 5를 설명할 때 부연한다.

기초 공식 3-2를 기준으로 변형한 기초 공식 4(-2) 사례 종합

Ⓐ 4일 오후 8시쯤 서울 강남구 대치동 한 주택가에서 원인을 알 수 없는 불이 나 이모(54)씨 등 2명의 목숨을 앗아가고 고모(42)씨 등 5명에게 중경상을 입혔으며 주택 2채 중 일부를 태워 2억원 상당(소방서 추산)의 재산 피해를 냈다.

화재가 발생한 주택가는 학원이 밀집한 대로변 바로 안쪽 골목에 위치해 있고, 사고 당시 학원 통학 버스 및 학부모 승용차들이 현장 주변에 무차별 주차돼 있어 소방차 진입에 어려움을 겪었다. (화재는 발화 2시간 만인 오후 10시에 진압됐다.)

당국은 정확한 사고 경위를 조사 중이다.

Ⓑ 4일 오후 8시쯤 서울 강남구 대치동 한 주택가에서 원인을 알 수 없는 화재가 발생, 이모(54)씨 등 2명이 숨지고, 고모(42)씨 등 5명이 중경상을 입었으며 주택 2채 중 일부가 타 2억원 상당(소방서 추산)의 재산 피해가 났다.

화재가 발생한 주택가는 학원이 밀집한 대로변 바로 안쪽 골목에 위치해 있고, 사고 당시 학원 통학 버스 및 학부모 승용차들이 현장 주변에 무차별 주차돼 있어 소방차 진입에 어려움을 겪었다. (화재는 발화 2시간 만인 오후 10시에 진압됐다.)

당국은 목격자들의 증언 등을 토대로 (또는 현장 감식 결과 등을 토대로) 정확한 사고 경위를 조사 중이다.

Ⓒ 4일 오후 8시쯤 서울 강남구 대치동 한 주택가에서 누전에 의한 것으로 추정되는 불이 나 이모(54)씨 등 2명의 목숨을 앗아가고 고모(42)씨 등 5명에게 중경상을 입혔다.

사고 당시 피해 가구 주변인 학원 밀집 지역으로 학생 200여 명이 등원 중이었으나, 수능이 끝난 직후라 평소보다 유동 인구가 절반 이하였던 것으로 알려졌다. 소방 당국에 따르면 발화 후 사고 현장 100m 거리의 소방서에서 2분 만에 출동한 소방관들의 진화작전으로 대형 참사는 막을 수 있었다. 화재는 10분 만에 진화됐다.

당국은 숨진 이씨 집 텔레비전 전선이 다른 가전기기 전선들과 엮인 채 녹아 있는 것으로 미뤄 누전에 의한 화재로 보고 정확한 사고 경위를 조사 중이다.

Ⓓ 4일 오후 8시쯤 서울 강남구 대치동 한 주택가에서 전기 합선에 의한 것으로 보이는

화재가 발생, 이모(54)씨와 고모(42)씨의 집 등 주택 2채 일부가 타 2억원 상당(소방서 추산)의 재산 피해가 났다. 다행히 인명 피해는 없었다.

사고 당시 피해 가구 주변인 학원 밀집 지역으로 학생 200여 명이 등원 중이었으나, 수능이 끝난 직후라 평소보다 유동 인구가 절반 이하였던 것으로 알려졌다. 소방 당국에 따르면 발화 후 사고 현장 100m 거리의 소방서에서 2분 만에 출동한 소방관들의 진화작전으로 대형 참사는 막을 수 있었다. 화재는 10분 만에 진화됐다.

당국은 이씨 집 옆 전신주에서 불꽃이 튄 뒤 펑하는 소리가 들렸다는 목격자들의 증언을 토대로 전기 합선에 의한 화재로 보고 있다.

현장 화재사고 기사 기초 공식 4 사례

기본 기사

9일 새벽 0시 30분께 慶北 安東시 吉安면 金谷리 용담사(주지 裵○○)에서 전기합선에 의한 것으로 추정되는 불이 나 대웅전 목조건물 20평이 전소되고 법당안 삼존불상과 90년에 제작한 범종, 탱화 등이 소실됐다.

불은 이어 대웅전 뒷산으로 옮겨 붙어 잡목 등 2백여평을 태워 모두 6천3백만원 상당(경찰추산)의 피해를 내고 2시간여만에 진화됐다.

경찰은 불이 날 당시 대웅전 안에 전등 외에 촛불 등은 일절 켜지 않았다는 주지스님의 말에 따라 일단 전기합선에 의한 것으로 보고 정확한 화인을 조사중이다.

_ 《연합뉴스》 1995년 5월 〈安東 용담사 불, 대웅전 전소〉

29일 오후 1시52분쯤 대전시 동구 용전동의 한 빌라에서 폭발로 추정되는 화재가 발생해 주민 2명이 부상했다.

소방당국에 따르면 빌라 3층에서 '펑~'하는 소리와 함께 불이 났다. 신고를 받고 출동한 119소방대는 20여 분 만에 화재를 진압했지만 빌라에 살던 주민 이모(59)씨가 화상을 입어 인근 병원으로 옮겨져 치료를 받고 있다. 맞은편 빌라 주민 김모(73·여)씨도 파편에 맞아 머리를 다쳤다.

폭발로 건물 3층이 크게 부서졌고 파편이 주변 건물과 골목으로 튀면서 상가와 건물 유리창이 깨지기도 했다. 폭발이 발생한 빌라 주민들은 붕괴 가능성 때문에 대피한 상태다.

대전 동구청은 주민들의 위해 인근 교회에 대피소를 마련했다. 경찰과 소방당국은 도시가스 폭발 등의 가능성에 무게를 두고 화재 원인을 조사 중이다.

_《중앙일보》 2016년 3월 〈대전 동구 빌라에서 폭발, 주민 2명 부상〉

확대 기사

5일 오후 7시 40분쯤 부산 금정산 3망루 아래 등산로에서 원인을 알 수 없는 화재가 발생해 산림 3000여㎡를 태웠다.

불은 능선을 따라 만들어진 금정산성 동문과 북문 사이 3망루 부근까지 번졌으며 밤늦게까지 진화작업이 계속됐다.

부산시 소방본부 관계자는 "이날 화재로 산림 3000여m²를 태운 뒤 밤 11시쯤 큰 불길은 잡혔다"면서 "그러나 날이 어두워 소방헬기가 뜨지 못하는 데다 진화장비 진입이 쉽지 않아 진화에 어려움을 겪고 있다"고 밝혔다.

불이 나자 부산시소방본부 및 구청 직원 700여명과 소방 차량 20여대를 동원해 밤샘 진화작업을 벌였다. 그러나 불씨가 금정산성 밑 경사도가 심한 계곡으로 번지면서 잔불 제거작업에 애를 먹었다.

부산과 경남 지역은 이날 건조주의보가 내려진 상태다.

산불이 난 곳은 부산 금정구 구서동~3망루~금정산성 북문~범어사간으로 등산객이 많이 오가는 등산로 일대다.

이에 따라 부산시 소방본부는 이날 화재가 등산객의 실화에 의한 산불일 가능성이 높은 것으로 보고 있다고 밝혔다.

_《경향신문》 2009년 1월 〈부산 금정산 불…산림 3000여㎡ 태워〉

22일 오후 4시 53분 서울 강남구 삼성동 5층짜리 건물 3층에 있는 한 사무실에서 김모씨(49)가 분신하면서 불이 나 김씨 등 3명이 숨졌다. 화재 당시 사무실에 있던 25명은 화상을 입거나 유독가스를 마셔 인근 병원으로 옮겨져 치료를 받고 있다. 부상자 가운데 일부는 유독가스를 많이 마셔 생명이 위독한 것으로 전해졌다.

불이 난 곳은 부동산 컨설팅업체 사무실로, 사고 당시 직원 50여 명이 있었다. 사무실 내부는 독서실을 연상시킬 정도로 많은 책상이 복잡하게 배열돼 있었던 것으로 알려졌다. 경찰 관계자는 "문 입구에서 시신이 발견된 점으로 미뤄 볼 때 직원들이 유독가스를 뚫고 복잡한 내부 통로를 빠져나오는 과정에서 피해가 커진 것으로 추정된다"고 설명했다. 경찰과 소방당국에 따르면 부동산 컨설팅업체 전 직원 신모씨의 전남편인 김씨가 술에 취한 채 이혼한 부인을 찾으러 왔다가 만나지 못하자 홧김에 자신의 몸에 시너를 뿌리고 불을 질렀다. 김씨는 방화한 직후 현장에서 사망한 것으로 보인다. 신씨는 최근 직장을 그만둔 것으로 전해졌다.

불은 사무실 내부 320㎡ 가운데 80여 ㎡를 태우고 20여 분 만에 꺼졌다. 화재 현장에는 소방대원 및 경찰 207명과 소방차 47대가 출동해 진화와 구조 작업을 벌였다.

목격자들에 따르면 화재 신고를 한 지 얼마 지나지 않아 소방차가 도착했지만 소방관들은 한동안 연기가 뿜어져 나오는 건물로 들어가지 못하고 고가 사다리를 펴놓은 채 대기했다. 화재를 지켜보던 일부 시민은 3층 유리창을 깨기 위해 돌과 쇠파이프 등을 던지는 등 구조를 시도하기도 했다. 목격자 김○○씨는 "연기가 새어 나온 지 2분 만에 건물 3층 전체가 화염에 뒤덮였다"며 "안타까운 마음에 주변에 있던 단단한 물체를 집어 유리창을 향해 던졌다"고 설명했다.

_ 《동아일보》 2010년 11월 〈서울 강남 빌딩서 '홧김 방화'… 3명 사망〉

(5) ⑤번 리드를 활용한 기초 공식 5

> ▲▲일 △△시쯤 ▼▼에서 Ⓐ ■■로 추정되는 (또는 Ⓑ 원인을 알 수 없는) □□가 발생, ◭◭ 등 ▶▶명이 사망하고 (▷▷ 등 ◁◁명이 중경상을 입었으며) ◮◮가 불에 타는 등 ◀◀의 재산 피해를 낸 뒤 ▽▽ 만에 해결됐다.
>
> Ⓐ 사고가 발생한 ▼▼는 ◍◍ 등이 ◐◐을 하는 곳으로, 사고 당시 ◙◙ 상황이라 해결에 어려움을 겪었다. (사고는 ▽▽ 만인 △△시에 해결됐다.) 또는 Ⓑ 사고 당시 ▼▼에는 ◍◍ 등이 ◐◐을 하고 있었으며, ▥▥ 등이 ◑◑을 해 다행히 추가 피해를 막았다. (사고는 ▽▽ 만에 해결됐다.)
>
> ◆◆은 (사고) 원인을 ◎◎이라 보고 정확한 사고 경위를 조사 중이다. [◇◇은 ◈◈을 토대로 ◎◎이라 보고 정확한 사고 경위를 조사 중이다.]

첫 단락

기초 공식 5의 리드는 기초 공식 4(-2) 리드에 '어떻게(How·해결 여부)' 관련 정보가 더 들어간 경우다. 그리고 이 리드는 이미 기초적인 정보를 모두 담고 있어 그 이상의 추가 정보를 필요로 하지 않을 수 있다. 더 쓸 말이 없을 수 있다는 뜻이다. 그래서 이 단락 하나로 기사가 끝나기도 한다. 기초 공식 5는 하나의 단락으로 기사를 완결할 수 있는 구조며, 이후 따라오는 단락들은 부가적 정보로 구성된다. 결국 이는 기초 공식 5를 위해 기초 공식 4의 전형을 활용하지 못하는 이유가 된다. 리드에 '어떻게(How·해결 여부)'의 정보만 붙인 채 구체적인 사망자나 부상자 이름 사례 등이 없는 기초 공식 4의 전형[▲▲일 △△시쯤 ▼▼에서 Ⓐ ■■로 추정되는 (또는 Ⓑ 원인을 알 수 없는) □□가 발생, ●● 등의 피해를 냈다.]을 쓰면 나중에 그 사례[◭◭ 등 ▶▶명이 사망하고 (▷▷ 등 ◁◁명이 중경상을 입었으며) ◮◮가 불에 탔다.]들을 추가해야 하는 단락이 반드시 따라와서 나중에 필요할 때 뒤 문단을 자르고 한 단락만으로 기사를 구성하기 어려워지기 때문이다. 그래서 나중에 기사 규모를 줄일 것을 대비하기 위해 사용하는 기초 공식 5는 육하원칙의 기본 요소가 첫 단락에 일단 모두 등장하는 기초 공식 4(-2)를 주로 활용하게 된다. 이는 결국 기초 공식 5가 큰 사고를 다루지 못하는 이유가 되기도 한다. 리드에 등장하는 개별 정보들 역시 그 자체로는 사회적 영향력을 크게 담보하지 못하며, 이들이 모두 합해져야 의미 있는 기사로서의 가치를 얻게 된다는 뜻이기도 하다.

사실 앞에서 기초 공식 3이 전체 사고 기사의 축이 된다고 정리한 것은 이 공식을 중심으로 리드에서 개별 정보를 통해 강조하고자 하는 기사 가치의 집중도가 강한 쪽과 약한 쪽으로 분리된다는 의미이기도 하다. 기초 공식 3에 앞서 소개된 기초 공식 1과 2의 리드 정보 집중도는 기초 공식 3 이후 소개된 기초 공식 4와 5의 리드 집중도에 비해 강하다. 구체적으로 다시 보자면 기초 공식 1과 2의 리드는 '장소' 또는 '장소와 시간'의 정보만으로 사고의 크기를 강조하는 구실을 한다. 그 한두 가지 정보만으로 공동체 구성원의 관심을 끌 수 있다는 뜻이다. 기초 공식 3은 거기에 피해 규모까지 들어가야 기사로서의 가치가 형성될 수 있다. 기초 공식 4는 원인을 쓰면서 전체적인 뉴스의 의미가 커진다고 할 수 있지만, 정확히 알 수 없는 사고 이유나 추정되는 원인을 추가해야만 기사 가치를 인정받을 수 있기 때문에 오히려 그 공식이 담고 있는 각각의 장소와 시간, 피해 규모 등의 정보는 앞선 공식들에 비해 그 강도가 약하다. 그만큼 개별 정보가 담보하는 사회적 영향력이 약하다고 할 수 있다. 즉 공식 자체에 포함된 개별 사실들이 각각 그 자체로는 사회적 반향을 일으키기 어렵다는 뜻으로, 그 정보들만으로는 지면에 실릴만한 뉴스로 발현되기 어렵다는 의미가 되기도 한다.

이를 달리 표현하자면, 기초 공식 1과 2는 주로 공동체 구성원들이 일상적으로 마주하기 어렵지만 사회적으로 중요한 장소나 공간에서 발생한 사고, 혹은 일상적인 공간이라 하더라도 그 피해 규모가 크다고 판단되는 대형사고 경우에 사용된다고 볼 수 있다. 청와대나 정부 청사, 국회, 대법원 등 3부의 요처, 그리고 지하철이나 공연장, 대규모 경기장에서의 사고나, 비행기 추락, 여객선 사고 등을 생각하면 되겠다. 기초 공식 3과 4는 일반적인 사고, 즉 평소에 공동체 구성원들이 일상적으로 마주할 수 있는 장소에서 발생했는데 그 피해 규모를 무시하기는 어렵고 많은 구성원들의 추후 안전 확보를 위해 원인이 규명될 필요가 있는 곳에서 일어난 사고에 대한 기사에 적용한다고 보면 된다. 이를 보면 기초 공식 1부터 시작해 뒤로 갈수록 사고의 사회적 의미가 작아질 수 있다는 것을 알 수 있다. 결국 사고 기사 공식 중 가장 마지막에 소개되는 기초 공식 5의 의미가 가장 작을 수 있다. 심지어 이런 유형의 기사는 중앙 일간지 사회면 기사로 잘 등장하지 않고, 나온다고 하더라도 한 단락으로 끝나기도 한다. 모든 기초 정보가 다 나오기 때문에 더 이상의 정보를 그 밑에 다룰 필요가 없을 수 있기 때문이다. 즉 리드에 언제(When·시간), 어디서(Where·장소), 왜(Why·원인), 무엇(What·사고 피해 내용), 어떻게(How·해결 여부) 등은 기본적으로 표현됐고, 누가(Who)의 요소는 어디서(Where·장소)나 무엇(What·사고 피해 내용) 등에 이미 포함돼 있다. 그럼에도 불구하고 이 내용을 세 단락짜리 형태로 만들 수는 있다. 하지만 세 개 단락으로 구성하려면 기초 공식 5를 활용하는 것보다 앞선 기초 공식 3이나 4의 형태를 사용하는 것이 더 좋다. 그래도 기사의 기본 구조를 익힌다는 차원에서 기초 공식 5를 세 개의 단락으로 구성해보겠다. 이때 기초 공식 5는 지면 사정에 따라 둘째 단락과 셋째 단락은 지울 수도 있다는 점을 명심하면 되겠다. 여기에 한 가지 더 생각해볼 것은, 한 단락으로도 끝날 수 있는 기사를 약간의 무리를 해가면서까지 세 개 단락으로 늘릴 때는 기초 공식 5의 리드 단락에 변화를 줄 수 있다는 점이다. 즉 장소(1공식)에 시간(2공식), 피해(3공식), 원인(4공식), 진화 소요 시간(5공식)의 정보가 추가되면서 리드가 변형돼왔고, 그 과정에서 점차 리드 단락에 기본적인 정보를 모두 담을 수 있게 됐는데도 문단을 뒤에 추가하는 게 어색할 수 있기에, 아예 리드에서 일부 요인을 일부러 쓰지 않고, 이를 뒤에 나오는 단락에 적어준다는 것이다. 이때는 결국 이 책에서 제시한 기초 공식 5 리드의 전형이 바뀌게 된다. 이런 변화에 주로 사용되는 것, 즉 기초 공식 5 리드 전형에서 종종 빠지는 것이 '원인'이다. 물론 다른 요인들을 뒤로 빼는 것이 불가능하지는 않으나, 그럴 경우 기사로서의 가치를 리드에서부터 보여주기 어려운 경우가 많기에 주로 원인이 리드에서 빠진다. 아래서는 일단 리드에 모든 요소를 다 넣는 기초 공식 5 전형을 소개하겠다. 이후 현장 사례 기사들을 접할 때 여기서 설명된 부분을 상기하면 기사 작성 접근법을 이해하는 데 도움이 될 것이다.

⑤번 리드를 활용한 사고 기사 기초 공식 5 첫 단락 사례

Ⓐ 4일 오후 8시쯤 서울 강남구 대치동 한 주택가에서 원인을 알 수 없는 불이 나 이모(54)씨 등 2명의 목숨을 앗아가고 고모(42)씨 등 5명에게 중경상을 입혔으며 주택 2채 중 일부를 태워 2억원 상당(소방서 추산)의 재산 피해를 내고 20분 만에 꺼졌다.

Ⓑ 4일 오후 8시쯤 서울 강남구 대치동 한 주택가에서 원인을 알 수 없는 화재가 발생, 이모(54)씨 등 2명이 숨지고, 고모(42)씨 등 5명이 중경상을 입었으며 주택 2채 중 일부가 타 2억원 상당(소방서 추산)의 재산 피해를 낸 뒤 20분 만에 꺼졌다

Ⓒ 4일 오후 8시쯤 서울 강남구 대치동 한 주택가에서 누전에 의한 것으로 추정되는 불이 나 이모(54)씨 등 2명의 목숨을 앗아가고 고모(42)씨 등 5명에게 중경상을 입힌 뒤 20분 만에 꺼졌다.

Ⓓ 4일 오후 8시쯤 서울 강남구 대치동 한 주택가에서 전기 합선에 의한 것으로 보이는 화재가 발생, 이모(54)씨와 고모(42)씨의 집 등 주택 2채 일부가 타 2억원 상당(소방서 추산)의 재산 피해를 내고 20분 만에 꺼졌다. 다행히 인명 피해는 없었다.

둘째 단락

둘째 단락은 간단하다. 화재가 얼마 만에 진화됐는지, 즉 '어떻게(How·해결 여부)'의 요소가 리드에 이미 나타났기 때문에 그 정보만 지운 기초 공식 4(-2)의 둘째 단락 내용을 사용하면 된다.

⑤번 리드를 활용한 사고 기사 기초 공식 5 둘째 단락 사례

Ⓐ 화재가 발생한 주택가는 학원이 밀집한 대로변 바로 안쪽 골목에 위치해 있고, 사고 당시 학원 통학 버스 및 학부모 승용차들이 현장 주변에 무차별 주차돼 있어 소방차 진입에 어려움을 겪었다.

Ⓑ 화재가 발생한 주택가는 학원이 밀집한 대로변 바로 안쪽 골목에 위치해 있고, 사고

당시 학원 통학 버스 및 학부모 승용차들이 현장 주변에 무차별 주차돼 있어 소방차 진입에 어려움을 겪었다.

Ⓒ 사고 당시 피해 가구 주변인 학원 밀집 지역으로 학생 200여 명이 등원 중이었으나, 수능이 끝난 직후라 평소보다 유동 인구가 절반 이하였던 것으로 알려졌다. 소방 당국에 따르면 발화 후 사고 현장 100m 거리의 소방서에서 2분 만에 출동한 소방관들의 진화작전으로 대형 참사는 막을 수 있었다.

셋째 단락

여기서는 넣고 뺄 것도 없이 기초 공식 4(-2)의 셋째 단락을 그대로 활용하면 된다.

⑤번 리드를 활용한 사고 기사 기초 공식 5 셋째 단락 사례

Ⓐ 당국은 정확한 사고 경위를 조사 중이다.

Ⓑ 당국은 목격자들의 증언 등을 토대로 (또는 현장 감식 결과 등을 토대로) 정확한 사고 경위를 조사 중이다.

Ⓒ 당국은 숨진 이씨 집 텔레비전 전선이 다른 가전기기 전선들과 엮인 채 녹아 있는 것으로 미뤄 누전에 의한 화재로 보고 정확한 사고 경위를 조사 중이다.

Ⓓ 당국은 이씨 집 옆 전신주에서 불꽃이 튄 뒤 펑하는 소리가 들렸다는 목격자들의 증언을 토대로 전기 합선에 의한 화재로 보고 있다.

이상의 내용을 이으면 세 단락짜리 기사가 완성된다. 이 과정에서 세 개 단락으로 기사를 구성하려면 왜 기초 공식 3이나 4를 활용하는 게 더 나은지에 대한 느낌이 생겼기를 바란다. 그리고 지면 사정상 둘째와 셋째 단락을 제거해도 된다는 내용이 설명력을 갖기를 빈다.

기초 공식 5 사례 종합

Ⓐ 4일 오후 8시쯤 서울 강남구 대치동 한 주택가에서 원인을 알 수 없는 불이 나 이모(54)씨 등 2명의 목숨을 앗아가고 고모(42)씨 등 5명에게 중경상을 입혔으며 주택 2채 중 일부를 태워 2억원 상당(소방서 추산)의 재산 피해를 내고 20분 만에 꺼졌다.

화재가 발생한 주택가는 학원이 밀집한 대로변 바로 안쪽 골목에 위치해 있고, 사고 당시 학원 통학 버스 및 학부모 승용차들이 현장 주변에 무차별 주차돼 있어 소방차 진입에 어려움을 겪었다.

당국은 정확한 사고 경위를 조사 중이다.

Ⓑ 4일 오후 8시쯤 서울 강남구 대치동 한 주택가에서 원인을 알 수 없는 화재가 발생, 이모(54)씨 등 2명이 숨지고, 고모(42)씨 등 5명이 중경상을 입었으며 주택 2채 중 일부가 타 2억원 상당(소방서 추산)의 재산 피해를 낸 뒤 20분 만에 꺼졌다

화재가 발생한 주택가는 학원이 밀집한 대로변 바로 안쪽 골목에 위치해 있고, 사고 당시 학원 통학 버스 및 학부모 승용차들이 현장 주변에 무차별 주차돼 있어 소방차 진입에 어려움을 겪었다.

당국은 목격자들의 증언 등을 토대로(또는 현장 감식 결과 등을 토대로) 정확한 사고 경위를 조사 중이다.

Ⓒ 4일 오후 8시쯤 서울 강남구 대치동 한 주택가에서 누전에 의한 것으로 추정되는 불이 나 이모(54)씨 등 2명의 목숨을 앗아가고 고모(42)씨 등 5명에게 중경상을 입히고 20분 만에 꺼졌다.

사고 당시 피해 가구 주변인 학원 밀집 지역으로 학생 200여 명이 등원 중이었으나, 수능이 끝난 직후라 평소보다 유동 인구가 절반 이하였던 것으로 알려졌다. 소방 당국에 따르면 발화 후 사고 현장 100m 거리의 소방서에서 2분 만에 출동한 소방관들의 진화작전으로 대형 참사는 막을 수 있었다.

당국은 숨진 이씨 집 텔레비전 전선이 다른 가전기기 전선들과 엮인 채 녹아 있는 것으로 미뤄 누전에 의한 화재로 보고 정확한 사고 경위를 조사 중이다.

Ⓓ 4일 오후 8시쯤 서울 강남구 대치동 한 주택가에서 전기 합선에 의한 것으로 보이는 화재가 발생, 이모(54)씨와 고모(42)씨의 집 등 주택 2채 일부가 타 2억원 상당(소방서 추

산)의 재산 피해를 내고 20분 만에 꺼졌다. 다행히 인명 피해는 없었다.

사고 당시 피해 가구 주변인 학원 밀집 지역으로 학생 200여 명이 등원 중이었으나, 수능이 끝난 직후라 평소보다 유동 인구가 절반 이하였던 것으로 알려졌다. 소방 당국에 따르면 발화 후 사고 현장 100m 거리의 소방서에서 2분 만에 출동한 소방관들의 진화작전으로 대형 참사는 막을 수 있었다.

당국은 이씨 집 옆 전신주에서 불꽃이 튄 뒤 펑하는 소리가 들렸다는 목격자들의 증언을 토대로 전기 합선에 의한 화재로 보고 있다.

이제 마지막 화재 기사 공식이 적용된 현장 사례들을 만나보자.

현장 화재사고 기사 기초 공식 5 사례

기본 기사

11일 오전 9시15분쯤 서울 중구 중림동 149의2 사적 제252호로 지정된 천주교 약현성당 본당에서 방화로 인한 불이 나 본당 내부 1백여 평 중 50여 평을 태운 뒤 2천여만원 상당의 재산 피해(소방서 추산)를 내고 1시간여 만에 꺼졌다.

이날 불로 1891년 건립된 약현성당 본당안의 의자 등 기물이 소실됐으며 제의와 성체 등을 보관하는 성합은 소방관들이 진화 과정에서 꺼내 크게 훼손되지 않았다. 또 본당 지붕 쪽에 설치된 종탑에까지 불이 번져 종탑 일부가 소실됐다.

불은 장모(33·무직·주거부정)씨가 성당 안에 사람이 없는 틈을 이용, 라이터로 방석에 불을 붙여 일어났다. 경찰은 기독교 신자라고 밝힌 장씨가 종교문제 때문에 불을 질렀다고 주장함에 따라 종교불만에 의한 방화로 보고 정확한 화재경위를 조사 중이다.

_ 《문화일보》 1998년 2월 〈사적 약현성당 불 본당소실/방화주장 용의자 조사〉

확대 기사

14일 오후 8시 44분쯤 부산 영도구 남항동에 있는 한 지하 노래주점에서 불이 나 주점 안에 있던 손님 등 8명이 사망하고 1명이 중태에 빠졌다. 불이 나자 소방차 10여대가 출동, 1시간여 만에 진화됐다.

그러나 화재 발생 장소가 지하인 데다 각종 인화성 물질이 타면서 연기가 주점 내부를 가득 채워 인명 피해가 커진 것으로 알려졌다.

경찰 등에 따르면 이날 화재는 127㎡ 규모의 상하이노래주점의 7개 방 가운데 손님이 없던 빈방에서 시작돼 순식간에 주점 내부로 번져나갔다.

경찰 관계자는 "주점 종업원이 불이 난 것을 처음으로 확인하고 신고를 했다"며 "사망자들은 연기로 인해 질식한 것으로 보인다"고 말했다.

또 다른 경찰 관계자는 "사망한 사람들은 대부분 화재가 난 줄을 미처 모르고 방에서 노래를 부르다 제때 대피하지 못해 참화를 당한 것으로 추정된다"고 덧붙였다.

이날 화재를 신고한 주점 종업원 서○○씨(26)는 "천장 부근에서 연기가 나기 시작하더니 갑자기 천장 전체로 불길이 순식간에 확 번졌다"면서 "놀란 손님들이 대피에 나섰다"고 말했다.

이날 화재로 강◇◇(43), 한△△(45·여), 김●●(44), 김◆◆(38), 조◍◍(35·여), 오⊙⊙(32), 최◈◈(45), 신■■(53)씨 등이 사망했다. 사망자들의 시신은 부근 영도병원과 메리놀병원 등 5개 병원에 분산 안치됐다.

또 이▩▩씨(여·30세 추정)는 병원으로 긴급 이송되었으나 의식불명 상태에 빠졌다.

경찰과 소방 당국은 노래주점에서 사용하던 전열기가 과열되면서 누전으로 인해 화재가 발생한 것으로 보고 종업원과 목격자 등을 상대로 정확한 화재 원인을 조사하고 있다.

경찰은 또 주점 주인 마◎◎씨(44)와 종업원 등을 대상으로 비상구 등 대피시설이 제대로 설치됐는지 등도 확인하고 있다.

불이 나자 영도구와 중구지역 등에서 소방차 25대와 소방대원 등 80여명이 긴급 출동해 진화작업과 함께 인명구조에 나섰다.

◇병원별로 안치된 사망자 명단은 다음과 같다.

▲영도병원= 강◇◇(43), 최◈◈(47) ▲부산대병원= 김●●(42), 김◆◆(38) ▲메리놀병원= 조◍◍(33), 오⊙⊙(30) ▲동아대병원= 신■■(53) ▲고신대병원= 한△△(43)

_《경향신문》 2009년 1월 〈부산 노래주점 불 8명 사망…1명 중태〉

화재 기사를 중심으로 한 기초 공식 소개를 마무리하면서 유의할 점을 하나 제시한다. 이는 어쩌면 지금까지의 공식 소개 원리를 무너뜨리는 얘기가 될 수 있다. 그럼에도 불구하고 이를 짚는 이유는 기사라는 것이 기계가 아니라 사람이 작성한다는 차원에서, 그리고 사람은 현재 공동체 현상과 역사와 무관할 수 없는 존재라는 점에서 변형이 있을 수 있다는 바를 머리에 담아둘 필요가 있어서다. 이는 앞서 기초 공식 5의 리드의 변화 가능성을 설명할 때 살짝 선보인 내용이기도 하다.

사실 앞선 공식들을 설명하는 과정에서 일부 정보의 누락 또는 강조점 변화를 통해 기사가 구성될 수 있다는 점을 소개했다. 이는 공식의 파기가 가능하다는 것을 의미한다. 되도록 이 책에서 제시된 공식에 맞춰 기사를 쓰는 연습을 해야 기본적인 정보를 담는 훈련이 되지만, 현장에서는 상황에 따라 특정 정보를 더 강조하기 위해 공식들을 변동할 수 있다는 뜻이다. 우선 이들 전체 공식 흐름의 주축을 이루는 공식 4와 5를 통해 이런 점들을 확인해보자. 기초 공식 3[4일 오후 8시쯤 서울 강남구 대치동 한 주택가에서 불이 나 이모(54)씨 등 2명의 목숨을 앗아가고 고모(42)씨 등 5명에게 중경상을 입혔으며 주택 2채 중 일부를 태워 2억원 상당(소방서 추산)의 재산 피해를 냈다.]에서 기초 공식 4[4일 오후 8시쯤 서울 강남구 대치동 한 주택가에서 원인을 알 수 없는 불이 나 이모(54)씨 등 2명의 목숨을 앗아가고 고모(42)씨 등 5명에게 중경상을 입혔으며 주택 2채 중 일부를 태워 2억원 상당(소방서 추산)의 재산 피해를 냈다.]로 넘어갈 때 추가된 것은 왜(Why · 원인)에 해당하는 '원인을 알 수 없는'이다. 그런데 반드시 기초 공식 3을 통해야 기초 공식 4로 넘어갈 수 있는 것은 아니다. 만약 구체적인 피해가 없거나 확인되지 않았지만, 피해 장소가 대단히 사회적으로 중요한 곳일 때는 기초 공식 3의 핵심 내용인 '무엇(What·사고 피해 내용)' 또는 피해 문제로 연관될 수 있는 관련 인물 '누가(Who)'가 빠진 상태로도 리드가 작성될 수 있다.

구체적으로 예를 들어보면 '4일 오후 8시쯤 청와대에서 원인을 알 수 없는 화재가 발생했다'는 식이다. 청와대에서 불이 난 것은 국가 비상사태로 직결될 수 있다. 피해가 없거나 확인되지 않았다고, 그래서 이 책에서 제시하는 공식에 맞지 않다고 기사를 쓰지 않는 건 매우 어리석은 일이다. 만약 그 원인에 대한 추정이 극적이라면 더더욱 3공식을 뛰어 넘고 4공식의 사고 이유에 집중하는 기사를 쓸 수 있다. '4일 오후 8시쯤 청와대에서 테러에 의한 것으로 보이는 화재가 발생했다'는 사례를 보자. 여기서는 피해 내용보다 원인이 중요할 수 있다. 그리고 거기에 이어지는 내용은 리드에서 강조된 정보에 집중해 정비된다. 기초 공식 1과 3을 버무릴 수도 있다. 즉 기초 공식 2에서 강조하는 '언제(When·시간)'의 요소는 뺀 채 '어디서(Where·장소)'와 '무엇(What·사고 피해 내용)'만으로 기사가 성립될 수 있다는 얘기다. '청와대에서 화재가 발생, Q민정수석과 X정무수석 등 2명의 수석비서관이 숨지고, F부속비서관 등 대통령 부속실 직원 4명이 크게 다쳤다'는 기사를 보면 알 수 있다. 기초 공식 1과 3, 4를 엮으면 '청와대에서 테러에 의한 것으로 보이는 화재가 발생, Q민정수석과 X정무수석 등 2명의 수석비서관이 숨지고, F부속비서관 등 대통령 부속실 직원 4명이 크게 다쳤다'는 리드가 성립된다. 하지만 이런 변형은 육하원칙 중 개별적인 요소가 가지고 있는 특수성에 의해 판단되어지는 것으로, 그 특수함이 두드러지지 않으면 이 책에서 제시하는 공식의 형태와 의미를 따르면 된다.

사실 이런 특수성은 사고가 일어난 시간과 장소, 조금 더 확대하면 시대적 공간의 의미 등이 특정 매체의 이상과 연관됐을 때 언론사마다 달리 나타날 수 있다. 그렇기 때문에 청와대와 같은 아주 특별한 경우가 아니더라도, 즉 사람들이 보기에 일반적인 시간과 공간에서 일어난 사고라도 위에서 보여준 공식들 사이의 '정보 도치' 또는 '임의적 누락' 등이 발생할 수 있다. 하지만 그러한 정보 도치나 임의적 누락이 발생할 수 있는 일반적 상황에서라도 공식 5에서 추가된 '어떻게(How·해결 여부)' 만을 유지하며 앞선 피해 상황이나 원인을 제외한 리드는 잘 성립하지 않는다. 특히 화재 기사에서 '▽▽만에 해결됐다'는 정보가 시간과 장소 정보에만 붙어 첫 단락을 구성하는 것은 별 의미가 없다. '4일 오후 8시쯤 서울 강남구 대치동 한 주택가에서 원인을 알 수 없는 불이 나 이모(54)씨 등 2명의 목숨을 앗아가고 고모(42)씨 등 5명에게 중경상을 입혔으며 주택 2채 중 일부를 태워 2억원 상당(소방서 추산)의 재산 피해를 내고 20분 만에 꺼졌다'는 기초 공식 5의 리드에서 원인과 피해 내용을 빼면 '4일 오후 8시쯤 서울 강남구 대치동 한 주택가에서 불이 나 20분 만에 꺼졌다'가 된다. 이 리드가 수많은 독자들이 아침에 보게 되는 중앙 일간지 지면에 등장하는 것은 대단히 어색하다. 만약 보게 된다면 독자들은 아마도 '그래서(So what)?'라고 물을 것이고, 그것은 그 리드가 독자들의 관심을 얻지 못했다는 뜻이 된다. 기초 공식 5에서 원인만 뺀 것[4일 오후 8시쯤 서울 강남구 대치동 한 주택가에서 불이 나 이모(54)씨 등 2명의 목숨을 앗아가고 고모(42)씨 등 5명에게 중경상을 입혔으며 주택 2채 중 일부를 태워 2억원 상당(소방서 추산)의 재산 피해를 내고 20분 만에 꺼졌다]은 어색함이 덜 하나 피해 상황만 빼는 것[4일 오후 8시쯤 서울 강남구 대치동 한 주택가에서 원인을 알 수 없는 불이 나 20분 만에 꺼졌다]은 이상하다. 4공식의 변형인 전자의 사례에서 원인만 뺀 경우가 어색하지 않게 나타날 수 있으나, 후자의 사례처럼 지금까지 관례상 원인도 없는 문제가 '▽▽ 만에 해결됐다'고 적는 것이 그 자체로 부드러운 고리는 아니라는 것이다.

사고 기사 기초 공식에 대한 일반론을 총괄적으로 정리하자면 기초 공식 1~4는 상황에 따라 공식들 사이의 '정보 도치' 또는 '임의적 누락' 등을 통해 리드를 포함한 기사 변환이 가능하나, 공식 5는 함부로 그런 변형을 시도하기가 어렵다. 보다 정확히 말하자면, 특히 리드에서 앞선 공식에 등장하는 육하원칙의 주요 정보들을 누락시키면서, 다시 말해 누구에게 어떤 피해가 왜 발생했는지 등의 핵심 정보를 담지 않으면서 '▽▽ 만에 해결됐다'는 식의 '어떻게(How·해결 여부)'의 정보만으로 사고 기사를 쓰기 어렵다는 뜻이다.

3) 교통사고 기사

지금까지 언론이 다루는 대표적인 사고 중 화재를 중심으로 사고 기사의 기초 공식을 다섯 가지로 나눠 살펴봤다. 앞서 언급한 것처럼 사고의 종류는 많지만 화재와 더불어 또 한 축을 이루는 대표적인 사고는 자동차, 기차, 배, 비행기 등 운송 수단과 관련된 것들이다. 모두 통틀어 교통사고로 부르지만 기차나 여객선, 여객기 등 많은 승객을 태운 교통수단과 관련된 사고는 피해가 커 여기서 다루는 기본적인 사고 기초 공식을 확대한 재난의 의미를 가진다. 결국 일반적인 교통사고는 버스, 승용차 등 일반 시내 도로나 국도, 고속도로 등을 오가는 자동차 등과 연관된다. 물론 고속버스나 관광버스 등에 타고 있는 승객들이 많아 인명 피해가 수십 명 단위로 늘어날 때는 재난 수준에서 다뤄지지만, 그렇지 않은 경우에는 위 화재 기사의 꼴과 유사한 교통사고 기사 작성법을 적용하면 된다. 주의할 것은 전체 사고 기사 공식 중 기본 축을 유지하는 세 번째 공식, 즉 기초 공식 3을 기준으로 했을 때, 교통사고 기사 리드에 사고와 관련된 차량의 진행 방향 등이 포함되면서 사고 발생 장소를 기록하는 방법이 화재 기사에 비해 조금 더 복잡한 형태를 띤다는 점이다. 일단 이 부분은 뒤에 조금 더 부연하기로 하고 화재 기사에 활용됐던 5개 기초 공식을 적용해, 교통사고 기사를 순서대로 소개하겠다. 단, 어디서(Where·장소), 언제(When·시간), 무엇(What·사고 피해 내용), 왜(Why·원인), 어떻게(How·해결 여부), 누가(Who) 등 육하원칙과 관련된 거의 모든 설명이 화재 기사의 경우와 유사하기에 같은 내용을 반복하기보다는 간단한 사례 위주로 정비해보겠다.

(1) ①번 리드를 활용한 기초 공식 1

> ▼▼에서 □□가 발생했다.
>
> Ⓐ ▲▲일 △△시쯤 일어난 이 사고로 ●● 등의 피해가 났다. (사고는 ▽▽만에 해결됐다.) 또는 Ⓑ ▲▲일 △△시쯤 일어난 이 사고는 ●● 등의 피해를 내고 ▽▽만에 해결됐다.

◆◆은 (사고) 원인을 ◎◎이라 보고 정확한 사고 경위를 조사 중이다. [◇◇은 ◈◈을 토대로 ◎◎이라 보고 정확한 사고 경위를 조사 중이다.]

기초 공식 1 사례

경기 고양시 덕양구 원당지하차도에서 어린이집 원아를 태워 나르던 승합차가 시내버스와 충돌하는 사고가 발생했다.

28일 오전 8시 20분쯤 원당중학교에서 원당 Y병원 쪽으로 달리던 ▲▲운수 소속 ○○–3번 좌석버스(운전사 이□□·48)가 마주 오던 스타렉스 승합차(운전자 임△△·32·◇◇교실 원장)와 충돌하며 일어난 이 사고로 승합차에 타고 있던 천모(6)군 등 어린이 5명과 승합차 운전자 임씨 등 6명이 숨지고 박모(5)양 등 24명이 중경상을 입었다. 사망자들은 원당 Y병원에 안치됐으며 부상자는 모두 인근 K병원으로 옮겨져 치료를 받고 있다.

경찰은 "평소에 말썽이 많던 브레이크가 잘 작동하지 않았다"는 좌석버스 운전사 이씨의 증언과 충돌 후 좌석버스가 도로 위 1.2km를 계속 달렸던 점 등을 토대로 정확한 사고 원인을 조사 중이다.

화재사고와 비교했을 때 차이가 확연한 것은 사고 발생 장소다. 일단 교통사고는 건물 등 특정한 주소지가 아닌 도로 위에서 많이 발생한다. 그 경우는 도로상 사고 발생 지역 주변의 행정구역 단위를 넣어 사고 위치를 표현한다. 행정구역 정보를 넣는 정도는 사건 기사에 나타난 세 개 단위, 즉 중앙 일간지를 중심으로 했을 때 광역자치단체·기초 자치단체·바로 그다음 지역 단체명을 적는 것을 기본으로 한다. 예를 들어, 서울 성북구 돈암동, 부산 사하구 금정동, 경기 성남시 분당구 등으로 구성한다는 것이다. 하지만 이 세 개 단위로 지정하기에는 너무 광범위해 막연하거나, 거꾸로 앞쪽 두 개 단위만으로도 사고 위치를 지정할 수 있는 경우에는 기사에 표현하는 행정구역 단위 정보를 더 늘리거나 줄일 수도 있다.

위 사례에 활용한 원당지하차도의 경우 경기도 고양시 내에 원당지하차도라는 곳이 하나뿐이고 그 이름으로 지정된 거리가 1km가량으로 짧아 꼭 '덕양구'라는 마지막 행정구역 명칭을 쓰지 않아도 사고 위치는 파악된다. 실제 위 가상 사례의 기초가 된 1999년 10월의 실제 사고 기사에는 덕양구가 들어가지 않고 '경기도 고양시 원당지하차도'라고 된 경우가 많았다. 그러나 만약 정확한 사고 지점을 적시할 필요가 있다면 '경기 고양시 덕양구 주교동 원당지하차도'라는 식으로 써 더 자세히 표현할 수도 있다. 이런 경우는 사고 지점 주변에 피해가 확산될 우려 등 기사에 추가 정보가 들어가 경각심을 더 불러일으킬 필요가 있다고 판단될 때 나타난다. 만약 사고 지역에 보호 받아야 할 아동 대상 교육 시설이 많이 있다면 '어린이집이나 유치원 등 아동 교육 시설이 밀집한 경기도 고양시 덕양구 주교동 원당지하차도' 등으로 적는 게 그런 사례 중 하나다. 물론 지하차도에 아동 교육 시설이 밀집하기는 어렵지만 굳이 예를 들자면 그렇다는 얘기다. 정 어색하면, 그리고 상황이 진짜 그렇다면 '어린이집이나 유치원 등 아동 교육 시설이 밀집한 경기도 고양시 덕양구 주교동 원당지하차도 인근'이라고 적어주면 된다. 이럴 경우, 영아나 유아, 또는 아동들의 교육 시설 위치에 대한 사회적 경각심을 환기할 수 있다.

추가 정보를 통해 특별한 의미를 부여할 필요가 있을 때 이외에도 세 개 행정구역 단위 이상을 넣는 경우는, 앞서 언급한 바와 같이, 이 세 개 단위로 지정하기에는 너무 광범위해 사고 지점을 확인하기 막연할 때다. 분당-수서 간 도시고속도로에서 사고가 났을 때 그냥 '경기 성남시 분당구 분당-수서간 도시고속도로에서'라고 적으면 서울 송파구 복정교차로에서 경기도 용인시 죽전초등학교 입구까지 이어지는 총 연장 17.3km의 도로 중 어느 지점에서 사고가 발생했는지 알기 어렵다. 사실 위의 원당 지하차도도 경기도 고양시 일산구에서 파주 조리면에 이어지는 지방도 310호선에 있는 것을 참작해 '경기 고양시 덕양구 지방도 310호선에서'라고 적으면 사고 지역을 알 수 없다. 단 '원당지하차도' 자체의 길이가 짧고 경기도 고양시라는 행정구역과 원당지하차도라는 명칭만 대도 위치를 파악하기 편하기에 위와 같은 방법을 쓴 것이다. 하지만 도로상에서 그렇게 짧은 구간을 특정해 표현하기 어려울 때는 세 개 행정구역 단위 이상을 넣고, 이정표가 될 만한 건물 이름을 함께 사용하는 경우도 있다. '경기 성남시 분당구 정자동 분당현대아이파크 101동 앞 분당-수서간 도시고속도로에서' 또는 '경남 하동군 화개면 부춘리 검두마을 앞 국도 19호선 도로에서' 등으로 지역을 적시하는 것이다. 일반 시내에서 발생한 사고의 경우는 특별한 도로명 없이 '서울 성북구 (안암동) 안암오거리 교차로에서', '대전 동구 (용전동) 대전복합터미널 앞에서', '강원 춘천시 (옥천동) 한림대학교 정문 앞에서', '학원가가 밀집한 서울 양천구 신정동 T상가 앞에서' 등으로 적을 수 있다.

또 화재사고와 달리 교통사고는 얼마 만에 사고가 해결됐는지의 여부는 대체로 크게 중요하지 않다. 순식간에 벌어지기 때문이다. 대신 추가될 수 있는 것이 사망자나 부상자에 대한 조치다. 일반적으로 사망자는 어디에 안치됐고 부상자는 어디에서 치료를 받고 있다는 내용을 담는다. 만약 차량 충돌의 여파로 화재가 발생했다면, '이 사고로 화재가 발생, ●● 등의 피해가 났다'고 쓴 뒤, 화재는 ▽▽ 만에 진압됐다'고 쓸 수 있으나, 그렇지 않다면 사고 해결 여부는 잘 다루지 않는다. 즉 교통사고의 연계선상에서 추가 피해를 발생시킬 또 다른 종류의 사고가 일어나고, 그 후속 사고가 정리되는 시간이 중요한 요소가 된다면 사고 해결 상황을 적어줄 수 있으나, 그렇지 않으면 교통사고 자체에 집중하는 기사를 쓰게 된다.

화재와 다른 교통사고의 특징은 그냥 가만히 있는 장소에서 일이 벌어지는 것이 아니라 차량이 움직이는 과정에서 발생하는 경우가 많다는 것이다. 이때 발생 지점은 화재사고와 같이 특화돼야 하나 거기에 사고가 일어나는 과정이 함께 기술되지 않으면 교통사고 기사로서 큰 의미가 없을 수 있다. 즉 자동차 등 이동 수단이 움직이면서 발생하는 사고의 특징을 '어디에서 어디로 달리던 어떤 차가 마주 오던 다른 어떤 차와 충돌했다'로 적어줘야 한다는 것이다. 출발 지역은 사고가 일어난 도로상에서 하나의 지점(A)을 잡고 진행 방향 중 앞쪽에서 또 다른 지점(B)을 잡아 '어디(A)에서 어디(B)로 달리던'이라는 표현을 쓰면 된다. 반대 방향에서 진행하는 차량은 그냥 '마주 오던'이라고 적으면 된다. 만약 충돌이 아니라 추돌이면 '어디에서 어디로 달리던 어떤 차가 정차해 있던 (또는 앞서 가던) 다른 어떤 차를 들이받았다'고 쓸 수 있다. 사고 발생 지점을 기술하는 이상의 내용들은 교통사고 기사의 기본 축으로 늘 기억해둘 필요가 있다. 하지만 움직이는 차량이 가만히 있는 구조물과 부닥치거나 비행기가 갑자기 추락하는 경우 등은 굳이 '어디에서 어디로 움직이는 무엇이 마주 오는 무엇과 충돌했다'는 식의 표현은 들어가지 않는다. 다만 이 표현을 기본으로 알고 있어야 자주 발생하는 충돌사고 관련 기사를 쓸 때 당황하지 않는다.

마지막 단락에 든 원인 사례는 관계자 증언과 현장 조사 등 두 가지 요소에 기초한다. 이 중 하나만 선택해도 된다. 단 주의할 것은 증언이나 조사 모두 초동 단계에 확인한 것이라 추가 검증이 필요하다는 점이다. 증언은 관계자가 자신에게 유리한 측면만 부각할 수 있다는 점에 유의해야 한다. 일단 사고를 일으킨 것으로 여겨지는 운전자는 자신의 과실보다 차량의 오작동을 원인으로 들 수 있고, 사고 생존자는 격한 감정으로 피해 정도를 부풀릴 수 있다. 심지어 이후 보험료 등을 고려한 발언을 할 수도 있다. 현장 조사도 과학적 판단 이전에 육안으로만 확인된 내용이 주를 이룰 수 있다. 사고는 순식간에 일어났고, 피해도 그 정도의 순간에 발생했으며, 기사가 작성되는 시점도 당일 저녁 방송 뉴스 또는 다음날 조간신문 배달에 맞춘 마감 시각, 즉 사고 발생 후 몇 시간 지나지 않은 시점에서 쓰인다는 점을 고려하면 원인과 관련해서 늘 열려 있는 결말로 기사를 맺어야 한다. '◆◆을 토대로 ◎◎이라 보고 정확한 사고 경위를 조사 중'이라는 표현이 들어가야 하는 이유다.

사실 교통사고 기사 기초 공식 1은 일반적이지 않다. 화재 기사에서 봤듯이 리드에서 특정한 지역을 별도로 쓰려면 그 장소가 그런 의미를 가질 정도로 특이해야 한다. 화재사고 기사와 마찬가지로 권력 3부 요처나 대기업 정문 앞, 또는 역사적 장소 등에서 사고가 일어나고 그 때문에 중요한 장소에 상해가 가거나 요인이 죽거나 다쳤을 때 정도의 의미가 있어야 한다. 그리고 그런 기사는 엄청난 인명 및 재산 피해를 동반하는 재난과 마찬가지로 간단한 세 개 단락만으로는 기사를 작성하기 어렵다. 일단 위 사례는 기사를 이해하는 틀로서의 예시로 기억하면 되겠다.

현장 교통사고 기사 기초 공식 1 사례

기본 기사

취객이 몰던 승용차가 한나라당 당사로 돌진하는 사고가 발생했다.

9일 밤 11시쯤 박모(42)씨가 자신의 엑셀 승용차에 아들(3)을 태운 채 서울 영등포구 여의도동 한나라당 당사 정문을 향해 돌진해 당사 내부로 들어가 안내 데스크를 들이받았다. 이 사고로 당사 정문이 떨어져 나가고 차 유리창이 깨졌으나, 인명 피해는 없었다.

사고를 목격한 한나라당 당직자들은 "만취한 박씨가 '의료비가 너무 비싸 살 수가 없다.'고 소리치며 당사 안으로 차를 몰았다."고 말했다.

경찰은 박씨를 불러 사고 경위를 조사했으나 만취한 박씨는 묵비권을 행사했다.

_《서울신문》 2002년 12월 〈음주 차량 한나라당사 '꽝'〉

확대 기사

부산에서 어린이 보호구역(스쿨존) 내 교통사고가 잇따라 발생했다.

31일 오후 1시경 사상구의 한 초등학교 주변 이면도로에서 횡단보도를 건너던 A군(8)이 15t 덤프트럭에 치여 그 자리에서 숨졌다.

경찰에 따르면 운전사 장모씨(35)는 우회전을 하던 중 다른 차량이 마주 오자 횡단보도 앞에 잠시 차를 멈췄다. 잠시 뒤 차가 지나가자 시동을 걸고 출발했는데 마침 횡단보도를 건너던 A군을 보지 못해 사고가 났다.

장 씨는 이 학교 내 배수로 공사 현장에 자재를 내려놓고 나오던 중이었다. A군은 방과 후 수업을 듣고 귀가하던 길이었다.

앞서 지난달 4일 오후 6시 30분경 금정구 구서동의 한 주택가 이면도로에서 횡단보도를 건너던 B 양(9)이 좌회전하던 승합차에 치여 숨졌다. 사고가 난 곳도 역시 초등학교에서 100m가량 떨어진 곳으로 스쿨존이었다.

_《동아일보》 2015년 9월 〈트럭-승합차에… 스쿨존 초등생 2명 잇따라 숨져〉

위 내용은 장소를 첫 단락에 둠으로써 교통사고 기초 공식 1의 내용적인 요소를 담고 있다. 하지만 후속 단락은 이 책에서 제시하고 있는 공식을 따르지 않는다. 예시 기사의 두 번째 단락은 이후 소개할 교통사고 기사 기초 공식 2나 3의 리드 단락 형태를 띤다. 결국 앞선 화재사고 기사에서와 마찬가지로, 교통사고 기사 기초 공식 1의 첫 단락은 이 독자들의 시선을 끄는 역할을 할 뿐이다. 《동아일보》의 사례를 예로 들어 굳이 둘째 단락을 이 책의 기초 공식 1에 따라 고치면 둘째 단락은 '31일 오후 1시경 사상구의 한 초등학교 주변 이면도로 횡단보도에서 벌어진 이 사고로 길을 건너던 A 군(8)이 15t 덤프트럭에 치여 그 자리에서 숨졌다'로 변할 수 있다. 이 형태도 충분히 교통사고 기사의 내용을 담는다. 하지만 화재 기사는 물론 위 교통사고 기사 설명에서 언급한 바와 같이, 장소만 리드에 앞세워 기사를 작성하는 것은 장소 자체의 사회적 의미를 부각해야 할 경우에 많이 사용한다. 비록 위 사례들도 정당 혹은 스쿨존이라는 장소의 의미가 남다르지만, 장소 정보가 시간이나 원인, 피해 규모 등의 또 다른 정보와 시너지 효과를 일으켜 한 시대를 보여주는 창으로서 기능하기에는 크지 않을 수 있다. 그렇게 기능하려면 단순한 세 개 단락 정도의 정보로만 기사가 작성되기는 어렵다. 결론적으로 교통사고 기사 기초 공식 1은 이런 형태의 기사를 이해하는 틀로 받아들이면 되겠다.

(2) ②번 리드를 활용한 기초 공식 2

▲▲일 △△시쯤 ▼▼에서 □□가 발생했다.

Ⓐ 이 사고로 ●● 등의 피해가 났다. (사고는 ▽▽만에 해결됐다.) 또는 Ⓑ 이 사고는 ●● 등의 피해를 내고 ▽▽ 만에 해결됐다.

◆◆은 (사고) 원인을 ◎◎이라 보고 정확한 사고 경위를 조사 중이다. [◇◇은 ◈◈을 토대로 ◎◎이라 보고 정확한 사고 경위를 조사 중이다.]

기초 공식 2 사례

> 28일 오전 8시 20분쯤 경기 고양시 덕양구 원당지하차도에서 어린이집 원아를 태워 나르던 승합차가 시내버스와 충돌하는 사고가 발생했다.
>
> 원당중학교에서 원당 Y병원 쪽으로 달리던 ▲▲운수 소속 ○○-3번 좌석버스(운전사 이□□·48)가 마주 오던 스타렉스 승합차(운전자 임△△·32·◇◇교실 원장)와 충돌하며 일어난 이 사고로 승합차에 타고 있던 천모(6)군 등 어린이 5명과 승합차 운전자 임씨 등 6명이 숨지고 박모(5)양 등 24명이 중경상을 입었다. 사망자들은 원당 Y병원에 안치됐으며 부상자는 모두 인근 K병원으로 옮겨져 치료를 받고 있다.
>
> 경찰은 "평소에 말썽이 많던 브레이크가 잘 작동하지 않았다"는 좌석버스 운전사 이씨의 증언과 충돌 후 좌석버스가 도로 위 1.2km를 계속 달렸던 점 등을 토대로 정확한 사고 원인을 조사 중이다.

간단하게 기초 공식 1의 둘째 단락 도입부에 있던 일시(日時)만 첫 단락인 리드 도입부로 옮겨 적은 내용이다. 의미는 화재 기사 때와 마찬가지다. 즉 장소만으로 사고의 중요성을 부각하기 어려울 때 시간을 넣어 사고 전체의 의미를 조정한 것이다. 이때 추가된 정보(오전 8시 20분)는 일반적인 출근 또는 등하교 시간으로, 사고가 난 지역에서 그 시간대에 벌어진 사고라는 사실이 지역사회 교통 상황 또는 전체 유아교육 시설 등하교에 대한 안전 문제와 관련해 어떤 고민을 하게 할지를 던져준다. 한 가지 더 보자면, '충돌하는 사고가 발생했다'는 표현은 단순하게 '충돌했다'로 치환해도 된다. 이는 기초 공식 1~5 모두에 적용될 수 있는 내용이다.

현장 교통사고 기사 기초 공식 2 사례

기본 기사

> 15일 오전 11시 20분경 부산 수영구 민락동 한 도로에서 2층 버스인 부산시티투어버스가 육교 교각과 충돌했다.
>
> 이 사고로 버스에 타고 있던 승객 김모씨(69·여) 등 12명이 목과 팔 등을 다쳐 병원으로 이송돼 치료를 받고 있다.

경찰은 버스가 경사진 길에서 뒤로 밀려 육교와 부딪힌 것으로 보고 운전자와 목격자를 상대로 정확한 사고 원인을 조사 중이다.

_ 《동아일보》 2016년 8월 〈부산시티투어버스, 육교 교각 들이받아 12명 부상〉

확대 기사

27일 새벽 1시께 종로2가 사거리에서 승용차량이 촛불집회에 참가한 시민들을 들이받고 뺑소니를 친 사고가 발생했다.

이 사고로 인해 시민 5명이 중경상을 입었으며, 다리 골절의 중상을 입은 시민은 현재 국립의료원에서 치료를 받고 있다.

20대 후반 남녀 3명이 타고 있던 사고 차량은 이날 시위대가 점거한 종로2가 사거리 한복판으로 진입, "들어오지 말라"고 막아선 시민들과 실랑이를 벌였다.

급기야 시민들이 운전자를 향해 욕설을 퍼붓기 시작하자 이 운전자는 시민들이 차량을 둘러싸고 있는데도 급발진, 시민 2~3명이 차량에 튕겨 나갔다.

종로 3가 방향으로 20m가량 도주했다 도로에 선 시민들 때문에 더 이상 나가지 못한 차량은 곧바로 시민들에 의해 포위됐다. 흥분한 시민들은 차량으로 달려들어 차 유리를 부수고 운전자의 멱살을 잡으며 끌어내려 했으며, 이 과정에서 운전자와 동승자들이 시민들에 의해 폭행을 입었다.

이에 운전자가 다시 시위대를 들이받으며 또 다시 도주, 시민 5~6명이 차량에 튕겨 나가며 크게 부상을 입었다.

뺑소니 차량은 종로3가에서 경찰에 검거됐으며, 종로지구대에서 음주측정치를 조사한 결과 운전자의 혈중 알콜 농도는 0.194의 만취상태였던 것으로 밝혀졌다.

동승했던 운전자의 친구는 "친구(운전자)와 소주 한 병씩 먹었다"고 밝혔다. 그는 "시민들이 유리창을 부수고 우리를 폭행해, 술을 먹은 친구가 그만 흥분해서 이 같은 불상사가 발생한 것 같다"고 말했다.

종로서 관계자에 따르면 왼쪽 눈을 크게 다친 운전자는 "시위대들이 쇠파이프로 가격했다"고 주장하고 있으며, 실명위기라는 구급대원에 의견에 따라 인근 병원으로 후송해 치료를 받고 있다.

가해자들이 조사받고 있는 종로경찰서 앞에는 이날 사고를 목격한 시민 100여명이 집결한 가운데 경찰은 100여명의 경비병력을 동원, 만일의 사태에 대비하고 있다.

_《경향신문》 2008년 7월 〈음주운전자, 촛불시위대 들이받고 뺑소니〉

(3) ③번 리드를 활용한 기초 공식 3

▲▲일 △△시쯤 ▼▼에서 □□가 발생, ●● 등의 피해를 냈다. [▲▲일 △△시쯤 ▼▼에서 □□가 발생, ▶◁명의 사상자를 내고 ◀◀의 재산 피해가 났다.]

Ⓐ 이 사고로 ◭◭ 등 ▶▶명이 사망하고 (▷▷ 등 ◁◁명이 중경상을 입었으며) ◭◭가 불에 탔다. (사고는 ▽▽만에 해결됐다.) 또는 Ⓑ 이 사고는 ◭◭ 등 ▶▶명의 목숨을 앗아가고 (▷▷ 등 ◁◁명에 중경상을 입혔으며) ◭◭를 태운 뒤 ▽▽ 만에 해결됐다.

◆◆은 (사고) 원인을 ◎◎이라 보고 정확한 사고 경위를 조사 중이다. [◇◇은 ◈◈을 토대로 ◎◎이라 보고 정확한 사고 경위를 조사 중이다.]

기초 공식 3 사례

28일 오전 8시 20분쯤 경기 고양시 덕양구 원당지하차도에서 원당중학교에서 원당 Y병원 쪽으로 달리던 ▲▲운수 소속 ○○-3번 좌석버스(운전사 이□□ · 48)가 마주 오던 어린이집 등하교용 스타렉스 승합차(운전자 임△△ · 32 · ◇◇교실 원장)와 충돌, 30명의 사상자가 발생했다.

이 사고로 승합차에 타고 있던 천모(6)군 등 어린이 5명과 승합차 운전자 임씨 등 6명이 숨지고 박모(5)양 등 24명이 중경상을 입었다. 사망자들은 원당 Y병원에 안치됐으며 부상자는 모두 인근 K병원으로 옮겨져 치료를 받고 있다.

경찰은 "평소에 말썽이 많던 브레이크가 잘 작동하지 않았다"는 좌석버스 운전사 이씨의 증언과 충돌 후 좌석버스가 도로 위 1.2km를 계속 달렸던 점 등을 토대로 정확한 사고 원인을 조사 중이다.

전형적인 교통사고 기사 형태다. 앞선 기초 공식 1과 2에서 둘째 단락에 있던 사고 관련 차량들의 진행 방향을 시간 및 장소와 함께 리드에 뒀다. 또 리드에 피해 상황을 뭉뚱그려 30명의 사상자라는 표현을 넣었다. 이는 일반적 사고 정황을 나타내는 정보로, 둘째 단락에서 구체적 정황, 즉 사망자와 부상자를 구분해 정리하는 복선이 된다. 전반적으로 보면 기초 공식 1과 2는 피해 내용을 구체적으로 적는 둘째 단락에 사고 관련 차량들의 진행 방향, 또는 추가로 시간까지 포함하면서 그 단락에 들어가는 정보의 양이 많은 편이다. 거기에 비하면 기초 공식 3은 피해 내용을 중심으로 일반적 정황(30명의 사상자)과 구체적 정황(천군 등 어린이 5명과 임씨 등 6명의 사망자와 박양 등 24명의 부상자)으로 분리하고, 이를 각각 첫째와 둘째 단락에 분산해 전체적인 정보량의 균형을 맞췄다. 이런 균형은 '일반'에서 '구체'로 진행하는 정보의 흐름을 부드럽게 받아들이게 만든다. 이런 이유에서 기초 공식 3이 교통사고 기사의 전형 역할을 한다고 볼 수 있다. 한편 일반적 정황을 조금 더 자세히 만들 필요가 있다고 판단되면 첫 단락의 마지막 부분을 '~충돌, 6명이 숨지고 24명이 부상했다'로 바꾸고, 둘째 단락을 '이 사고로 승합차에 타고 있던 천모(6)군 등 어린이 5명과 승합차 운전자 임씨가 숨지고 박모(5)양 등 24명이 중경상을 입었다. 사망자들은 원당 Y병원에 안치됐으며 부상자는 모두 인근 K병원으로 옮겨져 치료를 받고 있다'고 하면 된다. 둘째 단락의 변화는 원래 '임씨 등 6명이 숨지고'가 '임씨가 숨지고'로 바뀐 정도다. 첫 단락의 일반적 정황(6명의 사망자와 24명의 부상자)을 둘째 단락의 구체적 정황(천군 등 어린이 5명과 임씨를 포함한 6명의 사망자와 박양 등 24명의 부상자)의 내용이 살짝 바뀌었지만, 일반성에서 구체성으로 정보가 확대되는 구조는 그대로 유지됐다.

현장 교통사고 기사 기초 공식 3 사례

기본 기사

29일 하오 1시께 경북 군위군 우보면 미성리 중앙선철도 미성건널목에서 대구발 영주행 제◇◇◇◇호 화물열차(기관사 신○○·36·●●기관차사무소 소속)와 경북 8로◆◆◆◆호 1톤 화물차(운전자 김△△·20·군위군 우보면 선곡리 ⊙⊙⊙)가 충돌,

운전자 김씨와 옆자리에 타고 있던 김◈◈(60·군위군 우보면 모산리 ◍◍◍)씨 등 2명이 숨졌다.

경찰은 미성리에 기름을 배달하러가던 화물차가 일단정지신호를 무시하고 건널목을 건너다 열차와 충돌한 것으로 보고 정확한 사고경위를 조사 중이다.

_《한국일보》 1995년 12월 〈열차화물차 충돌 2명 사망/중앙선 1시간여 불통〉

6일 오전 8시 30분쯤 경기 김포시 하성면 전류리 한강 하구 일대에서 정기 훈련 중이던 해병대 ○○부대 소속 한국형 상륙돌격 장갑차(KAAV) 1대가 침몰, 3명이 숨졌다.

이날 사고는 소대급 해상 기동훈련 중 KAAV가 해상에서 원인을 알 수 없는 고장을 일으켜 예인하는 과정에서 해치(탑승구)에 해수가 유입해 발생했다고 해병대사령부는 밝혔다.

사망한 병사는 김○○ 중사(27), 최◇◇ 상병(20), 오△△ 일병(20)이다. 최상병과 오일병은 차량 안에서 엔진을 계속 조작하다, 김중사는 고장상태를 확인하기 위해 차량 안으로 들어갔다가 모두 변을 당한 것으로 전해졌다.

해병대사령부는 사고대책반을 현장에 긴급 투입하는 한편 진상규명위원회를 구성, 사세한 사고 원인 및 경위를 조사중이다.

사고 장갑차는 물밖으로 예인돼 해병대 요원과 제작사인 삼성테크윈 기술진들이 차체를 정밀 검사하고 있다. 대당 가격이 28억여원으로 현재 해병대에서 운용중인 한국형 KAAV는 미국 해병대에서 사용중인 AAV7A1형을 국내에서 면허 생산한 장비로 97년 7월 삼성테크윈(옛 삼성항공)에서 제작했다.

_《경향신문》 2001년 8월 〈장갑차 침몰 해병 3명 숨져, 한강하구서 훈련 중〉

확대 기사

추석 귀성행렬이 시작된 3일 오전 7시 50분쯤 짙은 안개가 낀 서해안고속도로 상행선 서해대교 북단(목포기점 279.8㎞)에서 29중 추돌사고가 발생, 11명이 숨지고 50여명이 다쳤다. 날벼락이었다.

사고는 서해대교 북단 1.1km 이전 지점 3차로를 달리던 25톤 화물트럭이 갑자기 서행하는 1톤트럭의 뒤를 들이받으면서 시작됐다. 2차로로 튕겨나간 25톤트럭을 뒤따르던 봉고승합차가 들이받았고, 이어 고속버스, 트레일러, 승용차 등 26대가 연쇄 추돌했다.

추돌 과정에서 화물트럭 등의 연료탱크가 터지면서 화재가 발생, 차량 12대가 전소(全燒)됐다. 이 사고로 송○○(13 · 전북 군산)군 등 11명이 숨졌고, 50여명이 중경상을 입고 평택 중앙성심병원과 당진 백병원 등 12개 병원으로 이송돼 치료 중이다. 또 서해안고속도로 상행선 송악IC에서 서평택IC 12.6㎞ 구간이 오후 3시30분까지 7시간40분 동안 전면통제됐다. 목포 방향 하행선은 물론 우회차량이 몰리면서 인근 국도들도 극심한 혼잡을 빚었다.

◆ 사망자 명단

▲경기 평택 안중 백병원(7명)=송○○(13·전북 군산 나운1동), 김◇◇(여·68·서울 성북구 정릉4동), 박△△(72·서울 은평구 신사2동), 성●●(61·서울시 은평구 신사2동), 김◍◍(55·충남 서산시) 외 신원 불상 2명

▲인천 사랑병원(1명)=김◎◎(39·인천 남구 주안동)

▲충남 천안 단국대병원(1명)=신원 불상 40대 남성

▲경기 화성 봉담장례식장(2명)=김⊙⊙(46·평택 고덕면), 김◈◈(여·36·충남 서산 석남동)

_ 《조선일보》 2006년 10월 〈짙은 안갯속 쾅 · 쾅…순식간 불길 휩싸여〉

5일 오전 11시 5분께 경남 하동군 금남면 금오산 중턱 상공에서 교육훈련 비행중이던 훈련기 T－59(호크)기 2대가 추락해 탑승했던 조종사 4명이 모두 숨졌다.

공군 제5718부대 소속인 이들 비행기에는 사고 당시 앞좌석에 학생 조종사인 정

○○(24 · 학군 20기) · 김◇◇ 중위(23 · 사관후보생 91기)가, 뒷좌석에 교관 조종사인 손●●(29 · 공사 35기) · 김◆◆(29 · 공사 36기) 대위가 타고 있었다.

공군은 편대비행 중이던 이들 훈련기가 눈과 짙은 안개로 시계가 불량해 충돌했을 가능성이 큰 것으로 보고 있다.

이들 훈련기는 이날 오전 10시 3분께 공군 제3훈련비행단이 있는 인근 사천비행장을 이륙해 20km 떨어진 하동 근처까지 갔다 돌아오면서 고등훈련 비행을 했던 것으로 알려졌다.

추락한 훈련기 잔해는 산 정상과 1km 떨어진 산 중턱 등에서 흩어진 채 발견됐다.

군은 현장에 HH47 헬리콥터를 보내 추락 항공기 잔해와 블랙박스를 수거해 정확한 사고원인을 조사 중이다.

_《한겨레》 1990년 1월 〈공군훈련기 2대 충돌추락〉

위 사례 중 《한국일보》 기사는 세 개 단락이 아닌 두 단락으로 구성됐다. 더 자세히 적을 내용이 확보되지 않았거나 지면 사정상 그 정보를 담기 어려웠을 수 있다. 이 사례는 교통사고 기사의 기본 공식도 때에 따라 일부 정보가 빠질 수 있다는 점을 알려준다. 하지만 일반적으로는 세 개 단락을 사용하는 것이 기본이며, 어쩔 수 없이 단락을 소거해야 할 때는 빼도 기초적인 육하원칙을 유지하는 데 무리가 없는 것 또는 사실로 사용하기에는 정확하지 않는 정보 등을 주요 대상으로 한다.

(4) ④번 리드를 활용한 기초 공식 4

▲▲일 △△시쯤 ▼▼에서 Ⓐ ■■로 추정되는 (또는 Ⓑ 원인을 알 수 없는) □□가 발생, ●● 등의 피해를 냈다. [▲▲일 △△시쯤 ▼▼에서 □□가 발생, ▶◁명의 사상자를 내고 ◀◀의 재산 피해가 났다.]

Ⓐ 이 사고로 ◭◭ 등 ▶▶명이 사망하고 (▷▷ 등 ◁◁명이 중경상을 입었으며) ◭◭가 불에 탔다. (사고는 ▽▽ 만에 해결됐다.) 또는 Ⓑ 이 사고는 ◭◭ 등 ▶▶명의 목숨을

앗아가고 (▷▷ 등 ◁◁명에 중경상을 입혔으며) ▲▲를 태운 뒤 ▽▽ 만에 해결됐다.
◆◆은 (사고) 원인을 ◎◎이라 보고 정확한 사고 경위를 조사 중이다. [◇◇은 ◈◈을 토대로 ◎◎이라 보고 정확한 사고 경위를 조사 중이다.]

기초 공식 4 사례

28일 오전 8시 20분쯤 경기 고양시 덕양구 원당지하차도에서 원당중학교에서 원당 Y병원 쪽으로 달리던 ▲▲운수 소속 ○○-3번 좌석버스(운전사 이□□ · 48)가 중앙선을 넘어 마주 오던 어린이집 등하교용 스타렉스 승합차(운전자 임△△ · 32 · ◇◇교실 원장)와 충돌, 30명의 사상자가 발생했다.

이 사고로 승합차에 타고 있던 천모(6)군 등 어린이 5명과 승합차 운전자 임씨 등 6명이 숨지고 박모(5)양 등 24명이 중경상을 입었다. 사망자들은 원당 Y병원에 안치됐으며 부상자는 모두 인근 K병원으로 옮겨져 치료를 받고 있다.

경찰은 "평소에 말썽이 많던 브레이크가 잘 작동하지 않았다"는 좌석버스 운전사 이씨의 증언과 충돌 후 좌석버스가 도로 위 1.2km를 계속 달렸던 점 등을 토대로 정확한 사고 원인을 조사 중이다.

기초 공식 3에 비해 리드에 '중앙선을 넘어'라는 표현이 더 들어갔다. 이 정보는 좌석버스에 과실이 있다는 점을 보여준다. 조사 당국인 경찰이 말해서 세 번째 단락에 놓인 정보를 뒷받침하는 말이기도 하다. 화재사고에서 '원인을 알 수 없는' 또는 '■■로 추정되는'에 해당하는 사고 발생 이유에 비교되는 부분이다. 역시 아주 정확하지 않다면 피하는 게 좋다. 사고 초기 단계에는 과실이 어디에 있는지를 확연하게 말할 수는 없다. 중앙선을 넘게 된 이유가 브레이크 때문인지 운전자가 졸아서인지는 모른다. 또 차가 미끄러질 때 도로 위에 생성되는 스키드 마크 등으로 미뤄 좌석버스가 중앙선을 넘어섰다고 1차 판단을 할 수도 있지만, 그건 결과론적 분석이고 어쩌면 중앙선을 넘은 게 승합차가 먼저일 수 있고 사고 종결 시점에 나타난 차량의 위치와 스키드 마크가 그에 따른 충돌에 의한 것일 수도 있다. 단 위에서처럼 마지막 단락에 당국의 증언을 토대로 정황 등을 적는다면 용인될 수도 있는 표현이라 볼 수 있다. 그래도 사고 원인에 대한 불확정성 때문에 되도록 피하는 게 좋다.

현장 교통사고 기사 기초 공식 4 사례

기본 기사

9일 오후 5시 20분쯤 서울 노원구 월계동 경춘선 성북역에서 화랑대역 방향 3.2㎞ 지점에서 춘천발 청량리행 철도청 소속 ■■■호 열차(기관사 오○○)의 기관차 앞바퀴 2개가 철로위에 놓여 있던 콘크리트 블록에 부딪치면서 탈선했다.

이 사고로 경춘선 상·하행선 열차 4편이 1시간 30여분 동안 불통되는 바람에 3,000여명의 열차 이용객들이 다른 교통편을 이용하느라 큰 불편을 겪었으며 사고열차 승객 360여명은 운임을 환불받아 버스와 택시를 이용, 귀가했다.

철도청은 철로 위에 놓여진 콘크리트 블록이 큰데다 한꺼번에 5개가 놓여 있었던 점으로 미뤄 열차운행 방해를 위해 누군가 고의로 가져다 놓은 것으로 추정했다.

_ 《경향신문》 1998년 3월 〈경춘선 탈선 1시간30분 불통〉

7일 오후 1시 12분께 제주시 해안동 어승생 수원지 부근 1100도로에서 수학여행에 나선 고교생 43명을 태운 관광버스가 브레이크 조작 잘못으로 옆으로 넘어져 3명이 숨지고 40여명이 중경상을 입었다.

이날 사고는 수학여행단을 태운 ㅂ고속 관광버스 11대 가운데 1대가 내리막길을 내려오다 방향을 틀지 못한 채 그대로 돌담을 들이받으면서 일어났다. 이 사고로 버스 운전기사 박아무개(45)씨와 수학여행에 나섰던 전남 순천시 ㅎ고교 1학년 2명 등 3명이 숨졌고, 40명이 중경상을 입었다. 이날 사고가 난 도로는 경사도가 7~8% 정도로 오른쪽으로 굽은 내리막길이다.

경찰은 운전기사가 브레이크 조작을 잘못해 도로를 벗어나면서 왼쪽으로 넘어져 사고가 난 것으로 보고 있다.

학생들은 "이날 영실코스로 윗세오름까지 한라산 등반을 마치고 점심을 먹기 위해 제주시 쪽으로 가다가 사고가 났다"며 "산행을 마친 학생들이 지쳐 대부분 잠을 자고 있었다"고 말했다. ㅎ고교 1학년 435명은 지난 5일 배편으로 제주도에 도착해 8일 돌아갈 예정이었다.

_《한겨레》 2008년 5월 〈수학여행 버스 '꽈당'…3명 사망 40명 부상〉

확대 기사

지난 24일부터 부산 지역에 95mm 이상의 많은 비가 내리면서 새벽시간 트레일러 추돌 사고로 동서고가도로가 마비되는 등 부산 지역에서 빗길 교통사고 피해가 잇따랐다.

26일 오전 2시 35분쯤 사상구 학장동 소재 동서고가도로 상행선 학장램프 100m 앞 지점에서 차모(47)씨가 운전하던 대형 트레일러 차량이 빗길에 미끄러져 중앙분리대를 들이받아 차량 앞부분이 중앙분리대를 넘어가는 사고가 발생했다. 30여 분 뒤에는 사고로 멈춰 서 있는 차씨의 트레일러를 피하려다 박모(36)씨가 운전하던 또 다른 트레일러가 도로 오른쪽 방음벽을 들이받았다. 운전자 차씨와 박씨는 중상을 입고 병원에서 치료를 받고 있다.

이 사고로 동서고가도로 상행선 2개 차로가 4시간 이상 완전히 통제되었고 하행선 역시 교통정체가 빚어졌다. 동서고가도로는 오전 8시가 넘어서야 정상 소통되었다.

경찰 관계자는 "대형 차량의 경우 일반 차량과 달리 견인이 쉽지 않아 2차 사고까지 이어졌다"며 "1개 차선을 통해 차량 소통이 이뤄졌으나 사고 현장을 지나치던 박씨의 트레일러 역시 빗길에 중심을 잃은 것으로 추정된다"고 밝혔다.

한편 지난 25일 오전 6시 55분에는 기장군 일광면 삼성리 삼덕삼거리 14번 국도에서 승용차와 지프형 승합차 충돌사고가 발생, 1명이 숨지고 2명이 크게 다쳐 지난 주말동안 부산 지역에서만 모두 10여건의 교통사고로 다수의 사상자가 나왔다.

_《조선일보》 2003년 5월 〈부산지역 빗길에 트레일러 연속 추돌〉

20일 오전 수도권 일대에 짙은 안개가 끼는 바람에 자유로에서 차량 40여대가 연쇄 추돌사고를 일으키는 등 주요도로 곳곳에서 교통사고가 발생, 시민 20여명이 부상하고 출근길 곳곳에서 극심한 교통체증을 빚었다.

이날 오전 7시쯤 경기도 고양시 일산구 자유로 장항IC에서 문산방면 500m 지점에서 인천 33마■■■■ 레간자 승용차가 경기71도1852 ●●●●승용차(운전자 김○○)를 뒤에서 들이받는 바람에 뒤따르던 차량 20여대가 연쇄적으로 추돌하는 등 장항IC 부근에서만 3군데에서 모두 40여대의 차량들이 들이받는 연쇄 추돌사고가 발생했다.

이날 사고로 이◇◇(34 · 성남시 중원동 하대원아파트)씨 등 운전자와 승객 등 15명이 부상하고 인근 일산백병원 등으로 옮겨졌다.

경찰은 사고 당시 현장에 짙은 안개가 끼어 가시거리가 20~30m밖에 되지 않았고 밤새 노면이 살짝 얼어 빙판길을 이룬 바람에 연쇄 추돌사고를 불러온 것으로 보고 있다.

이날 사고로 일산에서 서울로 오가는 양방향 차량 통행이 2시간여 동안 통제되고 장항IC와 문산 방향의 이산포IC 진입로 1~2km 구간에서 극심한 교통체증을 빚어 출근길 시민들이 큰 불편을 겪었다.

또 이날 오전 7시 35분쯤 인천국제공항고속도로에서 서울 방면으로 가는 영종대교에서 12중 차량 추돌사고가 발생했다.

이 사고는 북인천IC에서 영종대교 하부도로로 진입한 차량들이 시정거리 10m 미만의 짙은 안개 속을 주행하다가 연쇄적으로 앞차를 들이받으면서 일어났다.

한편, 이날 오전 안개로 김포공항 활주로의 시정거리가 300m에 불과해 일부 국제선과 국내선 항공기가 결항됐다.

_《문화일보》 2001년 2월 〈자유로 40여대 연쇄추돌… 출근길 교통체증〉

《문화일보》 사례에서 보이듯이 시간과 장소, 원인 및 피해 등을 이 책에서 제시하는 공식처럼 첫 단락에 두지 않고, 부각하고자 하는 정보만 골라 리드 단락을 별도로 먼저 쓴 뒤 나머지 내용을 기초 공식 4에 따라 정리하는 경우도 있다. 이때는 리드 단락 다음에 오는 둘째 단락, 즉 공식이 처음으로 적용되는 단락의 모양새가 기초 공식 4의 형태를 띠지 않을 수도 있다. 이전 공식들에 비해 기초 공식 4의 첫 단락에 추가되는 것으로 설명됐던 '원인' 부분이 별도의 리드 단락에 나오면서, 그 뒤에 바로 이어 나오는 단락에서는 그 '원인'이 빠지고 기초 공식 2나 3의 모습을 갖춘 정보가 등장하게 되는 것이다. 정리하자면 이런 식의 접근은 결국 리드 단락과 둘째 단락(공식이 처음으로 적용되는 단락)이 모두 합해져 이 책에서 제시하는 기초 공식 4의 정보들로 아울러져 기본적인 모습을 갖추게 된다고 보면 된다. 이는 이 책에서 제시하는 공식 이외의 형태로 기사 도입부에 리드 단락을 별도로 먼저 두는 거의 모든 경우에 해당하는 설명이다.

(5) ⑤번 리드를 활용한 기초 공식 5

> ▲▲일 △△시쯤 ▼▼에서 Ⓐ ■■로 추정되는 (또는 Ⓑ 원인을 알 수 없는) □□가 발생, ◭◭ 등 ▶▶명이 사망하고 (▷▷ 등 ◁◁명이 중경상을 입었으며) ◮◮가 불에 타는 등 ◀◀의 재산 피해를 낸 뒤 ▽▽ 만에 해결됐다.
>
> Ⓐ 사고가 발생한 ▼▼는 ◍◍ 등이 ◐◐을 하는 곳으로, 사고 당시 ◙◙ 상황이라 해결에 어려움을 겪었다. (사고는 ▽▽ 만인 △△시에 해결됐다.) 또는 Ⓑ 사고 당시 ▼▼에는 ◍◍ 등이 ◐◐을 하고 있었으며, ▦▦ 등이 ◑◑을 해 다행히 추가 피해를 막았다. (사고는 ▽▽ 만에 해결됐다.)
>
> ◆◆은 (사고) 원인을 ◎◎이라 보고 정확한 사고 경위를 조사 중이다. [◇◇은 ◈◈을 토대로 ◎◎이라 보고 정확한 사고 경위를 조사 중이다.]

기초 공식 5 사례

> 28일 오전 8시 20분쯤 경기 고양시 덕양구 원당지하차도에서 원당중학교에서 원당 Y병원 쪽으로 달리던 ▲▲운수 소속 ○○-3번 좌석버스(운전사 이□□ · 48)가 중앙선을 넘어 마주 오던 어린이집 등하교용 스타렉스 승합차(운전자 임△△ · 32 · ◇◇교실 원장)와 충돌, 승합차에 타고 있던 천모(6)군 등 어린이 5명과 승합차 운전자 임씨 등 6명이 숨지

고 박모(5)양 등 24명이 중경상을 입었다. 사망자들은 원당 Y병원에 안치됐으며 부상자는 모두 인근 K병원으로 옮겨져 치료를 받고 있다.

숨진 어린이들은 모두 특수교육기관인 '◇◇교실'에 다니는 정신 지체아들이었다. 차량 기지로 회송하던 좌석버스에는 승객이 없어 추가 인명 피해는 없었다.

경찰은 "평소에 말썽이 많던 브레이크가 잘 작동하지 않았다"는 좌석버스 운전사 이씨의 증언과 충돌 후 좌석버스가 도로 위 1.2km를 계속 달렸던 점 등을 토대로 정확한 사고 원인을 조사 중이다.

기초 공식 5는 앞선 네 가지 기초 공식들에 비해 리드가 길다. 특히 기초 공식 1과 2에 비하면 길이가 2~3배가 된다. 기초 공식 5의 첫 단락에 육하원칙 관련 정보가 모두 들어가 있기 때문이다. 우선 언제(When·시간·28일 오전 8시20분쯤), 어디서(Where·장소·경기 고양시 덕양구 원당지하차도), 무엇(What·사고 피해 내용·차량 충돌 사고), 왜(Why·원인·중앙선을 넘어), 누가(Who·시내버스와 어린이집 등하교 승합차 운전자와 정신 지체 어린이들)가 들어갔다. 비록 별도 문장으로 처리됐지만 화재 기사에서 불이 얼마 만에 꺼졌다는 식의 '어떻게(How·해결 여부)' 내용이 여기서는 사망자와 부상자가 보내진 병원 관련 정보로 대체되면서 첫 단락에 배치됐다. 이들 육하원칙 정보가 리드에 모두 들어갔다는 것은 이 한 단락으로 기사가 끝날 수도 있다고 매체가 판단한 것으로 볼 수 있다. 물론 이 사례 자체가 꼭 그렇다고 단정 지을 수는 없다. 단지 기사 형태가 내포한 '이론적' 의미가 그렇다는 뜻이다. 그러나 일반적으로 지면에 한 단락으로 정리되는 기사는 그 내용의 사회적 영향력이 크지 않다. 비록 세 개 단락을 구성한다는 차원에서 첫 리드 뒤에 두 개 단락이 추가될 수는 있지만, 그 후속 단락들이 꼭 필요하지 않을 수도 있다. 지면에 여유가 없다면 이들 후속 단락들은 잘려나갈 수도 있다는 뜻이다. 그럼에도 불구하고 이들 두 개 단락을 만들어 이을 수는 있다. 하지만 앞선 공식에서 '이 사고로'라고 시작해 첫 단락의 피해 내용을 구체적으로 확대했던 것과는 달리 기초 공식 5에서는 그 방식을 활용하기 어렵다. 이미 육하원칙 요소를 포함한 리드에서 한 단락으로 정비될 수 있도록 구체적인 피해 내용을 다 담았기 때문이다. 결국 둘째 단락은 사고가 난 배경 혹은 리드에서 쓰지 않은 추가 정보를 덧붙이는 방법을 취한다. 화재 기사의 경우 둘째 단락이 왜 진압에 어려움을 겪었는지 또는 왜 피해가 확산되거나 확산되지 않았는지를 설명하는 식으로 전개된 것과 마찬가지 근거다. 이때 독자가 궁금해할 만한 요소를 풀어주는 식으로 정보가 전달되는 것이 바람직하다. 그래서 위 교통사고 기사 기초 공식 5 사례에서는 숨지거나 다친 아이들의 상황, 그리고 왜 좌석버스에서는 사상자가 발생하지 않았는지 등에 대한 정보를 담았다. 마지막 셋째 단락은 앞선 공식들과 같은 내용을 전한다.

현장 교통사고 기사 기초 공식 5 사례

기본 기사

철로를 따라 걷던 보행자가 열차에 부딪혔으나 목숨을 건졌다.

30일 오전 8시 11분쯤 충남 논산시 연산면 관동리 관동건널목 부근에서 철길을 따라 걷던 박모(53)씨가 연산역을 출발해 제천으로 향하던 3268호 화물열차에 부딪혀 좌측 대퇴부가 찢어지는 부상을 입고 병원으로 이송됐다.

철도관계자에 따르면 화물열차는 이날 오전 8시3분쯤 연산역을 출발해 시속 65km의 속도로 제천조차장을 향해 운행하고 있었다.

이어 8시 11분쯤 열차가 관동건널목 부근에 다다랐을 때 기관사 한모(45)씨가 전방 150여m 앞에서 철길을 따라 걷고 있는 보행자를 발견해 즉시 기적을 울리며 급제동을 걸었다. 철길 좌측 선로 바깥을 따라 걷던 보행자 박모(53)씨는 기적 소리를 듣고 피하려 했으나 철길 양쪽이 좁아진 구간이어서 철길 옆 옹벽을 기어오르기 시작했다.

열차는 다행히 보행자 바로 앞에서 극적으로 멈췄으며 이 과정에서 박씨가 열차 앞부분에 부딪혀 쓰러지면서 좌측 대퇴부가 찢어지는 부상을 입었으나 다행히 생명에는 지장이 없었다.

_ 《문화일보》 2006년 7월 〈철길 보행자 열차 급제동으로 살아〉

확대 기사

승객 205명과 승무원 7명을 태우고 일본 후쿠오카를 출발, 부산으로 향하던 국제 여객선 ■■호(160t)가 기관고장을 일으킨 지 10시간 만에 목적지에 도착하는 사고가 발생했다.

승객들은 2일 오전 4시 15분쯤 부산항 국제여객터미널에 도착할 때까지 심한 멀미를 하면서 비명을 지르는 등 극심한 공포에 떨었다.

2일 부산해경에 따르면 한 · 일 국제여객선 ■■호가 1일 오후 6시 15분쯤 부산 태종대 동방 8.6마일 해상에서 갑자기 기관고장을 일으켜 표류하기 시작했다.

이날 오후 3시15분 일본 후쿠오카 하카타항을 출발한 이 여객선은 사고해역에서 갑자기 자체 동력을 잃어 높은 파도에 떠밀리며 2시간 이상 표류했다.

신고를 받고 출동한 부산해경은 헬기 1대와 경비함정 10척을 급파했고 해군도 사고해역에 함정을 보냈다.

해경 3000t급 경비 구난함이 이날 오후 8시 35분쯤 사고 선박에 접근, 예인작업을 벌였고 다른 함정들은 호송을 했다.

승객 205명은 ■■호가 2일 오전 4시 15분쯤 부산항 국제여객선에 도착하기까지 '악몽의 10시간'을 보냈다.

승객들은 "배가 강풍에 심하게 요동을 치면서 사람들이 멀미를 하고 비명을 지르는 등 객실 내부는 아비규환이나 다름없었다"고 말했다.

상당수 승객은 사고 당시 남해동부해상에 초속 12~16m의 강한 바람이 불고 파도도 2~4m로 높게 일어 풍랑주의보가 내려져 있었다며 사고 여객선의 무리한 운항이 이번 사고의 원인이라며 강하게 항의했다.

부산해경은 사고 여객선의 선장 등을 불러 정확한 사고 경위 등을 조사할 예정이다.

한편, ■■호는 2008년에도 무리하게 운항하다 일본 쓰시마 인근 해상에서 25시간 동안 표류한 적이 있고 고래로 추정되는 물체와 충돌해 승객 7명이 다치는 사고를 일으키기도 했다.

_《세계일보》 2010년 3월 〈한 · 일 여객선 표류 10시간 만에 부산 도착〉

앞에서 언급한 바와 같이 현장 기사들은 일부 정보를 이 책에서 제시하는 공식의 첫 단락에서 발췌해 별도의 리드 단락에 배치하거나, 원래 공식에서 첫 단락에 다루는 것이 좋다고 설명된 부분 중 일부만을 도입부에 사용한 뒤 나머지 정보를 나중에 사용하는 등의 방식을 통해 변형을 가하기도 한다. 모두 가능한 접근 방법이다. 그리고 그 가능성의 방향은 사고가 발생한 시점에서 어느 정보가 더 필요한가를 중심으로 결정된다. 다시 말해 사고가 발생했을 당시 사회적으로 뉴스가 될 만한 정보, 즉 시의성과 독특성 등 기사 가치의 여러 요소가 고려된 상태에서 기사들이 작성된다는 것이다. 하지만 여기서 제시되는 공식들이 다루고 있는 정보들은 기본적으로 기사 안에서 소개되는 것이 좋다. 그리고 이 공식들의 내용과 순서를 아는 것과 모르는 것의 차이는 분초를 다투는 마감 현장에서 기사 작성 능력을 현격하게 차별화한다. 공식은 무엇을 어디서부터 써야 할지 모르는 답답함을 제거하는 훌륭한 도구다. 언제 어디서건 일단 기본적으로 이 틀에 맞춰 기사를 쓴 뒤, 위에 말한 당시의 기사 가치를 고민하며 기사를 조정하면 된다.

4) 재난 기사

재난은 기본적으로 큰 사고를 뜻한다. 규모가 크더라도 기사 쓰는 방식은 앞에서 제기한 공식의 틀을 유지할 수 있다. 하지만 많은 경우 위에 소개한 기본 공식에 덧대 종합적인 요약 리드를 써준다. 특정하게 부각할 요소들을 별도로 떼내 그 부분만을 우선 강조하고, 강조된 부분을 뒤에서 재차 부연하는 방식을 사용하기도 한다. 즉 장소와 시간, 원인 등을 나타내는 기본적인 공식 형태를 띠기보다는 피해 규모나 원인에 집중하는 등 비교적 자유로운 접근이 가능하다. 화재사고나 교통사고 등의 기초 공식 1에서 장소만을 강조하는 것도 이런 시도의 하나라도 볼 수 있다. 하지만 이 역시 위의 기본 틀을 알고 있으면 기사 작성에 큰 도움이 된다. 어떻게 출발해야 하는지를 아는 것과 그렇지 않은 것은 천양지차다.

재난은 인재(人災)와 자연재해(自然災害) 등 크게 두 가지로 나뉜다. 인재는 사람들이 만들어놓은 구조물이나 교통수단에 연관된다. 관리를 소홀히 하거나 운행을 잘못 해 대규모 피해로 이어지는 경우다. 자연재해는 기후 현상 등을 이유로 인간이 어떻게 해볼 도리 없이 당하는 사고를 말한다. 지진이나 홍수, 태풍 피해 등이 대표적이다. 여기서는 기사 작법의 다양한 접근법을 일일이 소개하지 않고 현장의 사례들을 이들 두 가지로 나눠 소개함으로써 재난 기사에 대한 이해를 돕겠다. 누차 강조하지만 기본 공식을 알고 있으면 이들에 대한 접근을 두려워할 필요가 없다. 단 피해의 규모가 크고 지속되는 시간이 길어 재해가 발생하는 시간과 장소가 특정되지 않는 경우를 유의해야 한다는 점을 고려하는 것은 이런 두려움을 극복하는 또 다른 도구가 될 수 있다. 구체적으로 보자면 해상사고나 비행기 사고의 경우 망망대해 또는 상공에서 벌어진 일이라 일반적인 사고 기사의 장소 표현 방법을 쓰기가 어려워, 잘 알려진 장소 혹은 위도나 경도 등을 활용한다는 점을 기억해둘 필요가 있다. 즉 재해 기사를 쓸 때 파리나 런던, 여수나 부산 등 특정 도시, 혹은 그런 장소를 지정하기 어려운 경우는 특정 위도나 경도를 기준으로 거기서부터 어느 방향으로 얼마나 떨어진 거리에서 사고가 발생했는지를 적시하는 방법을 많이 쓴다. '울산 동구 방어동 화암추 남동쪽 0.8km 해상에서', '부산 오륙도 2km앞 해상에서', '전남 진도군 조도면 병풍도 서남쪽 30km 해상에서', '미국령 괌 아가냐 공항 남쪽 5km 지점의 니미츠 산 중턱에' 등이 사례가 된다. 태풍이나 호우의 경우 초기 발생 시점에는 어느 지점에서 언제부터 시작됐는지를 지정해 사고 피해의 누적 정도를 알리기도 한다. 이제 이들을 다루는 현장 기사들을 통해 재난 보도를 확인해보기로 하자. 비록 사안의 급박성, 당일 지면 사정에 따른 기사 변형 등이 나타나면서 기본적인 공식 적용에서 벗어나는 경우도 있지만, 아래 사례들을 통해 기초적인 사고 기사의 육하원칙이 글의 흐름에 따라 어디에 배치됐고 어떻게 표현됐는지를 이해하는 계기가 되길 바란다.

(1) 인재(人災)

21일 오전 7시 30분께 성수대교 중간 5번과 6번 교각이 무너져 내리면서 교각 상판 50미터가량이 붕괴, 다리를 통과중이던 한성운수 소속 16번 시내버스 1대와 봉고차량 1대, 자가용 2대 등 차량 10여대가 붕괴된 상판과 함께 한강 물속으로 추락했다.

이날사고로 오전 9시 반 현재 확인된 사망자는 모두 24명이며 31명이 구조됐으나 구조작업이 계속될수록 더 늘어날 것으로 보인다.

사체는 가톨릭 병원 3명, 한라병원 2명, 서울중앙병원 1명, 방지거병원 3명, 한양대 병원 2명, 동부성심병원 1명 등 인근 병원에 안치돼있다.

무너진 상판 위에는 충격으로 박살나 뒤집힌 시내버스 1대와 봉고 차량, 자가용차 2대가 얹혀 있는데 목격자들은 이들 차량 외에도 더 많은 차량이 물속으로 떨어지면서 일부 시민이 밤새 내린 비로 불어난 급류에 휩쓸려 내려가는 것을 봤다고 말하고 있어 사상자가 더 늘어날 것으로 보인다.

사고 직후 군과 경찰은 한강 순찰대 경비정 3대와 경찰헬기 4대, 해경 특별구조단, 3공수 구조단 헬기 10대, 수중 탐사요원 등을 출동시켜 구조작업을 벌이고 있다.

경찰은 현장에서 차량 통행을 전면 통제한 채 사상자 구조작업에 나서는 한편 정확한 사고원인을 조사 중이다.

사고 난 성수대교는 동아건설이 공사비 1백 15억 8천만원을 들여 지난 77년 4월 착공, 2년 6개월간의 공사기간을 거쳐 폭 19.4m 연장길이 1천1백60.8m 왕복 4차선으로 79년 10월 완공됐다.

_《연합뉴스》 1994년 10월 〈성수대교 붕괴, 버스승객 등 24명 사망〉

29일 오후 5시55분께 서울 서초구 서초동 삼풍백화점 건물 2개 동 가운데 백화점 매장이 들어선 A동이 완전히 붕괴했다.

사고 당시 백화점 안에는 상주직원 9백여명과 고객 5백여명 등 모두 1천4백여명 이상이 있었을 것으로 추정된다.

군·경과 소방대원 등 구조대는 이날 자정 현재 사망자 60여명의 주검을 확인하고 6백70여 명의 부상자를 병원으로 옮겼으나 건물더미 속에 최소한 1백명 이상이 매몰돼 있을 것으로 보여, 사망자 수는 크게 늘어날 것으로 예상된다.

이날 붕괴장면을 목격한 삼풍아파트 경비원 권○○(56)씨는 "'쿵'하는 소리가 난 뒤 백화점 건물 2개 동 가운데 A동 건물이 5층부터 주저앉듯 무너져 내렸다"며 "붕괴와 함께 먼지가 반경 2백m 지역 내에 가득했다"고 말했다.

붕괴된 삼풍백화점 A동은 기둥 2개와 일부 건물잔해만 남긴 채 백화점 건물 뒤에 있던 아파트가 온전히 보일 정도로 완전히 파괴됐다.

사고 조사에 나선 통상산업부 안전점검대책반은 "기초공사 부실로 인한 자연 붕괴로 보인다"고 밝혔다. 서울시 관계자는 "백화점쪽이 지난해 10월 지하 1층 식품매장 양쪽 벽을 허물고 매장을 증축했다"며 이것이 이번 붕괴와 관련이 있을 가능성이 크다고 말했다.

이와 관련해 직원들은 "오전 8시부터 5층 식당가에서 벽면·천장·바닥에 금이 가는 등 붕괴조짐이 잇따랐으나 백화점쪽이 영업을 강행했다"고 말했다. 사고가 나자 군·경과 소방서쪽은 긴급 구조작업에 나섰으나, 무너지지 않고 남은 백화점 옆 엘리베이터 타워의 추가 붕괴 가능성이 큰 데다 붕괴 당시 새나온 가스로 화재가 발생해 한때 구조대원들이 철수하기도 했다.

이날 자정 현재 확인된 사망자 명단은 다음과 같다. ◇영동세브란스병원=김○○ 김△△ 남○○ 강○○ 조○○ ◇강남성모병원=송○○ 이○○ 장○○ 박○○(21·여) 장△△ 김△△(20·여) ◇삼성의료원=정△△ 권△△(45·여) ◇강남시립병원=김△△(26·여) ◇오산당병원=정△△(25·여) 김△△ ◇경찰병원=40대여자 1명 ◇길동 성심병원=박△△ ◇방지거병원=신원미상1명 ◇순천향병원=신원미상 1명 ◇중대용산병원=이△△(27·여) ◇김두순정형외과=이△△ 김△△

_《한겨레》 1995년 6월 〈삼풍백화점 붕괴 대참사〉

승객 2백31명과 승무원 23명 등 2백54명을 태우고 5일 오후 서울을 출발, 괌으로 가던 대한항공 KE801편 보잉747 여객기(기장 박○○ · 44)가 6일 새벽 1시 35분쯤(한국시간) 괌 아가나공항 근처 니미츠 산 중턱에 추락했다.

이 사고로 2백명 가까이 사망한 것으로 추정되나 정확한 사망자 수는 6일 오전까지 파악되지 않고 있다. 현지 관계자들은 오전 9시 현재 생존자가 55명이라고 전했다.

사고 여객기는 5일 오후 8시 20분 김포공항을 이륙, 6일 오전 1시 40분쯤 아가나공항에 착륙할 예정이었으나 착륙을 5분쯤 앞두고 갑자기 공항 남쪽 5km 지점의 니미츠 산 중턱에 추락했다.

현지 공항 관계자들은 갑작스런 기상악화가 사고 원인으로 추정된다고 말하고 현지에서 회수된 블랙박스를 조사하면 정확한 사고 원인을 파악할 수 있을 것이라고 밝혔다.

사고 여객기는 84년 12월 미보잉사로부터 도입한 3백85석짜리 점보 기종으로, 여객기에는 국민회의 신기하의원 부부 등 한국인 2백33명과 미국인 19명(한국계 11명 포함), 일본인 1명이 타고 있었던 것으로 파악됐다.

부상자들은 미군 헬기로 괌 메모리얼병원으로 옮겨져 치료받고 있으며 사망자들은 미 해군 병원에 안치됐다. 그러나 여객기가 추락한 지점이 접근이 힘든 산악 밀림지역이어서 구조에 애를 먹고 있는 것으로 전해졌다.

정부는 사고소식이 전해진 직후인 오전 5시 건설교통부에 중앙사고대책본부(본부장 이환균 장관)를 설치, 우선 조처로 정부 관계자와 대한항공 관계자로 구성된 사고조사반 및 보도진을 태운 특별기를 이날 오전 9시 30분 괌으로 파견했다. 대한항공 측도 서울 등촌동 KAL연수원에 사고대책본부를 설치, 사고원인 조사와 유족보상 준비 작업에 착수했다.

_《국민일보》 1997년 8월 〈"생존 55명"/KAL기 괌서 추락2백54명 탑승〉

국내 유조선 충돌사고 사상 최대의 기름 유출 사고가 충남 태안 앞바다에서 발생했다. 당국이 사고 수습에 나서고 있지만 사고해역 인근 양식장 등에 큰 피해가 우려되고 있다.

7일 오전 7시 15분쯤 태안군 원북면 신도 북서방 6마일 해상에서 항해 중이던 홍콩 선적 14만 6848t급 유조선 '헤베이 스프리트'와 삼성중공업 소속 해상 크레인을 적재한 1만 1800t급 바지선이 충돌했다. 이 사고로 유조선 오일탱크 3개에 구멍이 나 1만t의 원유가 유출, 이 일대 해역에 폭 2km의 기름띠가 8km가량 형성됐다.

사고 규모는 국내 최악의 해양 오염 사고였던 1995년 '시프린스호 사고' 당시 유출됐던 원유 5035t과 비교하면 두 배에 이를 전망이다. 사고 발생 직후 관계 당국 등이 기름띠 방제와 회수 작업을 하고 있지만 일부 원유는 해안으로 밀려들 것으로 예상돼 태안군 일대 3571ha의 양식장에 집중적인 피해가 불가피할 것으로 우려된다.

하지만 시프린스호 사고는 해안의 암초에 좌초하며 기름띠가 연안으로 퍼지면서 피해가 컸지만 이번 사고는 육지에서 10km 떨어진 해상에서 발생해 다행히 기름띠가 연안으로 크게 번지지는 않고 있다. 또 사고 당시 태안 앞바다의 파고가 3m 이상 높아 원유의 50%를 차지하고 있는 경질유의 휘발을 촉진시킨데다 남은 중질유도 이날 오후 2시부터 물때가 썰물로 바뀌며 바다 쪽인 남동방향으로 흐를 것으로 해경측은 예측하고 있다.

정부는 해양수산부에 중앙사고수습본부를 설치하고 현장에 해경 경비함정 12척, 해양오염방제조합 방제선 15척을 투입, 선박 주변에 오일펜스를 치고 수습에 나서고 있으나 2~4m 높이의 파도가 치는데다 초속 10~18m의 남동풍이 불고 있어 실질적인 방제작업에 나서지 못하고 있다.

_ 《서울신문》 2007년 12월 〈기름 1만t 유출… 8㎞ '검은바다'〉

경기 안산 단원고 2학년 학생 325명 등 승객과 승무원 462명을 태우고 인천에서 제주도로 가던 여객선이 전남 진도 앞바다에서 16일 오전 침몰했다. 사고 후 175명이 구조됐으나, 5명은 숨지고 282명이 실종됐다. 실종자 중 200여명이 단원고 학생들이다. 이번 사고는 1993년 292명이 사망했던 서해 훼리호 사고 이후 최대의 해난 사고로 기록될 것으로 보인다.

해양경찰청에 따르면 이날 오전 8시 58분쯤 전남 진도군 조도면 병풍도 북방 3.3km 해상을 지나던 인천 선적 여객선 세월(SEWOL·6825t)호가 "침수가 시작됐다"며 목포 해경에 구조를 요청했다.

세월호는 전날 밤 9시쯤 인천항을 출발해 제주도로 가는 중이었다. 신고가 접수되자 해경과 해군 소속 헬기와 선박, 가까운 바다에서 조업 중이던 어선 수십 척이 사고 해역에 출동, 오전 9시 40분쯤 5명을 구조한 것을 시작으로 구조 작업을 벌였다. 구조 인력이 도착했을 당시 세월호 선체는 이미 45도 가까이 기울어져 있었고, 오전 10시 30분쯤 수면과 거의 수직이 됐다. 침수 2시간 20여분이 지난 오전 11시 20분엔 수심 37m 지점에 침몰했다. 이후 해난구조대(SSU)와 해군 특수전단 요원들이 선실에 투입돼 생존자 수색 작업을 벌였다. 그러나 선사 직원 박○○(여·22)씨와 단원고 2학년 4반 정◇◇·권△△·임◉◉군 그리고 신원을 알 수 없는 여성 한 명은 끝내 숨졌다. 실종자들에 대한 본격적인 수색 작업은 17일 오전부터 가능할 것으로 보인다.

구조된 승객들은 "배가 침몰하기 전 '쾅' 하는 굉음이 들렸다"고 증언했다. 안전행정부는 "전날 안개 때문에 출항이 세 시간 정도 늦어진 여객선이 제주 입항을 앞당기기 위해 항로를 벗어나 운항하다 암초에 걸려 좌초했을 가능성을 조사하고 있다"고 밝혔다.

이날 정부와 사고 선박 선장의 행태는 사고 승객 가족들을 분노케 했다. 정부는 당초 368명이 구조됐다고 밝혔다가 이를 번복하는 등 온종일 사고 선박 승객 수, 실종자 수, 구조자 수를 정정하며 우왕좌왕했고 사고 선박의 선장은 구조 작업 초기에 배를 빠져나왔다. 해경은 사고 선박 선장을 상대로 안전 항로를 제대로 지키며 운항했는지, 침수 사고가 발생한 이후 안전 매뉴얼대로 조치를 했는지 등에 대해 조사하고 있다.

_ 《조선일보》 2014년 4월 〈침몰까지 140分… 눈뜨고 아이들 잃는 나라〉

(2) 자연재해(自然災害)

5일 오후 8시 33분경 울산 동구에서 동쪽으로 52km 떨어진 해역에서 리히터 규모 5.0의 지진이 발생했다. 50여 분 뒤에는 규모 2.6의 여진이 이어졌다. 경북과 경남은 물론이고 전남, 충청, 경기 남부 지역에서까지 건물 흔들림과 진동이 감지돼 지역 주민들이 큰 불안감에 떨어야 했다. 전국 각지에서 접수된 관련 신고가 6679건(오후 9시 현재)에 달했다.

지진 발생 직후 울산 지역에서만 진동을 느꼈다는 신고가 1300여 건 접수됐다. 부산 해운대구의 아파트 단지에서는 창틀이 휘고 테이블 위 물건이 바닥에 떨어졌다는 제보도 나왔다. 경남 양산시의 한 고교서는 야간 자율학습 중에 대피하는 소동이 벌어졌다.

해안에서 20여 km 떨어진 울산 중구 다운동의 한 아파트 7층에 사는 주민 김모 씨(53·여)는 "거실 소파에 앉아 TV를 보고 있는데 아파트 전체가 흔들렸다. 몸이 한쪽으로 쏠릴 정도였다"고 말했다. 인근 주민 이모 씨(56)도 "책꽂이에 취미로 쌓아둔 작은 돌탑이 바닥에 떨어질 정도였다"고 말했다.

대구에서도 진동이 감지됐다. 장모 씨(41·대구 달서구)는 "집안일을 하고 있는데 갑자기 '쿵' 하는 느낌이 들면서 바닥과 창문이 1초 정도 흔들렸다"며 "충격이 생각보다 커서 무슨 일인가 싶어 한동안 밖을 확인했다"고 말했다. 또 경북 포항, 경주, 부산 등에서도 '지진을 느꼈다'는 신고가 잇달아 소방당국에 접수됐다.

특히 경주에 있는 중·저준위 방사성폐기물처분장(방폐장)은 재난 대응 상황 4단계 중 2번째인 '주의' 단계를 발령하고 비상근무 체제에 돌입했다. 지진이 발생한 부산 기장군과 울산 울주군 일대에 원전 6대가 늘어서 있어 원전 안전성 논란이 불거질 가능성도 배제할 수 없다. 울산소방본부는 일단 "오후 9시 10분 현재 울산 울주군 서생면과 부산 기장군의 신고리원전에서는 피해 상황이 보고된 것이 없다"고 밝혔다.

규모 5.0의 지진은 역대 5위급이다. 5.0은 좁은 면적에 부실하게 지어진 건물에 심한 손상이 갈 정도의 흔들림에 해당한다. 한국에서 규모 5.0 이상의 강진은 2014년 4월 1일 충남 태안군 인근 100km 해역에서 발생한 규모 5.1 지진 이후

약 2년 3개월 만이다. 기상청에 따르면 지진 관측을 시작한 1978년부터 2010년까지 한반도에서는 규모 2.0 이상 지진이 총 891회 발생했다. 가장 규모가 컸던 지진은 1980년 1월 8일 평북 의주 삭주에서 발생한 규모 5.3이다.

_ 《동아일보》 2016년 7월 〈아파트 흔들리고 몸 휘청 · 고교선 긴급대피…울산 앞바다 규모 5.0 지진〉

12일 하루 동안 최고 5백mm 이상의 집중호우가 쏟아져 11명의 사망 · 실종자와 2천여명의 이재민을 낸 경북 상주시. 상주시 남성동에 자리한 상주농지개량조합 직원 50명에게 붕괴위기에 처한 오태저수지의 제방붕괴를 방어하라는 '특명'이 떨어졌다.

상주시 공검면 오태리의 오태저수지가 붕괴될 경우 이 일대 3개마을이 물바다가 되는데다 이곳 주민들의 생활터전인 1천ha의 농경지가 침수되거나 유실되기 때문이다. 지난 59년 설계·축조할 당시 오태저수지는 유역면적 1만5천ha에 계획저수량 5백16만9천t. 그러나 11일부터 쏟아지기 시작한 비로 삽시간에 한계저수량인 5백21만2천t까지 증가했다.

12일 낮 12시5분 결국 오태저수지 물넘이의 수심이 35cm까지 치솟으면서 저수지를 감시하던 농지개량조합 공검지소로부터 다급한 전화목소리가 들려왔다. 전체 제방 길이 6백80m, 높이 13.5m, 너비 5m인 오태저수지의 바깥제방 방수로쪽 1백m가량이 쏟아지는 빗줄기에 밀려 제방전체가 50cm가량 튀어나오는 슬라이딩현상이 나타난 것이다.

신고를 받은 농지개량조합 직원들은 아찔했다. 오태저수지가 무너질 경우 공검면 양정1, 2리와 부곡리 등 하류지역 주민들의 피해가 불을 보듯 뻔하기 때문이다. 쏟아지는 빗속에서도 우선 비닐로 제방전체를 덮어 더 이상 물이 제방 둑으로 스며들지 않도록 응급복구를 마친 농조직원들은 하늘을 쳐다봤다. 여전히 장대같은 비는 계속됐다.

응급복구를 마친 오후 2시, 폭우가 계속되자 농조직원들은 경찰과 상주시청에다 주민들의 대피를 당부해 5개마을 주민 7백여명을 인근 공검중학교등 고지대로 대피시켰다. 농지개량조합 직원들은 그러나 비가 더 내릴 가능성이 있다는 기상청의 예보에 따라 현장 관리초소에다 조합직원과 공무원 경찰 마을청년 등 20여명으로 오태저수지 제방감시단을 구성해 24시간 비상근무 중이다.

한편 재배 농경지의 53%인 9천6백55ha가 물에 잠기고 주택 1천여채가 부서지거나 침수된 상주시는 우선 13일부터 유실되거나 산사태로 교통이 끊긴 22개 국·지방도와 일반도로의 복구작업을 위해 트럭과 굴착기, 로더 등 장비와 1천여명의 공무원 등을 동원, 고립직전인 상주지역의 연결도로부터 복구작업에 나섰다.

_《문화일보》 1998년 8월 〈기습폭우 상주농지조합원 '악몽의 하루'〉

26일과 27일 이틀간 서울에 쏟아진 폭우의 최대피해지역은 서초 · 강남이었다. 계획도시로 건설된 서초·강남 지역은 산사태에다 정전, 통신두절, 방송중단, 아파트 단지와 도로, 지하철 침수 등 도시기능이 완전 마비됐다. 그동안 계획도시에 부자동네인 서초·강남구는 대부분 고지대인데다 배수시설 등 기반시설이 잘 갖춰져 타 지역에 비해 상대적으로 안전하다는 게 그간의 인식. 그러나 이날 폭우는 상식을 완전히 뒤집었다.

27일 엄청난 폭우로 오전 8시 45분부터 우면산 자락이 서울 서초구 우면동과 방배동 일대로 무너져내리면서 모두 17명이 숨지거나 매몰됐다. 산사태로 120세대 중 60세대가 한때 고립됐던 우면동 형촌마을에서는 신세계 구학서 회장의 부인 양명숙(63)씨가 이날 자택 지하실을 살피러 내려갔다가 밀려든 흙탕물에 미처 빠져 나오지 못하고 변을 당했다. 당시 양씨는 12개월 난 손녀를 업은 며느리, 가사도우미 여성과 함께 20~30분간 무릎 높이까지 차오른 물을 바가지로 퍼내다 진전이 없자 양 여사는 며느리와 가사도우미에게 펌프 등을 가져오라고 내보낸 뒤 계속 현장에 머물렀던 것으로 알려졌다.

우면산 산사태로 교육방송인 EBS는 6시간여 동안 심각한 방송 차질을 빚었다. EBS 라디오 〈모닝스페셜〉은 이날 오전 8시 50분께 진행자가 "산사태 때문에 방송을 중단해야 하는 상황"이라고 사과하고 곧바로 음악방송으로 대체됐다. TV 프로그램은 녹화분으로 정규 방송을 송출했다. EBS 관계자는 "생방송 제작·송출 시설이 있는 우면동 방송센터 일부 스튜디오에 토사가 유입되고 가건물 형태의 세트실이 무너져 내렸다"고 밝혔다.

또 우면산에 위치한 서울시교육연수원도 이날 오전 뒷산 비탈면이 무너지면서 토사가 흘러내려 강의실 창문이 깨지고 지하주차장이 침수됐다. 우면산 터널 요금소 출구에도 우면산 토사가 흘러내려 일대 교통이 완전 마비됐다. 인근 예술의 전당도 모든 전시장을 휴관했다. 우면산 인근 양재동 주민 백모(42)씨는 "서초구청이 지난해 태풍으로 나무들이 꺾이고 쓰러지는 문제가 생기자 큰 나무들을 잘라낸 것도 산사태의 한 요인"이라며 "이로 인해 비가 와 이미 젖어 있는 흙이나 나무가 빗물을 흡수하지 못했다"고 목소리를 높였다.

강남역 일대 삼성 사옥 인근 지역 도로는 하수 역류로 인해 급류가 흐르는 거대한 수로로 변했다. 이 일대는 이날 오전 9시 15분부터 3시간 동안 SK텔레콤 휴대폰이 불통됐고 방배동 일대 1만여 가구가 정전돼 시민들이 큰 불편을 겪었다. 이날 오전 8시부터 오후 3시까지 지하철 분당선 선릉역과 도곡역 배수시설이 쏟아지는 폭우를 감당하지 못해 선릉-수서 구간 열차가 전면 통제됐다. 대치동 은마 아파트를 둘러싼 100m 내 대치역 사거리 일대 도로가 물에 잠겨 북문 한곳을 제외하고 단지로 진입하는 길이 모두 침수돼 주민들이 한때 고립됐고 수백대의 자동차가 물에 잠겼다. 대치동 주민 김모(45)씨는 "자동차가 물 위에 둥둥 떠다니는 것은 처음 본다"고 혀를 내둘렀다. 서울 남부 관문인 사당 사거리 일대도 물에 잠겨 오전 9시께 사당역 출입이 통제됐다. 방배3동에 사는 주민 권○○(42)씨는 "8시가 되자 남부순환도로부터 사당역까지 도로는 거센 물길이 흘러 건너갈 엄두도 못 냈다. 10년 넘게 살았지만 이런 일은 처음"이라고 말했다.

이날 오전 6시부터 9시까지 3시간 동안 서초구에는 161mm, 강남구에는 142mm의 물폭탄이 투하됐다. 같은 시간대 서울의 타 지역보다 평균 3배 이상 강수량이 많았다. 이 지역의 배수를 담당하는 대치빗물펌프장은 시간당 94mm의 강수를 감당할 수 있다고 했지만 소용이 없었다. 더욱이 많은 비로 인근 양재천, 도림천도 역류, 물이 빠져나갈 틈이 없었다. 결국 기록적인 폭우가 배출될 곳을 찾지 못해 서초·강남 일대를 계곡과 호수로 만든 셈이다. 서울시 관계자는 "수해는 지형과 하천 등 여러 요건이 함께 작용하지만 기본적으로 강수량이 가장 큰 영향을 끼친다"며 "강남 지역의 시간당 강수량은 100년에 한 번 나올 만한 수준이어서 대응에 한계가 있었다"고 말했다.

_《한국일보》 2011년 7월 〈우면산 토사 쓰나미 마을 덮쳐… '강남 수해안전' 상식 깨졌다〉

전국에서 폭염이 이어지는 가운데 8월 들어 비도 거의 내리지 않아 곳곳에서 가뭄의 조짐이 나타나고 있다.

22일 기상청에 따르면 8월 들어 22일까지 서울 등 전국 80개 지점의 평균 강수량은 31.4mm에 머물고 있다. 아직 8월 말까지 9일이 남아 있긴 하지만 평년 8월 전체 강수량 274.9mm와 비교하면 11.4%에 불과하다.

지역별로 보면 인천과 경기 지역의 가뭄이 특히 심각하다. 인천의 강수량은 0.1mm, 강화 0.7mm, 수원 0.3mm, 이천 2.9mm, 파주 7.2mm, 양평 19.5mm 등으로 비가 거의 내리지 않았다.

서울의 경우 8월 들어 22일까지 내린 비는 15.2mm이다. 그나마 지난 19일 서울관측소가 있는 종로구 일대에 소나기(강수량 11.5mm)가 쏟아진 덕분이다. 서울의 8월 평년 강수량이 364.2mm인 것과 비교하면 4.2%에 그쳤다.

충남 지역도 가뭄이 심하다. 보령은 8월 들어 강수량이 0mm를 기록하고 있으며, 서산 0.8mm, 천안 5.9mm, 대전 15.5mm 등이다.

전남 남해안도 비다운 비가 내리지 않고 있다. 지역별 강수량은 여수가 0.2mm, 해남 0.4mm, 강진 0.5mm, 목포 1.3mm, 광양 3.5mm 등이다.

비교적 비가 많이 내린 부산과 인근 도시들 역시 강수량이 100mm를 넘지 못했다. 이 지역 강수량은 부산이 81.1mm, 김해 80.5mm, 창원 71.9mm, 양산 62.2mm, 울산 40.6mm 등이었다.

전국적으로 비가 가장 많이 내린 곳은 전남 진도로 277.4mm의 강수량을 보였고, 제주도 서귀포가 138.2mm를 기록했다. 반면 같은 제주도지만 제주시는 강수량이 13mm에 그쳤다.

이 때문에 농촌지역에서는 고추·배추·콩·당근 등 밭작물에서 가뭄 피해가 발생하기 시작했다. 또 폭염과 가뭄이 겹치면서 배·포도 등 과일이 햇볕에 화상을 입는 일소현상까지 나타나고 있다.

특히 연간 강수량 가운데 8월 강수량은 7월에 이어 두 번째로 많기 때문에 8월 강수량이 부족하면 내년 봄까지 가뭄에 시달릴 우려도 제기되고 있다.

기상청 김용진 통보관은 "지난달까지의 강수량은 평년과 비교해 적은 편은 아니었지만 8월 들어 전국적으로 비가 적게 내렸다"며 "최근 비가 적게 내린 것은 폭염이 계속되는 것과 같은 원인"이라고 말했다.

북태평양고기압이 일본 동쪽에서 강하게 버티고 있고, 중국에 중심을 둔 고기압이 한반도까지 세력을 펼치고 있기 때문이라는 설명이다. 고기압 세력이 한반도를 뒤덮는 바람에 저기압이 통과하지 못하고 있다. 이에 따라 소나기를 제외하고는 비가 거의 내리지 않고 있다는 것이다. 김 통보관은 "현재의 고기압 배치 상태가 무너져야 저기압이 통과하면서 비를 뿌릴 수 있으나 당분간은 어렵다"고 덧붙였다.

한편 계속되고 있는 폭염은 목요일인 25일까지 이어지겠고, 26일부터 북쪽에서 찬 공기가 한반도 상공으로 들어오면서 기온이 다소 떨어질 것으로 기상청은 예보했다. 또 동풍의 영향으로 27일에는 강원 영동과 경북지역에 비가 올 것으로 기상청은 내다봤다.

_《중앙일보》 2016년 8월 〈계속된 폭염과 함께 가뭄도 점점 심각해져〉

제8호 태풍 '너구리'의 영향으로 제주도를 잇는 배편과 항공편이 끊기고, 정전사태가 발생하는 등 피해가 속출하고 있다.

제주도 재난재해대책상황실은 9일 오후 3시 현재 제주 목포, 제주~부산 간 여객선 운항이 전면 중단되고, 제주를 잇는 항공편 가운데 국제선 6편과 국내선 12편 등 모두 18편도 결항됐다고 밝혔다.

이날 오전 5시 50분쯤 서귀포시 강정동 일원 2000여 가구에 정전사고가 발생하는 등 모두 5곳에서 1만3000여 가구 주민이 정전 피해를 입었다.

서귀포시 하원동에 가로수로 심어진 야자수 나무가 강한 바람을 견디지 못해 뿌리째 뽑히는 등 가로수와 방풍림 피해도 잇따르고 있다.

한라산 국립공원의 입산이 통제되고 제주도내 해수욕장 입욕도 전면 통제됐다.

제주도교육청도 이날 법환초, 새서귀초, 중문중, 대정여고 등 8개 학교를 휴업토록 했고, 44개교는 하교시간을 앞당겼다.

실종자 가족들을 지원하기 위해 전남 진도 실내체육관과 팽목항에 설치된 천막과 텐트 대부분은 태풍 피해를 우려해 철거됐으며, 실종자 가족들이 머무르는 조립식 주택은 이동이 어려워 고박을 강화했다.

범정부 사고대책본부는 시신 유실을 우려해 선체 창문과 입구 등에 자석차단봉과 그물망을 설치했다.

지난 9일에는 태풍의 간접 영향으로 울산시 남구 석유화학공단 내 14개 업체에 1시간가량 정전사태가 발생해 수백억원대의 생산손실 피해가 발생했다.

기상청은 이번 태풍이 10일 새벽 0시쯤 제주도에 직접 영향을 줄 것으로 예상했다.

제주 재난상황실 관계자는 "심야 시간대 태풍의 직접 영향권에 들 것으로 예상돼 긴장하고 있다"며 "피해 예방을 위한 비상체제를 가동하고 있다"고 말했다.

_《경향신문》 2014년 7월 〈태풍 너구리 습격, 제주도 배 항공기 끊기고 정전사태〉

5장

보도자료 이용 기사

1. 보도자료 이용 기사의 정의 및 성격

보도자료 이용 기사의 정의를 내리려면 우선 보도자료가 무엇인지를 알아야 한다. 간단히 말해 보도자료는 언론이 정보를 기사화하는 데 사용되는 자료다. 이 자료는 특정 정보가 뉴스 매체(Press)를 통해 전파되기를 원하는 측에서 기자에게 전달(Release)한다. 이런 성격 때문에 보도자료의 영문 표현은 Press Release가 된다. 이런 보도자료는 정보를 매체에게 전달하는 주체, 즉 취재원이 정리한다. 그래서 보도자료는 취재원이 기자와 언론사의 '편의를 위해 제공'하는 정리된 자료라는 성격을 갖는다. 여기서 편의라는 것은 기자가 이용하기 좋다는 의미다. 특별히 추가 취재를 하지 않아도 되고, 구태여 표현을 고민하며 기사를 작성하는 수고를 하지 않거나 또는 적게 해도 되게 만든 자료라는 뜻이다. 이는 취재원이 알리고자 하는 정책이나 사업 등의 내용을 기자가 이용하기 좋도록 육하원칙에 따라 정리한 것이라는 성격으로 이어진다. 알리고자 하는 정보의 종류는 보도자료의 또 다른 성격을 규정하는데, 대표적으로 취재원이 자신들의 입장을 전달·홍보·해명하는 내용이 그런 정보의 중심을 이룬다. 구체적으로 보자면 새로운 정책이나 사업 소개, 추진 배경, 추진 내용, 추진 계획 등이 담기고, 진행 중인 주요 정책이나 사업 실적, 기관장이나 주요 간부의 동정, 기타 홍보 자료가 될 만한 소재 등이 데이터 및 세밀한 자료 등과 함께 제공된다.

이런 성격의 정보를 체계적으로 정리해 전달할 수 있는 능력을 갖춘 취재원 집단은 대개 국가 통치 및 유지를 위한 3부(입법부, 행정부, 사법부), 비정부 기구(NGO), 기업 등 크게 세 개로 나눌 수 있다. 나중에 소개될 사례들도 이들 세 개 종류 기구의 보도자료들을 바탕으로 한다. 이들 주요 취재원들은 자신들의 업무가 납세자, 소비자, 주권 시민 등으로 표현되는 모든 국민들에게 긍정적으로 비치길 원한다. 하지만 이들이 직접 나서서 국민 개개인에게 그 내용을 일일이 전달하기는 어렵다. 인터넷 기술 등이 발달한 최근에는 소통의 채널이 다양화되긴 했지만 일방적인 정보 전달은 자화자찬으로 비칠 수 있어, 평소 자신들을 비판적으로 바라보는 언론을 통해 그 내용을 알리는 것이 효과적이기 때문이다. 그렇게 전달돼야 신뢰도 높은 정보라는 인상을 얻을 수 있다는 뜻이다.

이런 목적을 달성하려면 우선 자신들이 마련한 정보가 보도될 만한 가치가 있다는 점을 매체가 인정하도록 만들어야 한다. 주요 취재원과 국민들 사이에서 그 정보를 매개하는 언론 매체가 뉴스로서 가치를 인정하지 않으면 내용이 제대로 국민들에게 전달될 길이 열리지 않기 때문이다. 결국 보도자료는 궁극적으로 국민들에게 자신들의 업무 상황을 전달하기 위해 일차적으로 매체를 설득하는 홍보 활동의 기초가 된다. 이 홍보가 효율적이려면 우선 내용이 뉴스로서 가치를 가져야 하고, 기자가 그 내용을 쉽게 이해할 수 있어야 하며, 그렇게 이해된 내용을 기자가 편하게 정비할 수 있어야 한다. 이를 위해서는 보도자료 내용이 깔끔하게 정리돼야 한다. 자료 내 정보의 명쾌한 조합과 더불어 기자가 이를 수월하게 국민들에게 전달할 수 있도록 하는 방법은 큰 고민 없이 기사를 쓸 수 있도록 하는 것이다. 편하게 기사를 쓴다는 것은 전달된 자료를 크게 수정하지 않고 기사화할 수 있다는 것을 뜻한다. 기사가 육하원칙에 기초해 작성된다는 것을 고려해 보도자료에는 이런 형태의 정보를 담게 되고, 기자나 언론사에 최대치의 편의를 제공하기 위해서는 단순히 취재거리만 전달하는 것이 아니라 아예 실제 기사 형태의 자료를 만드는 것에까지 이어진다.

이런 내용을 종합하면 '보도를 원하는 주체들이 알리고자 하는 정책이나 사업, 행사 등의 주요 내용을 기자나 언론사가 이용하기 좋도록 육하원칙에 따라 정리한 문건'이라는 보도자료의 일반적 개념이 탄생한다. 그리고 '보도자료 이용 기사'의 정의는 다시 간단하게 '보도를 원하는 주체들이 알리고자 하는 정책이나 사업, 행사 등의 주요 내용을 기자나 언론사가 이용하기 좋도록 육하원칙에 따라 정리한 문건을 활용한 기사'가 된다.

그렇다면 이런 자료들은 매체에 의해 어떻게 이용될까? 위 개념에 이 질문을 이으면 보도자료 이용의 방식은 언론사와 기자의 판단에 따라 결정된다는 것을 알 수 있다. 간단히 보면 자료의 전체 내용을 그대로 활용할지, 그중 일부만 선택할지, 전체 내용을 반영한 뒤 추가 취재를 통해 기사를 보완할지 등은 매체가 결정한다는 뜻이다. 이 판단은 언론이 기본적으로 보도자료를 어떻게 인식하고 있는지에 근거한다. 언론은 보도자료의 내용을 홍보, 편파, 과장 등 세 가지 입장에서 바라본다. '취재원이 언론을 설득해 자신들의 입장을 기사에 반영하도록 한 문건'이며 '자료를 내는 주체의 입장을 집중적으로 전달'하고 '자료를 내는 사람들이 성과물의 의미를 확대'한다고 보는 것이다. 홍보의 측면이 강하다고 하더라도 그 내용 자체로 국민들이 충분히 가치 있는 뉴스로 받아들일 수 있다고 매체가 판단하면 자료의 전체 내용만을 가지고 기사를 작성할 것이고, 지나치게 과장됐다고 판단하면 자료 일부만 활용할 수 있다. 만약 편파적이라고 본다면 일부만 사용하기도 하고, 전체 내용을 반영하더라도 이해관계가 있는 다른 취재원을 추가 취재해 보완하거나 아예 보도자료 방향과는 다르게 기사를 쓸 수도 있다.

기자들의 업무는 국민들이 원하거나 그들에게 필요한 정보를 전달하는 일이다. 만약 취재원의 일방적이고 편파적인 보도자료 내용을 그대로 싣는 것이 그런 목적을 충족시키지 못한다면 아무리 유려하고 깔끔하게 작성된 보도자료라 하더라도 기자들은 그 정보를 그대로 지면에 옮기지 않을 것이다. 올바른 정보를 전달하는 것에서 자존감을 찾는 기자들은 보도자료를 그대로 베끼는 '필경사'의 이미지를 원치 않는다. 특히 보도자료에 등장하는 편파적이고 과장된 표현을 그대로 전달하면 부정확한 내용을 보도하게 되는 경우도 적지 않다. 공식적인 정부의 발표 내용이더라도, 내용을 보도하면서 그에 상치될 수 있는 가능성을 열어둬야 한다는 것을 기자들은 경험을 통해 알고 있다. 그래서 기사를 더욱 좋게, 즉 국민들에게 의미 있게 만들기 위해 보도자료에 나타난 내용을 제3자를 통해 확인하는 노력을 기울인다.

결국 보도자료 이용 기사는 그 자료의 내용을 그대로 '반영'하거나 '변형'하는 등 두 가지 형태로 크게 나뉜다. 이 형태는 곧장 보도자료 이용 기사의 성격이 된다. 첫째 형태의 성격은 큰 비판 없이 전달된 정보를 그대로 베끼거나 주어진 정보의 배치만을 바꿔 달리 구성하는 방식이다. 두 번째 형태, 즉 보도자료 변형 기사는 단순히 주어진 정보의 위치만을 달리하는 것이 아니라 제3자 취재나 전달된 정보의 진위 확인을 통해 보도자료 내용을 보완 또는 공격하는 성격을 띠게 된다. '기본적인' 스트레이트 공식을 소개하는 이 책에서는 후자보다는 전자, 즉 근본적인 내용의 변형 없이 주어진 자료 내용을 반영하는 형태에 집중한다. 사회를 감시하고 올바른 정보를 확인해 전달해야 하는 언론 본연의 입장에서 보면, 후자의 형태를 더 적극적으로 고민해야 하지만, 우선 이 책의 목적이 보도의 기본 틀을 익숙하게 이해하게 만드는 것이기 때문이다. 하지만 기본 틀을 익히기에 앞서 언론의 존재 이유를 조금 더 고민해보자는 차원에서 보도자료 이용 정보를 다루는 기법, 즉 취재 방식을 간단히 소개하도록 하겠다. 독자들도 이 과정에서 자료를 전달하는 취재원과 그 자료를 바탕으로 기사를 작성하는 언론 사이의 긴장 관계를 느낄 수 있기를 기대한다.

2. 보도자료 이용 기사 취재

보도자료를 체계적으로 만들 수 있는 세 가지 대표적인 집단, 즉 권력 3부(입법부, 행정부, 사법부), 비정부 기구(NGO), 기업 등을 중심으로 보자. 이 자료는 정당 대변인실, 정부 부처나 법원·검찰의 공보관실, 비정부 기구나 기업의 홍보실 등에서 작성한다. 이들이 생산해내는 보도자료들은 기본적으로 시상식·불우이웃돕기 모금 등 자신들이 벌이는 이벤트를 홍보하고 참여를 호소하는 행사 안내, 공공요금의 인상·단수 및 단전·신분증 교체 방법·관공서 이전 등 일상생활에 필요한 정보를 국민에게 알리는 서비스 기관의 공지 사항, 대입 시험 전환의 필요성·새로운 세제 추진의 당위성 등을 전파하는 정책 홍보, 기관장 선행·장애인 시설 지원 등 단체 이미지를 제고하는 이미지 홍보, 갈등 상황에서 자신들의 처지를 옹호하거나 상대방을 공격하는 입장 해명, 경찰이나 검찰 등의 수사 경과나 결과 등을 정리해 배포하는 사건 개요 등의 내용을 담는다(이재경, 2005).

소통의 흐름 차원에서 보면 이들 기관의 공보 담당관이나 홍보 전문가들은 정보 전달자(Sender)들이다. 이들이 만든 보도자료는 알리고자 하는 정보(Message)가 되고 이 정보는 뉴스 매체라는 통로(Channel)을 통해 수용자(Audience)라고 불리는 정보 수신자(Receiver)들에게 전달된다. 이 흐름에서 궁극적으로 보도자료 메시지가 도달하는 곳은 일반 수용자들이다. 공보나 홍보 담당자들은 그 정보가 그들의 의도대로 수용자들에게 전달되기를 바란다. 즉 권력 기관이나 비정부 기구 등이 소개하고 홍보하거나 스스로의 입장을 변호하고자 하는 정보가 잘 알려져 수용자들이 자신들의 정책과 행동을 잘 이해하고 협조하기를 원하고, 기업들은 메시지가 잘 전달돼 소비자들이 자신들의 상품을 많이 사주기를 기대한다. 그래서 그들은 수용자들의 성향이나 기호 등을 판단해 정보 전달 전략을 짜기도 한다. 하지만 복잡한 현대 사회에서 이들 개별 수용자들에게 그런 정보가 송신자들의 전략대로 또는 기대만큼 전해지기는 쉽지 않다. 그런 이유로 공보나 홍보 담당자들은 불특정 다수의 대중에게 많은 소식이 전파되는 채널인 대중 매체를 이용하게 되며, 그 과정에서 매체들의 성향과 전파력 등을 고려하는 방법을 취하기도 한다. 보도자료에 녹아드는 대(對) 매체 전략과 방법들의 핵심은 역시 각 단체나 기관이 전하고자 하는 정보가 의도한 대로 최종 목적지인 수용자들에게 닿게 만드는 것이다. 결국 매체가 보도자료를 변형 없이 사용하게 만들려고 노력한다는 뜻이다.

이런 노력의 일환으로 기관이나 단체는 뉴스 매체와 가까워지려고 한다(이건호,

2013a). 사람 간의 네트워킹으로 보면 이런 기관이나 단체의 공보·홍보 담당자들은 기자들과 함께 보내는 시간을 많이 가진다. 이들 공보실이나 홍보실은 물리적으로 기자실에 가까이 붙어 있거나, 접근이 수월한 곳에 위치한다. 대부분 소속 기구의 이미지 홍보나 정책 홍보가 목적이기에, 기자들과의 우호적 관계 형성에 많은 관심을 기울인다. 이들은 기자들의 하루 일과를 파악하고, 그 안에서 어떤 매체의 기자가 어떤 종류의 기사를 얼마만큼 작성하는지도 웬만큼 파악하고 있다. 즉 개별 기자들의 생리를 잘 안다는 것이다. 예를 들어 일반 뉴스 매체를 1차 수용자로 삼는 〈연합뉴스〉나 〈뉴시스〉, 〈뉴스1〉 등 통신사 기자들은 기본적인 보도자료를 중심으로 기사를 만드는 경우가 많다. 이들로부터 뉴스를 제공받는 신문사나 방송사 등은 통신사가 제공한 기사를 거의 그대로 싣거나, 보도자료를 기초로 추가 취재를 하며 기사의 의미를 키우거나 방향을 틀기도 한다. 물론 통신사 이외의 매체들도 보도자료의 성격이나 사회적 의미에 따라 보도자료 내용만을 위주로 기사를 쓸 때도 있지만, 때에 따라 보도자료를 아예 활용하지 않고 자신들의 취재 내용을 중심으로 기관이나 단체가 생각하는 것과는 완전히 다른 방향에서 기사를 작성하기도 한다. 정치나 사회, 경제 권력에 대한 견제 기능을 위해서 일부러 그런 자세를 취하는 것이다. 이런 기자들 특성을 잘 아는 공보·홍보 담당자들은 단순한 우호 관계 유지만이 아니라 기자들이 작성하는 보도 내용을 견제하는 별도 자료를 준비하기도 한다. 이런 상호작용은 결국 각종 권력 또는 이권 단체와 언론 사이의 팽팽한 긴장관계를 기초로 벌어진다.

1) 반영 기사

앞서 소개한 두 가지 형태의 보도자료 이용 기사, 즉 자료 내용을 그대로 반영하는 것과 이를 변형하는 것을 대입하면 보도자료 이용 기사의 취재 방식도 큰 틀에서 어렵지 않게 이해할 수 있다. 이들에 대한 설명을 위해 자료 내용을 그대로 반영하는 것을 '반영 기사', 궁극적인 내용 변화가 발생한 것을 '변형 기사'라고 칭하고 설명을 이어가보자. 우선 반영 기사에는 기자의 특별한 취재가 별로 필요 없다. 자료에 나온 내용을 그대로 베끼거나 일부 정보를 재배치하는 수준에서 보도가 완성되기 때문이다. 내용을 베끼는 경우는 보도자료가 아예 기사 형태로 만들어졌을 때 벌어진다. 완벽한 기사 꼴을 갖추지 않았더라도 보고서 형태로 이뤄진 보도자료 정보에 간단한 술어만 첨가해 기술하는 기사도 이에 준하는 수준이다. 즉 수월하게 기사가 작성된다는 뜻이다. 인쇄 매체 지면이 허락하지 못할 정도로 보도자료 정보가 많으면 간단히 몇 개 단락이나 문장, 단어들을 지우면서 원래 보도자료를 기사 형태로 수정하는 수준에서 기사가 작성되기도 한다. 간단한 현장 사례로 2000년대 중반 나온 삼성전자의 울트라 휴대전화 기사 관련 보도자료와 이를 반영한 현장 기사를 비교해보면 취재가 특별히 필요하지 않은 기사 작성을 확인할 수 있다.

삼성전자 울트라 보도자료

(서울=뉴스와이어) 2006년10월30일-- 삼성전자 '울트라 에디션' 시리즈가 세계 휴대폰 시장에서 돌풍을 일으키고 있는 가운데 최근 우크라이나에서 런칭 이벤트를 개최했다.

삼성전자는 우크라이나에서 고품격 휴대폰 라인업인 '울트라 에디션' 시리즈 런칭을 기념하는 이벤트를 개최했다고 밝혔다.

이날 행사에는 미스 우크라이나 등 유명 연예인과 모델, 기자단 등 우크라이나의 패션, 문화계를 대표하는 VIP 150여명이 참석해 현지 언론으로부터 큰 관심을 모았다.

특히 이 날 행사에서는 '울트라 에디션'의 철학 '울트라'를 주제로 한 사진 전시회 'Life in Ultra Style' 사진전도 함께 마련됐다.

《엘르》, 《맥스》 등 유명 잡지의 전문 사진작가들이 대거 참가한 전시회는 '울트라 에디션'이 갖고 있는 프리미엄 이미지를 예술과 접목했다는 점이 가장 큰 특징이다.

이에 따라 일상생활 속에서 사람들이 느끼는 '울트라'의 이미지를 표현한 사진 작품들이 사랑, 예술, 즐거움, 아름다움 이라는 네 가지 카테고리로 나뉘어 다음

달 18일까지 전시될 예정이다.

울트라 에디션은 지난 6월 싱가포르 커뮤닉 아시아 전시회에서 처음으로 공개된 이후 유럽, 동남아, 미국 등 전세계 곳곳에서 출시돼 3/4분기 동안에만 300만대 이상의 판매를 하며 인기를 얻고 있다.

우크라이나에는 현재 '울트라에디션 6.9', '울트라에디션 9.9'와 '울트라에디션 12.9' 3개 제품이 모두 출시돼 현지 프리미엄 고객층을 중심으로 좋은 반응을 얻고 있다.

삼성전자 정보통신총괄 이기태 사장은 "최고의 기술과 디자인이 결합한 '울트라 에디션'을 통해 전세계에서 최고의 명품 브랜드로 꼽히는 삼성 휴대폰의 프리미엄 이미지를 더욱 강화해나가겠다"고 말했다.

삼성전자에 대하여

삼성전자는 반도체, 통신, 디지털 미디어와 디지털 컨버전스 기술을 보유한 글로벌 리더로, 2005년 567억달러의 매출과 75억달러의 순이익을 달성했다. 전세계에서 12만8천명의 직원을 고용하고 있으며 세계 51개국에 90개가 넘는 오피스를 열고 있다. 삼성전자는 디지털 어플라이언스 부문, 디지털 미디어 부문, LCD부분, 반도체 부분, 통신 네트워크 부분 등 5개 부문으로 이루어져 있다. 세계에서 가장 빠르게 성장하는 브랜드인 삼성전자는 디지털 TV, 메모리 반도체, 휴대폰, TFT-LCD 분야에서 세계 선두 주자이다.

언론문의처

삼성전자 홍보팀 송평관 02-727-7839

홈페이지 http://www.sec.co.kr

보도자료 통신사 뉴스와이어(www.newswire.co.kr) 배포

위 보도자료를 근거로 한 반영 기사

삼성전자 '울트라 에디션' 시리즈가 우크라이나 시장에 진출했다.

30일 삼성전자는 최근 우크라이나에서 고품격 휴대폰 라인업인 '울트라 에디션' 시리즈 런칭을 기념하는 이벤트를 개최했다고 밝혔다.

이날 행사에는 미스 우크라이나 등 유명 연예인과 모델, 기자단 등 우크라이나의 패션, 문화계를 대표하는 VIP 150여명이 참석해 현지 언론으로부터 큰 관심을 모았다.

특히 '울트라 에디션'의 철학 '울트라'를 주제로 한 사진 전시회 'Life in Ultra Style' 사진전도 함께 마련됐다.

엘르, 맥스 등 유명 잡지의 전문 사진작가들이 대거 참가한 전시회는 '울트라 에디션'이 갖고 있는 프리미엄 이미지를 예술과 접목한 것. 일상생활 속에서 사람들이 느끼는 '울트라'의 이미지를 표현한 사진 작품들이 사랑, 예술, 즐거움, 아름다움이라는 네 가지 카테고리로 나뉘어 다음달 18일까지 전시될 예정이다.

울트라 에디션은 지난 6월 싱가포르 커뮤닉 아시아 전시회에서 처음으로 공개된 이후 유럽, 동남아, 미국 등 전세계 곳곳에서 출시돼 3/4분기에만 300만대 이상의 판매를 하며 인기를 얻고 있다.

_ 《머니투데이》 2006년 10월 〈삼성 '울트라에디션', 우크라이나 진출〉

위 보도자료와 기사를 비교해보면, 매체가 보도자료 내용 중 일부를 거의 그대로 옮겼다는 것을 알 수 있다. 이런 형태로 만들어지는 기사를 반영 기사라 할 수 있다. 많이 나타나는 경우다. 하지만 반영 기사를 작성하더라도 기자가 유의할 것이 있다. 우선 사용된 정보가 보도자료를 전달하는 주체의 입장에서는 너무 당연하게 홍보할 내용이라고 보일 수 있지만, 경쟁자의 눈에는 편파적이거나 일반 수용자의 입장에서도 과장된 것일 수 있다는 점이다. '세계 최초'나 '최대' 등의 표현이나 미사여구 등을 포함한 관형어가 보도자료에 등장하더라도 이를 기사화할 때는 주의해서 사용해야 한다.

여러 방법을 통해 확인했더라도 다른 차원에서 검증돼야 할 부분이 있을 수 있기에 정확하게 측정되거나 공신력 있는 단체의 점검이 선행되지 않아 편파 혹은 과장의 위험이 있어 보이는 내용들은 최대한 기사에서 배제해야 한다. 그런 정보를 꼭 써야 한다면 그렇게 포장하는 주체를 밝힘으로써 기사 정보에 대한 매체나 소속기자들의 책임을 벗어야 한다. 여기에 들어가는 품은 결국 약간의 추가 취재가 될 것이다. 이는 보도자료 내용의 완전한 변형이나 그런 변형을 위한 취재에 비해서는 큰 힘이 들어가는 일은 아니다.

또 마구잡이로 사용될 수 있는 외국어 등도 정제돼야 한다. 일상적으로 통용된다고 믿는, 초등학교 6학년이나 중학교 1학년 수준의 학생들이 이해할 정도의 영문 표현 등은 지면에 사용될 수도 있지만 그렇지 않는 내용들은 한국어로 바뀌어 활용되거나 국문이 병기돼야 한다. 예를 들어 KBS, CNN, MVP 등은 이 책이 기술되는 2017년 기준으로 초등학교 6학년이나 중학교 1학년 수준의 학생들이 읽거나 이해할 수 있는 용어들이기에 적지 않는 매체들이 이런 영문 표현을 그대로 쓰고 있다. 하지만 일부 매체들이 바로 괄호를 붙여 한국방송, 시엔엔, 최우수선수 등의 설명을 쓰는 것도 정확한 정보를 전달하기 위한 수단임을 잊어서는 안 되겠다. 정확한 한국어 표현을 찾는 것도 취재일 수 있으나, 이는 위에 말한 변형 기사의 확인 취재 정도에는 미치지 못하는 노력이다.

사실 이런 식의 반영 기사는 앞에 소개한 보도자료 유형 중 행사 안내, 공지 사항 등에 많이 활용되고, 정책이나 이미지 홍보도 사회적으로 용인되는 수준이라 판단되면 큰 변화 없이 그대로 기사에 나타나기도 한다. 하지만 정책이나 이미지 홍보가 보도자료 내에서 지나치게 과장됐거나 사회적 분위기와 무관하게 언론에 전달되면 매체는 오히려 보도자료 작성 주체를 무책임한 단체로 보고 역공격을 한다. 또 갈등 관계를 기본적으로 내포하고 있는 입장 표명이나 사건 개요 보도자료는 반영 기사를 작성할 때도 별도의 주의가 요구된다. 의도치 않은 피해자가 생길 수도 있기 때문이다.

한편 이런 반영 기사도 공보실이나 홍보실이 제공하는 정보만으로 기사를 완성하지 못하는 경우가 많다. 공보·홍보 담당자가 복잡한 조직 내부의 업무를 완전히 장악하기는 힘들기 때문이다. 즉 사회적으로 정보 판단 전문가로 인정되는 기자가 전체 인간사를 모두 알지 못하듯, 조직 내에서 뉴스 가치를 판단해 매체에 정보를 전달하는 공보·홍보 담당자도 자기가 소속된 기관이나 단체의 업무를 속속들이 알고 있지는 못한다는 뜻이다. 결국 이들은 전달된 정보를 기자가 사용하기 쉽도록 글을 조정하는 역할을 하는 데 그치는 경우가 많다. 다시 말해 정보를 꿰차고 있는 사람들은 그 업무를 직접 담당한 조직원이거나 전문가들이라는 얘기다. 물론 공보·홍보 담당자들도 효율적인 정보 전달을 위해 자기 내부 조직원들을 '취재'해 보도자료를 더 다듬는 경우도 있지만, 수백 또는 수천, 수만 명이 일하는 조직에서 쏟아져 들어오는 홍보자료들을 모두 정비하기에는 한계가 있다. 결국 이들도 들어오는 정보 중 중요하다고 조직이 판단하는 일부 내용에 집중하는데, 그런 정보조차도 스스로가 전문가가 아니면 공보·홍보 담당자가 책임 있는 자세로 설명하기는 어렵다. 이때 더 자세한 정보를 요구하는 기자들에게 공보·홍보 담당자들이 하는 일은 해당 업무를 직접 책임지는 담당자나 전문가들을 연결시키는 일이다. 이렇게 연결된 사람들에게 기자들이 궁금한 점을 묻고 확인하는 일이 추가 취재가 될 수 있다. 기자들이 행사 안내나 공지 사항 보도자료 내용을 보완하기 위해 정확한 이벤트 시간을 확인하고, 바뀐 행정 처분의 절차를 일반 수용자들이 알기 쉽게 풀어 설명하는 노력을 기울이게 된다는 뜻이다. 정책이나 이미지 홍보를 위해 대표적인 사례를 추가로 물을 수도 있다. 입장 표명이나 사건 개요의 경우는 보도자료에 등장하지 않는 갈등 당사자를 연결해 기사의 균형을 맞추기도 한다. 비록 이런 방법이 거의 그대로 보도자료를 베끼거나 약간의 정보 배제 등을 통해 기사를 완결하는 것에 비해 품이 더 들더라도 전달된 보도자료의 기본 축을 바꾸지 않는 바에는 반영 기사의 형태가 된다. 보도자료를 배포한 공보실이나 홍보실을 통해 추가 취재원이나 정보를 얻기 수월하고, 이를 통해 기사가 완성된다는 점에서 아래 설명하게 되는 변형 기사에 비했을 때 그 노력의 정도는 대단히 약하다고 볼 수 있겠다.

2) 변형 기사

전달된 보도자료의 내용을 바꾼다는 점만 부각하면 바로 앞서 설명한 추가 취재원 또는 추가 정보 확보 및 반영도 변형 기사를 위한 취재 행위라고 볼 수 있다. 하지만 기본적으로 기관이나 단체의 입장을 그대로 따라간다면 이 책에서 설명하고자 하는 변형 기사에 포함하기는 어렵다. 여기서 변형 기사는 보도자료 내용에 궁극적인 변화를 주는 기사, 즉 편파 또는 과장된 정보를 통해 단체의 입장을 홍보하거나 변호하고자 하는 바를 거꾸로 비판하거나 공격하는 내용을 축으로 하는 기사를 뜻한다. 굳이 이를 보도자료에 연결해 설명하는 이유는, 기사에 그 변형의 근원이 되는 보도자료 원본의 내용이 소개되기 때문이다. 그렇지 않다면 이는 기자들이 스스로 발굴해 보도하는 기획 기사 또는 탐사 보도라고 불러야 할 것이다.

이 책에서 소개하고자 하는 변형 기사의 취재는 앞에 언급한 여러 종류의 보도자료를 모두 활용할 수 있다. 행사 안내나 공지 사항들도 그 정보에 오류가 있거나 지나친 자화자찬이 포함돼 있다면, 국민들이나 소비자가 알아야 할 정보에 우선해 보도자료를 낸 단체의 우스꽝스러운 행태를 비난하는 쪽으로 기사가 쓰일 수 있다. 하지만 일반적으로 행사 안내나 공지 사항 보도자료들은 대부분 건조하게 정보만 응축된 경우가 많아 굳이 비판의 대상으로 전락하는 경우는 많지 않다. 그런 경우는 이미지 홍보자료와 관련돼 많이 발생한다. 그런 이미지 홍보자료에는 미사여구 등 일반적인 스트레이트 기사에 잘 사용되지 않는 표현들이 자주 등장하는데, 이들은 결국 자료 내용이 과장됐다는 느낌을 주는 경우가 많아 언론에게 비판의 빌미를 제공하게 된다. 비슷한 홍보의 경우지만 이미지 관련의 사례보다 더 많은 변화, 즉 언론의 비판적 접근이 더 많이 일어나는 것은 정책 홍보의 경우다. 관공서나 기업들은 자신들이 과거에 해온 일을 개선한다는 취지로 새롭게 정책이나 전략을 세우고 이를 보도자료를 통해 공개하는데, 이때 무리수를 두는 상황이 종종 발생한다. 예를 들어, 대학 입학시험 방법을 개선(改善)한다는 취지로 교육부 등이 새로운 정책을 입안할 때가 종종 있는데, 이때마다 언론들은 고운 시선을 주지 않았다. 최근 수십 년 동안 예비고사에서 학력고사로,

다시 수학능력시험에서 각종 수시와 정시로 나뉘고 바뀌는 것을 개선이 아닌 개악(改惡)으로 보도하는 경우가 많았고, 아무리 좋은 방향으로 정책이 전환된 것으로 읽히더라도 백년지대계(百年之大計)인 교육 정책의 조변석개(朝變夕改)라는 점이 힐난의 대상으로 지면에 등장해온 것을 보면 알 수 있다.

이런 정책 홍보에 대한 변형 기사들은 기자들이 별도의 취재를 통해 준비하고 작성한다. 사실 국민들이 많은 관심을 가지고 있는 정책들은 관련 단체나 기구들이 여러 가지 의견을 반영하고자 노력한다. 하지만 관심의 정도만큼 사람들의 견해도 다양하다. 그리고 관련된 이익집단이나 전문가들의 입장도 엇갈린다. 그렇기에 정부에서 마련한 정책은 아무리 최선을 다했다고 하더라도 다른 주장을 하는 집단들과 마찰을 빚기 일쑤다. 갈등 요소가 더 강한 정당들의 입법안들은 반대당을 비롯해 갖가지 이익단체의 저항에 부닥친다. 사회적 합의에 기초한 정답이 나오기 어려운 정책 홍보 보도자료는 결국 이런 마찰을 불러일으키고 자연스레 기자들의 추가 취재 및 비판 보도로 이어진다. 물론 이런 보도 내용도 궁극의 대안이 되기 어렵지만 언론은 여론을 모아 발전적인 결론을 도모한다는 차원에서 적극적으로 다양한 의견들을 개진하는 것이다. 이 과정에서 보도자료 내용만을 활용한 취재는 불가능하다. 당연히 보도자료 밖의 인물과 자료를 찾아 보도자료 내용을 반박하고 사회적 논의를 이끈다. 이때 보도자료를 내고 자신들의 정책을 홍보하고자 한 측이 그에 반하는 취재원과 자료를 제공하지는 않는다. 결국 이런 취재는 기자들이 직접 발로 뛰며 하게 된다. 우선 새로 공개된 정책을 확인하고 보도자료 내용에 찬성하는 측과 반대하는 측을 확보해야 한다. 해당 내용을 꿰뚫고 있는 전문가의 견해를 듣는 것은 물론 관련된 자료들을 지지와 반박의 관점에서 접근할 수 있어야 한다. 또 해외 사례 등도 파악해 국내에 적용할 수 있는지도 확인할 필요가 있다. 앞서 언급한 대학 입학시험의 경우 학령인구의 변화 등 인구조사 측면의 자료도 검토될 수 있다.

이 정도로 여러 가지 취재 기법을 동원하지 않고 보도자료에 나온 내용을 역으로 해석해 변형 기사를 쓰는 경우도 있다. 아래 제시된 2000년대 중반 배포된 환경부 보도자료 내용과 실제 현장 언론 보도의 불일치는 이런 변형 기사 등장의 전형 중 하나라 할 수 있겠다. 당시 환경부는 자신들의 수질 보호 노력의 일환으로 당국이 관리하는 전국 상수원 지역을 점검, 우수 시설을 포상했다는 보도자료를 냈다. 자신들의 정책을 홍보하려는 의도였다. 해당 자료는 대부분의 매체들에 의해 반영 기사 형태로 나갔지만 일부 언론은 정부가 홍보하고자 했던 내용을 틀어 이를 비판하는 쪽으로 기사를 작성했다. 당시 보도자료와 반영 (및 변형) 기사, 그리고 변형 기사를 함께 보자.

환경부 하수처리장 평가 보도자료

me 환경부	보도자료		
	□ '06.10. 배포 □ 사진 없음 □ 총 5쪽	담당부서	환경부 상하수도국 생활하수과
		담 당 자	오종극 과장/남선광 사무관
		연 락 처	02-2110-6892/namsk12@me.go.kr

대구 달서천 등 5개 하수처리장 최우수 시설로 선정

◇ 대구 달서천, 충북 제천, 경남 고성, 전남 영암, 충남 연기 전의

◇ 포상금 각 5천만원, 최우수시설 인증패, 장관표창 수여

□ 환경부는 전국 하수처리장을 대상으로 '05년도 운영관리실태를 평가한 결과, 대구광역시 달서천 하수처리장 등 5개소를 최우수 하수처리시설로 선정하였다.

○ 평가방법은 전국 277개 하수처리장을 규모별로 5개 그룹으로 나누어, 3개 분야 13개 항목에 대하여 평가를 실시하였으며

- 지속가능한 하수도 발전(주민친화 친환경적 시설 등 4개 항목)
- 공공의 건강증진 및 안정적 서비스 제공(하수처리효율 등 6개 항목)
- 부생자원의 순환이용(하수슬러지 감량 및 처분 등 3개 항목)

○ 운영실태 평과결과에 따라 하수처리장을 5개 등급으로 분류하였다.

- 최우수(1개소), 우수(상위 20%), 보통(상위 21~60%), 미흡(상위 61~80%), 아주미흡(상위 81~100%)

구 분		Ⅰ그룹 (10만톤 이상)	Ⅱ그룹 (10~2만톤)	Ⅲ그룹 (2만~7천톤)	Ⅳ그룹 (7천~3천톤)	Ⅴ그룹 (3천톤 미만)
대상시설수		44개소	63개소	54개소	50개소	66개소
평가결과	최우수	대구 달서천	충북 제천	경남 고성	전남 영암	충남 전의
	2위	대구 북부	부산 해운대	경기 평성	경북 울진	전북 장수
	3위	경기 굴포천	경기 장당	경북 금호	충북 보은	경북 의성

□ 그룹별 최우수 하수처리시설로 선정된 내용을 살펴보면

○ Ⅰ그룹 : 대구광역시 달서천 하수처리장(400천톤/일)

- '05년 나무심기 및 공원화사업 우수처리장으로 선정
- 위탁관리에 따른 하수처리단가(69.4원/톤)가 저렴한 반면 하수처리효율이 우수하여 낙동강 수계의 수질개선에 기여

○ Ⅱ그룹 : 충북 제천시 제천 하수처리장(70천톤/일)

- 하수처리시설의 운영개선을 위한 연구개발사업을 실시 지원하여 고도처리공법이 아님에도 불구하고 높은 하수처리효율을 유지

※ 평균방류수질 : BOD 6㎎/ℓ, T-N 15.6㎎/ℓ

- 발생 하수슬러지 전량을 건분화하여 시멘트 부원료로 재이용

○ Ⅲ그룹 : 경남 고성군 고성 하수처리장(10.5천톤/일)

- '05년 나무심기 및 공원화사업 우수사례로 선정되었으며, 운영효율 향상에 집중하여 하수처리효율이 우수하여 높은 점수를 얻음
- 하수슬러지의 대부분(1,198톤)을 퇴비화하여 재활용

○ Ⅳ그룹 : 전남 영암군 영암 하수처리장(5.5천톤/일)

- 하수도요금 현실화율이 96.4%(전국 평균 61.3%)로 요금 현실화를 위한 강한 의지와 노력이 돋보임('04년 현실화율 46.4%)
- 발생되는 하수슬러지 전량(557톤)을 녹생토로 재활용

○ Ⅴ그룹 : 충남 연기군 전의 하수처리장(2천톤/일)

- 3년 연속 최우수시설로 선정되었으며, 하수도요금 현실화율(99.5%)과 하수처리효율 등 모든 분야에서 높이 평가됨
- 발생 하수슬러지 전량(135톤)을 녹생토로 재활용하고, 하수처리수의 일부(81천

톤/년)를 **농업용수**로 **재이용**하고 있음

□ 이번에 최우수처리시설로 선정된 5개 하수처리장에 대하여 **인증패와 환경부 장관 표창을 수여**하고, 해당 자치단체에는 **포상금 각 5천만원**을 지급할 계획이다.

○ 한편, '아주 미흡' 평가를 받은 하수처리장은 해당 지자체별로 개선계획을 수립하여 시행토록 하고, 유역(지방)환경청에서 이행여부를 정기적으로 확인할 계획이다.

□ 환경부는 이번 평가 결과를 홈페이지에 공개하고 하수도연찬회를 개최하여 우수사례 발표를 통하여 운영 노하우를 공유토록 함으로써 자치단체간 선의의 경쟁과 하수처리장 운영 효율을 한층 더 높일 수 있는 계기가 되기를 기대하고 있다.

〈참고 자료〉

붙임 1. 평가분야별 우수처리시설 현황

2. 평가항목 및 배점기준

〈붙임 1〉

평가분야별 우수처리시설 현황

(단위 : 점)

구 분		Ⅰ그룹		Ⅱ그룹		Ⅲ그룹		Ⅳ그룹		Ⅴ그룹	
		처리장명	평점	처리장명	평점	처리장명	평점	처리장명	평점	처리장명	평점
총 괄 (100)	1위	대구 달서천	84.6	제천 제천	85.8	경남 고성	83.1	영암 영암	83.1	연기 전의	83.9
	2위	대구 북부	84.0	부산 해운대	84.2	평택 팽성	82.0	울진 울진	81.0	장수 장수	77.9
	3위	부천 굴포천	81.4	평택 장당	84.1	영천 금호	77.3	보은 보은	81.1	의성 금성	74.5
지속 가능한 하수도 발전 (25점)	1위	대구 달서천	26.0	김천 김천	26.5	부여 부여	25.0	합천 합천	25.0	의성 의성 연기 전의	23.5
	2위	대구 신천	25.0	공주 공주	25.0	홍천 홍천 의성 의성	23.5	영암 영암	24.5	태안 안면	20.0
	3위	인천 승기 대전 대전 광주 제1	24.0	대구 지산 태백 태백 영암 대불	24.0	평택 팽성	23.0	삼척 도계	23.5	옥천 안남	18.5
공공의 건강증진 및 안정적 서비스 제공 (50점)	1위	대구 북부	50.0	오산 오산 김천 김천	47.2	경남 고성	45.0	울진 울진	45.0	장수 장수	43.4
	2위	대구 서부	48.0	김해 장유	47.0	당진 당진	44.6	괴산 괴산	40.4	의성 금성	41.8
	3위	안양 석수	47.6	대구 지산 대구 안심	45.0	의성 의성	43.8	진안 진안	40.2	광주 매산	41.6
부생자원의 순환이용 (25점)	1위	구리 구리	20.1	남양주 화도	25.0	영동 영동 하동 하동	22.0	보은 보은	24.0	연기 전의	23.0
	2위	인천 가좌	16.0	평택 장당	24.2	영천 금호 담양 담양	21.0	영암 영암	23.0	남양주 조안	21.0
	3위	서울 난지	15.6	논산 논산	21.0	평택 팽성	20.0	단양 단양 단양 매포 보은 내속 당진 합덕	21.0	남양주 능내 1 남양주 능내 2	20.0

〈붙임 2〉

평가항목 및 배점기준

평 가 항 목	배 점
계	100
1. 지속가능한 하수도발전	25
① 하수도요금의 현실화 ② 주민친화 친환경적 시설 ※ 공원화사업 우수사례(가점) ※ 환경정책 순응도(감점) ③ 연구개발 및 지원 ④ 운영요원의 전문성	10 10 (2) (2) 3 2
2. 공공의 건강증진 및 안정적 서비스제공	50
① 하수처리 효율 ※ 방류수 수질기준 초과(감점) ※ 운전방식개선 우수사례(가점) **② 계획 대비 하수처리 효율** ③ 기술진단 이행율 ④ 위기관리 대처능력 ⑤ ㎥당 하수처리단가 ⑥ 에너지 사용량	20 (5) (3) 10 5 5 7 3
3. 부생자원의 순환이용	25
① 하수슬러지 감량 및 처분 ② 하수슬러지 재활용 ※ 소화가스의 에너지원 활용(가점) ③ 하수처리수 재이용	10 7 (3) 8

※ 굵은 글씨는 환경부 상대평가 항목임

하수처리장 평가: 위 보도자료를 근거로 한 반영 및 변형 기사

환경부는 24일 전국 하수처리장을 대상으로 지난해 운영관리실태를 평가한 결과, 대구광역시 달서천 하수처리장 등 5곳을 최우수 하수처리시설로 선정했다고 밝혔다.

최우수시설을 시설용량별로 보면 △Ⅰ그룹(10만톤 이상) 대구광역시 달서천 하수처리장 △Ⅱ그룹(10~2만톤) 충북 제천시 제천 하수처리장(7만톤/일) △Ⅲ그룹(2만~7000톤) 경남 고성군 고성 하수처리장 △Ⅳ그룹(7000~3000톤) 전남 영암군 영암 하수처리장 △Ⅴ그룹(3000톤 미만) 충남 연기군 전의 하수처리장 등이다.

◆ 3년 연속 최우수시설 선정되기도 = 달서천 하수처리장(40만톤/일)은 위탁관리에 따른 하수처리단가(69.4원/톤)가 저렴하고 하수처리효율이 높아 낙동강 수

계 수질개선에 기여했다는 평가를 받았다.

제천 하수처리장(7만톤/일)은 연구개발사업을 통해 고도처리공법이 아님에도 불구하고 높은 하수처리효율을 유지하고 평균방류수질 BOD 6㎎/ℓ을 달성했다. 하수슬러지는 전량 건분화해서 시멘트 부원료로 재이용하고 있다.

고성 하수처리장(1만500톤/일)은 하수처리효율이 높고 하수슬러지 대부분(1198톤)을 퇴비화해서 재활용하고 있다. 영암 하수처리장(5500톤/일)은 하수도요금 현실화율이 96.4%(전국 평균 61.3%)였고 하수슬러지 전량(557톤)을 녹생토로 재활용하고 있다.

전의 하수처리장(2000톤/일)은 규모는 작지만 3년 연속 최우수시설로 선정됐다. 하수도요금 현실화율(99.5%)과 하수처리효율 등 모든 분야에서 높은 점수를 받았다. 하수슬러지 전량(135톤)을 녹생토로 재활용하고, 하수처리수 일부(8만1000톤/년)를 농업용수로 재이용했다.

환경부는 최우수처리시설로 선정된 5개 하수처리장에 대해 인증패와 장관 표창을 수여하고 해당 자치단체에 포상금 각 5000만원을 지급할 계획이다.

◆ 팔당 수계 41곳 중 21곳 '친환경' 점수 0점 = 이번 조사에서 수도권 상수원인 팔당 수계 하수처리장들은 줄줄이 전국 평균을 밑도는 점수를 받았다.

팔당 수계 하수처리장 41곳 중 최하 단계인 '아주 미흡'에 해당된 곳이 9곳이었고, '미흡' 8곳, '보통' 20곳 등으로 나타났다.

'아주 미흡' 평가를 받은 곳은 가평군 북면·청평 하수처리장, 남양주시 삼봉·진건 하수처리장, 여주군 대신·여주·흥천 하수처리장, 용인시 용인 하수처리장, 이천시 이천 하수처리장 등이다.

팔당 수계 하수처리장은 슬러지(하수찌꺼기) 감량 및 처분·재활용, 친환경 설비, 하수도 요금 현실화 등 여러 부문에서 매우 미흡한 상태로 평가됐다.

구체적으로 보면 41곳 중 '주민친화, 친환경적 하수도시설' 분야에서 '0점'을 받은 시설이 21곳이나 됐고 '운영요원 전문성' 분야에서도 '0점'이 11곳이나 나왔다.

특히 남양주시 관내 하수처리장 10곳 중 9곳이 '운영요원 전문성' 분야에서 '0점'을 받았는데, 이는 지난 3년 동안 관련 교육을 한번도 이수하지 않았다는 의미다.

'계획 대비 하수처리효율'이 전국 평균 6.0보다 낮은 처리장도 17곳이나 됐고 여주시 여주처리장의 경우, 'BOD 기준 방류수 수질'이 기준치 10mg/L를 초과한 12.8mg/L를 기록하기도 했다.

_《내일신문》 2006년 10월 24일 〈5개 하수처리장 우수시설 표창〉

하수처리장 평가: 위 보도자료를 근거로 한 변형 기사

수도권 주민의 상수원인 팔당호 지역 하수처리장 운영이 전국 평균을 밑도는 '꼴찌' 수준으로 평가됐다.

환경부는 지난해 전국 277개 하수처리장을 대상으로 하수 처리 효율성, 하수 찌꺼기 감량 여부 등 13개 항목에 걸쳐 운영 실태를 5개 등급으로 나눠 평가한 결과 이같이 나타났다고 24일 밝혔다.

이에 따르면 전국의 하수처리장 가운데 최우수 평가를 받은 하수처리장은 5곳, 우수 51곳, 보통 115곳, 미흡 53곳, 아주 미흡 53곳 등으로 나타났다. 또 100점 만점에 평균 59.7점을 받았다.

팔당호 하수처리장의 경우 전체 41곳 가운데 최하 단계인 아주 미흡에 해당하는 곳이 9곳, 미흡 8곳, 보통 20곳 등으로 90% 이상이 전국 평균 이하의 점수인 54.3점을 받았다. '우수'로 평가된 하수처리장은 4곳에 불과했으며, '최우수'는 단 한 곳도 없었다.

또 팔당호 지역 하수처리장은 하수 찌꺼기 감량 및 처분·재활용, 친환경 설비, 하수도 요금 현실화 등의 부문에서도 매우 미흡한 것으로 평가됐다.

'아주 미흡' 평가를 받은 하수처리장은 가평 북면·청평 하수처리장, 남양주 삼봉·진건 하수처리장, 여주 대신·흥천 하수처리장, 용인·이천 하수처리장 등이다. 이 가운데 여주 흥천이 가장 낮은 평가를 받았다.

이번 평가에서 대구 달서천과 충북 제천, 경남 고성, 전남 영암, 충남 전의 하수처리장은 최우수 하수처리장으로 선정돼 각각 포상금 5000만원을 받았다. 대구 북부, 부산 해운대, 경기 팽성, 경북 울진, 전북 장수 하수처리장도 좋은 평가를 받았다.

이에 반해 전북 군산, 충남 보령, 거제 중앙, 나주 산포, 순천 송광 하수처리장 등은 최하위를 차지했다.

환경부는 이번 평가 결과를 홈페이지에 공개, 운영 노하우를 공유토록 하고 '아주 미흡' 평가를 받은 하수처리장은 개선 계획을 수립, 이행토록 한 뒤 정기적으로 점검할 계획이라고 말했다.

_《세계일보》 2006년 10월 24일 〈팔당 하수처리장 운영 "엉망"〉

당시 《세계일보》는 보도자료를 통해 환경부가 홍보하고자 했던 내용을 틀어 취재원을 비판했다. 전형적인 변형 기사 유형이다. 《내일신문》은 기사 앞쪽에서 취재원인 환경부가 보도자료에서 강조하려 했던 내용을 담은 반영 기사의 형태를 띠었고, 후반부에 《세계일보》가 지적했던 것과 같은 내용을 전달하면서 변형 기사의 모습을 보인다. 추론이지만, 석간인 《내일신문》은 당시 해당 정보에 대한 보도방향을 결정할 때 자신들보다 몇 시간 먼저 해당 내용을 인쇄해 배포한 조간신문들의 보도 내용을 참조했을 가능성이 높다. 그 결과 반영 및 변형의 모습을 동시에 갖추는 것이 좋다는 판단을 내렸을 것으로 추측된다. 《내일신문》의 기사는 보도자료 근거 기사에 대한 매체의 편집방향 결정의 배경뿐 아니라 그를 적용해 반영 및 변형 기사의 동시 등장이라는 결과물까지 보여주는 좋은 사례가 될 수 있다. 그러나 변형 기사에 집중하고자 하는 이번 설명은 먼저 해당 내용을 보도한 《세계일보》의 경우를 중심으로 하겠다.

《세계일보》의 '변형 기사'를 보면 기사의 방향을 튼 기자는 별도의 취재를 했음에 틀림이 없다. 우선 기자는 당국이 보도자료 앞쪽에 부각해 당국이 작성한 정리본을 보고, 뒤에 붙은 추가 자료의 표에 집중했을 것으로 추정된다. 수도권 독자를 지향하는 중앙 일간지 중 하나였던 이 신문사의 기자는 자기 매체의 주요 독자가 관심이 있을 만한 팔당호 주변 상수원들이 궁금했고, 이들을 표에서 확인한 결과 환경부가 포상한 지역에서 수도권 상수원들이 대부분 배제돼 있다는 것을 찾아냈다. 전 국민의 절반에 육박하는 인구, 그리고 자기 매체의 주요 독자들에게 공급되는 수돗물이 안전하지 않다는 점은 수용자들에게 반드시 알려야 하는 정보였다. 그리고 이 표에 나온 내용을 확인하기 위해 관련 공무원들에게 자신의 해석이 맞는지를 물었고, 주변 전문가 등에도 이를 재차 검증했을 것이다. 그러지 않고 보도자료 내용만을 사용했다면 보도자료에 없는 정보와 해석이 들어가기 어렵다. 이렇게 작성된 기사는 결국 환경부의 홍보 의제에 배치되는 내용을 담게 됐다. 아주 복잡한 추가 취재나 자료 검증이 없이도 정책 홍보 내용의 방향을 바꿔 정부를 비판하며 이 내용을 독자들에게 알렸고, 이런 변형 기사는 언론의 견제 활동을 통해 정부 업무를 채찍질하는 독자들의 목소리를 대변하게 된 것이다.

사실 이런 정보는 보도자료가 배포된 순간 순식간에 얻어지기 어렵다. 결국 이런 취재와 보도는 해당 영역을 잘 알고 있는 기자들에 의해 이뤄진다. 관련 출입처를 오랜 기간 담당했던 베테랑 기자나 그 영역을 전문적으로 전공하고 언론사에서 활동하는 전문기자, 또는 주변 영역까지 두루 살핀 뒤 거시적인 차원에서 사안을 통찰할 수 있는 수십 년 경력의 선임기자 등이 이런 업무를 담당한다. 이들에게는 이미 그동안의 취재 경험이나 개인 네트워크를 통해 다양한 취재원 정보는 물론 개인이 소장하고 있는 자료들까지 확보돼 있는 경우가 많다. 그렇기에 보도자료가 배포되는 순간, 얼마 남지 않은 마감시간까지 순식간에 많은 정보들을 변형 기사 안에 담아낼 수 있다. 만일 보도자료가 공개된 이후 그 내용이 기자들이 알고 있는 범위를 뛰어넘을 때, 즉 보도자료 내용이 아주 새롭고 대단히 전문적이라 자세한 취재가 필요할 때는 일단 변형에 앞서 반영의 형태로 기사를 작성하게 되는 경우도 있다. 그리고 시간을 두고 여러 방면으로 취재해 이후 시점에서 자세히 보도하기도 한다. 이때는 단순한 변형 기사라기보다 위에서 말한 기획 취재 또는 탐사 보도의 모습으로 기사가 진화한다.

때로는 자세한 반영 기사를 위해 취재원 측이 전략적으로 구사하는 대(對) 언론 접근 방식이 변형 기사를 부르는 경우도 있다. 사건에 연루된 피해자를 보호하거나 국가 간 예민한 협상을 앞에 두고 보도 보류를 전제로 취재원이 정보 일부 또는 일체를 전달할 때 이런 상황이 벌어지기도 한다. 엠바고(Embargo)라고 불리는 이런 취재 관행이 자신들의 입장을 홍보하려는 취재원의 기대와 달리 언론의 반격을 부를 수 있다는 얘기다. 엠바고는 원래 정보를 기자들에게 전달하고 일정 기간 보도를 자제해달라는 요청이다. 취재원이 사전에 매체에 정보를 주는 이유는 지나친 취재 경쟁 때문에 설익고 불완전한 내용이 보도됨으로써 보호해야 할 사건 피해자가 곤경에 처하거나 국가 간 협상에 낭패를 볼 것에 대비해, 미리 정황 정보 등을 알리고 나중에 큰 그림을 수용자들에게 전하기 위함이다. 즉 자신들의 입장을 자세히 반영해달라는 취지에서 이런 정보를 자료를 통해 주는 경우가 있다. 하지만 이는 기자들에게 관련 사안에 대한 사전 취재의 여지를 주고, 이 과정에서 취재원의 의도와 달리 해당 사안에 많은 반발이 있는 것으로 확인되면 기자들은 미리 변형 기사를 위한 취재를 해놓는다. 즉 취재원과 매체의 동의에 의해 엠바고가 풀리고 기사가 작성되는 시점에서 취재원이 기대했던 것과는 달리 언론의 공격 보도가 등장할 수도 있다.

이런 보도는 정책 홍보 기사와 관련해 나타나기도 하지만, 입장 표명 보도자료에 연루되는 경우도 많다. 일단 입장 표명 자료는 기존의 사안에 대한 관련 취재원의 해명에 집중된다. 예를 들어 대형사고 이후 상당 기간 시간이 지난 뒤 발표되는 사고 관련 당국의 보도자료가 변형 기사의 표적이 될 때가 많다는 것이다. 이전 사고 기사 설명에서 언급했듯, 사고 발생 당시에는 그 원인을 쉽게 알기 어렵다. 표면적인 사고 원인이 나타났더라도 그에 대한 검증이 필요하고, 과학적인 검증이라 하더라도 조사 주체 등의 기존 신뢰도 등에 따라 검증 내용에 대한 불신이 벌어지면 '사회적인' 원인 규명은 요원해진다.

2007년 충남 태안 만리포 해양오염 사고는 당시 그 원인을 놓고 관련 기업과 지역 주민, 환경 단체 사이의 주장과 의견이 엇갈렸다. 1995년 전남 여수 앞바다 씨프린스호 사고가 벌어졌을 때 전국이 우왕좌왕했던 경험은 12년 후 발생한 태안 오염사고 때 반영돼 언론의 주목 방식이 과거보다 더 체계적으로 진화했다. 씨프린스 사고 당시 1989년 미국 알래스카에서 발생한 엑손 발데즈(Exxon Valdez)호 사고 관련 기사를 주로 참고했던 국내 언론도 그 이후 해양 재난 보도에 대한 접근을 더 익혀놓은 상태였다. 그렇기에 사고 뒤 당국과 관련 기업의 대처 방식 등을 지켜보던 언론은 이들 취재원 측에서 제공한 보도자료에 어떻게 대응할지를 어느 정도 가늠하고 있었다. 즉 입장 표명이 적극적인 사과와 재발 방지에 대한 대처 등을 상세하고 진지하게 담겨 있다면 협조를, 그렇지 않다면 반격을 가할 준비가 돼 있었다는 것이다. 사고의 크기를 봤을 때 보도자료 내용보다 더 많은 취재가 이뤄져야겠지만 그만큼 어떤 식의 보도자료가 나오더라도 기사의 방향을 즉각적으로 어떻게 정해야 할지 대비가 되어 있었다는 뜻이다.

또 일반적으로 대부분 사고에 대한 겸허한 용서가 이뤄지는 경우는 많지 않기 때문에, 관련 기관의 보도자료가 나오더라도 언론의 분위기는 대체로 해당 단체의 보도자료에 우호적인 반영 기사보다는 적대적인 변형 기사를 작성하는 방향으로 흐르게 된다. 이를 정리하자면 사고가 일어난 뒤 얼마간의 시간이 흐르는 동안 언론은 유사한 과거 사고의 경우를 찾아 취재에 참고하며, 일반적으로 사고의 책임 소재를 찾아 응분의 보상을 요구하게 되는 사회 정서상, 변명 등이 점철되는 입장 자료는 변형 기사를 부르게 된다는 것이다. 이 책이 쓰인 시점 몇 해 전 발생했던 세월호 참사와 관련된 각종 보도자료들이 또 다른 사건과 맞물려 다른 차원의 변형 기사들을 내고 있다는 점을 보면 입장 자료와 관련된 변형 기사의 연쇄 효과가 체감될 수 있을 것이다.

한편 이런 변형 기사는 검찰·경찰 혹은 법원의 사건 개요 보도자료에도 적용될 수 있다. 갈등이 표면화된 경우가 많은 사건 개요 자료는 피의자나 피해자가 자주 함께 등장한다. 수사 과정에서 관련 공무원들이 최선을 다해 사안을 파악하고 정의를 세우려 하지만 사람의 일이라 종종 억울한 경우가 발생하기도 한다. 그리고 그런 상황은 인신 구속, 경제적 피해 등 인권 등과 직접 관련될 수 있기 때문에 아주 심각한 결과를 초래하기도 한다. 게다가 사법기관의 신뢰가 실추되는 사례가 이어지다 보면, 언론은 이렇게 심대한 영향력이 오류로 판단되는 것을 막기 위해 최대한의 견제 작업을 벌이게 된다. 이런 상황에서 수사 기관 등이 전달하는 보도자료에 의존하지 않을 뿐 아니라 오히려 자료 내용을 적극적으로 거꾸로 해석해 별도 확인을 하는 노력을 기울이게 된다. 물론 기자들에게 사법 수사권이 없기 때문에 강압적인 방법을 쓸 수는 없지만 언론인 특유의 끈기와 도전은 관련자들을 직접 만나 설득하는 등의 방법으로 자료 뒤에 위치한 정보를 끌어내며 변형 기사를 세상에 선보인다. 만약 이런 과정이 통치권에 직결된 사안이 되면 언론과 정치권력 사이의 다툼으로 번지고 국민들의 눈에 얼핏 자신들의 이익만을 좇는 두 집단 간의 이전투구로 비칠 수도 있지만, 사실들은 서로 충돌하고 보완하며 수용자들이 필요로 하는 정보로 거듭나게 된다.

정리하자면 반영 기사는 보도자료 배포 주체의 의도를 크게 바꾸지 않는 차원에서 해당 취재원의 입장을 전달하는 형식이 되기에 별도의 취재가 필요하지 않거나 추가 취재를 하더라도 보도자료 전달자들의 협조를 받아 비교적 수월한 정보 수집이 가능하지만, 변형 기사는 취재원이 원치 않는 방향의 기사를 쓰는 경우가 많기 때문에 보도자료 내용과 관련된 별도 인물과 자료를 얻기 위해 많은 노력이 요구된다. 특히 이런 취재는 경험이 많은 베테랑 기자나 전문기자들에 의해 이뤄지는 경우가 많고, 만약 보도자료 배포 당시 곧장 정보를 확인하기 어려울 경우 추후 기획 기사나 탐사 보도의 형태로 확대되면서 장기적인 취재 보도 전략을 짜게 된다고 보면 되겠다. 이상의 설명은 보도자료 이용 기사가 단순히 자료 배포 주체의 의도에 따라서만 작성되는 것이 아니라는 것을 보여준다. 단, 앞에서도 적었듯이 기본적인 스트레이트 작성 방법을 안내하는 이 책은 취재원 의도를 반영하는 기사, 즉 반영 기사를 중심으로 설명을 이어가겠다. 이들을 통해 보도자료 활용에 대한 이해가 높아지기를 기대한다.

3. 보도자료 이용 기사 보도

앞서 설명한 바와 같이 반영 기사는 전달된 보도자료 내용을 기자가 그대로 활용하는 것을 전제로 한다. 간단히 베낀다는 표현이 가능하다. 하지만 자료 내용을 토씨 하나 바꾸지 않고 그대로 옮기는 사례는 거의 없다. 우선 보도자료를 만들어 제공하는 쪽이 기자의 업무를 완벽하게 파악하지 못하기 때문에 그 내용 그대로 기사가 되기 어렵다. 즉 전문적인 기사 작성 훈련을 받지 못해 기사체 문장을 숙지하지 못한 사람들이 만든 자료이기에 여기에 어느 정도 수정을 가해야 한다는 뜻이다. 특히 권력 3부

공보실에서 나오는 자료들이 온전한 기사 형태를 띠지 못하는데, 이 자료들은 대부분 자신들이 내부에서 보고하는 형식에 따라 정리된다. 구체적으로는 프레젠테이션에 사용되는 약물(Bullet Point) 형태, 즉 '○'이나 '△' 등을 넣고 그다음에 문장이 아닌 요약 형태로 내용을 전달하는 경우가 많다. 그럴 경우 기자들은 그 내용에 술어 등을 연결하면서 기사 형태로 바꿔 보도를 하게 된다. 앞선 환경부 보도자료와 그 자료를 바탕으로 한 기사들을 참고하면 이해가 쉽겠다.

또 아무리 온전한 기사 형태를 갖췄더라도 일부 표현들이 개별 언론사 스타일(Style)에 맞지 않으면 각 기자들은 자신이 소속된 매체의 보도 형식에 맞게 글을 고친다. 여기서 스타일은 단순히 '형태'를 의미하는 것이 아니라 각 매체가 가지고 있는 보도 매뉴얼(Manual)이라는 뜻을 가진다. 개별 매체들은 자신들의 유지해온 보도 형태를 계속 사용하게 되는데, 이는 스스로 판단에 가장 적절한 정보 전달 방법이라 생각할 뿐 아니라 그 형태가 독자들에게 익숙해져 충성도 높은 수용자들에게 '편안한 읽기'가 가능한 방식이라 여기기 때문이다. 즉 오랜 기간 매체와 수용자 사이에 그런 식의 기사 작법이 타당하다는 믿음이 이어져왔고, 그 형태를 벗어나게 되면 기자나 독자 모두 어색하게 느낄 수 있다고 본다는 얘기다. 실제로 미국 등 영어권 국가에서는 매체가 자신들만의 보도 매뉴얼을 만들어 기자 교육에 활용하고 있다. 대표적인 것으로는 AP 통신사의 《AP Stylebook》이 있다. 국내에서도 개별 매체들이 사내 교육용으로 이런 자료들을 활용하고 있으며, 그 안에는 보도자료에 '10시경'으로 표현이 나오면 자기들 형식에 맞게 '10시쯤'으로 바꾼다던지, '새벽'이라고 쓴 말을 '오전'이라고 고치라는 식의 설명이 나온다. 긴 영문 표현을 한국어로 바꾸는 방식도 소개된다.

대부분 이런 정도의 변형만 가해도 되는 보도자료는 대기업 홍보실에서 만들어진다. 홍보실 보도자료 담당 팀 리더로 기자 경력이 있는 인물들이 포진돼 있어 기사 작성법을 알고 있는 경우가 많기 때문이다. 그럼에도 불구하고 이들이 만드는 기사체 보도자료를 지면에 다 그대로 쓰지 못하는 또 다른 이유는 기업 측이 전달하고자 하는 내용이 너무 많은 데에도 있다. 기업 측은 자신들의 입장을 홍보하고자 하는 욕심 때문에 보도자료에 주변 배경까지 다 설명하는데 그런 정보를 한정된 신문 지면에 다 담기는 어렵다. 그럴 경우 핵심적인 내용만 가져다 쓰고, 배경 정보 등은 아예 지면에 옮기지 않는다. 보도자료 작성자들은 이런 경우까지 예상해 중요한 내용은 자료 앞에 배치하고, 배경 정보는 뒤에 둠으로써 기자들이 정보를 잘라내기 편하게 만든다. 보도자료는 기자들의 '편의'를 위해 작성되기 때문이다. 앞에 제시한 삼정전자 보도자료 및 관련 기사가 그 사례다.

정리하자면 '보도자료를 베낀다'는 것은 보도자료 내용을 온전히 신문 지면에 옮긴다기보다 요약형으로 돼 있는 관공서 홍보자료에 술어 등을 넣어 완결 문장을 만드는 방식으로 기사화하고, 기사체로 돼 있는 대기업 홍보자료의 표현을 일부 바꾸거나 지나치게 많이 들어 있는 정보를 잘라내는 형태로 기사를 작성하는 것을 뜻한다. 권력 3부나 대기업이 아닌 또 다른 대표적 보도자료 작성 주체인 비정부 기구의 자료들은 대체적으로 이들의 중간 형태를 띠는데, 최근 들어서는 점점 대기업식의 자료, 즉 기사체로 만들어진 보도자료를 작성하고 있다.

한편 원자료가 요약형이냐 또는 기사체이냐의 문제를 떠나, 보도자료 이용 기사를 구성하는 형태는 앞서 소개한 사건 기사나 사고 기사와 기본 축이 같다. 즉 '일반적 내용–구체적 내용–추가 설명'이라는 스트레이트 뉴스 기본 순서는 유지한다. 사건의 검거 기사에서는 '일반적 혐의–구체적 혐의–피의자 진술', 발생 기사에서는 '사건의 일반적 정황–구체적 정황–수사 주체의 발언' 등으로 기사가 이뤄졌던 점을 기억해보자. 또 사고 기사는 장소나 시간 등의 사회적 중요도에 따라 형식이 여러 가지로 나뉘기는 했지만, 결국 '발생'이라는 차원에서 사건의 발생 기사와 유사한 형태, 즉 '일반적 정황–구체적 정황–조사 주체의 발언' 등으로 그 축이 이어졌다. 보도자료 이용 기사를 이 기준에 맞춰 설명하자면 '일반적 내용–구체적 내용–보도자료 제공자 측의 발언'으로 정리된다. 그리고 이 세 개 단락을 중심으로 보도자료에 포함된 정보들이 기사에 포진된다. 그 정보 배치 방법은 세 개 단락에 나온 내용 중 설명이 필요한 요소가 있다면 곧장 추가 단락에 이어 관련 정보를 기술하는 방식이 되기도 한다.

따지고 보면 모든 스트레이트 기사의 첫 두 단락(일반적 내용–구체적 내용)도 그런 기사 정보 배치의 기본 형식, 즉 첫째 단락의 일반적 내용만으로 모든 정보에 대한 궁금증이 해소되지 않기 때문에 곧이어 나오는 두 번째 단락에서 구체적 내용으로 이를 풀어준다는 틀에 따른 것이다. 다만 일반적으로 사건이나 사고 기사에 비해 주변 정황이나 추가 정보를 더 많이 전달해야 하는 경우가 많은 보도자료 이용 기사는 이들 기본 세 개 단락을 중심으로 추가 정보의 분산 배치가 빈번하게 일어나는 것을 유념할 필요가 있다. 보도자료 내용을 무시하지 않고 그 자료를 이용해 기사를 써야 한다고 판단하는 경우에는 자세하고 정확한 관련 정보를 기본 세 개 단락에 담기 부족할 때가 많기 때문이다. 예를 들어 정부가 대학 입학시험과 관련해 새로운 정책을 설명하고자 할 때 단순히 세 개 단락만으로 다양한 입장이 있는 수험생과 학부모들을 이해시키기 어려울 수 있다. 또 비정부 기구인 환경 단체가 보도자료에 어려운 생물학 용어를 썼는데 거기에 대한 설명 없이 기사를 작성할 수는 없는 노릇이다. 국가 경제와 밀접한 대기업의 신기술을 맥락 없이 전달할 수도 없다. 세 개 단락으로 작성될 수 있는 간단한 보도자료 이용 기사도 있지만, 자료 자체가 가지는 정보 난해도와 사회 영향력 등으로 인해 기사를 세 개 단락 이상으로 확대할 필요가 생기기도 한다. 그럼에도 불구하고 일단 세 개 단락을 축으로 한다는 점에서 보도자료 이용 기사의 기본 공식을 풀어 소개하면 아래와 같은 형태를 띤다. 여기서는 일단 포괄적인 설명을 하고, 과거 교육인적자원부가 배포한 보도자료를 실례로 들어 거기에 맞는 전환을 소개해보겠다. 이후 기본 공식은 또 다른 하위 공식으로 분화하는데 그때도 이 자료를 중심으로 설명을 이어가겠다.

교육인적자원부 보도자료

보도자료	교육인적자원부 MINISTRY OF EDUCATION & HUMAN RESOURCES DEVELOPMENT
2005. 3. 2	자료문의 ☎ 2100-6049, 공보관실☎ 2100-6035

문의처(담당과) : 학교체육보건급식과 : 과장 신영재, 서기관 김상욱(☎2100-6385~6389)

제목 : 학교보건법 개정

교육인적자원부는 이번 제252회 국회에서 "학교보건법"이 개정됨에 따라 다음과 같이 학교보건사업을 강화해 나가기로 했다고 밝혔다.

▶ 초·중·고등학교 학생의 **"신체검사"**를 **"건강검사"**로 **개선하여 실시**토록 하고,

▶ 헌법재판소의 결정에 따라 학교환경위생정화구역안에서의 금지행위 및 시설에 **"극장"을 삭제하는 대신 "영화상영관"을 적용**하도록 하였으며,

▶ 학교 교사(校舍)내 환경위생을 강화하기 위하여 소위 **"새학교증후군"으로 알려진 "휘발성유기화합물"등을 유지 관리 항목에 추가**하는 한편,

▶ 시·도교육감 소속하에 **"학교보건위원회"**를 설치하여 지역의 학교보건 주요사항을 심의하도록 하였음

○ 현행 학교 신체검사는 **"체격검사 · 체질검사 · 체력검사"**로 구분하여 매년 실시하고 있으나, 학생들의 질병유무를 확인하는 체질검사가 형식적으로 운영됨에 따라,

- 앞으로는 **"건강검사"로 변경**하여 신체의 발달상황 및 능력, 생활습관, 질병의 유무 등에 대하여 조사 또는 검사하도록 하고,
- 학교의 장이 건강검사를 실시할 때에는 초등학교 1 4학년 및 중 고등학교 1학년 학생에 대하여는 **국민건강보험법에 의한 검진기관에 의뢰**하여 실시토록 하였으며,
- 학생의 건강을 보호 증진하기 위하여 필요한 경우 교육인적자원부령이 정하는 바에 따라 별도의 검사를 실시할 수 있도록 하고,
- 학교의 장은 건강검사 결과를 평가하여 이를 바탕으로 학생건강증진계획을 수립하도록 하였음
- 한편, 학교의 장은 건강검사를 실시한 때에는 그 결과를 작성 관리하되, 일부 사항은 교육행정정보시스템을 이용하여 처리하고 상급학교 등에 제공할 수 있도록 법적 근거를 마련하였음

○ 교육인적자원부는 헌법재판소의 결정에 따라 **학교환경위생정화구역안에서의 금**

지행위 및 시설의 일부를 조정하여

- 학교환경위생정화구역안에서의 금지행위 및 시설중 "극장"을 삭제하고, 유치원 및 초 중등학교의 정화구역안에서 금지행위 및 시설에 **"영화상영관"을 추가**하고,
- 정화구역안에서의 금지행위 및 시설중 "사행행위장 및 경마장"외에 **"경륜장 및 경정장(각 시설의 장외발매소 포함)"을 추가**하였으며,
- 정화구역안에서의 금지행위 및 시설중 대통령령에서 규정하던 "전화방 및 성기구취급업소"를 법률에서 규정토록 하였음

○ 또한, 현행 학교보건법 제4조에서는 학교의 장이 교육인적자원부령이 정하는 바에 따라 학교의 환경위생 및 식품위생을 보호하기 위하여 교사(校舍) 안에서의 유지관리해야 할 물질을 규정하고 있으나,

- **각종 전염성질환이나 알레르기성 질환, 호흡기 질환 등을 유발할 수 있는 "휘발성유기화합물"과 "세균"** 등에 대한 유지·관리기준이 없는 바, 이를 새롭게 규정하여 학생 및 교직원의 건강을 보호 증진케 하였음

○ 그 외에도 학교보건의 주요시책을 심의하기 위하여 **시.도교육감 소속하에 "시.도학교보건위원회"**를 두도록 하여

- 시.도교육감이 지역 실정에 맞는 학생 및 교직원의 건강정책을 수립·시행하되, 시도교육감 소속하에 **"시.도학교보건위원회" 두어 학교보건에 대한 주요시책을 심의**하도록 하였음

○ 이번에 국회에서 의결된 "학교보건법중개정법률안"이 정부로 이송되면 학교환경위생정화구역내 금지행위 및 시설을 조정하는 부분은 공포 즉시 시행하고,

- 학교신체검사재도 개선 사항과 교사(校舍)내 환경위생 유지관리 및 시 도교육감 소속하에 두는 "학교보건위원회"에 관한 사항은 대통령령 및 교육인적자원부령으로 세부사항을 규정하여 2006년 1월 1일부터 시행한다고 밝혔다.

○ 덧붙임 : 학교보건법 일부개정법률안 참조 (이후 6쪽짜리 學校保健法 一部改正法律案이 첨부됨)

보도자료 이용 기사 기본 공식

> ◆◆는 ▲▲일 □□라고 밝혔다(발표했다, 말했다 등).
> ◆◆는 ▩▩라고 말했다. (◆◆에 따르면 ▩▩다.)
> ◇◇는 "(발표 기관의 설명)"(이)라고 말했다.

첫 단락

대표적인 3대 보도자료 작성 주체인 권력 3부, 대기업, 비정부 기구를 중심으로 설명하자면 첫째 단락[◆◆는 ▲▲일 □□라고 밝혔다(발표했다, 말했다 등)]에서 '◆◆'는 이들 3대 주체의 기관명이 된다. 예를 들면 '청와대는', '교육부는', '국방부는', '보건복지부는', '기획재정부는', '국회는', '◐◐당은', '◑◑당은', '대법원은', '광주지검은', '부산경찰청은', '삼성전자는', '현대자동차는', 'SK텔레콤은', '환경운동연합은', '경제정의실천시민연합은' 하는 식이다. 이들은 보도자료 발신자다. 발신자는 자료를 배포하는 기관으로, 이들이 기사 리드에 등장할 때는 모두 본 명칭 전체(Full Name)을 사용하는 것이 옳다. 위에 제시된 2005년도 교육인적자원부 보도자료를 반영하면 여기서는 발신자가 '교육인적자원부는'이 된다. 당시에는 본 명칭이 그랬다. 사례 보도자료에서 보듯이 주체 이름은 전달된 자료의 상단부에 위치한다. 기사 첫 단락에서는 이 주체에 아주 일반적인 술어로 '밝혔다', '발표했다', '말했다' 등이 문장 말미에 붙는다.

'▲▲일'은 해당 정보가 발표(Release)된 날짜다. 이는 배포 시점이다. 기사에서는 일반적으로는 배포된 날짜를 그대로 쓴다. 위 사례를 보면 2005년 3월 2일이 배포 날짜로, 다음날 조간을 기준으로 했을 때 기자들은 '2일'이라고 적는다. 놓이는 위치는 주어 바로 다음 또는 술어 바로 앞이다. 내용 전달에 오해가 발생하지 않도록 하면 된다. 앞에 거론한 사건 기사, 특히 검거 기사 설명을 참조하면 날짜 정보 위치에 대한 이해가 빠르겠다. 또 연도나 달은 적지 않는 게 일반적이다. 새로운 소식은 같은 해 같은 달에 보도되기에 독자들도 같은 달의 2일이라고 인지하기 때문이다. 하지만 보도 내용의 보안 때문에 발표 날짜에 앞서 미리 기자들에게 정보를 주면서 어느 날에 보도를 해달라는 엠바고 요청이 있고, 그 요청이 기자들에 의해 받아들여졌을 때는 '▲▲일'을 그 요청에 맞게 조정한다. 이는 보도 시점이라고 정리된다. 일단 배포와 보도 시점을 기준으로 보면, 앞서 정리한 것처럼 보도자료를 배포한 날 그대로 기사를 작성하는 것은 배포 시점이 보도 시점과 동일한 때고, 엠바고가 받아들여지면 배포 시점이 보도 시점과 다르다고 정리될 수 있다. 구체적으로 보자면, 만약 보도자료는 7일 배포됐는데, 자료 제공 취재원이 '10일 조간용'으로 써달라는 요구를 해오고 이 요청이 인정되면 기자들은 기사에 '9일 밝혔다'라고 적는다. 10일 아침, 그것도 새벽에 배달되는 신문인데 거기다 '10일 밝혔다'고 쓰면 새벽부터 관련자들이 나와 그 내용을 배포했다는 것이 되기 때문에 독자들이 납득하기 어렵다. 그래서 조간용에 붙은 날짜보다 하루 전 날짜를 기사에 쓰는 것이다. 게다가 인쇄 매체보다 속보에 강한 방송들은 신문이 다 보도한 내용을 나중에 전달한다는 점도 사회적 이해에 맞지 않는다는 이유로 10일 조간이 배달되기 전인 9일 저녁 프라임타임에 이 내용을 기사화하고 그때 '9일 밝혔다'는 식으로 그 정보를 전달하기 때문에, 모든 시점을 그 방식으로 맞추는 것이 합리적이다. 정리하자면 '10일 조간용'이라고 하면 방송이나 신문 모두 '9일 밝혔다'고 쓰고 방송은 그 내용을 9일 저녁 메인 뉴스에, 조간은 10일 새벽 배달되는 신문에 싣는다. 따지고 보면, 엠바고 요청 없이 취재원이 정보를 준 날 그대로 기사를 쓰게 되는 경우, 방송은 그날 저녁에 뉴스를 내보내면서 당일 자료가 전달됐다고 쓰고, 그다음날 아침에 독자들에게 정보를 주게 되는 신문은 전날 해당 자료가 발표됐다고 적을 수밖에 없는 것과 같은 이치다.

석간신문을 위해 '10일 석간용'이라고 적시되는 경우도 있지만 국내 중앙 일간지를 기준으로 했을 때 석간신문이 많지 않고 그만큼 정보 전달력이 떨어진다는 이유 때문에 '석간용' 보도자료는 많이 등장하지 않는다. 하지만 반대로 온라인 매체가 활성화된 최근에는 보도 시점을 아예 '오후 3시 이후' 등으로 표기하는 경우가 생겨났다. 보도자료 배포 주체 혹은 특정 정보와 관련해 인터넷 신문 등을 통해서라도 해명 등을 신속하게 전하려는 홍보 전략에 의한 것이다. 단, 그럴 만한 주요 이슈는 출입기자들을 통해 즉각 연락을 취하는 방법으로 자료들이 전달되기 때문에 인터넷 신문 등을 위한 보도자료 배포 시점 적시는 크게 의미가 없다는 반론도 나온다. 아래 2013년 한국은행이 발행한 한 보도자료 첫 페이지를 보자. 배포 날짜(7월 12일)과 보도 요청 날짜(7월 15일 조간 등)가 다르고, 조간과 통신/방송/인터넷 매체들의 보도 시점에도 차이가 있다는 것을 실례를 통해 확인할 수 있다.

한국은행 보도자료

2013년 7월 12일 공보 2013-7-4호

보도자료

이 자료는 7월 15일(조)간부터 취급하여 주십시오. 단, 통신/방송/인터넷 매체는 7월 14일 12:00 이후부터 취급 가능

제 목 : 2013년 상반기중 손상화폐 교환 및 폐기규모

"붙임" 참조

문의처 : 발권국 발권기획팀 과장 박종남, 과장 정기란
Tel : 759-4696, 4660 Fax : 759-4622 E-mail : jnpark@bok.or.kr
공보실 : Tel (02) 759-4015, 4016

"한국은행 보도자료는 인터넷(http://www.bok.or.kr)에도 수록되어 있습니다."

한국은행
THE BANK OF KOREA

기본 공식 첫째 단락의 '□□'는 보도자료 핵심 내용이다. 즉 보도자료 전달 주체인 취재원이 강조하고자 하는 내용이거나, 기자가 보도자료 내용 중 중요하다고 판단해 독자들에게 꼭 전달해야 할 것이라고 선택한 정보가 들어간다. 일반적으로 반영 기사라면 보도자료에 나온 내용을 싣게 되는데, 내용이 한 주제나 토픽에 집약되면 그 이슈를 적으면 되고, 만약 여러 이슈로 나뉘어 있으면 기자가 이를 한데 묶는 개념을 만

들어 적거나 아예 그 주제나 이슈 중 하나를 골라 거기에만 집중하는 방식으로 '□□'를 채운다. 전달되는 사안 자체가 단순히 하나의 이슈를 다루거나 취재원이 매체의 '편의를 위해' 여러 주제를 그렇게 하나의 개념으로 묶어 전달하면 기자는 그대로 '베껴 쓰는 수준'으로 정보를 정비하면 된다. 앞서 말했듯 이런 식의 보도자료 이용 기사는 전직 기자들이 홍보 담당자로 활약하는 대기업 보도자료를 토대로 이뤄지는 경우가 많다. 하지만 공무원 보고에 많이 사용되는 요약 형태 보도자료는 여러 주제나 토픽을 나열하는 경우가 많아 기자가 수고스럽게 이들을 한데 묶는 개념을 고안해내거나 이 중에서 하나를 골라 사용해야 하는 상황이 생긴다. 앞서 소개한 2005년 교육부 보도자료 중 제목(학교보건법 개정) 바로 아래 큰 박스로 묶인 네 개의 정보(건강검사, 영화상영관, 휘발성유기화합물, 학교보건위원회 등)가 바로 발신자가 강조하고자 하는 바를 여러 개로 나열한 사례다.

대기업이 주로 배포하는 기사체 보도자료건 공공 기관이 전달하는 요약·나열형 보도자료건 간에 첫 단락의 '□□'에는 어떤 경우에라도 기사의 핵심이 되는 내용을 담게 된다. 그리고 그 정보 수준은 사건이나 사고 기사와 마찬가지로 독자들의 관심을 유발하는 '일반적 정보'로 아주 구체적이지도 않고 너무 추상적이지도 않은 성격을 갖는다. 구체적인 판단을 반영하는 과정은 추후 리드에 따라 세부적으로 기사 형태가 구분되는 것을 소개할 때 다시 설명하겠다.

변형 기사라면 아예 추가 취재를 통해 확보한 정보를 담아, 원래 취재원을 견제한다는 취지에서 취재원이 되도록 드러내고 싶어 하지 않는 내용을 여기에 정리할 수도 있다. 하지만 만약 '□□'가 들어가는 첫 문장에 '◆◆가 밝혔다'는 식으로 적으려면 반드시 그 내용은 보도자료에 들어 있는 정보여야 한다. 즉 정보에 변형을 가하더라도 배포된 보도자료에 있는 내용을 반영해 '□□'를 채워야 한다는 것이다. 예를 들어 A와 B를 보도자료에 다 소개한 뒤 이들을 비교해 A정보를 강조하려는 것이 원래 취재원 ◆◆의 의도였는데, 상황을 잘 아는 베테랑 기자가 봤을 때 역으로 B정보를 부각하는 것이 독자들에게 이롭다는 판단이 든다면 이때 B에 집중하는 내용을 담아 '◆◆가 □□라고 밝혔다'고 쓸 수 있다는 얘기다. 비록 취재원이 이를 강조하려 하지는 않았지만 그 내용이 배포된 보도자료에 들어 있었기 때문에 기자는 '◆◆가 B라고 밝혔다'고 써도 오보가 되지 않는다. 앞에서 환경부 보도자료를 변형한 기사 사례가 좋은 예다. 하지만 보도자료에 없는 C정보를 쓰면서 '◆◆가 □□라고 밝혔다'고 쓰는 것은 잘못된 보도가 될 수 있다.

한편 기자가 보도자료가 다룬 여러 이슈들을 하나로 개념화하지 못하거나 특별히 하나의 주제만을 선택하지 못하고 다른 주제들을 포함해야겠다는 판단이 들면, 첫 단락인 리드를 작성하는 방법이 달라진다. 이는 보도자료 이용 기사 공식이 세 가지 정도 하위 형태로 갈라지는 요인이 된다. 결국 반영 기사라도 '베낀다'는 행위가 여러 방식으로 나타날 수 있다는 것이다. 간단히 '말이 되게 베낀다'는 의미로도 통할 수 있는 이 방식은, 보도자료 이용 기사라는 것이 기자가 편파나 과장이 섞인 홍보성 보도자료를 무조건 필사하는 것이 아니라 독자들이 수월하게 이해해 유용하게 정보를 활용할 수 있는 방식으로 전환한 결과물이라는 것을 보여주는 사례가 된다. 여기에 대해서는 차후 요약형 리드, 나열형 리드, 분리형 리드 등에 따르는 세부 공식을 소개할 때 다시 설명하겠다.

둘째 단락

둘째 단락[◆◆는 ▥▥라고 말했다. (◆◆에 따르면 ▥▥다.)] 도입부의 ◆◆는 첫 단락의 주어와 같다. 단 여기서는 축약이 가능하다. 위의 사례를 기준으로 봤을 때 더 이상 줄일 수 없거나 일반에게 줄임말이 익숙하지 않은 '청와대는', '국방부는', '국회는', '◐◐당은', '◑◑당은', '환경운동연합은' 등은 그대로 둘째 단락에 사용되지만, '보건복지부는'은 '복지부는'으로, '삼성전자는'은 '삼성은', '현대자동차는'은 '현대는', 'SK텔레콤은'은 'SK는', '경제정의실천시민연합은'은 '경실련은' 등으로 줄여 사용할 수 있다. '환경운동연합'의 경우 과거 '환경련'으로 바꿔 사용했거나 최근에도 그런 줄임말을 쓰는 경우도 있지만 '경실련'에 비해 익숙하지 않아 전체 이름을 쓰는 경우가 많다. 사실 이런 표현들은 각 매체의 '스타일'에 따라 정비된다. 실제로 《AP Stylebook》은 이런 줄임말의 용례까지 세세히 기록해놓고 있다. 한편 위 예시의 '삼성'이나 '현대'와 같은 경우는 만약 한 기사 내에서 그 그룹 내 삼성이나 현대라는 명칭을 쓰는 다른 계열사가 등장하지 않는다면 이렇게 축약해 불러도 첫 단락에 나온 삼성전자나 현대자동차를 지칭하는 것으로 이해된다. 이를 바꿔 말하면 같은 기사 안에서 삼성이나 현대 등이 이름에 들어가 있는 계열사가 여럿 나올 경우, 위와 같은 축약은 불가능하다는 뜻이다. 같은 맥락으로 '광주지검은'이나 '부산경찰청은'을 둘째 단락에서 '검찰은' 또는 '경찰은'으로 줄여 사용할 수 있다. 이는 앞선 사건 기사 '검거'의 경우, 첫째 단락에서 '대전 동부경찰서는'이라고 쓴 뒤 둘째 단락에서 '경찰은'이라고 적는 것과도 연동해 기억할 필요가 있다. 술어는 첫째 단락과 마찬가지로 역시 '밝혔다', '발표했다', '말했다' 등을 사용할 수 있는데, 반복에 의한 지루함을 피하기 위해 첫 단락에 쓰인 단어와는 다른 술어를 활용하는 것이 더 자연스럽다. 또 이런 술어 자체를 피하려면 아예 둘째 단락을 '◆◆에 따르면'이라고 시작해, 문장을 '~이다'로 종결하는 것도 한 방법이다.

둘째 단락의 중요 내용인 ▥▥는 앞선 첫 단락의 □□를 보완하는 내용이다. 기자들의 편의를 위해 제공되는 보도자료는 자료 앞쪽에서 취재원이 전달하고자 하는 내용을 몇몇 단어 혹은 핵심 개념으로 정리하고, 이후 본문에서 그 내용을 보완하는 정보를 담는데, 기자는 이를 찾아 둘째 단락의 ▥▥에 담으면 된다. 단 이를 설명하는 보도자료 위치에서 그 내용이 장황하게 전개될 수 있기 때문에 그중 핵심적인 내용 위주로 첫 단락 □□를 부연하는 방식을 취해야 한다. 만약 보도자료 안에 그 내용이 충실하게 담겨 있다면 자료에만 의지해 ▥▥를 소화할 수 있지만, 그렇지 않은 경우 이 내용을 주도적으로 정비한 부서 담당자를 추가 취재해 그 내용을 담아야 한다. 특히 보도자료에 일반 독자가 이해하지 못할 정도로 어려운 전문 용어가 들어 있거나 구체적인 사례가 소개될 필요가 있다고 판단될 때 기자들은 그와 같은 노력을 기울이는 것이 옳다. 보도자료 작성자들도 보통 사람들이 글을 쓸 때 드러나는 오류와 마찬가지로 자기가 알고 있는 것을 다른 사람들도 알고 있다는 착각 속에서 자료를 만들 때가 많기 때문이다. 이는 기자도 주의해야 할 부분이다. 특정 분야를 오래 취재한 베테랑 기자들도 가끔 독자들이 해당 분야에 대해 자기와 같은 관심과 지식을 이미 가지고 있으리라 생각하는 오류를 범하기 때문이다. 인터뷰를 오랜 시간 하게 되면, 자기도 몇 시간 전에 처음 들은 얘기가 마치 오래전부터 익숙했던 것처럼 여겨지는 경우도 있음을 유념해야 한다. 낮에 친구들과 하던 얘기를 저녁 때 가족들에게 들려줄 때 앞뒤 맥락 없이 전달하게 되는 일상생활의 사례들에 연결해보면 이 뜻을 이해하기 편할 것이다. 역시 앞서 거론한 '말이 되게 베낀다'는 뜻과 같은 의미의 설명이다.

이렇게 '말이 되게' 즉 독자들이 이해하기 쉽게 기사를 작성하기 위해서는 많은 정보가 들어갈 수 있다. 즉 '둘째 단락'은 여러 문장으로 구성되거나, 아니면 별도의 단락이 추가로 구성돼 많은 설명을 담아야 할 필요가 생길 수 있다. '둘째 단락'은 대표적 표현일 뿐 여러 단락으로 확대될 수도 있다는 얘기다. 이 경우 주어의 쓰임새도 약간의 차이가 발생할 수 있다. 정당의 호칭을 예로 들면, 보도자료 이용 기사가 세 단락으로만 구성되는 경우, 첫 단락에서 '◐◐당은' 또는 '◑◑당은'이라고 쓰인 표현은 둘째 단락에서 일반적으로 축약 표현을 쓰기 어렵기 때문에 그냥 '◐◐당은' 또는 '◑◑당은'이라는 형태로 나타나지만, 단락의 수가 늘어나면 반복에 의한 지루함을 피하기 위해 대통령이 어느 정당에 소속돼 있느냐에 따라 '여당은' 또는 '야당은'이라고 달리 표현될 수도 있다. 아주 세세한 내용들은 각 매체의 매뉴얼이나 일반적인 관행에 따르기 때문에 이를 일일이 설명하기는 대단히 복잡하다. 하지만 전반적으로 기사가 독자의 지루함을 덜며 전달하려는 정보를 적확하게 짚어낸다는 점을 고려한다는 차원에서 이와 같은 내용을 이해하면 되겠다. 추후 추가적인 사례들은 리드 형태에 따른 세부 공식을 정비하는 과정에서 다시 부연하겠다.

셋째 단락

앞서 둘째 단락이 많은 설명을 담는 여러 단락으로 분화할 수 있는 성격 때문에 '대표적 표현'이라고 정리된 것처럼 셋째 단락도 '마지막 단락'이라고 소개될 수 있다. 기사를 종결하는 의미를 가진다는 의미다. 하지만 사건이나 사고 기사에 비해 설명이 필요한 정보를 더 많이 전달할 경우가 생기는 보도자료 이용 기사의 경우, 여기 셋째 단락[◇◇는 "(발표 기관의 설명)" (이)라고 말했다.] 또는 마지막 단락에 등장하는 내용들의 성격이 조금 더 복잡한 형태를 띨 수 있다.

우선 '◇◇'는 첫 단락이나 둘째 단락에서 등장하는 주어(◆◆)가 그대로 활용될 수 있다. 축약이 불가능한 '청와대는', '국방부는', '국회는', '◐◐당은', '◑◑당은' 등이 첫째와 둘째 단락에 이어 다시 등장할 수 있다는 뜻이다. 하지만 둘째 단락에서 이미 축약이 이뤄진 명칭은 아주 특별한 경우가 아니라면 다시 원래 전체 명칭으로 돌아갈 수 없다. 즉 앞서 거론한 것처럼 둘째 단락에서 한 번 '복지부'로 변했으면 셋째 단락에서 '보건복지부'로 되돌아가거나, '경실련'이 '경제정의실천시민연합'으로 복귀할 수 없다. '아주 특별한 경우'라 함은 소속된 사람의 이름과 직책 등이 함께 거론되며 특정돼야 할 때 등이다. 예를 들어 '부산경찰청'이 첫 단락에 나오고, 둘째 단락에서 '경찰'이라는 주어를 이용해 첫 단락 일반적 정황을 구체화한 뒤, 셋째 단락에서 A수사국장을 지칭해야 하는데 그냥 '경찰 A수사국장'이라고 적지 못한다는 얘기다. 이때는 보통 그냥 'A수사국장'이라고 적거나 '부산경찰청 A수사국장'이라고 적으면서 본래 명칭을 써준다. 전자의 경우는 세 단락짜리 짧은 기사에서 결국 그 수사국장이 부산경찰청 소속일 수밖에 없음이 관습적으로 인정되는 때이고, 후자는 많은 문단으로 이뤄진 긴 기사에서 셋째 단락이 '마지막 단락'으로 변해 독자들이 A국장의 소속을 한 번에 수월하게 인식하기 어렵다는 판단이 들 때 활용되는 방법이다. 이런 경우는 많지 않아 보통 한 번 축약된 취재원 명칭은 원래 본 명칭(Full Title)으로 환원되지 않는다.

하지만 이 취재원 지칭이 본 명칭이건 축약된 명칭이건 반복되면 지루해진다는 사실은 변하지 않는다. 첫 단락부터 둘째를 거쳐 셋째 단락까지 모두 본 명칭으로 등장하는 것은 물론 첫 단락에서 본 명칭이었다가 둘째 단락에서 축약 명칭으로 사용된 것이 다시 셋째 단락에서 축약 명칭으로 나오면, 세 번 반복이냐 두 번 반복이냐의 문제일 뿐 중복된 표현이라는 점에서는 차이가 없다. 물론 두 번 반복이 세 번 반복보다 덜 지루하겠지만, 지루함을 피할 수 있다면 굳이 여러 번 같은 단어를 계속해 사용하는 것은 지양해야 한다. 그때 사용하는 것이 '◆◆'의 변형인 '◇◇'이다. 구체적으로 ◇◇ 자리에는 기관의 부서, 그리고 그 부서와 함께 담당자의 이름과 직책이 들어갈 수 있다. 예를 들어 첫 단락이 '고용노동부는'이라고 시작됐다면, 둘째 단락은 '노동부는'이라는 축약 명칭을 쓴 뒤 셋째 단락에서는 주어로 '노동부 노사정 근로기준정책관은'을 사용할 수 있다는 뜻이다. 앞서 '부산경찰청 A수사국장'을 설명할 때처럼 아예 노동부를 빼고 '노사정 근로기준정책관은'이라고 표현할 수도 있다. 특히 짧은 기사에서 근로기준정책관은 노동부 소속이라고 관습적으로 이해되기 때문이다. 이런 방식으로 지루함을 피해갈 수 있다. 이때 기자가 근로기준정책관을 직접 전화나 대면 인터뷰를 하지 않더라도 그 사람이 보도자료 내용을 주관적으로 담당하는 인물로 자료에 적혀 있다면, 자료 내용을 그대로 활용해 쌍따옴표를 이용한 직접 인용으로 기사에 적을 수 있다. 앞의 첫 단락과 둘째 단락 정보가 보도자료에서 나온 것과 마찬가지로, 세 번째 단락에서 사용되는 이 내용도 보도자료에 등장한 인물들의 발언한 '공식' 정보로 인식되기 때문이다.

셋째 단락의 술어는 둘째 단락의 경우와 마찬가지로 앞선 단락에서 사용하지 않은 단어를 사용해 지루함을 피하는 것이 좋다. 셋째 단락에서 특히 개인이 주어로 등장한다면 앞선 두 단락에서는 '밝혔다'와 '발표했다'를 교차해 사용한 뒤 여기서는 '말했다'를 활용하면 훨씬 부드러울 수 있다.

셋째 단락의 주요 내용으로 쌍따옴표 안에 들어가는 '발표 기관의 설명'은 앞선 내용을 보완하는 정보를 담는다. 일반적으로는 왜 그런 정책을 추진하거나 사업을 벌이는지, 그런 운동의 목적이나 기대되는 효과가 무엇인지를 담당자의 입을 빌려 정비한다. 보완이 아니라 정보를 더 주기 위해 아예 추가적인 내용을 담기도 한다. 앞서 소개한 단어의 개념이 어렵다면 그걸 풀어 설명하는 경우도 있다. 그러나 기본 축은 육하원칙에 기인한다고 보면 된다. 즉 앞선 단락에서 언제(When·시간), 어디서(Where·장소), 누가(Who), 무엇(What·내용), 왜(Why·원인), 어떻게(How·방법) 중 등장하지 않은 것이 있다면 일단 그게 뭔지를 찾아 마지막 단락에 넣는 게 원칙이다.

보도자료 이용 기사의 기본 구조를 보면 첫 단락에서는 누가(Who), 언제(When·시간), 무엇(What·내용)을의 내용이 나온다. 위의 사례를 살짝 틀어 소개하자면 '고용노동부가[누가(Who)] ▲▲일[언제(When·시간)] □□[무엇(What·내용)]'을 밝힌 거다. 둘째 단락에서는 '무엇'에 대한 구체적인 정확을 설명하면서 어디서(Where·장소), 왜(Why·원인), 어떻게(How·방법) 등을 소개할 수 있다. 만약 첫째와 둘째 단락에서 이 중 일부가 빠졌다면 그걸 셋째 단락에서 전해주면 된다. 둘째 단락에서 어디서(Where·장소)와 어떻게(How·방법)가 전달되고 셋째 단락에서 왜(Why·원인)가 들어가면서 전체 기사가 완성되는 형태를 갖추지만 이들의 순서는 바뀔 수도 있다. 주로 역삼각형 형태로 구성되는 스트레이트 뉴스의 특성에 따라 첫째 단락에서 전달하려는 기사 내용의 핵심과 관련해 중요한 내용이 둘째 단락에 먼저 나오고 맨 마지막 단락에 덜 중요한 내용이 따라오는 것이다. 하지만 지면 사정에 따라 일부 기사에서는 어디서(Where·장소), 왜(Why·원인), 어떻게(How·방법) 중 더 적극적으로 설명이 필요한 경우 하나나 둘 정도의 요소만 집중해 소개하고, 아예 나머지 요소는 부연하지 않는 경우도 있다. 이 역시 기사 핵심 내용의 성격에 따라 조정된다.

이쯤에서 앞에 소개된 보도자료의 정보 종류를 정리해보자. 기본적으로 보도자료 안에는 발신 정보, 수신 정보, 사용 정보, 연락 정보, 내용 정보 등 다섯 가지 형태의 정보가 들어 있다. 발신 정보는 언제, 누가 보도자료를 배포하는지에 대한 것으로 배포 시점과 발신자를 포함한다. 위 교육부 보도자료를 보면 '2005년 3월 2일'과 '교육인적자원부'가 그 사례다. 수신정보는 어느 매체를 대상으로 하는지에 대한 정보고 사용 정보는 보도 시점을 알리는 것이다. 조간신문, 석간신문, TV 메인 뉴스 등이 수신자가 되고 특별히 보도가 시작되는 시점을 적시하는 날짜나 시간 등이 적힌다. 위 2013년 7월 12일 배포된 한국은행 보도자료를 예로 들면, 수신자 중 조간은 7월 15일, 통신/방송/인터넷 매체는 7월 14일 낮 12시부터 취급할 것을 알리고 있다. 특별히 보도 시점이 적시되지 않으면 배포 시점이 곧 보도 시점이 되기에 사용 정보 일부가 등장하지 않을 수도 있지만, 기본적으로 이 정보는 보도자료 안에 내포돼 있다고 본다. 연락 정보는 자료에 대한 궁금증이 있을 때 기자가 추가 취재를 할 수 있도록 담당자를 알리는 내용이다. 공보실이나 홍보실에서 보도자료 틀을 만들기에 공보나 홍보 담당관의 연락처가 들어가기도 하지만, 전달 정보의 자세한 내용은 그 일을 직접 담당한 인물들이 알고 있기에 업무를 수행하는 부서의 담당자와 책임자 연락처를 적는다. 위 사례 중 교육부는 공보관실(2100-6035)과 함께 학교체육보건급식과 신영재 과장과 김상욱 서기관(2100-6385~6389), 한국은행도 공보실(02-759-4015, 4016)과 함께 발권국 발권

기획팀 박종남 과장과 정기란 과장(Tel: 759-4696, 4660 Fax: 759-4622) 연락처를 담았다. 삼성전자 보도자료에는 홍보팀(02-727-7839) 연락처만 담았지만, 이를 통해 추가 취재 연계 정보를 얻을 수 있다.

내용 정보는 보도자료의 핵심 내용이다. 위의 네 가지 정보가 취재원이 홍보 또는 해명하고자 하는 내용이 수월하게 전달되도록 하는 보조적 기능을 한다면, 내용 정보는 홍보 또는 해명의 본체다. 이 내용은 결국 보도자료 이용 기사의 리드에서부터 마지막 단락까지 개별 문단에 들어가는 정보들이 된다. 보도자료에서는 전체 자료 중 요약을 담은 정리본(Lead), 요약을 풀어 설명한 본문(Body), 본문을 보완해 부연하는 첨부(Appendix) 등이 이 내용 정보에 해당한다. 매체는 이들을 기사체로 정리해 보도하게 되는 것이다.

보도자료와 기사의 관계를 토대로 이들 내용 정보를 조금 더 소개하면 정리본에 리드(Lead)라는 이름을 붙인 이유를 알 수 있을 것이다. 우선 리드는 기사 작성에서 볼 때 전체 글의 도입부로 단락이나 문장으로 구성된다. 그리고 스트레이트 뉴스에는 여기에 전달 정보의 핵심 요약이 위치한다. 기사의 바탕이 되는 보도자료, 즉 '취재원이 기자와 언론사의 편의를 위해 제공하는 정리된 자료' 혹은 '정책이나 사업 등의 내용을 기자가 이용하기 좋도록 육하원칙에 따라 정리한 문건'의 성격을 대입하면, 보도자료 역시 전체 문건 도입부에 이런 내용을 정리해 제시하게 된다. 결국 보도자료 내용의 발을 떼는 것이라 뒤의 내용을 이끄는 리드라고 이름을 붙일 수 있다는 것이다. 위 교육부 자료 사례를 보면 네모난 박스 형태에 담긴 네 가지 정보 요약이 바로 그런 리드다. 위에서 기사체로 된 삼성전자 보도자료, 즉 '취재거리의 제공이라기보다는 실제 기사를 작성하는 것'이라는 점을 적용한 자료의 경우에는 제일 첫 단락이 리드가 된다. 이는 현장 기사 예시에서 거의 원문 그대로 옮겨졌다. 보도자료 리드가 기사 리드가 된 셈이다. 이런 이유에서 보도자료 도입부에 정리된 내용에 리드라는 이름을 붙일 수 있겠다. 즉 핵심 사항을 전달하는 데에 초점을 맞추는 보도자료의 구성은, 기사의 스트레이트 구조인 역피라미드 형태에 사용되는 리드의 역할(앞으로 나올 내용을 미리 전달)을 책임진다.

본문은 리드에서 나온 내용을 상세히 설명해 풀어주는 글이다. 리드 바로 아래에 위치한다. 교육부 자료 사례를 보면 네모난 박스 아래부터 시작되는 내용이 본문이다. 이들은 구체적인 사실로 적시되는 것이 좋으며, 리드의 근간이 되기도 한다. 어떤 방식으로 풀지는 리드의 형태에 따라 달리 나타난다. 하지만 기본적으로 리드에 등장하는 정보의 순서에 따라 관련 설명도 배치된다. 게다가 보도자료가 주로 스트레이트 뉴스에 반영되는 특성상 순서뿐 아니라 그 양도 조정된다. 즉 중요한 정보를 앞에 놓는 역삼각형 기사처럼 보도자료 앞쪽에 있는 이슈에 대한 설명이 더 많아진다는 뜻이다. 자세히 보자면 리드에 제일 먼저 등장하는 이슈 관련 정보가 본문에서도 제일 먼저, 그리고 제일 많이 제공된다. 실례로 위 교육부 자료를 보면 리드에 '신체검사 명칭의 건강검사 대체', '극장의 영화상영관 대체', '새 학교 증후군에 휘발성 유기화합물 포함', '학교보건위원회 설치' 등의 순서로 이슈가 소개됐다. 본문의 설명도 이 순서로 이뤄졌으며, 가장 먼저 소개된 '신체검사 명칭의 건강검사 대체'는 약물(○) 기호와 중간 선(–)으로 시작되는 총 6개의 하위 설명, '극장의 영화상영관 대체'는 4개 설명, '새 학교 증후군에 휘발성 유기화합물 포함'과 '학교보건위원회 설치'는 각 2개씩의 설명으로 이뤄졌다. 이는 보도자료 배포 측이 이 순서대로 이슈를 중요하게 여긴다는 뜻이다. 비록 매체가 그대로 이를 따를 것인지 아니면 순서를 바꿔 보도할지를 결정해 기사화하겠지만, 보도자료 정보의 배치는 일단 이런 식으로 정보 전달자의 의지를 반영한다.

첨부는 리드 및 본문의 배경이 되는 전체 자료다. 결국 리드 및 본문은 일반적인 '정리된 보도자료'를 뜻한다. 하지만 간단하게 정비된 정리된 보도자료만으로 내용이 완벽하게 설명되기는 어렵다. 추가적인 자료를 제시함으로써, 기자들이 배경 정보를 습득하게 하는 것이 첨부 자료의 역할이다. 이 책에는 너무 분량이 많아 다 담지 못했지만, 위에 제시된 교육부 실제 보도자료에서는 '○ 덧붙임 : 학교보건법 일부개정법률안 참조'이라는 표현을 정리된 보도자료의 맨 아래 적은 뒤, 페이지를 바꿔 6쪽짜리 학교보건법 일부개정법률안(學校保健法 一部改正法律案)을 첨부했다. 이는 교육부가 네 가지 이슈를 행정적인 용어 등을 사용해 정비한 실제 법률안이다. 만약 기자가 정리된 보도자료만으로 전달되는 정책 내용을 이해하지 못할 때 참조하라는 의도다. 현장에서는 아예 이 '첨부'를 수백 쪽짜리 책자로 전달하는 경우도 있다. 다양한 수치 등을 다루는 경제 부처 혹은 오랜 기간 특정 이슈와 관련해 조사를 벌인 국회 상임위원회의 국정감사 자료 등이 그렇다. 어려운 법률 용어나 복잡한 수식 계산, 너무 많은 조사자료 등을 기자가 짧은 시간 안에 이해하기 쉽지 않지만, 이들 내용을 짧게 요약한 정리된 보도자료만으로 의미 있는 정보를 기사로 만들기 어렵다는 판단이 들면 기자들은 이런 첨부 자료 등을 활용하고, 더 나아가 관련 취재원을 확보해 심도 깊은 기사를 작성하기도 한다.

이상이 보도자료 이용 기사의 기본적 틀에 대한 설명이다. 이들은 다시 리드의 형태에 따라 약간의 변형을 거치게 된다. 이제부터는 그 리드들을 소개하면서 위 내용들이 어떻게 적용될 수 있는지를 살펴보겠다. 이해를 수월하게 하기 위해 하나의 사례를 여러 형태로 변환해보고, 유사한 용례를 추가로 제시하는 방법을 취할 것이다.

1) 기본 리드 3개 종류

리드는 기본적으로 요약형(Summary)과 나열형(Enumerative), 분리형(Separative) 등의 세 가지 종류로 나뉜다. 먼저 요약형은 전체 상황을 한 단락에 한 문장으로 개념화하거나 중요한 요소를 추린 뒤 그 내용을 중심으로 정리해 전달하는 것으로, 역피라미드 형식의 기사에 가장 많이 사용된다. 한 단락이 한 문장으로 이뤄지기 때문에, 여러 내용을 담기 위해 중문(重文) 구조를 띠는 경우가 많다. 전달된 보도자료 내용을 그대로 일일이 열거하지 않고 전체를 묶어 기자가 별도로 개념화하는 요약의 경우와 자료 내용 중 매체가 집중하고자 하는 내용만 골라 그 정보를 그대로 옮겨 쓰는 경우를 모두 포함한다. 보도자료 모든 이슈를 각각 개별적인 몇몇 단어로 집약해 리드에서 일일이 열거하거나 이들 전체를 하나의 틀로 묶는 경우는 나중에 따라 나오는 기사 본문에서 보도자료 내용을 다 활용하고, 매체가 보도자료가 제시하는 이슈 중 한두 개만 골라 기사를 쓸 때는 본문에서 보도자료 내용 중 해당 부분만 찾아 활용한다. 나열형은 요약형 리드의 간단한 변형으로, 중요한 내용을 한 문장에 담기가 어려워 두세 문장 정도에 나누어 쓰는 형태다. 한 문장으로 구성된 한 단락 안에서 중문 구조를 이

뤘던 요약형 리드를 여러 문장으로 분할하는 의미다. 이렇게 연결되는 문장들은 비슷한 무게의 병렬 구조를 갖는다. 분리형은 나열형의 또 다른 변형이다. 전달된 보도자료 정보 중 가장 중요한 내용만 앞으로 뽑아 기사 전체의 리드로 삼고, 기사 중간중간에 별도의 리드를 둬 기사를 작성한다. 즉 나열형에서 두세 개 문장으로 나뉜 이슈들을 각각 따로 떼내는 것으로, 가장 중요하다고 판단되는 이슈를 담은 문장 하나를 기사 전체 리드에 적은 뒤 곧장 이어지는 본문 단락에서 그 내용에 관련해서만 정보를 쓰고, 그 정보의 꾸러미가 완성되면 다시 두 번째 이슈를 한 문장으로 쓴 뒤에 해당 정보를 적어나가는 방식이다. 결국 몇 개의 기사를 따로 써서 이들을 순서대로 붙이는 행태가 된다. 전체적인 내용을 한꺼번에 요약해 전달하기 어렵고, 비슷한 무게의 정보를 병렬형의 두세 문장으로 구별해 앞에 내세우기 곤란할 때 사용한다.

이와 같은 리드들은 결국 보도자료 이용 기사의 틀을 결정한다. 잠깐 언급했듯이 어떤 리드를 활용하느냐에 따라 뒤에 나오는 본문 형태가 달라질 수 있다는 뜻이다. 요약형 중 보도자료 모든 이슈를 각각 개별적인 몇몇 단어로 치환한 뒤 이들을 한 문장짜리 리드에서 일일이 열거하거나 이들을 몇 개의 문장으로 나눠 적는 나열형 리드의 경우, 뒤에 나오는 본문의 형태가 똑같을 때도 있지만 보도자료 내용 중 일부를 선택하는 요약형 리드와 모든 이슈를 각각 개별적인 문장으로 나눠 적는 나열형 리드의 본문은 다를 수밖에 없고, 아예 이들을 분리한 뒤 물리적으로 거리를 두는 분리형은 전혀 다른 모습을 띠게 된다. 이 내용을 앞선 교육부 기사를 중심으로 정비하며 설명을 이어가겠다. 하지만 이에 앞서 먼저 확인해둘 바가 있다. 위에 제시한 요약, 나열, 분리 등 세 가지 유형으로 '크게' 구분된 요소들은 여기에 적힌 설명에 따라 비교적 손쉽게 현장 기사에서 확인할 수 있지만, 이들 세 가지 유형의 하부 형태로 아래에 소개되는 '세부적' 내용들은 지면에서 쉽게 만나기 어려울 수 있다. 지면 한계상 전체 보도자료 내용 중 선택된 정보로만 기사가 작성되면서 이 책에서 이론적으로 정비된 내용들을 개별 기사들이 다 담아내기 어렵기 때문이다. 독자들은 아래 내용을 익혀나갈 때, 이런 방법을 통해 기사화할 수 있다는 점을 이해하는 쪽에 초점을 맞추길 바란다. 즉 현실적으로 이 방법을 통해 모든 기사들이 쓰이는 것은 아니지만, 이들을 숙지해둔다면 다양한 형태로 뉴스를 제작할 수 있는 능력을 키울 수 있을 것이라는 점을 양지하기 바란다.

2) 요약형 리드를 활용한 기본 공식 적용

요약형 리드의 형태적 특징은 리드를 구성하는 단락이 한 문장으로 이뤄진다는 점이다. 내용적 특징은 이 한 문장짜리 한 단락에 전체 보도자료 개별 이슈들을 하나의 상황으로 개념화하거나, 개별 이슈들을 모두 나열하거나, 개별 이슈 중 일부만 추려 거기에 집중하는 등의 세 가지 유형을 띤다. 하지만 바로 앞서 적은 바와 같이, 이렇게 이론적으로 요약형 리드가 세부적으로 구분될 수 있으나 현실적으로는 이렇게 자세한 방법으로 나뉘어 작성된 기사를 지면에서 직접 확인하기는 쉽지 않다. 실제로 이번 설명 뒤에 제시될 현장의 사례들도 이런 모습을 다 반영하지는 못한다. 단 요약형 리드라는 것이 뒤에 나올 내용들을 먼저 한 단락짜리 한 문장에서 일괄적으로 소개하는 것이라는 점을 이해한다면 이들 세 가지 형태의 리드 다음에 따라 나올 정보들은 모두 리드의 내용을 풀어 설명하는 것이라 보고, 이 책에서 제시하는 방식에 따라 기사가 작성될 수 있음을 이해할 수 있을 것이다. 이제 위에 제시된 교육부 보도자료를 중심으로 각각의 하부 사례들을 확인해보자.

(1) 정보 개념화를 통한 한 문장짜리 리드 단락 구성 및 공식 적용

이는 보도자료 내용을 하나의 상황으로 개념화해 한 문장으로 만들고 이를 한 단락에 넣은 리드를 말한다. 교육부 보도자료 사례는 학교보건법 개정에 따라 강조하고자 하는 이슈들을 우선 네 가지로 나눠 전달하고 있다. 구체적으로 보면 신체검사의 건강검사 개선, 학교환경위생정화구역 내 금지 시설 명칭 구체화, '새 학교 증후군'의 주범인 휘발성 유기화합물 관리 항목 신설, 각 시·도 교육감 직속 학교보건위원회 설치 등이다. 사실 이들을 아우르는 교육부 표현은 '학교보건법 개정'이다. 이는 보도자료 제목에서 등장한다. '베낀다'는 의미에서 이 제목을 기사에 그대로 활용할 수도 있지만, 그것만으로는 독자들이 뒤에 따라올 내용에 호기심을 느낄 정도로 충분하지 않다. 결국 사람들의 호기심을 자극할 만큼 구체적이면서도 한 번에 그 내용을 다 파악하지 못해 다음 단락으로 시선이 넘어갈 만큼 추상적인 개념을 개발할 필요가 있다. 물론 이들 네 개 이슈들을 다 아울러야 한다.

첫 단락

일단 내용을 보면 학교보건법 개정이라는 보도자료 중심은 학교보건사업 강화로 요약될 수 있다. 그러나 이 내용만으로 리드를 쓰면 '교육인적자원부는 2일 학교보건사업을 강화키로 했다'는 식의 막연한 내용만 담게 된다. 너무 추상적이라 다음 내용, 즉 다음 단락의 정보를 보고 싶다는 호기심을 유발하기에 부족하다는 뜻이다. 조금 내용을 확대해보자. '사업 강화'는 현재 모습의 변화를 통해 이뤄지는 것으로 읽힌다. 여기서 현재 모습은 오래 지속된 정책이고, 변화는 새롭게 바꾸는 일이다. 오래된 것을 새롭게 바꾸는 것은 현 시점에 맞게 고친다는 얘기다. 이는 다시 어떻게 바꾸는가의 문제로 이어진다. 보도자료는 내용과 명칭의 변화, 새로운 방안 도입을 제안한다. 이 내용들을 한데 묶으면 개념화가 이뤄지고 이를 반영한 리드는 아래와 같이 나타날 수 있다.

> 교육인적자원부는 시대 변화에 조응하지 못하는 각종 정책들의 명칭 및 내용 변경, 구체적 세칙 조정 또는 새로운 기구 창설 등을 통해 학교보건사업을 강화해나가기로 했다고 2일 밝혔다.

위에서 보듯 기사화 과정에서 나타나는 개념화는 하나의 단어로 결집되기는 어렵다. 너무 추상적이기 때문이다. 그래서 위와 같은 고민을 통해 내용을 조금 더 구체적으로 발현하는 노력이 필요하다. 이때는 보도자료 내용을 그대로 옮겨 적는 것이 아니라 자료에 나타난 정보의 핵심을 짚어 전체를 아울러 요약하는 사실들을 정리해 담게 된다. 기자들이 이런 개념화를 하는 데 어려움을 겪지 않도록 보도자료를 만드는 것도 취재원 측의 작업이라고 볼 수 있다. 어쨌든 개념화 작업을 통해 만들어진 리드는 위와 같은 사례로 나타날 수 있다.

둘째 단락

두 번째 단락은 리드에 담긴 내용을 추가로 설명하는 것이다. 이때 리드에 담긴 정보가 제시된 배경을 전달하면서 개념화된 내용을 구체적으로 부연한다. 설명되는 내용은 보도자료 리드 또는 전문에 나온 내용보다는 본문에 등장한 정보를 활용해 자세히 전개한다. 단락은 교육인적자원부의 축약형인 '교육부'로 시작한다.

> 교육부는 이를 위해 형식적인 신체검사에 머물렀던 점을 개선해 질병 유무뿐 아니라 생활 습관까지 확인하는 건강검사로 바꾸고, 경마장 등만 포함된 학교 주변 정화 구역 안에서의 금지 시설에 경륜장과 경정장을 포함시키기로 했다. 또 각종 전염성 혹은 알레르기성, 호흡기 질환 등을 유발할 수 있는 '휘발성 유기화합물'과 '세균' 등에 대한 유지 관리 기준을 마련하고, 주요 학교 보건 시책을 심의하는 시 · 도 학교보건위원회를 교육감 소속 하에 두기로 했다.

둘째 단락은 첫 단락과 셋째 단락 사이에 나오는 문단이다. 너무 당연한 얘기지만, 이는 둘째 단락의 성격을 상징적으로 규정하는 표현이다. 세 문단으로 구성되는 기본 공식에서 첫 단락은 리드이고 셋째 단락은 마지막 단락이 된다. 첫 단락은 기사를 여는 역할을 맡고 마지막 단락은 기사를 종결짓는 일을 한다. 둘째 단락은 결국 이 사이에 놓인다. 하지만 만약 전달하려는 정보가 많아 전체 기사를 세 개의 단락으로 작성하기 어려워지면 리드와 마지막 단락 사이의 단락, 즉 둘째 단락의 문단 수는 늘어날 수밖에 없다. 즉 둘째 단락은 첫 단락과 마지막 단락 사이에 놓이는 모든 문단들을 칭하는 표현이 된다는 뜻이다. 두 문장으로 된 위 단락을 각각 나눠 한 문장을 개별 단락으로 지정하면 상징적인 '둘째 단락'은 분절적인 둘째 단락과 셋째 단락이 되고 세 개 문단을 활용한 공식에서 '셋째 단락'이었던 마지막 단락은 결국 넷째 단락이 된다. 첫 단락과 마지막 단락 사이에 더 많은 정보를 넣고자 한다면 상징적인 둘째 단락은 여러 개의 문단으로 나타나고, 그에 따라 마지막 단락이 몇 번째 단락이 되는지가 결정된다는 것이다.

셋째 단락

마지막 단락은 육하원칙 중 앞선 문단들에서 나타나지 않은 내용 혹은 더 강조하고자 하는 내용을 담는다. 대체적으로 첫 번째와 두 번째, 즉 리드 및 이어지는 설명 단락 등 마지막 단락 전에 나오는 정보에는 언제(When·시간), 어디서(Where·장소), 누가(Who·주체), 무엇(What·내용)이 담기고, 마지막에는 그런 정보의 배경 또는 의미 등에 해당하는 왜(Why·원인)와 어떻게(How·방법) 등이 따라 나오게 된다. 위 사례를 보면 첫 단락에서 2일(언제·When·시간), 교육부(누가·Who·주체), 학교 보건 강화(무엇·What·내용) 등이 우선 등장했다. 어디서(Where·장소)의 문제는 특별히 거론하지 않으나 일반적으로는 발표된 장소로, 교육인적자원부가 된다고 보면 된다. 아니면 학교 보건 강화 정책이 시행되는 현장일 수도 있다. 그리고 무엇(What·내용)이 되는 학교 보건 강화 내용은 둘째 단락에서 다시 부연된다. 그렇다면 마지막 단락에서는 역시 왜 그런 정책을 펼치는지, 또 어떻게 진행할지 등에 관한 정보가 전개될 수 있다. 사실 '왜'나 '어떻게' 등의 내용 중 일부는 펼친 둘째 단락, 즉 첫 번째와 마지막 단락 사이에 소개되기도 한다. 이때 이유나 방법이 전체 정보에서 차지하는 중요도에 따라 더 위쪽이나 아래쪽에 배치될 수 있다. 혹은 이미 설명했으나 그 내용을 재차 강조하고자 할 때도 마지막 단락은 요긴하게 활용된다. 정리하자면 마지막 단락은 앞서 전달한 정보 중 빠진 내용 혹은 더 강조하고자 하는 내용이 들어간다고 보면 된다.

앞선 사례를 중심으로 봤을 때 마지막 단락의 주어는 교육인적자원부, 또는 본 명칭(Full Title)의 축약어인 교육부가 될 수 있다. 교육인적자원부라는 본 명칭이 주어로 사용되려면 앞선 단락들에서 계속 그 명칭을 일관적으로 사용하고 있어야 한다. 그러나 보통 두 번째 지칭어(Reference)에서부터 축약어를 쓰는 것이 일반적이기에 위 보도자료를 활용할 경우에는 '교육부'라 적어주는 게 좋다. 또 다른 대안은 직접적으로 해당 업무를 담당하는 부서나 그 부서 사람의 이름을 적는 경우다. 이는 앞서 교육인적자원부를 교육부라 줄여 쓰는 것과 마찬가지로, 같은 단어의 반복에서 오는 지루함을 피하기 위해서다. 또 더 세밀한 취재를 한 것으로 보이게 할 수 있다. 보도자료가 기자의 기사 작성 편의를 위해 제공되는 것이라는 측면에서 보자면, 이와 같은 담당자 이름의 활용은 당연한 것으로 치부된다.

위에 제시된 교육부 보도자료를 보면 '문의처(담당과)'라고 적은 곳에 전화번호와 함께 '과장 신영재, 서기관 김상욱' 등 담당자들 이름이 나와 있다. 기관의 공식 보도자료에 등장하는 부서나 담당자 이름은 자료에 담긴 내용에 책임을 지는 주체이다. 앞선 설명을 대입하자면 기사를 쓸 때 자료에 나온 내용을 직접인용 부호 안에 넣고 이들 부서나 개인의 이름에 이어도 하자가 없다. 매체에 따라 조직의 명칭, 사람 이름 및 직책 등을 표현하는 방법이 약간 다르지만, 기본적으로 '학교체육보건급식과', '학교체육보건급식과 신영재 과장' 또는 '학교체육보건급식과 김상욱 서기관'이 무엇이라 말했다는 식으로 마지막 단락을 쓸 수 있다. 약간 달리 주어를 표현해 기관이나 조직의 명칭을 함께 넣어 '교육부 학교체육보건급식과', '교육부 학교체육보건급식과 신영재 과장' 또는 '교육부 신영재 학교체육보건급식과장'이라고 쓰기도 한다. 조직의 명칭을 함께 사용하지 않는 경우도 있는데, 이는 이미 자료의 출처가 교육인적자원부라는 사실이 앞선 단락들에서 적시됐기에 그렇다. 조직 명칭 사용 여부는 매체에 따라 다르다. 한편 보통 보도자료만 이용할 때는 상급자의 이름을 더 많이 활용하는데, 직접 일부 내용을 확인 취재했을 때 직접 통화한 사람이 하급자인 김상욱 서기관이라면 그 사람의 이름을 적는 게 맞다.

정리하자면 결국 마지막 단락의 주어로 나올 수 있는 표현은 '(교육부) 신영재 학교체육보건급식과장은', '(교육부) 학교체육보건급식과는', '교육부는' 등이 된다. 여기에 직접 인용부호를 사용하거나 간접 인용 방법으로 정보를 이은 뒤 마지막에 '말했다' 등의 술어로 문장을 맺으면 된다. 구체적인 사례는 아래와 같다.

> (교육부) 신영재 학교체육보건급식과장은 "국회에서 학교보건법 개정안이 통과됨에 따라 학생들이 상급 학교에 진학할 때 건강 관련 정보를 체계적으로 전달할 수 있는 법적 근거를 마련하고 구체적인 기준이나 규정이 미비했던 부분을 보완하기로 했다"고 말했다.

마지막 단락에 적은 내용들도 보도자료 전반에 걸쳐 등장한 내용들을 선별해 정리한 것이다. 독자들도 위 보도자료에서 이번 마지막 단락에 활용된 정보들을 확인할 수 있다. 또 아예 다른 정보를 취사선택해 기사를 마무리하는 훈련을 해보는 것도 도움이 될 것이다. 이제 앞선 세 개 단락을 모두 모아 기본적인 세 단락짜리 공식을 완성해보자.

정보 개념화를 통한 한 문장짜리 리드 단락 구성 및 공식 적용 사례 종합

> 교육인적자원부는 시대 변화에 조응하지 못하는 각종 정책들의 명칭 및 내용 변경, 구체적 세칙 조정 또는 새로운 기구 창설 등을 통해 학교 보건 사업을 강화해나가기로 했다고 2일 밝혔다.
>
> 교육부는 이를 위해 형식적인 신체검사에 머물렀던 점을 개선해 질병 유무뿐 아니라 생활 습관까지 확인하는 건강검사로 바꾸고, 경마장 등만 포함된 학교 주변 정화 구역 안에서의 금지 시설에 경륜장과 경정장을 포함시키기로 했다. 또 각종 전염성 혹은 알레르기성, 호흡기 질환 등을 유발할 수 있는 '휘발성 유기화합물'과 '세균' 등에 대한 유지 관리 기준을 마련하고, 주요 학교 보건 시책을 심의하는 시·도 학교보건위원회를 교육감 소속하에 두기로 했다.
>
> (교육부) 신영재 학교체육보건급식과장은 "국회에서 학교보건법 개정안이 통과됨에 따라 학생들이 상급 학교에 진학할 때 건강 관련 정보를 체계적으로 전달할 수 있는 법적 근거를 마련하고 구체적인 기준이나 규정이 미비했던 부분을 보완하기로 했다"고 말했다.

(2) 전체 개별 이슈 소개를 통한 한 문장짜리 리드 단락 구성 및 공식 적용

두 번째 공식은 보도자료에 등장하는 모든 개별 이슈들을 한 문장으로 구성된 한 단락에 일일이 열거한 리드를 중심으로 한다. 여러 이슈들을 하나의 테마로 묶어 설명하는 경우, 대부분의 보도자료는 그런 내용을 앞에 정리해 배치하는 방식을 취한다. 비록 기사체 글쓰기와 다른 형식을 취할 때가 많지만 적어도 어떤 이슈들에 집중하는지를 부각하려는 시도를 한다. 기자들이 해당 내용을 쓰기 편하게 한다는 취지다. 하지만 어떤 보도자료는 그런 이슈들을 별도로 정비하지 않고, 그냥 본문에 순서대로 나열하는 경우도 있다. 이때 기자들이 그 내용을 '모든 개별 이슈들을 한 문장으로 구성된 한 단락에 열거한 리드'로 만들기 위해서는 해당 정보들을 일일이 찾아 정리하는 수고를 들여야 한다. 물론 이렇게 '불친절한' 보도자료가 많지는 않지만 간혹 대(對) 언론 홍보 체계가 잘 갖춰져 있지 않은 기관이나 조직에서 나오는 자료들은 그런 형태를 띠기도 한다. 권력 3부나 기업, 비정부 기구 등 비교적 체계가 갖춰진 단체의 보도자료를 중심으로 하는 이 책에서는 '친절한' 보도자료에 근거해 이 공식을 설명하겠다.

첫 단락

교육부 보도자료 사례에서는 제목 바로 아래 네모로 된 박스 안에 [초·중·고등학교 학생의 "신체검사"를 "건강검사"로 개선하여 실시토록 하고, 헌법재판소의 결정에 따라 학교 환경 위생 정화구역 안에서의 금지행위 및 시설에 "극장"을 삭제하는 대신 "영화상영관"을 적용하도록 하였으며, 학교 교사(校舍)내 환경위생을 강화하기 위하여 소위 "새 학교 증후군"으로 알려진 "휘발성 유기화합물"등을 유지 관리 항목에 추가하는 한편, 시.도교육감 소속하에 "학교보건위원회"를 설치하여 지역의 학교보건 주요사항을 심의하도록 하였음]이라고 정리됐다. 기사의 '리드' 역할을 하는 보도자료의 '리드'다. 또 '▶' 표시를 통해 선명하게 부각했다. 기자 편의를 위해 제공된 보도자료 성격을 반영해 자료를 그냥 '베낀다'는 의미에서 보면 이 내용들을 그대로 옮겨야겠지만, 기본적으로 기사는 그렇게 '늘어지게' 글을 구성하지 않는다. 또 보도자료 원본에 이들 네 가지 이슈들 소개에 앞서 등장하는 '교육인적자원부는 이번 제252회 국회에서 "학교보건법"이 개정됨에 따라 다음과 같이 학교보건사업을 강화해나가기로 했다고 밝혔다.'는 표현도 기사로 쓰기에는 마땅치 않다. 기사에서는 '다음과 같이' 등의 어구(語句)도 피한다. 이는 자세하고 장황한 방식으로 내용을 소개하는 보고서나 논문 등에서 사용하는 학문적 기술(Academic Writing) 방식이지, 간결하게 정보를 전달하는 언론에서 사용하는 저널리즘 글쓰기(Journalistic Writing)가 아니기 때문이다.

보도자료에 등장하는 표현들을 간결하게 바꿔보면 신체검사의 건강검사 개선, 학교

환경위생정화구역 내 금지 시설 명칭 구체화, '새 학교 증후군'의 주범인 휘발성 유기화합물 관리 항목 신설, 각 시·도 교육감 직속 학교보건위원회 설치라는 식으로 나타날 수 있다. '전체 개별 이슈 소개를 통한 한 문장짜리 리드 단락'은 이렇게 개별 이슈들을 간단한 단어들로 각각 개념화해 치환한 내용을 담는다. 그리고 이는 아래와 같은 방식의 표현으로 구성될 수 있다.

> 교육인적자원부는 2일 신체검사의 건강검사 개선, 학교환경위생정화구역 내 금지 시설 명칭 구체화, '새 학교 증후군'의 주범인 휘발성 유기화합물 관리 항목 신설, 각 시 · 도 교육감 직속 학교보건위원회 설치 등을 골자로 하는 학교보건사업을 강화해나가기로 했다고 밝혔다.

다시 들여다보면 원 자료에서 '이번 제252회 국회에서 "학교보건법"이 개정됨에 따라' 등의 표현은 기사화된 리드에서 사라지고 아예 발표된 날짜를 칭하는 '2일'이 등장했고, 뒤에 '등을 골자로 하는'이라는 표현이 나타났다. 우선 '제252회 국회'라는 정보는 매체가 보기에 중요하지 않다. 정기건 임시건 국회는 회의를 열게 되어 있다. 늘 하는 일은 뉴스가 아니다. 그 회기가 심각한 의미를 담고 있다면 써야겠지만 일반적으로 기사에 특별히 표기될 정도로 중요한 경우는 드물다. 만약 써준다면 '국회에서 학교보건법이 개정됨에 따라'라는 표현을 사용할 수는 있다. 즉 "교육인적자원부는 국회에서 학교보건법이 개정됨에 따라 신체검사의 건강검사 개선, 학교환경위생정화구역 내 금지 시설 명칭 구체화, '새 학교 증후군'의 주범인 휘발성 유기화합물 관리 항목 신설, 각 시·도 교육감 직속 학교보건위원회 설치 등을 골자로 하는 학교보건사업을 강화해 나가기로 했다고 2일 밝혔다."라고 적을 수 있다는 뜻이다. 이때도 학교보건법 개정이 사회적으로 중요한 논쟁을 이끌었고, 그게 국회를 통과하느냐의 여부가 중요하다면 이 내용(국회에서 학교보건법이 개정됨에 따라)을 적어줄 수 있으나, 그렇지 않다면 굳이 지면을 낭비해가며 적을 이유는 없다. 어떤 회기의 국회에서 그런 사안이 통과됐느냐 보다는 오히려 이 내용이 매체를 통해 국민에게 알려진 날짜, 즉 '2일'을 쓰면서 기사가 활용하는 육하원칙 중 하나인 '언제(When·시간)'를 명기하는 것이 기사 글쓰기에 합당하다.

'국회에서 학교보건법이 개정됨에 따라'라는 정보를 사용한 경우 '2일'의 위치에 대해 조금 더 설명하자면, 사건 기사 때와 마찬가지로 '언제(When·시간)' 관련 정보의 기사 내 위치는 전체 정보 흐름을 이해하는 데 도움이 되거나 글 읽기의 호흡이 편한 방향에서 고려돼야 한다. 보통 주어인 '교육인적자원부' 바로 다음에 날짜인 '2일'이 나오는 게 일반적이지만 그랬을 경우 학교보건법 강화 내용이 국민에게 발표된 날짜가 2일인지 국회에서 통과된 날짜가 2일인지 헷갈릴 수 있다. '교육인적자원부는 2일 국회에서 학교보건법이 개정됨에 따라 신체검사의 ~ 학교보건위원회 설치 등을 골자로 하는 학교보건사업을 강화해나가기로 했다고 밝혔다.'라고 쓴 경우를 읽어보면 이해가 될 것이다. '2일'을 조금 더 뒤로 돌려 '교육인적자원부는 국회에서 학교보건법이 개정됨에 따라 2일 신체검사의 ~ 학교보건위원회 설치 등을 골자로 하는 학교보건사업을 강화해나가기로 했다고 밝혔다.'라고 쓴 경우는 그 헷갈림이 덜할 수는 있지만 글을 읽어나가는 호흡이 불편하다. 결국 '국회에서 학교보건법이 개정됨에 따라'라는 정보를 사용한다면, 정보에 대한 오독(誤讀)을 피하고 호흡을 부드럽게 하기 위해 '2일'을 '밝혔다'라는 술어 바로 앞에 두는 방식이 편안하다. 단, 이 표현(국회에서 학교보건법이 개정됨에 따라)을 사용하지 않는다면 원래 사례처럼 '2일'의 위치는 교육인적자원부 바로 다음에 오도록 하는 게 일반적이다.

마지막으로 이렇게 개념화된 정보들을 나열했을 때 자주 사용되는 표현으로 등장하는 '골자로 하는'을 살펴보자. 원래 먼저 공식(정보 개념화를 통한 한 문장짜리 리드 단락 구성 및 공식 적용)의 첫 단락에서는 이 표현이 나오지 않았다. 이는 결국 여러 이슈들을 나열하는 두 번째 공식에 활용되는 방안이라 볼 수 있다. 그냥 이슈들을 나열하면서도 "교육인적자원부는 2일 신체검사를 건강검사로 개선하고, 학교환경위생정화구역 내 금지 시설 명칭을 구체화하며, '새 학교 증후군'의 주범인 휘발성 유기화합물 관리 항목을 신설하고, 각 시·도 교육감 직속 학교보건위원회를 설치하기로 했다고 밝혔다."라고 쓸 수도 있다. 이때 보면 네 개의 이슈들은 각각 문장으로 재조립된 내용들이

'그리고'의 접속사 의미를 가진 '고'나 '며'로 이어지는 형태로 나타난다. 즉 '신체검사의 건강검사 개선'이나 '명칭 구체화' 등의 명사형이 아니라 '신체검사를 개선한다'와 '명칭을 구체화한다' 등의 식으로 구성된 개별 문장들이 이어진다는 것이다. 개별 이슈들이 두 개 이하면 이렇게 접속사를 이용해 단문들을 잇는 중문(重文) 구조의 표현도 받아들이기 어렵지 않다. 하지만 이 사례에서처럼 세 개 이상이 되면 '고'와 '며' 등이 반복되면서 불편해진다. 이럴 때는 이슈들을 문장 형태로 만들지 않고 '건강검사 개선', '명칭 구체화', '관리 항목 신설', '학교보건위원회 설치' 등 명사형으로 드러내는 게 좋다. 이때는 이들 명사형 개념들을 묶어주는 방식으로 '등을 골자로 하는'이라는 어구(語句)가 주로 사용되고 여기에 이어 다시 하나의 큰 틀을 제시하며 마무리하는 형태를 띤다. 우리 예시에서의 마무리 틀은 '학교 보건 사업 강화'다. '골자로 하는'을 대체할 수 있는 다른 용어로 '중심으로 하는' 등도 가능하겠으나, 우리 매체들은 '골자로 하는'에 더 익숙해져 있다. '마무리 틀'을 사용하지 않고 그냥 '교육인적자원부는 2일 ~ 건강검사 개선, ~ 명칭 구체화, ~ 관리 항목 신설, ~ 학교보건위원회 설치 등을 추진해 나가기로 했다고 밝혔다.'라고 쓸 수도 있다. 그러나 역시 '골자로 하는'을 활용하고 '마무리 틀(학교보건사업 강화)'로 묶어주는 것이 현재의 일반적인 방식이다.

둘째 단락

두 번째 단락은 요약형 리드 첫 번째 공식에서와 마찬가지로 추가 설명을 통해 리드 단락을 보완해주는 역할을 한다. 교육인적자원부가 교육부로 축약되는 것도 마찬가지다. 하지만 첫 번째 공식의 둘째 단락 내용[교육부는 이를 위해 형식적인 신체검사에 머물렀던 점을 개선해 생활 습관과 질병 유무까지 확인하는 건강검사로 바꾸고, 경마장 등만 포함된 학교 주변 정화 구역 안에서의 금지 시설에 경륜장과 경정장을 포함시키기로 했다. 또 각종 전염성 혹은 알레르기성, 호흡기 질환 등을 유발할 수 있는 '휘발성 유기화합물'과 '세균' 등에 대한 유지 관리 기준을 마련하고, 주요 학교 보건 시책을 심의하는 시·도 학교보건위원회를 교육감 소속하에 두기로 했다.] 중 상당 부분이 둘째 공식 첫 단락[교육인적자원부는 2일 신체검사의 건강검사 개선, 학교환경위생정화구역 내 금지 시설 명칭 구체화, '새 학교 증후군'의 주범인 휘발성 유기화합물 관리 항목 신설, 각 시·도 교육감 직속 학교보건위원회 설치 등을 골자로 하는 학교보건사업을 강화해나가기로 했다고 밝혔다.]에서 활용됐기 때문에 모양은 약간 달라지는 게 좋다. 비록 첫째 공식의 둘째 단락을 그대로 사용할 수도 있지만 그리 되면 신체검사, 건강검사, 금지 시설, 휘발성 유기화합물, 학교보건위원회 등 똑같은 단어들이 지나치게 중첩된다. 일부 반복을 피할 수는 없겠지만, 중복을 최소화하는 방식을 택하기 위해 변화를 시도하는 게 일반적이다. 구체적으로는 보도자료 본문에 나타난 정보를 활용해 같은 단어를 최대한 피하면서 부가 설명을 하는 게 바람직하겠다. 아래 내용을 첫째 공식 둘째 단락과 비교해보면 현장에서 기자들이 보도자료를 그냥 베끼는 게 아니라 기사 읽기의 지루함을 피하면서 정보를 효과적으로 전달하려 노력한다는 것을 느낄 수 있을 것이다.

> 교육부는 이를 위해 질병 유무뿐 아니라 생활 습관까지 확인하는 방식으로 형식적인 체질검사를 극복하고, 학교 주변 정화 구역 안에서 막연하게 '극장'으로만 표현된 금지 시설 명칭을 '영화상영관'으로 적시하는 동시에 경마장 등만 포함된 불허 시설을 경륜장과 경정장까지 확대키로 했다. 또 각종 전염성 혹은 알레르기성, 호흡기 질환 등을 유발할 수 있는 화학 물질 및 세균 등에 대한 유지 관리 기준을 마련하고, 주요 학교 보건 시책을 심의하는 보건위원회를 시 · 도 교육감이 직접 주관토록 했다.

여기서 보면 둘째 단락은 두 개의 문장으로 구성됐다. 그러다 보니 길다. 보통 기사의 한 단락은 '한글' 기준 글자 크기 10으로 네 줄을 넘지 않는 게 좋다. 만약 여러 개 문장으로 구성된 한 단락이 너무 길다고 생각되면 아예 각 문장을 개별 단락으로 해서 구분하는 방법을 택할 수도 있다. 즉 물리적으로 리드 바로 다음에 오는 정보를 두 개 이상의 단락으로 나눠 마지막 단락 전에 배치하는 방식으로 이들 둘째 단락을 활용할 수 있다.

셋째 단락

요약형 리드를 활용한 두 번째 공식의 셋째 단락은 첫 번째 공식의 셋째 단락과 같다. 즉 육하원칙 중 앞선 문단들에서 나타나지 않은 내용 혹은 더 강조하고자 하는 내용을 담으면 된다. 형식도 마찬가지다. 여기서는 위 사례를 그대로 적용해보자.

> (교육부) 신영재 학교체육보건급식과장은 "국회에서 학교보건법 개정안이 통과됨에 따라 학생들이 상급 학교에 진학할 때 건강 관련 정보를 체계적으로 전달할 수 있는 법적 근거를 마련하고 구체적인 기준이나 규정이 미비했던 부분을 보완하기로 했다"고 말했다.

앞선 경우와 마찬가지로 이들 세 개 단락을 묶어보면 아래와 같다.

전체 개별 이슈 소개를 통한 한 문장짜리 리드 단락 구성 및 공식 적용 사례 종합

> 교육인적자원부는 2일 신체검사의 건강검사 개선, 학교환경위생정화구역 내 금지 시설 명칭 구체화, '새 학교 증후군'의 주범인 휘발성 유기화합물 관리 항목 신설, 각 시 · 도 교육감 직속 학교보건위원회 설치 등을 골자로 하는 학교보건사업을 강화해나가기로 했다고 밝혔다.
>
> 교육부는 이를 위해 질병 유무뿐 아니라 생활 습관까지 확인하는 방식으로 형식적인 체질검사를 극복하고, 학교 주변 정화 구역 안에서 막연하게 '극장'으로만 표현된 금지 시설 명칭을 '영화상영관'으로 적시하는 동시에 경마장 등만 포함된 불허 시설을 경륜장과 경정장까지 확대키로 했다. 또 각종 전염성 혹은 알레르기성, 호흡기 질환 등을 유발할 수 있는 화학 물질 및 세균 등에 대한 유지 관리 기준을 마련하고, 주요 학교 보건 시책을 심의하는 보건위원회를 시 · 도 교육감이 직접 주관토록 했다.
>
> (교육부) 신영재 학교체육보건급식과장은 "국회에서 학교보건법 개정안이 통과됨에 따라 학생들이 상급 학교에 진학할 때 건강 관련 정보를 체계적으로 전달할 수 있는 법적 근거를 마련하고 구체적인 기준이나 규정이 미비했던 부분을 보완하기로 했다"고 말했다.

(3) 개별 이슈 중 일부 소개를 통한 한 문장짜리 리드 단락 구성 및 공식 적용

세 번째 접근 방식은 보도자료에 나타난 개별 이슈들 중 일부에만 집중해 한 문장으로 만들고 이를 한 단락에 넣은 리드와 그를 이용한 공식에 대한 것이다. 일부에 집중한다는 것은 결국 기자의 선택이 개입된다는 뜻이다. 아무리 취재원이 모든 내용을 다 전달하고 싶다고 하더라도 무엇을 독자들에게 전달할지를 결정하는 것은 매체의 몫이고, 그 결정은 일단 현장에서 해당 부처나 기관을 출입하는 기자가 내린다. 이때 결정은 기자의 가치 판단에 의하는데, 그 판단의 기준은 기사가 작성될 당시 사회에서 중요하게 여겨지는 이슈에 근거한다. 즉 사회 구성원들이 관심을 기울이고 있는 내용에 정확한 정보를 줄 필요가 있거나, 직접적인 생활에 줄 영향의 크기가 작지 않다고 판단하는 내용들에 집중하게 된다는 뜻이다. 이미 잘 알려진 내용은 이런 기준을 통과하기 어렵지만, 다시 한번 확인할 필요가 있는 내용 등이 기사에 포함되는 경우도 있다. 부가적인 판단 기준으로 지면 사정 등을 들 수 있다. 기사가 작성되는 당일 다른 종류의 사안들이 더 중요하다면 보도자료를 활용한 기사의 크기는 작아질 수 있다. 이는 보도자료 이용 기사에만 해당하는 것은 아니다. 한정된 지면 안에서 당일 뉴스의 경중을 따져 기사 크기를 결정하게 되는데, 그중 만약 특정 보도자료 활용 기사의 내용이 다른 사안에 비해 덜 중요하다고 판단된다면 그만큼 기사의 양은 줄어들게 되는 것이다. 이때 특정 보도자료 내용은 아예 무시되거나 거기에 담긴 여러 이슈 중 중요하다고 판단된 내용만 담아 기사화하게 된다.

이 판단은 적어도 두 가지 종류의 방법에 적용된다. 하나는 간단히 위 (2) 공식의 단락 정보들을 조금씩 잘라낸 형태가 된다. 거기에 따라 리드도 줄고, 두 번째 단락도 줄어든다. 리드에 선택된 이슈만이 두 번째 단락의 설명으로 이어지기 때문이다. (3) 공식의 세 번째 단락 역시 첫째와 두 번째 단락에 활용된 요소만 담아야 전체 기사 구조에 균형이 맞기에 (2) 공식의 세 번째 단락에 비해 그만큼 줄어들 수도 있다. 기사를 더 줄여야 한다면 아예 세 번째 단락은 사라지기도 한다. 하지만 세 개 단락을 기본으로 하는 이번 책의 '공식' 유지 목적상 일단은 아래 사례에서는 살려 보겠다. 이 첫 번째 방법은 기존 (2) 공식 내용 중 일부를 단순히 잘라내고 거기에 집중하는 접근을 통해 전체 기사를 줄이는 방법이다. 이에 비해 두 번째 방법은 여러 이슈 중 특정 부분에만 집중하면서 추가 취재를 통해 그 부분만 부각하는 접근법을 사용한다. 단순한 보도자료 이용이라기보다 보도자료 활용 기법이라 볼 수 있다. 역시 어떤 내용에 집중할까를 결정하는 것은 기자의 몫이지만, 그 판단을 적극적으로 부각하기 위해 보도자료에 담기지 않은 내용을 관련자 취재 등을 통해 보완하는 것이다. 이때 딱딱한 공문서 내용 등을 이해하기 쉽도록 풀어주는 노력도 들어간다. 리드에서 집중된 내용은 역시 두 번째 단락에서 보도자료 외의 요소를 통해 보완되고, 그에 따라 세 번째 단락도 보도자료에 등장하지 않는 취재원의 발언이 담길 수도 있다. 일단 추가 취재 없이 보도자료에 주어진 이슈 중 일부를 선택하고 단순히 자료 내용만 이용하는 경우로 기사를 풀어가보자.

A. 추가 취재 없이 보도자료 일부 이슈에만 집중한 경우

첫 단락

여기서는 교육인적자원부 보도자료 강조 이슈 네 개(건강검사 개선, 학교환경위생정화구역 내 금지 시설 명칭 구체화, '새 학교 증후군'의 주범인 휘발성 유기화합물 관리 항목 신설, 각 시·도 교육감 직속 학교보건위원회 설치)를 모두 사용한 위 (2) 공식에서 두 개 이슈(신체검사의 건강검사 개선, '새 학교 증후군'의 주범인 휘발성 유기화합물 관리 항목 신설)에만 집중하는 방식으로 리드를 구성해보겠다. 대단히 단순하고 간단하다. (2) 공식 리드 중 학교환경위생정화구역 내 금지 시설 명칭 구체화, 각 시·도 교육감 직속 학교보건위원회 설치 등의 단어만 빼고 진행해보자.

> 교육인적자원부는 2일 신체검사의 건강검사 개선, '새 학교 증후군'의 주범인 휘발성 유기화합물 관리 항목 신설 등을 골자로 하는 학교보건사업을 강화해나가기로 했다고 밝혔다.

위 (2) 공식과 비교해보면 '학교환경위생정화구역 내 금지 시설 명칭 구체화, 각 시·도 교육감 직속 학교보건위원회 설치'의 단어만 없어지고, 주어(교육인적자원부는)와 날짜(2일) 그리고 뒤의 술어군(등을 골자로 하는 학교보건사업을 강화해나가기로 했다고 밝혔다.)은 그대로 유지된 것을 알 수 있을 것이다.

둘째 단락

둘째 단락은 리드에 나타난 내용만을 보완해주면 된다. 즉 (2) 공식 둘째 단락 내용 중 '학교환경위생정화구역 내 금지 시설 명칭 구체화'와 '각 시·도 교육감 직속 학교보건위원회 설치'에 관한 부가 설명을 제외하고 '신체검사의 건강검사 개선', '새 학교 증후군의 주범인 휘발성 유기화합물 관리 항목 신설' 관련 설명만 가져다 쓰면 된다는 것이다.

> 교육부는 이를 위해 질병 유무뿐 아니라 생활 습관까지 확인하는 방식으로 형식적인 체질검사를 극복하고, 각종 전염성 혹은 알레르기성, 호흡기 질환 등을 유발할 수 있는 화학물질 및 세균 등에 대한 유지 관리 기준을 마련키로 했다.

결국 첫 단락과 둘째 단락을 보면 전체 네 개 이슈 중 절반에 해당하는 두 개 이슈에만 집중함으로써 내용면에서 절반의 정보만 담는 수준으로 기사가 줄었다. 기사 크기도 그만큼 준다.

셋째 단락

셋째 단락은 (2) 공식을 그대로 가져다 쓰거나, 아예 안 쓰거나, 또는 첫째와 둘째 단락 내용에 맞는 부분만 뽑아다가 활용하면 된다. 세 개 단락을 기초 공식으로 유지하고자 하는 이 책에서는 일단 셋째 단락을 전개하기로 하고, (2) 공식의 셋째 단락을 그대로 가져다 쓰겠다. 이미 (2) 공식의 셋째 단락이 추가 취재 없이 보도자료 일부 이슈에만 집중하는 공식에도 적용될 내용들로만 구성돼 있기 때문이다. 지면 사정 등을 이유로 들어 "학생들이 상급 학교에 진학할 때 건강 관련 정보를 체계적으로 전달할 수 있는 법적 근거를 마련하고 구체적인 기준이나 규정이 미비했던 부분을 보완하기로 했다"는 식으로 일부 표현을 줄일 수도 있지만 일단은 그대로 유지해보겠다.

> (교육부) 신영재 학교체육보건급식과장은 "국회에서 학교보건법 개정안이 통과됨에 따라 학생들이 상급 학교에 진학할 때 건강 관련 정보를 체계적으로 전달할 수 있는 법적 근거를 마련하고 구체적인 기준이나 규정이 미비했던 부분을 보완하기로 했다"고 말했다.

이를 모두 연결하면 아래와 같다.

추가 취재 없이 보도자료 일부 이슈에만 집중한 경우 사례 종합

> 교육인적자원부는 2일 신체검사의 건강검사 개선, '새 학교 증후군'의 주범인 휘발성 유기화합물 관리 항목 신설 등을 골자로 하는 학교보건사업을 강화해나가기로 했다고 밝혔다.
>
> 교육부는 이를 위해 질병 유무뿐 아니라 생활 습관까지 확인하는 방식으로 형식적인 체질검사를 극복하고, 각종 전염성 혹은 알레르기성, 호흡기 질환 등을 유발할 수 있는 화학물질 및 세균 등에 대한 유지 관리 기준을 마련키로 했다.
>
> (교육부) 신영재 학교체육보건급식과장은 "국회에서 학교보건법 개정안이 통과됨에 따라 학생들이 상급 학교에 진학할 때 건강 관련 정보를 체계적으로 전달할 수 있는 법적 근거를 마련하고 구체적인 기준이나 규정이 미비했던 부분을 보완하기로 했다"고 말했다.

사회적 환경이나 지면 사정 등을 고려해 위와 같이 간단히 기사를 작성해도 독자들에게 필요한 정보를 전달했다고 볼 수 있다. 오히려 장황하게 네 개의 이슈를 모두 전달하는 것보다 특정 이슈에만 집중함으로써 일반 수용자들에게 필요한 내용을 더 강력하게 전하는 방법이 되기도 한다. 비록 기자들에 의한 이슈 선정이 과연 타당했는가는 전문적인 취재원 등에 의해 또다시 비판을 받을 수도 있지만, 사회적 관심의 흐름을

거시적으로 조망하는 기자나 매체로서는 판단의 타당성을 꾸준히 확보함으로써 그 역할을 보강해 나가게 된다. 물론 이렇게 비판적인 시각을 계속 유지하더라도 기자들은 취재원의 정책, 사업, 또는 봉사에 관련된 의지 등을 고려하는 겸허함을 갖춰야 할 것이다. 그 과정에서 우선시해야 될 것은 수용자들임을 잊어서도 안 된다. 이런 틀 속에서 수용자들을 위해 기자가 더 노력할 수 있는 바는 보도자료 중 일부 이슈에만 집중하면서 그에 대한 추가 취재를 통해 독자들의 이해를 배가시키는 부분일 것이다. 이 노력에는 여타 취재원을 찾으려는 노력과 더불어 기사에 나타나는 표현들을 일반 수용자가 받아들이기 수월한 단어로 바꾸거나 일반인들이 주변에서 주로 접하는 예시를 보여주는 방법 등이 포함될 수 있다. 이를 위해 앞서 네 개 이슈 중 몇 개 또는 어떤 것을 선택할 것인가는 역시 사회에 대한 이해와 판단에 근거하겠지만, 일단 여기서는 세 개 단락으로 구성되는 기초 공식을 위해 하나의 이슈에만 집중해 사례를 만들어보겠다.

B. 추가 취재 통해 보도자료 일부 이슈에만 집중한 경우

첫 단락

위 네 개 사례 중 기자가 학교나 당국의 정책 집행보다는 학생들의 육체적인 건강 문제에 더 직접적으로 또는 즉각적으로 영향을 미칠 수 있는 부분에 집중하기로 판단, 그 내용으로 '새 학교 증후군'에 관련된 '휘발성 유기화합물 유지·관리 항목' 활용을 결정했다고 가정해보자. 이때 단순히 보도자료에 나온 '새 학교 증후군'이나 '휘발성 유기화합물 유지·관리 항목' 등의 단어들을 그대로 반복하는 것이 아니라 이들이 무엇인지를 조금 더 설명하는 방법을 택하고 그를 통해 독자들의 이해를 돕는 식으로 기사를 전개할 수 있다. 구체적으로 보면 아래와 같다.

> 교육인적자원부는 피부 및 호흡기 질환의 원인으로 지적된 페인트, 접착제 등의 학교 건물 사용 제한과 각종 세균에 대한 관리 기준 책정을 골자로 하는 학교보건법 개정안을 시행키로 했다고 2일 밝혔다.

만약 취재원인 교육인적자원부가 개념화해 보도자료 앞부분에서 네모 박스로 강조한 단어들을 그대로 '베낀다'면 위 리드는 '교육인적자원부는 2일 새 학교 증후군의 주범인 휘발성 유기화합물 관리 항목 신설 등을 골자로 하는 학교보건사업을 강화해 나가기로 했다고 밝혔다.'는 식으로 정리될 수 있다. 이는 바로 앞서 네 개 중 두 개 이슈에 집중하는 방식으로 소개한 '추가 취재 없이 보도자료 일부 이슈에만 집중한 기사 사례 종합' 중 하나(신체검사의 건강검사 개선)만 더 배제한 형식에 불과하다. 하지만 '추가 취재 통해 보도자료 일부 이슈에만 집중한 첫 단락'에서는 최종 선택된 이슈(새 학교 증후군의 주범인 휘발성 유기화합물 관리 항목 신설 등)를 새 학기 증후군의 의미를 풀어서 설명(피부 및 호흡기 질환을 유발하는 증상)하고 휘발성 유기화합물 관리 항목의 사례(그런 증상을 유발하는 원인이 되는 페인트나 접착제, 각종 세균과 그에 대한 사용 기준 책정)를 들어 일반 독자들의 이해를 돕는 형태를 취했다. 일반인들은 새 학기 증후군이나 휘발성 유기화합물 관리 항목 등에 대해 막연한 개념은 가지고 있을지 몰라도, 그에 대한 설명이 없으면 정확하게 그게 어떤 것이고 어떤 정책이 수행될 것인지를 파악하기 힘들다. 기자는 바로 이런 내용들을 더 자세하게 짚어줌으로써 독자들의 궁금증을 덜어주면서 수용자들이 쉽게 이해할 수 있는 정보를 전달하게 되는 것이다.

사실 여기 리드에 나온 내용 중 '페인트나 접착제'는 보도자료에 없는 정보다. 이는 추가 취재를 통해 얻어질 수 있는 부분이다. 추가 취재는 기본적으로 보도자료 중 연락정보를 통해 이뤄진다. 즉 자료에 대한 궁금증이 있을 때 기자가 추가 취재를 할 수 있도록 보도자료에 명기하는 관련 정책이나 사업, 봉사 담당자 등에게 연락해 궁금한 내용을 질문하는 방식으로 확보되는 정보라는 뜻이다. 위 교육인적자원부 보도자료 사례를 들면 학교체육보건급식과 신영재 과장과 김상욱 서기관(2100-6385~6389) 등을 통해 얻을 수 있다. 간단히 관리 항목에 들어가는 대표적 휘발성 유기화합물이 무엇인지를 물어 '페인트나 접착제' 등의 답을 얻으면 그걸 기사에 넣을 수 있다. 물론 공보관실(2100-6035)도 연락정보에 들어가지만 앞서 거론한 것처럼 자세한 내용은 담당자가 더 잘 알고 있다. 물론 여기서 '세균'이 어떤 것인지를 더 물어 사례로 제시할 수도 있다. 만약 세균이 일반적이지 않고 너무 전문적인 것이어서 기사에 적을 경우 오히려 독자의 혼란을 야기할 수 있다면 이번 리드 사례에서처럼 적지 않을 수도 있다. 그러나 아주 예민하고 중요한 경우라면 일부러라도 적고 이후 둘째 단락 등에서 자세한 설명을 부연하는 것도 가능하다. 더 자세한 취재를 요한다면 아예 보도자료에 나타나지 않은 외부 전문가 등에 연락해 보도자료에 등장한 내용을 중심으로 더 묻고 그 답을 기사에 담는 방식으로 글을 풀어나간다.

둘째 단락

둘째 단락은 역시 리드에 대한 추가 설명이 주를 이룬다. 모든 스트레이트 기사에 통용되는 방식이다. 여기서도 예외는 아니다. 구체적으로 보면 리드에 소개된 피부 및 호흡기 질환이 무엇인지를 더 구체적으로 설명할 필요가 있다. 또 페인트나 접착제 이외에도 어떤 물질에 사용 제한이 필요한지도 부연될 수 있다. 여기서는 이런 궁금증을 조금 더 자세하게 풀어주기 위해 두드러기, 결막염, 접촉성 피부염 등을 들고 이들이 전염성 또는 알레르기성 질환에 연결된다는 사실을 적시했다. 또 거기에 연관될 수 있는 추가 사례로 냉난방기, 복사기 등 주변에서 어렵지 않게 볼 수 있는 사례들을 넣었다. 의학적으로 더 자세한 설명이 가능하겠으나, 이는 전문가의 영역으로 일반인들을 대상으로 한 기사에는 마땅치 않을 수 있다. 기사는 보통 독자가 이해하기 쉬운 수준에서 작성되기 때문이다. 물론 이와 같은 내용들은 보도자료에 자세히 적시되지 않았기에 보도자료 연락정보를 통해 얻어진 출입처 내 구성원에게 물어 확인하거나 의사 등 외부 전문가 등을 통해 확보된다고 보는 것이 옳다. 기자들의 추가 취재 노력이 필요하다는 뜻이다. 아래 내용을 읽어보도록 하자.

> 교육부는 이를 위해 페인트나 접착제 등 휘발성 유기화합물 외에도 두드러기, 결막염, 접촉성 피부염 등 각종 전염성이나 알레르기성, 호흡기 질환 등을 유발할 수 있는 냉난방기, 복사기용 각종 물질의 용량 및 시간 등에 대한 각종 지침을 마련해 화학물질과 각종 세균 등에 대한 통제를 강화하기로 했다.

여기서 더 자세하게 설명하려면 어떻게 냉난방기와 복사기 등을 사용하는지 등에 대한 정보가 더 들어갈 수 있다. 예를 들어 냉방기는 여름에 온도가 얼마일 때, 난방기는 겨울 어떤 시기에 사용하고, 복사기는 한 번에 얼마의 시간 동안 얼마의 분량을 사용할지 등을 규정하는 내용 등을 소개할 수도 있다. 더불어 페인트나 접착제는 하교 후 얼마가 지난 뒤 사용할 수 있고 등교 얼마 전까지 작업에 투입할 수 있다는 내용까지도 기사화가 가능하다. 하지만 지면 사정과 일반 독자의 이해도, 그리고 사회적으로 그렇게 세세한 부분까지 알릴 필요가 있는지에 대한 기자의 판단 등에 따라 기사화할 수 있는 정보의 양이 결정된다. 만약 더 세세한 내용을 전달하고자 한다면, 특히 인터넷 등이 발달한 근래에는 기사 말미에 URL 등을 적고 '더 자세한 내용은 교육부 웹 사이트를 통해 확인할 수 있다'는 식의 소개를 잇기도 한다.

셋째 단락

간단히 하려면 위에 이미 나타난 학교체육보건급식과장의 사례를 활용하면 된다. 특히 휘발성 물질과 세균 등에 대한 사례에만 집중한 첫째와 둘째 단락에 연동해, '학생들이 상급 학교에 진학할 때 건강 관련 정보를 체계적으로 전달할 수 있는 법적 근거 마련' 요소는 제외하고 '구체적인 기준이나 규정 보완' 등을 부각하면 될 것이다. 이때 보도자료를 전달한 취재원 쪽의 얘기에만 천착하지 않으려면 외부 전문가 등의 견해를 포함해도 된다. 이번에는 아예 마지막 단락에 두 명의 취재원을 넣고 각각의 취재원을 두 개의 개별 문장에 분산하는 방식으로 기사를 정리해보자.

> (교육부) 신영재 학교체육보건급식과장은 "국회에서 학교보건법 개정안이 통과됨에 따라 구체적인 기준이나 규정이 미비했던 부분을 보완하기로 했다"고 말했다. 한국원자력병원 소아정신과 김○○ 과장은 "온도 등 외부 환경에 따라 변화하는 각종 화합물이 호흡기 등을 통해 인체에 영향을 미칠 수 있고 이들이 공기 중의 바이러스 등과 결합해 2차 질병을 유발할 수 있다"며 "이번 조치로 학생들의 건강 보호 조치가 크게 개선되길 바란다"고 말했다.

이를 더 확대해 첫 번째 리드 단락과 마지막 단락 사이의 둘째 단락에 더 많은 내용을 넣을 수도 있다. 어떤 방식의 추가적인 조처가 필요하다는 제안이 들어갈 수도 있고, 당국의 정책만으로는 궁극적인 학생 건강 확보가 어렵기 때문에 가정에서의 노력도 필요하다는 지적도 추가될 수 있다. 구체적으로 보자면 [▩▩대 가정의학과 박◎◎ 과장은 "학교생활에서 나타날 수 있는 각종 질병에 대한 면역력 확보를 위해 가정에서도 버섯이나 사과, 고등어, 당근 등을 중심으로 한 건강 식단을 마련해야 한다"고 제안했다.] 등이 보완될 수 있는 사례다. 기자들은 이 과정에서 개별 문장들을 줄 바꿈해 각각의 단락으로 만들기도 한다. 이는 매체가 해당 이슈를 얼마나 중요하게 보고, 독자들에게 어떻게 전달하는 것이 효과적일지를 중심으로 하는 판단에 기인한다.

따지고 보면 교육부 보도자료에서 이 내용은 세 번째 정도의 중요도를 갖는다. 전문에서도 세 번째에 위치했고 본문에서도 그랬다. 또 '○' 혹은 '-' 등의 약물 표현을 각각의 정보 단위로 봤을 경우, 본문에서 취재원인 교육부가 설명한 분량도 첫째(신체검사의 건강검사 개선)의 6개 종류, 둘째(학교환경위생정화구역 금지행위 및 시설조정)의 4개 종류에 비해 적은 2개 종류에 불과하다. 마지막 이슈(시·도 학교보건위원회)와 같은 정도의 정보 종류만 갖는다. 하지만 이를 기자가 선택해 확장한 것이다. 앞에서도 거론했듯, 이런 이슈의 확장 여부는 해당 주제에 대한 사회적인 분위기가 일차적으로 판단 기준으로 작용하고, 보도 당일 발생하는 다른 뉴스들과의 경합 등이 추가적인 기준으로 고려된다. 만약 보도자료 관련 이슈가 대단히 중요하다고 여겨진다면, 매체는 보도자료를 기사화하기로 약속한 보도 시점 이후에라도 기획취재 등을 통해 해당 내용을 장기적으로 확대해 사회 의제로 삼을 수 있다. 또 만약 이렇게 하나의 이슈에만 집중하지 않는다면, 또는 하나의 이슈에만 집중하기 어려워 여러 이슈들을 담을 수밖에 없는 상황이라면 기사는 단순히 세 개 단락으로 이뤄지기 힘들다. 이때는 기사가 확대된다. 물론 이런 경우라면 보도자료의 의미가 대단히 클 수 있다. 그러나 이 역시 보도 당일의 뉴스 환경, 즉 다른 뉴스들과의 경쟁에 따라 기사화하는 크기가 결정된다. 이 모든 요소들을 결합해 보도자료를 어떻게 이용할까가 결정된다는 것을 이해해두면 좋을 것이다. 아래는 위 내용을 종합한 세 단락짜리 기사다.

추가 취재 통해 보도자료 일부 이슈에만 집중한 경우 사례 종합

> 교육인적자원부는 피부 및 호흡기 질환의 원인으로 지적된 페인트, 접착제 등의 학교 건물 사용 제한과 각종 세균에 대한 관리 기준 책정을 골자로 하는 학교보건법 개정안을 시행키로 했다고 2일 밝혔다.
>
> 교육부는 이를 위해 페인트나 접착제 등 휘발성 유기화합물 외에도 두드러기, 결막염, 접촉성 피부염 등 각종 전염성이나 알레르기성, 호흡기 질환 등을 유발할 수 있는 냉난방기, 복사기용 각종 물질의 용량 및 시간 등에 대한 각종 지침을 마련해 화학물질과 각종 세균 등에 대한 통제를 강화하기로 했다.
>
> (교육부) 신영재 학교체육보건급식과장은 "국회에서 학교보건법 개정안이 통과됨에 따라 구체적인 기준이나 규정이 미비했던 부분을 보완하기로 했다"고 말했다. 한국원자력병원 소아정신과 김○○ 과장은 "온도 등 외부 환경에 따라 변화하는 각종 화합물이 호흡기 등을 통해 인체에 영향을 미칠 수 있고 이들이 공기 중의 바이러스 등과 결합해 2차 질병을 유발할 수 있다"며 "이번 조치로 학생들의 건강 보호 조치가 크게 개선되길 바란다"고 말했다.

이제 요약형 리드가 적용된 현장 기사들을 직접 살펴보자. 앞서 거론한 것처럼 아래 사례들은 위에서 적은 내용을 모두 반영하지는 못한다. 그러나 독자들은 현장 기사들과 원래 보도자료들을 비교하면서 위에 제기한 방법들을 활용해 다양한 방식으로 바꿔 쓰면서 보도자료 이용 기사에 대한 이해를 키워가길 바란다. 한 가지 더 유의할 점을 들면, 현장에서 보도자료 내용을 기사화할 때, 발표 주체를 주어(◆◆)로 하는 기본적인 첫 단락 형태[◆◆는 ▲▲일 □□라고 밝혔다(발표했다, 말했다 등).]가 무시되고 아예 발표 내용(□□)을 중심으로 리드를 조성하는 경우가 적지 않다는 사실이다. 마치 사건이나 사고 기사에서 독자들의 시선을 끌기 위해 자극적인 내용을 중심적으로 요약해 먼저 전달하는 것과 마찬가지다. 즉 누가 발표한다는 주체를 먼저 내밀지 않고 무엇이 전개된다는 식의 내용을 처음부터 보여줌으로써 '늘 있어온 주체'보다 '새로운 현상'을 강조하는 방식이다. 이때는 이 리드 단락에 그 현상에 대한 개념적 설명만 등장하고 둘째 단락에 그에 대한 부가적 설명과 함께 내용을 관장하는 주체가 소개되면서 이 책에서 말하는 기본적인 첫 단락[◆◆는 ▲▲일 □□라고 밝혔다(발표했다, 말했다 등).] 형태가 나온다. 짧은 기사에서도 시도되기는 하지만, 이런 접근은 특히 보도자료 내용을 세세하게 전달해야 하는 주요 기사에 주로 적용된다. 만약 정보를 그대로 전달하는 반영 기사말고 내용을 전달하려는 주체의 주장을 뒤집거나 아예 그 배경을 더 취재해 보완 정보를 전하는 변형 기사에 이런 접근이 사용될 때는, 둘째 단락에 나오는 주체가 보도자료 발표 당사자가 아니라 이를 반박하는 반대 입장의 취재원이 되기도 한다. 이 역시 아래 현장 사례들을 확인할 때 참고할 만한 사안이다.

이상의 설명을 반영해, 소개되는 보도자료 이용 기사 사례는 리드 부분만 강조한다. 굵은 활자체로 만들고 밑줄을 그어 강조하는 대상이 사건이나 사고 기사 사례처럼 기본 단락 세 개가 아니라는 뜻이다. 상황에 따라 정보가 줄고 느는 방식이 다양하기 때문이다. 그러나 리드에 따라 정보가 배치되는 방식은 거의 일관되기에 리드 공식만 확인하더라도 기사 전체가 어떻게 전개됐는지는 확인할 수 있을 것이라 기대한다. 이 강조 방식은 요약형 리드 활용 기사 사례뿐 아니라 이후 나올 나열형과 분리형 리드 활용 기사 사례에도 적용된다.

현장 보도자료 이용 기사 사례: 요약형 리드 활용[1]

정부

대한제국 시절 고종의 서재로 쓰였던 경복궁 집옥재(集玉齋)가 작은 도서관으로 꾸며진다.

문화체육관광부는 26일 "경복궁 집옥재를 '작은 도서관'으로 조성해 27일 개관식과 토크콘서트를 개최한다"고 밝혔다. 집옥재는 원형을 보존한 채 내부의 서가와 열람대 등을 새로 들여놓을 계획이다. 그동안 보존에만 치우쳐 꽁꽁 닫혀 있던 궁궐 전각을 역사적 맥락에 맞게 활용해보자는 취지다.

1 보도자료 원문은 이화여대출판문화원 홈페이지(http://www.ewhapress.com/)의 자료실 게시판에서 찾아볼 수 있다. 해당 원문은 각 기관에서 홈페이지 등을 통해 공개한 것이다.

문체부는 집옥재 도서관에 조선시대 역사와 문화, 인물 관련 책 1000여 권과 더불어 본래 이곳에 비치돼 있던 왕실 자료를 영인본(350권)으로 만들어 함께 보관할 예정이다. 영인본을 통해 관광객들이 왕실 서재의 역사적 위상을 체험할 수 있도록 하기 위해서다. 또 외국인 관광객을 위한 한국 문학 번역본(영어, 중국어, 일본어) 230여 권도 비치한다.

1891년 건립된 집옥재는 고종의 서재이자 외국 사신 접견 장소로 사용됐다. 집옥재 좌우로는 '팔우정'과 '협길당'이 복도로 연결돼 있다. 문체부는 문화재청과 협의해 정자 건물인 팔우정을 북카페로 활용하기로 했다. 이에 따라 팔우정에는 휴식과 함께 궁중 다과와 한국 문학 번역본을 판매하는 시설이 들어설 예정이다. 앞서 문화재청은 문화재위원회의 '궁릉활용심의'를 거쳤다. 집옥재 서책을 소장하고 있는 한국학중앙연구원 장서각은 새로 개관하는 집옥재 도서관에서 유물 전시와 왕실문화 강좌를 맡기로 했다.

27일 '문화가 있는 날'에 맞춰 개최될 집옥재 작은도서관 개관식에는 김종덕 문체부 장관과 이배용 한국학중앙연구원장, 표재순 문화융성위원장 등 200여 명이 참석한다. 개관식에 이어 열릴 '문화가 있는 날, 궁을 읽다' 토크콘서트는 △이배용 원장과 설민석 강사의 역사 강의 △김원중 단국대 교수의 '격몽요결' 강좌 △전통무용, 부채춤 공연 등이 진행된다. 문체부는 개관식 참석자 전원에게 율곡 이이가 쓴 '격몽요결'을 나눠줄 계획이다.

문체부 관계자는 "집옥재처럼 특화된 작은 도서관을 시작으로 전국에 분야별로 '건강한' 작은 도서관 건립에 힘쓸 것"이라고 말했다.

보도자료 출처: 문화체육관광부
_《동아일보》 2016년 4월 〈고종황제의 서재 '집옥재', 시민의 도서관 된다〉

<u>환경부는 대학의 환경관련 학과 졸업생 및 졸업예정자들의 취업을 지원하기 위한 '환경산업 인턴십 프로그램'을 6월부터 내년 1월까지 운영한다고 29일 밝혔다.</u>

이 프로그램은 환경관련 학과 졸업생들이 지역내 환경산업체에서 환경오염물질 측정 및 분석 실무, 환경오염방지시설 운영 및 관리 실무 등을 경험할 수 있도

록 하는 것이다.

올해 지원대상 인원은 260여명이며 개인별로 최대 4개월간 기업체에서 연수할 수 있고 1인당 월 60만원이 지원된다.

프로그램 참여를 희망하는 졸업생이나 기업체는 해당 시.도의 지역환경기술개발센터로 신청하면 된다.

보도자료 출처: 환경부
_《연합뉴스》 2007년 5월 〈환경관련 학과 졸업생 취업 지원〉

기업

삼성전자가 북미 지역 럭셔리 가전 시장 진출 발판 마련을 위해 미국의 가전 브랜드인 '데이코'를 인수했다고 11일 밝혔다. 인수 금액은 1000억원대에 이를 것으로 추정된다.

1965년 설립된 데이코는 미국 캘리포니아 인더스트리시에 본사를 둔 주방가전 업체로 고가 빌트인 제품에 주력해 왔다. 레인지·오븐·쿡톱·후드·식기세척기 등으로 구성된 키친 빌트인 패키지의 판매 가격이 2만 달러(약 2200만원)도 넘는다.

삼성전자의 이번 인수합병(M&A)은 전문 유통채널과 사업 노하우 확보로 북미 가전시장에서 프리미엄 브랜드 입지를 강화하는 동시에 기업간거래(B2B) 신시장 진출을 위한 포석으로 해석된다.

앞서 지난 1월 중국 하이얼이 북미 가전 시장에서 20%가량의 점유율을 확보한 제너럴일렉트릭(GE) 생활가전 사업부를 인수한 뒤 이 지역에서 한국 기업들이 럭셔리 가전시장 공략을 강화화는 분위기다. LG전자도 'LG 시그니처'와 '시그니처 키친스위트' 등 럭셔리 브랜드를 앞세워 이 시장을 공략 중이다.

삼성전자는 럭셔리 가전의 주요 소비처인 주택·부동산 업계에서의 사업 경쟁력을 높여 북미 생활가전 시장에서 지속 성장을 꾀한다는 목표다. 윤부근 삼성전자 소비자가전(CE)부문 대표이사는 "미국 소비자가 인정하는 럭셔리 가전 브랜드를 확보함으로써 주택·부동산 시장에 본격 진입할 수 있게 됐다"면서 "유통 인프라 구축, 인력 확충 등 지속적인 투자를 해 나갈 것"이라고 말했다.

삼성전자는 북미에서 지난 2분기에 5대 생활가전 시장점유율 16.7%를 기록해 1위를 차지했다. 미국 생활가전 시장은 연평균 4%씩 성장해 2020년 300억 달러(약 32조원) 규모에 달할 전망이다.

삼성전자는 최근 이탈리아 자동차기업 피아트의 차부품 사업부문인 마그네티 마렐리 인수를 추진한다는 소식이 전해지는 등 신성장 동력 확보를 위해 활발한 M&A 활동을 벌이고 있다.

보도자료 출처: 삼성
_《서울신문》 2016년 8월 〈삼성전자 'M&A 신성장' 美 고급 주방가전사 인수〉

KT가 제5회 '청춘기업(氣UP)' 토크 콘서트 '나는 너를 #청춘해'를 28일 오후 7시 천안시청 봉서홀에서 개최한다고 26일 밝혔다.

일탈을 주제로 한 이번 행사에는 화려한 입담과 열정적인 공연을 선보이는 밴드 'THE KOXX(칵스)'와 드라마 '또! 오해영'의 주제가 '사랑이 뭔데'를 부른 가수 유승우가 출연한다.

또 KT의 열린 채용 프로그램인 '스타오디션'을 통해 입사한 직원이 학창시절의 소소한 일탈에 대해 이야기한다.

KT는 콘서트 현장에서 응원 메시지를 손글씨로 엽서에 새겨주고, 톡톡 튀는 글귀를 배경으로 사진 촬영을 할 수 있는 이벤트 등을 마련한다. KT 뮤직은 행사 당일과 다음날 음악 서비스 '지니' 홈페이지와 스마트폰용 소프트웨어(앱)를 통해 출연진의 노래를 '오늘의 선곡'으로 소개할 예정이다.

류준형 KT 경영홍보담당 상무는 "매회 공연을 준비하면서 청춘들이 토로하는 고민 중 하나가 규범과 틀에 갇혀 쳇바퀴처럼 돌아가는 현실에 답답함을 느끼는 것"이라며 "이번 콘서트가 청춘들에게 재충전의 시간이 되길 바란다"고 말했다. KT의 토크콘서트는 지난달 대전 공연 때 1,600명이 참여해 만석을 기록하는 등 큰 호응을 얻고 있다.

보도자료 출처: KT
_《한국일보》 2016년 7월 〈KT 청춘氣UP 콘서트, 28일 천안에서 개최〉

NGO

녹색연합은 지난해 8월과 올 4~7월 중국과 국내 곰 농장, 약재시장, 인터넷 등을 조사한 결과 웅담이 여전히 불법적으로 거래되고 있었다고 21일 밝혔다.

이 단체가 발간한 '한국 웅담거래 실태조사 보고서'에 따르면 서울 경동시장, 경기도 성남 모란시장, 대구 약령시장의 상점 163곳 중 62곳(38%)에서 웅담이나 웅담 가공품을 구입할 수 있었다.

거래되는 웅담 제품은 중국(41곳)과 러시아(13곳)에서 밀수한 것이 대부분이었다.

보도자료 출처: 녹색연합
_《세계일보》 2004년 9월 〈녹색연합 조사 "웅담 불법거래 여전"〉

경기 화성시 마도면 일대에서 국내 최대규모의 매화마름 군락지가 발견됐다. 매화마름은 환경부 지정 멸종위기 수생식물이다.

화성환경운동연합은 17일 화성시 마도면 슬항1,2리(15만평) 금당리(3만평) 청원리(3만평) 고모리(3만평) 등 4개소에 걸쳐 매화마름(사진) 군락지가 확인됐다고 밝혔다.

화성 환경운동연합 이홍근 사무국장은 "이번에 발견된 군락지는 다른 곳과 비교할 수 없을 만큼 대규모이며 매화마름 밀집도도 월등하다"면서 "보다 구체적인 조사를 진행한 뒤 보존방안 등을 마련할 계획"이라고 말했다.

매화마름은 늪이나 연못 등에 사는 물풀로 1960대만 해도 비교적 흔했으나 개발 등으로 습지가 사라지면서 1998년 환경부에 의해 국내 네번째로 멸종위기 야생식물로 지정됐다.

이번 군락지는 마도면 청원초교 송인식 교사에 의해 처음 발견된 뒤 최근 화성환경운동연합 습지위원회가 현장을 방문해 전체 규모가 확인됐다.

보도자료 출처: 환경운동연합
_《한국일보》 2007년 5월 〈멸종 위기 매화마름 최대 군락지 발견〉

3) 나열형 리드를 활용한 기본 공식 적용

나열형 리드는 요약형 리드의 간단한 변형이다. 중요한 내용을 한 문장에 담기가 어려워 두세 문장 정도에 나누어 쓴다. 혹은 한 문장으로 쓰면 너무 길어져 독자가 글을 읽는 호흡이 불편하거나, 내용에 서로 차이가 있어 이들을 구분해야 할 필요가 있을 때 사용된다. 즉 읽기 호흡과 내용 분할을 고려한 리드라는 뜻이다. 한 문장으로 구성된 한 단락 안에서 중문 구조를 이뤘던 요약형 리드를 여러 문장으로 분할하는 것으로, 이렇게 연결되는 문장들은 비슷한 무게의 병렬 구조를 갖는다. 하지만 이어지는 두 번째 단락과 세 번째 단락은 요약형 공식과 별 차이가 없다. 이들을 살펴보자.

(1) 전체 개별 이슈를 두 문장 이상에 담은 리드 단락 구성 및 공식 적용

이는 보도자료 내용에 나타난 개별 이슈들을 여러 문장으로 구성된 한 단락에 일일이 열거한 리드 및 그에 따른 공식과 관련한 소개다. 기본적으로 리드 단락 안에서의 문장 구성만 바뀔 뿐 정보에 대한 선택과 배치는 '전체 개별 이슈 소개를 통한 한 문장짜리 리드 단락 및 공식 적용'과 같다.

첫 단락

리드와 관련해 간단히 보면 기존 '전체 개별 이슈 소개를 통한 한 문장짜리 리드 단락'을 두 개 이상의 문장으로 구성한 것이다. 변화에 따라 개별 문장에 주어가 각각 들어가고 술어에 약간의 변형을 주는 것만 다르다. 이해를 편하게 하기 위해 앞선 '전체 개별 이슈 소개를 통한 한 문장짜리 리드 단락' 사례[교육인적자원부는 2일 신체검사의 건강검사 개선, 학교환경위생정화구역 내 금지 시설 명칭 구체화, '새 학교 증후군'의 주범인 휘발성 유기화합물 관리 항목 신설, 각 시·도 교육감 직속 학교보건위원회 설치 등을 골자로 하는 학교보건사업을 강화해나가기로 했다고 밝혔다.]를 바꿔보겠다.

교육인적자원부는 2일 신체검사의 건강검사 개선, 학교환경위생정화구역 내 금지 시설 명칭 구체화 등을 골자로 하는 학교보건사업을 강화해나가기로 했다고 밝혔다. 교육부는 또 '새 학교 증후군'의 주범인 휘발성 유기화합물 관리 항목 신설, 각 시 · 도 교육감 직속 학교보건위원회 설치 등도 추진하겠다고 말했다.

위 내용은 '전체 개별 이슈 소개를 통한 한 문장짜리 리드 단락' 사례 중 두 개 이슈('신체검사의 건강검사 개선'과 '학교환경위생정화구역 내 금지 시설 명칭 구체화')를 떼내 첫 문장으로 만들고 나머지 두 개 이슈('새 학교 증후군의 주범인 휘발성 유기화합물 관리 항목 신설'과 '각 시·도 교육감 직속 학교보건위원회 설치')를 둘째 문장으로 만들어 한 단락 안에 배치한 것이다. 이렇게 하는 이유는 네 개 이슈가 한 문장 안에 들어가 이어 읽기에 벅차거나, 이슈들의 내용이 달라 이를 한데 묶기에 부담스러울 수 있기 때문이다. 물론 이들을 꼭 두 개씩 모을 필요는 없다. 만약 하나가 더 특별한 이슈로 강조될 필요가 있고 나머지 세 개 이슈는 한 문장 안에서 함께 처리될 수 있다면 그렇게 나누기도 한다. 예를 들어 보도 당시 학생의 육체적 건강에 대한 사회적 논의가 뜨겁고 '새 학교 증후군의 주범인 휘발성 유기화합물 관리 항목 신설'이 그런 논의에 연결된다고 판단한다면 이 요소를 따로 떼어 첫 문장에 두고 나머지를 둘째 문장에 배치할 수도 있다. 이를 적용하면 [교육인적자원부는 2일 '새 학교 증후군'의 주범인 휘발성 유기화합물 관리 항목 신설을 골자로 하는 학교보건사업을 강화해나가기로 했다고 밝혔다. 교육부는 또 신체검사의 건강검사 개선, 학교환경위생정화구역 내 금지 시설 명칭 구체화, 각 시·도 교육감 직속 학교보건위원회 설치 등도 추진하겠다고 말했다.]는 단락이 마련된다.

공식 설명에 있어 첫째나 둘째 사례에 별 차이는 없지만, 편한 이해를 돕기 위해 앞의 '전체 개별 이슈 소개를 통한 한 문장짜리 리드 단락' 사례와 유사한 모습을 갖춘 첫째 사례를 골라 설명을 이어가겠다. 우선 첫 문장[교육인적자원부는 2일 신체검사의 건강검사 개선, 학교환경위생정화구역 내 금지 시설 명칭 구체화 등을 골자로 하는 학교보건사업을 강화해나가기로 했다고 밝혔다.]의 주어와 날짜는 그대로 '교육인적자원부는 2일'로 유지됐고 뒤의 술어군(群)의 '등을 골자로 하는 학교보건사업을 강화해 나가기로 했다고 밝혔다.'도 앞의 사례와 똑같다. 하지만 앞 사례의 뒷부분이 둘째 문장으로 바뀌면서 둘째 문장의 주어는 '교육부는'의 형태로 축약됐고, 거기에 날짜 대신 '또'라는 단어가 들어갔다. 술어군은 '등도 추진하겠다고 말했다.'가 됐다. 이미 '강화해 나가기로 밝혔다'는 부분이 앞 문장에서 사용됐기에 둘째 문장에서는 그 반복을 피하기 위해 '추진'과 '말했다' 등의 표현으로 바꾼 것이다. 이와 같은 변화에도 불구하고 내용 면에서는 '전체 개별 이슈 소개를 통한 한 문장짜리 리드 단락'과 차이가 없다. 즉 읽기 호흡의 차원에서 앞선 두 개 요소를 더 중요하게 보면서 한 문장으로 두고 나머지 두 개 요소를 부차적으로 취급해 둘째 문장에 나눠 담은 것뿐이다. 게다가 이는 교육부 보도자료가 지정한 중요도 순서를 반영한 것이라 '베끼는' 수준에서 보도자료가 그대로 활용된 것이라 볼 수 있다. 단 '새 학교 증후군의 주범인 휘발성 유기화합물 관리 항목 신설'을 앞 문장에 둔 위의 또 다른 접근은 단순히 베낀 것이 아니라 기자가 가치 판단을 한 것이고, 그에 따라 개별 문장에 조금 다른 무게를 두면서 이들을 따로 배치한 것이라 이해하면 되겠다. 그러나 어쨌든 간에 이 공식 설명의 핵심 요인은 '전체 개별 이슈 소개를 통한 한 문장짜리 리드 단락'의 내용을 두 개 이상의 문장으로 구성한 것이다. 의미상으로 중요성의 무게가 다를 수는 있지만 형식상으로는 같은 무게의 병렬 구조라는 점도 기억할 만하다.

둘째 단락

두 번째 단락은 '전체 개별 이슈 소개를 통한 한 문장짜리 리드 단락 구성 및 공식 적용'의 둘째 단락과 같은 형태를 띤다. 리드에서 전개된 개념화 순서에 따라 둘째 단락에서 자세한 설명을 추가하면 된다. 이미 '전체 개별 이슈 소개를 통한 한 문장짜리 리드 단락 구성 및 공식 적용' 둘째 단락 사례에서 한 문장에 담으면 길게 늘어질 수 있는 요소들을 두 개 문장으로 나누었으니 그대로 활용하면 된다. 더욱이 이번 공식의 첫째 단락 두 번째 문장에서 교육인적자원부가 이미 교육부로 치환됐기에 두 번째 단락 도입부를 '교육부'로 하기에는 더욱 부담이 없다. 만약 먼저 '교육부'라는 단어가 나와서 다른 표현을 쓰고 싶다면 보도자료 연락정보인 교육부 담당자 중 한 명을 주어로 사용해도 된다. 여기서는 개별 문장이 아닌 각 단락 도입부 주어 차이가 반복의 지루함을 극복할 수 있다는 기대를 가지고 그냥 '교육부'를 둘째 단락 주어로 활용해 보겠다. 이렇게 되면 결국 내용은 '전체 개별 이슈 소개를 통한 한 문장짜리 리드 단락 구성 및 공식 적용'의 둘째 단락과 똑같아진다.

> 교육부는 이를 위해 질병 유무뿐 아니라 생활 습관까지 확인하는 방식으로 형식적인 체질검사를 극복하고, 학교 주변 정화 구역 안에서 막연하게 '극장'으로만 표현된 금지 시설 명칭을 '영화상영관'으로 적시하는 동시에 경마장 등만 포함된 불허 시설을 경륜장과 경정장까지 확대키로 했다. 또 각종 전염성 혹은 알레르기성, 호흡기 질환 등을 유발할 수 있는 화학 물질 및 세균 등에 대한 유지 관리 기준을 마련하고, 주요 학교 보건 시책을 심의하는 보건위원회를 시 · 도 교육감이 직접 주관토록 했다.

여기서도 앞선 경우와 마찬가지로 한 단락이 너무 길게 느껴지면 둘째 문장을 줄바꿈해 두 개 단락으로 나눠도 된다.

셋째 단락

전체 개별 이슈 소개를 통한 한 문장짜리 리드 단락과 비교했을 때 전체 개별 이슈를 두 문장 이상에 담은 리드 단락은 문장을 나누는 정도의 변화이고, 이들 두 종류의 리드 다음에 이어지는 둘째 단락들은 아예 차이가 없다는 점을 고려하면, 마지막 셋째 단락도 큰 변화를 줄 이유가 없다. 즉 '전체 개별 이슈를 두 문장 이상에 담은 리드 단락 구성 및 공식 적용'의 셋째 단락은 '전체 개별 이슈 소개를 통한 한 문장짜리 리드 단락 구성 및 공식 적용'의 셋째 단락과 동일하게 쓰일 수 있다.

(교육부) 신영재 학교체육보건급식과장은 "국회에서 학교보건법 개정안이 통과됨에 따라 학생들이 상급 학교에 진학할 때 건강 관련 정보를 체계적으로 전달할 수 있는 법적 근거를 마련하고 구체적인 기준이나 규정이 미비했던 부분을 보완하기로 했다"고 말했다.

만약 둘째 단락 도입부에 신영재 과장을 쓰면 여기서는 다시 '교육부는'이라고 써서 변화를 주거나 아니면 '(교육부) 학교체육보건급식과 김상욱 서기관은'이라고 적어도 된다. 하지만 현장에서는 세 단락짜리 기본 기사에 여러 명의 취재원을 넣는 것보다는 교육인적자원부나 교육부를 번갈아 사용하는 게 일반적이다. 만약 기사가 길어지거나 커지면 보도자료 연락정보 등을 활용해 다양한 취재원을 등장시키는 게 더 편해진다. 앞선 경우와 마찬가지로 이들 세 개 단락을 묶어보면 아래와 같다.

전체 개별 이슈를 두 문장 이상에 담은 리드 단락 구성 및 공식 적용 사례 종합

교육인적자원부는 2일 신체검사의 건강검사 개선, 학교환경위생정화구역 내 금지 시설 명칭 구체화 등을 골자로 하는 학교보건사업을 강화해나가기로 했다고 밝혔다. 교육부는 또 '새 학교 증후군'의 주범인 휘발성 유기화합물 관리 항목 신설, 각 시·도 교육감 직속 학교보건위원회 설치 등도 추진하겠다고 말했다.

교육부는 이를 위해 질병 유무뿐 아니라 생활 습관까지 확인하는 방식으로 형식적인 체질검사를 극복하고, 학교 주변 정화 구역 안에서 막연하게 '극장'으로만 표현된 금지 시설 명칭을 '영화상영관'으로 적시하는 동시에 경마장 등만 포함된 불허 시설을 경륜장과 경정장까지 확대키로 했다. 또 각종 전염성 혹은 알레르기성, 호흡기 질환 등을 유발할 수 있는 화학 물질 및 세균 등에 대한 유지 관리 기준을 마련하고, 주요 학교 보건 시책을 심의하는 보건위원회를 시·도 교육감이 직접 주관토록 했다.

(교육부) 신영재 학교체육보건급식과장은 "국회에서 학교보건법 개정안이 통과됨에 따라 학생들이 상급 학교에 진학할 때 건강 관련 정보를 체계적으로 전달할 수 있는 법적 근거를 마련하고 구체적인 기준이나 규정이 미비했던 부분을 보완하기로 했다"고 말했다.

(2) 일부 개별 이슈를 두 문장 이상에 담은 리드 단락 구성 및 공식 적용

이는 보도자료 내용에 나타난 개별 이슈들 중 일부에만 집중한 뒤 이를 여러 문장으로 만들어 한 단락에 넣은 리드 및 그에 따른 스트레이트 공식이다. 이 공식은 리드에 중요한 내용을 한 문장으로 만들어 담기가 어려워 두세 문장 정도에 나누어 쓴다는 점에서는 '(1) 전체 개별 이슈를 두 문장 이상에 담은 리드 단락 구성 및 공식 적용'과 같다. 읽기 호흡과 내용 분할을 고려한 리드라는 차원의 설명이 그대로 적용된다는 것이다. 하지만 요약형 리드 중 '개별 이슈 중 일부 소개를 통한 한 문장짜리 리드 단락 구성 및 공식 적용'을 사용한 것에서 차이가 있다. 즉 전체가 아닌 일부 요소만 선별하고 이들을 두 개 이상의 문장에 나눈 리드를 활용한다는 것이다. 더불어 이들은 추가 취재 없이 보도자료 일부 이슈에만 집중한 첫 단락 및 공식 적용과 추가 취재 통해 보도자료 일부 이슈에만 집중한 첫 단락 및 공식 적용으로 구분될 수 있어 큰 틀에서 개별 이슈 중 일부 소개를 통한 한 문장짜리 리드 단락 구성 및 공식 적용과 같다고 볼 수 있겠다. 정리하자면 '나열형'의 일부 개별 이슈를 두 문장 이상에 담은 리드 단락 구성 및 공식 적용은 '요약형' 중 보도자료 일부 이슈에만 집중한 첫 단락 및 공식 적용의 첫 단락을 두 개 문장으로 나누고, 이를 다시 추가 취재 유무 여부를 고려해 조금 더 세분화하는 요소를 담고 있다는 것이다.

조금 더 고려할 것은 몇몇 단어로 개념화한 일부 이슈만을 선택해 리드에 사용할 때, 일반적으로 읽기 호흡에 방해가 될 정도로 문장이 길지 않다는 점이다. 굳이 이렇게 짧은 내용을 두 개 이상의 문장에 담아 한 단락 안에 넣으려 한다면, 각각의 이슈를 단어 몇 개로 이뤄진 개념화의 틀에 넣지 않고 아예 개별 문장으로 풀어주는 게 더 좋을 수 있다. 즉 각각의 이슈에 자세한 설명을 담아 아예 이들 이슈를 개별 문장으로 풀어 설명하고, 이 문장들을 리드 단락에 넣어주는 접근 방식이 바람직할 수 있다는 얘기다. 이를 위해서는 대개 보도자료 전문뿐 아니라 본문에 있는 내용까지 리드에 사용하거나 아예 추가 취재 내용이 리드에 들어가게 된다. 우선 이 접근법을 간단히 보기 위해 추가 취재 없는 나열형 리드 및 공식 적용을 보도록 하자.

A. 추가 취재 없이 보도자료 일부 이슈에만 집중한 경우

첫 단락

이해를 편하게 하기 위해 여기서도 앞서 '한 문장짜리 한 단락 리드'에 사용된 사례[교육인적자원부는 2일 신체검사의 건강검사 개선, '새 학교 증후군'의 주범인 휘발성 유기화합물 관리 항목 신설 등을 골자로 하는 학교보건사업을 강화해나가기로 했다고 밝혔다.]를 이용해보자. 그때도 학교환경위생정화구역 내 금지 시설 명칭 구체화 및 각 시·도 교육감 직속 학교보건위원회 설치 이슈를 빼고 신체검사의 건강검사 개선과 '새 학교 증후군'의 주범인 휘발성 유기화합물 관리 항목 신설 요소에만 집중했다. 이를 두 개 문장으로 나누면 아래와 같다.

> 교육인적자원부는 2일 신체검사의 건강검사 개선을 골자로 하는 학교보건사업을 강화해나가기로 했다고 밝혔다. 교육부는 또 '새 학교 증후군'의 주범인 휘발성 유기화합물 관리 항목 신설도 추진하겠다고 말했다.

'한 문장짜리 한 단락 리드'를 '두 문장짜리 한 단락 리드'로 바꾼 이 내용을 위 (1) 공식과 비교했을 때 형식은 거의 그대로다. 첫 문장에서 '교육인적자원부는 2일'이라는 주어와 날짜를 쓰고 '골자로 하는 학교보건사업을 강화해나가기로 했다고 밝혔다'는 술어군도 유사하다. 둘째 문장에서 '교육부는 또'라고 쓰고 술어군 사용을 '~도 추진하겠다고 말했다'고 한 것도 마찬가지다. 단 첫 문장에서 '학교환경위생정화구역 내 금지 시설 명칭 구체화'가, 둘째 문장에서 '각 시·도 교육감 직속 학교보건위원회 설치' 요소가 빠지면서 문장당 하나의 이슈만을 선정했기에 두 개 이상의 개념을 이을 때 사용되는 '~등'이라는 표현이 빠진 것을 확인할 수 있다.

둘째 단락

앞선 경우와 마찬가지로 추가 취재 없이 일부 이슈에만 치중하는 둘째 단락은 첫 단락에 나온 내용만 보완해주면 된다. 보도자료 내용 중 기사에서 빠진 '학교환경위생정화구역 내 금지 시설 명칭 구체화'와 '각 시·도 교육감 직속 학교보건위원회 설치' 관련 정보는 제외하고, '신체검사의 건강검사 개선', '새 학교 증후군의 주범인 휘발성 유기화합물 관리 항목 신설' 관련 설명만 활용하면 된다. 또 첫 단락이 두 개 문장으로 나뉘었다고 꼭 둘째 단락도 두 개 이상의 문장으로 구성될 필요도 없다. 보도자료 내용에 활용할 만한 요소가 없고, 추가 취재도 하지 않는다면, 두 번째 단락은 간단히 한 문장으로 이뤄질 수도 있다. 이해를 돕기 위해 앞서 '요약형'의 '개별 이슈 중 일부 소개를 통한 한 문장짜리 리드 단락 A형'에 연관된 둘째 단락을 그대로 활용해보자.

> 교육부는 이를 위해 질병 유무뿐 아니라 생활 습관까지 확인하는 방식으로 형식적인 체질검사를 극복하고, 각종 전염성 혹은 알레르기성, 호흡기 질환 등을 유발할 수 있는 화학물질 및 세균 등에 대한 유지 관리 기준을 마련키로 했다.

간결한 세 개 단락짜리 단신 기사면 이 정도의 정보로도 충분하다. 앞선 전체 개별 이슈를 두 문장 이상에 담은 리드 단락 구성 및 공식 적용처럼 모든 내용을 부연할 필요가 없기에 둘째 단락도 간결하게 나오는 게 이상하지 않다. 특히 추가 취재가 없는 내용이라면 더욱 그렇다. 다만 보도자료 본문 중 더 활용할 만한 정보가 있다면 둘째 단락에 더 많은 내용을 담는 것을 피할 이유도 없다. 그런 판단은 역시 이슈에 대한 사회적 분위기와 지면 사정 등을 고려하면 된다.

셋째 단락

셋째 단락은 '전체 개별 이슈를 한 문장에 담은 리드 단락 구성 및 공식 적용'이나 '전체 개별 이슈를 두 문장 이상에 담은 리드 단락 구성 및 공식 적용', 혹은 '개별 이슈 중 일부 소개를 통한 한 문장짜리 리드 단락 구성 및 공식 적용'의 세 번째 단락 내용에 활용한 설명을 그대로 받아들이면 된다. 독자들의 이해를 돕기 위해 일부러 같은 방식으로 만들어놓은 것이기에 이상의 설명을 참고하면, 왜 위에서 사용한 마지막 단락을 첫 단락과 둘째 단락의 일부 표현 변화에도 불구하고 그대로 활용하면 되는지 알게 될 것이다.

> (교육부) 신영재 학교체육보건급식과장은 "국회에서 학교보건법 개정안이 통과됨에 따라 학생들이 상급 학교에 진학할 때 건강 관련 정보를 체계적으로 전달할 수 있는 법적 근거를 마련하고 구체적인 기준이나 규정이 미비했던 부분을 보완하기로 했다"고 말했다.

이제 모두 이어보자.

추가 취재 없이 보도자료 일부 이슈에만 집중한 경우 사례 종합

> 교육인적자원부는 2일 신체검사의 건강검사 개선을 골자로 하는 학교보건사업을 강화해 나가기로 했다고 밝혔다. 교육부는 또 '새 학교 증후군'의 주범인 휘발성 유기화합물 관리 항목 신설도 추진하겠다고 말했다.
>
> 교육부는 이를 위해 질병 유무뿐 아니라 생활 습관까지 확인하는 방식으로 형식적인 체질검사를 극복하고, 각종 전염성 혹은 알레르기성, 호흡기 질환 등을 유발할 수 있는 화학물질 및 세균 등에 대한 유지 관리 기준을 마련키로 했다.
>
> (교육부) 신영재 학교체육보건급식과장은 "국회에서 학교보건법 개정안이 통과됨에 따라 학생들이 상급 학교에 진학할 때 건강 관련 정보를 체계적으로 전달할 수 있는 법적 근거를 마련하고 구체적인 기준이나 규정이 미비했던 부분을 보완하기로 했다"고 말했다.

이 내용을 보면 '일부 개별 이슈를 두 문장 이상에 담은 리드 단락 구성 및 공식 적용'은 리드를 두 개 문장으로 구성한 것만 다를 뿐 '개별 이슈 중 일부 소개를 통한 한 문장짜리 리드 단락 구성 및 공식 적용'과 똑같다는 것을 알 수 있다. 결국 나열형과 요약형의 형식상 차이는 리드를 한 문장으로 두느냐 또는 두 문장 이상으로 구성하느냐의 차이가 핵심이다. 물론 그렇게 나누는 것이 내용적인 측면에서도 이유가 있다는 점을 앞에서 여러 단계에 걸쳐 설명했으니 그 내용을 참조하면 되겠다.

B. 추가 취재 통해 보도자료 일부 이슈에만 집중한 경우

첫 단락

앞서 추가 취재 통해 일부 이슈에 집중하는 요약형 리드 및 공식 설명에서 언급한 것과 같이 '일부 개별 이슈를 두 문장 이상에 담은 리드 단락 구성 및 공식 적용'도 보도자료 전문뿐 아니라 본문에 있는 내용까지 리드에 적극적으로 활용하거나 추가 취재를 통해 얻은 정보를 리드에 사용하는 방식에 더 어울린다. 몇몇 단어로 개념화한 일부 이슈만을 사용할 때 호흡에 방해가 될 정도로 문장이 길지 않고, 오히려 너무 짧은 개념화는 오해를 불러일으켜 전체 내용을 이해하는 데 방해가 될 수 있기 때문이다. 결국 이슈에 관련된 설명을 자세히 담아 각각의 문장으로 풀어주고, 이들 문장을 한 단락의 리드에 넣는 것이 정보의 정확한 전달이라는 기사 작성의 목적에 부합한다. 그에 이어지는 둘째와 셋째 단락도 이에 부응하면 된다.

여기서는 위에서 '새 학교 증후군에 관련된 휘발성 유기화합물 유지·관리 항목' 이슈에 집중해 전개한 사례에 '체력검사의 건강검사 개선' 이슈를 더해 두 개의 문장을 구성하고 이를 한 단락에 넣는 방식의 리드를 시도해보겠다. 바로 앞서 '추가 취재 없는 일부 이슈 집중' 사례에 나타난 요소의 순서를 바꾸고, 여기에 보도자료 본문과 가상의 추가 취재 내용을 더해 해당 공식에 대한 독자의 이해를 도우려는 시도다. 즉 기자가 보도자료 순서만 따르지 않고 자체적으로 정보의 중요도를 판단하고, 전문 이외의 본문 자료를 활용하며, 추가 취재까지 사용한 접근 방식을 시도하겠다는 것이다. 이를 적용한 첫 단락 사례는 아래와 같다.

> 교육인적자원부는 피부 및 호흡기 질환의 원인으로 지적된 페인트, 접착제 등의 학교 건물 사용 제한과 각종 세균에 대한 관리 기준 책정을 골자로 하는 학교보건법 개정안을 시행키로 했다고 2일 밝혔다. 교육부는 또 그동안 체격, 체질, 체력 검사로 구분돼 비효율적으로 운영되던 학생 건강 측정을 '건강검사'로 통합하기로 했다고 말했다.

여기서는 보도자료에서 세 번째로 중요하게 취급된 '새 학교 증후군에 관련된 휘발성 유기화합물 유지·관리 항목' 이슈가 가장 중요한 내용으로 취급되고 있다. 스트레이트 기사 리드 중 제일 앞에 배치됐다는 점에서 이를 파악할 수 있다. 기자의 판단이 반영된 것이다. 또 여기에 페인트, 접착제 등 보도자료에는 나타나지 않은 내용들이 추가됐다. 이는 추가 취재를 통해 확보된 정보다. 더불어 네모난 박스 안에 부각된 보도자료 전문에서 단순히 '신체검사'를 '건강검사'로 개선한다고 적힌 내용이 '체격, 체질, 체력 검사로 구분돼 비효율적으로 운영되던 학생 건강 측정의 건강검사 전환'이라고 기사에서는 더 구체화됐다. 이 정보는 보도자료 본문에서 가져온 내용이다. 이와 같은 방법을 통해 '추가 취재 없는 일부 이슈 집중' 공식에서 단순히 몇몇 단어로 개념화됐던 정보가 문장 형태로 바뀌면서 독자의 이해를 돕는 구도로 변화했다. 더 자세한 설명은 이미 '요약형'의 '추가 취재 통해 보도자료 일부 이슈에만 집중해 한 문장으로 구성한 첫 단락' 사례에 등장했으니 그 내용을 참조하면 되겠다.

둘째 단락

앞에서 '새 학교 증후군에 관련된 휘발성 유기화합물 유지·관리 항목' 이슈에 대한 부연이 추가 취재를 통해 이뤄졌다는 것을 설명했으니 그 부분에 대한 소개는 생략하겠다. 여기서는 새롭게 적은 두 번째 이슈 즉 '체력검사의 건강검사' 개선 부분을 보도자료 본문 내용을 가져와 사용하는 방법을 확인해보자. 보도자료에 따르면, 체질검사는 질병 유무에만 집중할 뿐 생활 습관 등에 대해서는 체계적인 검사가 이뤄지지 않고 있다. 또 초등학교 1학년과 4학년, 중·고등학교 1학년 등은 국민건강보험법에 의한 검진 기관 의뢰를 실시한다고 적혔다. 필요한 경우 추가 검사도 하겠다고 했다. 상급학교로의 정보 제공과 관련해 법적 근거를 마련하겠다는 것도 새로운 뉴스로 보인다. 물론 이 부분들이 정말 새로운 정책들인지를 구체적으로 확인해볼 필요도 있다. 이는 추가 취재를 통해야 하는 일이다. '새 학교 증후군에 관련된 휘발성 유기화합물 유지·관리 항목' 이슈에 관련해 추가 취재 내용을 앞에서 설명했으니, 여기서는 보도자료 본문 내용 활용 방법에 초점을 맞춰보겠다.

위에서 새로운 내용으로 부각된 내용이라 생각될 부분은 생활 습관에 대한 체계적 검사, 국민건강보험법에 의한 3년 단위(초등학교 1학년과 4학년, 중·고등학교 1학년) 검진기관 의뢰, 필요한 경우 추가 검사, 상급학교로의 건강 정보 제공에 대한 법적 근거 마련 등이다. 이 내용들을 그대로 두 번째 단락에 넣을 수 있다. 즉 이 이슈와 관련해 몇몇 단어로 구성된 개념화 작업을 둘째 단락에 사용할 수 있다는 뜻이다. 또는 이 중 일부만을 선택해 문장으로 풀어 부연할 수도 있다. 이는 다른 문장과의 조응 관계 속에서 판단될 수 있다. 더 먼저 나타나 보다 중요하게 거론된 '새 학교 증후군에 관련된 휘발성 유기화합물 유지·관리 항목' 이슈가 몇몇 단어로 구성된 개념화 작업을 통해 추가 설명이 이뤄졌다면 '체력검사의 건강검사' 개선도 그 방법을 따르고, 만약 앞선 이슈가 풀어진 문장 형태로 구성됐다면 그에 맞춰 뒤 이슈도 설명하는 것이 좋다. 앞선 사례에서 '새 학교 증후군에 관련된 휘발성 유기화합물 유지·관리 항목' 이슈가 문장 형태의 부연을 차용하고 있으니, 일관성 있는 방식을 통해 독자의 이해를 돕는다는 취지에서, 여기서도 '체력검사의 건강검사'와 관련해 '생활 습관에 대한 체계적 검사'와 '국민건강보험법에 의한 3년 단위(초등학교 1학년과 4학년, 중·고등학교 1학년) 검진' 내용을 문장으로 풀어 추가 설명을 이어가 보겠다. 이 내용은 아래와 같이 나타날 수 있다.

> 교육부는 이를 위해 페인트나 접착제 등 휘발성 유기화합물 외에도 두드러기, 결막염, 접촉성 피부염 등 각종 전염성이나 알레르기성, 호흡기 질환 등을 유발할 수 있는 냉난방기, 복사기용 각종 물질의 용량 및 시간 등에 대한 각종 사용 지침을 마련해 화학물질과 각종 세균 등에 대한 통제를 강화하기로 했다.
>
> 교육부에 따르면 새로운 건강검사는 단순한 체질검사뿐 아니라 생활 습관에 대한 체계적 조사가 이뤄지고 학생들은 초등학교 입학 때부터 매 3년 단위로 국민건강보험법에 의한 검진기관에서 검사를 받게 된다.

둘째 단락에 대한 설명은 앞서 리드에 타나난 순서를 따랐다. 즉 '새 학교 증후군에 관련된 휘발성 유기화합물 유지·관리 항목'이 리드 단락에서도 먼저 소개됐기에 그에 대한 추가 설명이 먼저 나왔고 '체력검사의 건강검사'에 대한 부연이 뒤따랐다는 것이다. 더불어 보자면 앞선 이슈에 대한 설명이 더 길고 뒤 이슈에 대한 설명은 조금 더 짧다. 설명을 요구하는 정도, 다시 말해 그 이슈에 대한 독자들의 일반적 이해도에 따라 추가 정보의 길이가 달라질 수도 있지만, 일반적으로 앞선 이슈에 대해 조금 더 길게 설명하는 것이 보통이다. 그만큼 중요하다는 것이 정보의 위치뿐만 아니라 길이를 통해서도 나타나기 때문이다.

추가로 보자면 둘째 단락은 두 개의 문장일 뿐만 아니라 그 문장을 개별 단락으로 분할해 결국 두 개의 단락으로 이뤄졌다. 첫째 리드 단락과 마지막 단락 사이에 위치하는 상징적 의미의 둘째 단락이 물리적으로 여러 개의 단락으로 나뉠 수 있는 사례다. 이렇게 한 이유는 한 문장이 길어 이들을 한 단락 안에 두면 독자들의 눈에 피로가 쌓이기 때문이다. 내용적 측면에서도 보도자료에서 초등학교 1학년과 4학년, 중·고등학교 1학년의 검진이라고 적힌 내용을 3년에 한 번씩이라는 식으로 바꾼 것도 눈여겨볼 만한 대목이다. 짐짓 막연하게 풀어진 내용을 '3년'이라는 단어로 묶으면서 이런 검진이 체계적으로 이뤄질 수 있다는 점을 보여줬다. 보도자료 내용을 그냥 베끼는 게 아니라 독자들이 받아들이기 수월한 방식으로 전환될 수 있다는 것을 보여주는 사례다. '새 학교 증후군에 관련된 휘발성 유기화합물 유지·관리 항목' 이슈와 관련된 추가 정보가 어떻게 등장했는지는 역시 앞선 사례의 설명을 참고하면 되겠다.

둘째 단락의 두 번째 문장 도입부를 통해 형식적인 차원의 글쓰기 변화를 보자. 앞에서 '교육인적자원부는' 또는 '교육부는'이라는 주어를 사용하고 이를 술어로 '밝혔다', '말했다', '했다' 등의 술어에 이으면서 문장을 구성했다. 하지만 여기서는 '교육부에 따르면'이라는 부사구를 활용해 '건강검사는 ~ 이뤄지고', '학생들은 ~ 받게 된다'는 식으로 중문이 성립됐다. 이는 표현의 중복, 이에 따른 지루함을 피하기 위한 방법이다. 앞선 사건 기사나 사고기사에서 '경찰은' 또는 '당국은' 등의 표현이 반복될 때 '경찰에 따르면'이나 '당국에 따르면'이라는 식으로 전환해준 것과 같은 맥락이다. 스트레이트 기사 작성 방법의 큰 줄기는 여기에도 이어진다.

셋째 단락

간단히 하려면 위에서 많이 활용했던 학교체육보건급식과장의 발언 사례를 활용하면 된다. 아예 '새 학교 증후군에 관련된 휘발성 유기화합물 유지·관리 항목'과 '체력검사의 건강검사' 등 두 개 이슈에 모두 이어지는 공통분모에만 집중하는 발언 내용에만 집중할 수도 있다. 결국 이 내용을 적용하면 앞에 제시됐던 사례 중 가장 짧은 정보를 마지막 단락에 활용할 수 있다.

> (교육부) 신영재 학교체육보건급식과장은 "국회에서 학교보건법 개정안이 통과됨에 따라 구체적인 기준이나 규정이 미비했던 부분을 보완하기로 했다"고 말했다.

위에 제시된 세 개 단락을 모두 이으면 아래와 같은 방식으로 전환된다.

추가 취재 통해 보도자료 일부 이슈에만 집중한 경우 사례 종합

> 교육인적자원부는 피부 및 호흡기 질환의 원인으로 지적된 페인트, 접착제 등의 학교 건물 사용 제한과 각종 세균에 대한 관리 기준 책정을 골자로 하는 학교보건법 개정안을 시행키로 했다고 2일 밝혔다. 교육부는 또 그동안 체격, 체질, 체력 건사로 구분돼 비효율적으로 운영되던 학생 건강 측정을 '건강검사'로 통합하기로 했다고 말했다.
>
> 교육부는 이를 위해 페인트나 접착제 등 휘발성 유기화합물 외에도 두드러기, 결막염, 접촉성 피부염 등 각종 전염성이나 알레르기성, 호흡기 질환 등을 유발할 수 있는 냉난방기, 복사기용 각종 물질의 용량 및 시간 등에 대한 각종 사용 지침을 마련해 화학물질과 각종 세균 등에 대한 통제를 강화하기로 했다.
>
> 교육부에 따르면 새로운 건강검사는 단순한 체질검사뿐 아니라 생활 습관에 대한 체계적 조사가 이뤄지고 학생들은 초등학교 입학 때부터 매 3년 단위로 국민건강보험법에 의한 검진기관에서 검사를 받게 된다.
>
> (교육부) 신영재 학교체육보건급식과장은 "국회에서 학교보건법 개정안이 통과됨에 따라 구체적인 기준이나 규정이 미비했던 부분을 보완하기로 했다"고 말했다.

전체적으로 큰 무리가 없는 접근이다. 하지만 이는 앞의 내용들에 조금만 살을 붙여 설명한 것이니, 추가 취재 통한 나열형 리드 관련 공식을 조금 달리 접근하며 보도자료 기사 작성 방식의 외연을 넓혀보자.

앞서 '새 학교 증후군에 관련된 휘발성 유기화합물 유지·관리 항목' 하나의 이슈에만 집중하며 리드 단락에 한 문장만을 사용하는 기사 사례에서 마지막 단락을 위해 보도자료 내용 중 일부를 교육부 학교체육보건급식과장 인용으로 만들고 한국원자력병원 소아정신과장의 인용문도 사용했다. 이번 사례에서는 '체력검사의 건강검사' 이슈가 추가됐으니 이에 대한 설명도 담아보자. 보도자료 본문 내용을 참고해 '이와 같은 건강검사 결과를 교육행정정보 시스템에 탑재해 상급학교에 제공하는 법적 근거 마련'이라는 부분만 활용해도 관련 이슈에 대한 부연이 가능하다. 해당 내용을 첨가하면 [교육부는 "이와 같은 건강검사 결과를 교육행정정보 시스템에 탑재해 상급학교에 제공하는 법적 근거를 마련할 수 있게 됐다"고 말했다.]고 적게 된다. 앞선 설명들에 이어 보면 이 내용을 활용하는 방법은 다양해진다.

우선 이 부분을 맨 마지막 학교체육보건급식과장의 인용에 붙여볼 수 있다. 결과적으로는 [(교육부) 신영재 학교체육보건급식과장은 "이와 같은 건강검사 결과를 교육행정정보 시스템에 탑재해 상급학교에 제공하는 법적 근거를 마련할 수 있게 됐다"며 "국회에서 학교보건법 개정안이 통과됨에 따라 구체적인 기준이나 규정이 미비했던 부분을 보완하기로 했다"고 말했다.]가 된다. 이때 앞서 활용한 한국원자력병원 소아정신과장의 인용문의 위치도 변화할 수 있다. 전체를 종합하는 발언은 기사 말미에 나오는 게 마땅한데, 그 발언이 학교체육보건급식과장으로부터 나온 것으로 정리됐으니, 앞서 '새 학교 증후군에 관련된 휘발성 유기화합물 유지·관리 항목' 하나의 이슈에만 집중한 기사에서 맨 끝에 나왔던 소아정신과장의 발언은 맨 끝 단락에 앞서 배치돼야 한다. 그리고 이 정보는 직접 연관된 '새 학교 증후군에 관련된 휘발성 유기화합물 유지·관리 항목' 정보 묶음과 함께해야 한다. 이렇게 되면 결국 이번 기사 사례 둘째 단락의 중간, 즉 [교육부는 이를 위해 페인트나 접착제 등 휘발성 유기화합물 외에도 두드러기, 결막염, 접촉성 피부염 등 각종 전염성이나 알레르기성, 호흡기 질환 등을 유발할 수 있는 냉난방기, 복사기용 각종 물질의 용량 및 시간 등에 대한 각종 사용 지침을 마련해 화학물질과 각종 세균 등에 대한 통제를 강화하기로 했다.]와 [교육부에 따르면 새로운 건강검사는 단순한 체질검사뿐 아니라 생활습관에 대한 체계적 조사가 이뤄지고 학생들은 초등학교 입학 때부터 매 3년 단위로 국민건강보험법에 의한 검진기관에서 검사를 받게 된다.] 사이에 들어갈 수밖에 없다. 이를 풀면 전체 기사로 나쁘지 않다. 읽어보자.

> 교육인적자원부는 피부 및 호흡기 질환의 원인으로 지적된 페인트, 접착제 등의 학교 건물 사용 제한과 각종 세균에 대한 관리 기준 책정을 골자로 하는 학교보건법 개정안을 시행키로 했다고 2일 밝혔다. 교육부는 또 그동안 체격, 체질, 체력 검사로 구분돼 비효율적으로 운영되던 학생 건강 측정을 '건강검사'로 통합하기로 했다고 말했다.
>
> 교육부는 이를 위해 페인트나 접착제 등 휘발성 유기화합물 외에도 두드러기, 결막염, 접촉성 피부염 등 각종 전염성이나 알레르기성, 호흡기 질환 등을 유발할 수 있는 냉난방기, 복사기용 각종 물질의 용량 및 시간 등에 대한 각종 사용 지침을 마련해 화학물질과 각종 세균 등에 대한 통제를 강화하기로 했다.
>
> 한국원자력병원 소아정신과 김○○ 과장은 "온도 등 외부 환경에 따라 변화하는 각종 화합물이 호흡기 등을 통해 인체에 영향을 미칠 수 있고 이들이 공기 중의 바이러스 등과 결합해 2차 질병을 유발할 수 있다"며 "이번 조치로 학생들의 건강 보호 조치가 크게 개선되길 바란다"고 말했다.
>
> 교육부에 따르면 새로운 건강검사는 단순한 체질검사뿐 아니라 생활 습관에 대한 체계적 조사가 이뤄지고 학생들은 초등학교 입학 때부터 매 3년 단위로 국민건강보험법에 의한 검진기관에서 검사를 받게 된다.
>
> (교육부) 신영재 학교체육보건급식과장은 "이와 같은 건강검사 결과를 교육행정정보 시스템에 탑재해 상급학교에 제공하는 법적 근거를 마련할 수 있게 됐다"며 "국회에서 학교보건법 개정안이 통과됨에 따라 구체적인 기준이나 규정이 미비했던 부분을 보완하기로 했다"고 말했다.

전반적으로 리드에서부터 가장 중요하게 여긴 '새 학교 증후군에 관련된 휘발성 유기화합물 유지·관리 항목' 이슈가 둘째 단락에서 두 개 단락에 걸친 추가 정보로 이어졌고, 그다음 이슈인 '체력검사의 건강검사' 이슈에 대한 정보는 한 단락에서만 부연돼 그 중요도가 둘째 단락에서도 정보의 양에 의해서도 차별화됐다. 그런데 마지막 두 단락, 즉 [교육부에 따르면 ~ 검사를 받게 된다.]와 [(교육부) 신영재 학교체육보건급식과장은 ~ 말했다.]는 해체돼 약간 다른 방식으로 만들어질 수도 있다. 우선 마지막 단락 [(교육부) 신영재 학교체육보건급식과장은 ~ 말했다.]의 인용 앞부분[이와 같은 건강검사 결과를 교육행정정보 시스템에 탑재해 상급학교에 제공하는 법적 근거를 마련할 수 있게 됐다.]는 '체력검사의 건강검사' 이슈에 이어진 정보를 담았다. 위 사례에서 이 내용이 마지막 단락 앞부분에 나오면서 바로 직전에 등장한 '체력검사의 건강검사' 이슈에 부드럽게 이어지는 구실을 한다. 별 문제가 없지만 이 내용을 아예 '체력검사의 건강검사' 이슈를 독립적으로 전달한 단락, 즉 마지막 바로 직전 단락에 붙여 배치해도 나쁘지 않다. 그렇게 잇더라도 정보의 길이가 리드에서부터 먼저 등장해 가장 중요하게 취급될 필요가 있는 '새 학교 증후군에 관련된 휘발성 유기화합물 유지·관리 항목' 이슈에 비해 짧고, 배치 자체도 뒤에 이어져 중요성에 대한 위치 문제에도 하자가 없기 때문이다. 이때 마지막 단락은 아주 기본적인 학교체육보건급식과장의 짧은 인용으로 처리해도 된다. 이렇게 고쳐진 기사를 다시 읽어보자.

교육인적자원부는 피부 및 호흡기 질환의 원인으로 지적된 페인트, 접착제 등의 학교 건물 사용 제한과 각종 세균에 대한 관리 기준 책정을 골자로 하는 학교보건법 개정안을 시행키로 했다고 2일 밝혔다. 교육부는 또 그동안 체격, 체질, 체력 검사로 구분돼 비효율적으로 운영되던 학생 건강 측정을 '건강검사'로 통합하기로 했다고 말했다.

교육부는 이를 위해 페인트나 접착제 등 휘발성 유기화합물 외에도 두드러기, 결막염, 접촉성 피부염 등 각종 전염성이나 알레르기성, 호흡기 질환 등을 유발할 수 있는 냉난방기, 복사기용 각종 물질의 용량 및 시간 등에 대한 각종 사용 지침을 마련해 화학물질과 각종 세균 등에 대한 통제를 강화하기로 했다.

한국원자력병원 소아정신과 김○○ 과장은 "온도 등 외부 환경에 따라 변화하는 각종 화합물이 호흡기 등을 통해 인체에 영향을 미칠 수 있고 이들이 공기 중의 바이러스 등과 결합해 2차 질병을 유발할 수 있다"며 "이번 조치로 학생들의 건강 보호 조치가 크게 개선되길 바란다"고 말했다.

교육부에 따르면 새로운 건강검사는 단순한 체질검사뿐 아니라 생활 습관에 대한 체계적 조사가 이뤄지고 학생들은 초등학교 입학 때부터 매 3년 단위로 국민건강보험법에 의한 검진기관에서 검사를 받게 된다.

교육부는 이와 같은 건강검사 결과를 교육행정정보 시스템에 탑재해 상급학교에 제공하는 법적 근거를 마련할 계획이다.

(교육부) 신영재 학교체육보건급식과장은 "국회에서 학교보건법 개정안이 통과됨에 따라 구체적인 기준이나 규정이 미비했던 부분을 보완하기로 했다"고 말했다.

물론 여기서 고쳐진 문장[교육부는 이와 같은 건강검사 결과를 교육행정정보 시스템에 탑재해 상급학교에 제공하는 법적 근거를 마련할 계획이다.]은 앞선 사례와 달리 직접 인용문이 없고, 술어도 '계획이다'로 바뀌었지만 전체 정보 전달에는 무리가 없다. 비록 이런 술어를 사용할 수 있는지 등은 취재원에게 최종 확인을 받아야겠지만, 그리 된다면 마지막 사례도 보도자료 활용 기사로서 손색이 없다.

분리형 리드 및 공식 적용을 설명하기에 앞서 요약형 리드를 변형한 나열형 리드의 성격을 마지막으로 하나 더 짚을 필요가 있겠다. 이 책에서는 요약형 리드 중 '정보 개념화를 통한 한 문장짜리 리드 단락 구성 및 공식 적용'을 나열형 리드 전환의 공식으로 일반화하지 않았다. 요약형 리드에서의 정보 개념화가 여러 개의 요소로 나뉘었을 때는 나열형 리드로의 전환이 가능하지만 그렇지 않고 단 하나의 요소로 결집되는 경우에는 이런 전환이 쉽지 않을 수 있기 때문이다. 예를 들어 앞선 사례에서 [교육인적자원부는 시대 변화에 조응하지 못하는 각종 정책들의 명칭 및 내용 변경, 구체적 세칙 조정 또는 새로운 기구 창설 등을 통해 학교보건사업을 강화해나가기로 했다고 2일 밝혔다.]는 리드는 교육부 보도자료의 네 가지 이슈를 '시대 변화에 조응하지 못하는 각종 정책들의 명칭 및 내용 변경'과 '구체적 세칙 조정 또는 새로운 기구 창설' 등 두 가지 요소로 바꾼 것이다. 이들은 앞서 소개한 바와 같이 [교육인적자원부는 시대 변화에 조응하지 못하는 각종 정책들의 명칭과 내용을 현 시점에 맞게 바꾸기로 했다고 2일 밝혔다. 교육부는 또 구체적 세칙 조정 또는 새로운 기구 창설 등을 통해 학교보건사업을 강화해나가기로 했다.]로 고치고 첫 요소와 둘째 요소를 구분해 둘째 단락의 설명을 이어갈 수도 있다. 이런 경우는 이들을 이렇게 새로운 개념으로 바꿔야 할 정도로 보도자료 내용이 불명확하거나, 개념화를 통해 기자가 보도자료 내용에 더 큰 의미를 부여하려 하는 경우 등에 사용하기도 한다. 하지만 새로운 개념화가 [교육인적자원부는 시대 변화에 조응하지 못하는 각종 정책들의 명칭과 내용에 대한 변화를 통해 학교보건사업을 강화해나가기로 했다고 2일 밝혔다.]는 식으로 하나의 요소로 결집한다면 이를 나열형으로 전환하기 어렵다. 이런 경우가 현장에서는 자주 일어난다. 즉 굳이 여러 변형이 가능한 '정보 개념화를 통한 한 문장짜리 리드 단락 구성 및 공식 적용'을 나열형 공식으로 바꿀 필요가 없다고 보기에 여기서는 자세히 설명하지 않았다. 앞서 제기한 방식에 대한 이해만으로도 변환 가능한 사안이 벌어졌을 때 대처가 충분하리라 기대하기 때문이다. 마찬가지로 '개별 이슈 중 일부 소개를 통한 한 문장짜리 리드 단락 구성 및 공식 적용' 중 '추가 취재 통해 보도자료 일부 이슈에만 집중한 첫 단락' 내용에서 그 일부 이슈가 하나에 집중된 경우도 이런 나열형 리드 및 관련 공식에 부합하지 않는 것으로 본다. 하나의 이슈에만 집중했기에 분리될 여지가 없기 때문이다. 이는 이어질 '분리형' 리드 및 공식 적용에 이 내용이 활용되지 못하는 이유가 되기도 한다.

이제 나열형 리드가 적용된 현장 기사들을 직접 만나보자. 요약형 리드를 이용한 공식과 마찬가지로 아래 사례들은 위에서 적은 이론적 내용을 모두 반영하지는 않는다. 그러나 역시 독자들은 현장 기사들과 원래 보도자료들을 비교하면서 위에 제기한 방법들을 활용해 다양한 방식으로 바꿔 쓰면서 보도자료 이용 기사에 대한 이해를 키워가길 바란다.

현장 보도자료 이용 기사 사례: 나열형 리드 활용

정부

한국전력 · 도로공사 · 수자원공사 · 관광공사 등 13개 정부투자기관 임직원의 내년 연봉이 평균 14~15% 깎인다. 또 대학생 자녀에 대한 학자금 지원과 경조사비 · 개인연금 보조 등이 없어지고 사실상 유급휴가로 운영돼온 체력단련휴가(6~7일) · 결혼기념휴가(1일) · 효도휴가(1~2일) 등도 폐지된다. 아울러 투자기관의 본부장(1급) 이상 간부 579명에 대해서는 예외없이 연봉제가 도입된다. 예산청은 28일 이같은 내용의 「99년 정부투자기관 예산편성안」을 확정, 발표했다.

이 지침에 따르면 13개 투자기관의 경상경비는 올해보다 14.2% 줄고 기밀비와 업무추진비 등 섭외성 경비는 52.2% 삭감됐다.

또한 체력단련비를 없애고 각종 수당을 조정하는 방법으로 현재 연간 급여의 30%에 머물고 있는 임직원 기본급의 비중을 공무원과 비슷한 45% 수준까지 높였다. 연 2~3%의 낮은 이자율로 지원하는 주택자금 대출금리는 주택은행 우대금리 수준인 연 7.5%로 높여 소급 적용토록 했다.

이에 따라 모 투자기관에 10년 근속한 과장의 연봉(기본급+각종 수당)은 올해 3천85만원에서 내년에는 2천6백98만원으로 12.5%, 22년 근속한 부장은 4천9백75만원에서 4천8만원으로 19.4% 각각 줄어든다.

보도자료 출처: 기획재정부
_《경향신문》 1998년 12월 〈정부투자기관 내년임금 14~15% 삭감〉

한국에서도 프랑스의 '그랑제콜'과 같이 학부와 석사과정이 통합된 5년 과정의 전문대학원이 운영될 전망이다. 또 대학구조개혁평가에서 우수 등급을 받은 대학은 학부 정원과 석사 정원을 유연하게 조정할 수 있게 된다.

교육부는 이러한 내용을 골자로 하는 대학원 제도 개선 방안을 28일 발표했다. 대학원이 산업 환경 변화에 유연하게 대응할 수 있도록 규제를 완화해 자생적으로 성장해 나갈 수 있게 한다는 취지다.

먼저 산업수요 맞춤형 중견전문인력을 양성하는 전문대학원에 학·석사 통합

과정 제도가 도입된다. 예를 들어 통역 쪽 진로를 원하는 학생이라면 어문학 학부 과정이 통합된 통·번역전문대학원, 자동차 분야 진로를 희망하는 학생은 기계공학 학부 과정이 통합된 자동차전문대학원에 입학할 수 있게 된다.

프랑스의 학제인 그랑제콜과 같이 5년 만에 학사와 석사 학위를 모두 받게 되는 것이다. 그랑제콜은 정치·행정·경영·공학 등 전문직업분야에서 최고 수준 인력양성을 위한 별도의 학제로, 학부와 석사과정이 합쳐진 5년 과정으로 운영된다. 또 대학들은 정원 내에서 자유롭게 전문대학원을 설치·운영할 수 있도록 완화된다. 다만 법전원, 의·치·한의전원은 제외된다.

대학원의 정원 조정도 유연해진다. 현재는 모든 대학에서 학부 정원을 2명 줄여야 전문대학원(석사) 정원을 1명 늘릴 수 있지만 대학구조개혁평가에서 우수 등급을 받은 대학은 학부 정원을 1명 줄이면 전문대학원 정원을 1명 늘릴 수 있게 된다.

우수 등급을 받은 대학은 학·석사 정원을 줄이는 대신 박사 정원을 늘리는 것도 가능해진다. 이렇게 되면 우수 대학들이 더 많은 석·박사 등 우수 연구인력을 배출할 수 있고, 연구중심 대학으로의 유도도 용이해진다.

현재 학부 과정에만 한정하고 있는 교육 국제화 역량 인증제가 대학원 과정까지 확대된다. 인증제를 통과하면 정원 외 외국인 유학생을 자유롭게 선발할 수 있는 등의 혜택도 주어진다.

이밖에 국내 대학과 외국 대학이 교육과정을 공동으로 개설해 공동·복수 학위를 수여하고, 외국 대학과의 학위·학점 교류를 위한 국가 간 협약 체결도 확대된다. 국외에도 캠퍼스 설립을 허용하는 등 국외 캠퍼스 제도를 통해 대학의 해외 진출도 촉진된다.

보도자료 출처: 교육부

_《세계일보》 2016년 7월 〈학부 · 석사 통합 5년제 전문대학원 허용〉

기업

국내 이동통신 1위 사업자인 SK텔레콤이 최근 이동통신시장 과열경쟁과 관련, 2005년 말까지 시장점유율을 일정 수준에서 유지하겠다고 밝혔다. SK텔레콤 김신배 사장은 25일 오전 긴급 기자 간담회를 열고 "2005년 말까지 시장점유율을 신세기통신 합병 인가 직전 수준인 52.3%로 유지하겠다"고 밝혔다.

김 사장은 또 "오는 7월 번호이동 시차제가 풀리면 SK텔레콤이 대대적인 가입자 모집에 나설 것이라는 우려를 고려해 시장점유율 유지를 결정했다"며 "시장점유율을 60%선까지 늘릴 것이라는 일부의 우려는 잘못된 것"이라고 말했다.

SK텔레콤의 이 같은 입장 표명은 정보통신부가 지난 3월부터 심의 중인 SK텔레콤과 신세기통신 간 합병(2002년) 인가조건 위반 여부와 관련이 깊다. 정통부는 당시 단말기 보조금 지급 금지·공정 경쟁 등 13개 조항을 인가조건으로 내걸고 3년 기한으로 매년 위반여부를 조사해왔다.

정통부는 올해도 지난 3월부터 자문기구인 정책심의위원회(위원장 곽수일)를 통해 인가조건 위반 여부를 조사 중이다. 정책심의위에서 인가조건을 위반했다고 판단할 경우 정통부 장관은 영업정지·합병인가취소 등 제재조치를 내릴 수 있다.

KTF와 LG텔레콤은 그동안 "SK텔레콤의 시장점유율은 공정경쟁이라는 합병 인가조건을 위반한 것"이라면서 차별적 규제를 정통부에 요구해왔다.

SK텔레콤의 이날 회견은 '공정 경쟁을 위한 업계 자율 협의'를 요구한 정통부의 입장을 수용함으로써 2·3위 업체들의 공세를 피하면서 정책심의위의 제재 수준을 낮추려는 의도에서 나온 것으로 보인다.

그러나 이날 SK텔레콤의 발표에 대해 KTF와 LG텔레콤의 반응은 부정적이었다. LG텔레콤은 보도자료를 통해 "SK텔레콤은 공정거래위의 합병 인가기준에 따라 시장점유율을 50% 이하로 조정했던 2001년 6월 당시의 점유율(49.7%)로 돌아가야 한다"고 반박했다.

KTF도 "번호이동성 시행으로 6월 말쯤 SK텔레콤의 시장점유율이 51% 내외가 될 전망인데, 시장점유율 52.3%를 유지하겠다는 것은 하반기 이후 SK텔레콤이 시장점유율을 늘려가겠다는 말"이라고 주장했다. 정통부 정책심의위원회는 25일 오후 늦게까지 전체회의를 열어 합병조건 위반 여부를 심의했다.

보도자료 출처: SK텔레콤
_《조선일보》 2004년 5월 〈SK텔레콤 "시장점유율 52% 유지"〉

삼성전자가 전략 스마트폰 '갤럭시S7'을 공개했다. 어두운 곳에서도 선명하게 사진을 찍을 수 있는 등 전작에 비해 개선된 기능이 돋보인다. 아울러 360도 동영상 촬영과 감상에 적격인 가상현실(VR) 기기인 '기어 360'도 선보였다.

삼성전자는 21일(현지시간) 스페인 바르셀로나에서 컨벤션 센터에서 갤럭시S7 공개 행사를 열고, '기어 VR'을 활용해 360도 영상으로 중계했다.

이번에 공개된 갤럭시S7은 금속과 유리를 소재로 택해 전작보다 더욱 부드럽고 고급스런 디자인을 연출하는 데 힘썼다고 삼성 측은 밝혔다. 함께 공개한 '갤럭시S7 엣지'는 전·후면 모두 곡면 글래스를 적용해 곡선미가 더욱 강조됐으며, 화면 크기(대각선 기준)가 5.5인치의 대화면에도 두께는 전작보다 더욱 얇아졌다.

삼성전자는 방수·방진 기능도 전면에 내세웠다. 회사 관계자는 "방수·방진 최고 규격인 'IP68' 등급을 적용해 먼지와 물의 유입으로부터 세계 최고 수준으로 기기를 보호할 수 있다"며 "USB 단자와 이어폰 잭 등 개별 부품을 포함한 스마트폰 전체 구조에 방수기능을 탑재해 커버 없이도 물을 막을 수 있도록 했다"고 설명했다.

함께 공개된 기어 360은 전문가 영역에 속해 있던 360도 영상과 사진 촬영을 일반인도 쉽게 즐길 수 있도록 고안된 신제품으로, 180도 광각 촬영을 할 수 있는 2개의 어안 렌즈를 탑재했다.

고동진 삼성전자 무선사업부 사장은 이 자리에서 "삼성전자는 스마트폰뿐만 아니라 이를 둘러싼 다양한 제품과 콘텐츠, 서비스를 통해 종합적인 경험과 가치를 소비자에게 제공할 것"이라며 "앞으로도 소비자에 더욱 귀를 기울이고 끊임없이 새 기술과 영여에 도전해 모바일 시장을 선도하겠다"고 다짐했다.

사진 기능도 갤럭시S7·엣지의 주목할 기능 중 하나로 꼽힌다. 최고급 'DSLR'에 사용되는 최신기술인 듀얼 픽셀 이미지 센서를 써 어두운 곳에서도 밝고 선명한 사진을 빠르게 촬영할 수 있다는 게 삼성 측 설명이다. 듀얼 픽셀은 삼성전자가 세계 최초로 스마트폰에 적용한 기술이다. 전·후면 카메라 모두 'F1.7'의 밝은 렌즈를 탑재해 어두운 데서도 밝고 선명할 뿐만 아니라 얼굴을 더욱 화사하게 포착하는 셀프 카메라 촬영을 보장한다고 한다.

보도자료 출처: 삼성전자
_《세계일보》 2016년 2월 〈삼성전자 '갤럭시 S7' 공개〉

NGO

IMF 관리체제 2년차인 한국 경제가 IMF 체제를 경험한 다른 국가들의 경제지표 변화상황과 비교할 때 안정적인 궤도에 진입한 것으로 평가됐다. 또 우리 경제의 IMF 졸업기간은 4년 정도로 전망됐다.

전경련은 29일 'IMF 경험국의 지원 2년 후 시사점과 한국 경제의 과제'라는 보고서에서 "한국 경제의 현 상황을 멕시코, 칠레, 영국, 헝가리 등 IMF 경험국과 스웨덴, 핀란드 등 경제위기를 자체 극복한 국가들의 사례와 비교한 결과 이같이 나타났다"고 밝혔다.

전경련은 IMF 2년차에 고성장을 기록한 멕시코의 경우 고물가, 고금리 등으로 인해 경제불안 요소가 상존했으며, 스웨덴과 핀란드도 위기극복 2~3년차 때 저물가, 저금리 등 안정적인 가격변수를 나타냈으나 저성장, 저투자를 경험했다고 지적했다.

전경련은 이들 국가들과 비교할 때 한국 경제는 고성장, 무역수지의 흑자지속 등 실물부문의 급격한 회복세와 함께 저물가, 저금리 등 가격변수의 하향안정화로 인해 경제 선순환 국면에 진입한 것으로 판단된다고 진단했다.

전경련은 또 영국, 헝가리가 2년 만에, 칠레가 5년 만에 차입금을 모두 상환했고, 95년 12월 IMF 체제에 들어간 멕시코가 7년 만인 2002년에 차입금 상환을 완료할 것으로 예상되는 점으로 미뤄 우리나라도 IMF 체제 졸업 평균 소요기간인 4년이 지나면 차입금을 다 갚을 가능성이 높다고 전망했다.

전경련은 그러나 IMF 3년차인 내년에는 멕시코의 경제패턴과 유사하게 고성장, 상품수지흑자 등이 지속되는 반면 고물가, 고금리 현상이 우려된다고 지적하고 상황에 따라 IMF 졸업기간이 2~7년 걸릴 수도 있다고 말했다.

전경련은 "현 경기상황은 투자나 실물보다는 소비와 금융부문에 의해 주도돼 내년 이후 지속적인 성장이 의문시 된다"면서 "경제의 선순환이 지속되려면 실물부문에서 수출, 투자 등 우리 경제의 성장 엔진이 본격 가동돼야 하며 가격부문에서는 저금리 기조가 수반돼야 한다"고 주장했다.

보도자료 출처: 전국경제인연합회
_《조선일보》 1999년 8월 〈한국경제 '안정궤도' 진입했다〉

지난해 취직한 대졸 신입사원의 평균 연령은 28.2세, 평균 학점은 3.55점(4.5만점), 토익 점수는 700점 이상으로 조사됐다. 또 출신학교는 서울소재 대학이 43.9%, 지방소재 대학이 54.9%로 고른 분포를 보였다.

한국경영자총협회는 전국 종업원 100인 이상 기업 374개를 대상으로 실시한 '2005년 대졸 신입사원 채용실태 조사'에서 이같이 나타났다고 21일 밝혔다.

산업별로는 제조업의 경우 평균 연령은 28.1세, 학점은 3.52점이었으며, 지방대학교 출신 비율이 64.8%, 토익은 700점대가 37.9%로 가장 많은 것으로 나타났다.

반면 비제조업은 평균 연령 28.3세, 학점은 3.61점이었으며, 서울 4년제 대학교 출신 비율이 66.7%, 토익 800점 이상이 45.5%를 차지했다.

이는 제조업의 경우 주요 생산라인이 지방에 분산돼 있어 적응에 어려움이 적은 현지 인력의 채용을 선호하는 반면 본사가 서울에 집중된 금융·보험·서비스업 등 비제조업의 경우 상대적으로 서울소재 대학교 출신을 선호하기 때문이라고 경총은 분석했다.

보도자료 출처: KEF(한국경영자총협회)
_《서울신문》 2006년 5월 〈작년 대졸 신입사원 평균 연령 28세〉

4) 분리형 리드를 활용한 기본 공식 적용

나열형의 변형인 분리형은 전달된 보도자료 정보 중 가장 중요한 내용만 앞으로 뽑아 기사 전체의 리드로 삼고, 기사 중간중간에 별도의 리드를 둬 기사를 작성하는 형태를 취한다. 즉 나열형 리드에서 두세 개 문장으로 나뉜 이슈들을 각각 따로 떼내 가장 중요하다고 판단되는 이슈를 담은 문장 하나를 기사 전체 리드에 적고, 이어지는 본문 단락에서 그와 관련해서만 정보를 쓰면서 그 정보의 꾸러미를 일단 완성하는 것으로 첫 부분을 마무리한다. 그런 뒤 그다음으로 중요한 이슈를 담아 한 문장으로 작성하고, 그 뒤에 그와 관련된 정보를 적는다. 이런 식으로 기사를 차근차근 풀어나가는 것인데, 결국 몇 개의 기사를 따로 써서 이들을 순서대로 붙이는 모습을 갖추게 된다. 형태상으로는 앞서 설명한 요약형이나 나열형과 전혀 다른 모습을 띠지만, 요약형이나 나열형이 담은 정보를 모두 활용하면 전체 전달 정보의 내용면에서는 차이가 없다. 그러나 일부만 사용한다면 내용면에서도 차별화가 이뤄진다. 수월한 이해를 위해 앞서 사용한 사례들을 활용해 설명을 풀어가겠다.

(1) 전체 개별 이슈를 두 문장 이상에 나눈 뒤 이를 순차적으로 소개하는 방식

이는 보도자료 내용에 나타난 개별 이슈들을 여러 문장으로 나눈 뒤 하나씩 따로 떼어내고, 이 중 하나를 한 단락으로 구성해 전체 기사 리드로 활용하고, 나머지 문장들을 물리적으로 떨어져 위치한 개별 단락에 나눠 분산하면서 미니 리드로 삼아 활용하는 방식이다. 제일 처음 떨어져 나와 전체 기사 리드로 활용되는 이슈는 기자가 가장 중요하다고 판단하는 내용이 된다. 그리고 이에 집중한 정보로 다음 단락을 구성하고, 관련 정보가 다 소진되면 그다음 이슈로 넘어간다. 그다음에 활용되는 이슈는 두 번째로 중요하다고 생각되는 내용이다. 이를 리드 형태로 정리하고, 이어지는 단락에 그와 관련된 구체적인 내용을 담는다. 여기서 중요도는 위치뿐 아니라 정보 분량으로도 결정된다. 즉 처음 리드 단락과 그다음 단락으로 이어져 완성되는 정보 꾸러미의 양이 가장 많고, 다음 이슈로 책정된 내용의 정보량은 그다음으로 많다. 이런 순서로 기사가 정리되는 것이 분리형 기사의 형태다. 이런 식으로 나타나게 되면 분리형 리드를 활용한 보도자료 이용 기사는 기본적으로 세 개 단락 이상으로 구성되는 경우가 많다. 앞서 나열형 리드 및 그와 관련된 공식에 등장한 내용을 해체하면서 분리형 리드 및 관련 기사 공식을 알아가보자.

첫 꾸러미

앞서 '전체 개별 이슈를 두 문장 이상에 담은 리드 단락 구성 및 공식 적용'에 나타난 나열형 리드는 두 개 이상의 문장으로 구성됐다. 이전 사례[교육인적자원부는 2일 신체검사의 건강검사 개선, 학교환경위생정화구역 내 금지 시설 명칭 구체화 등을 골자로 하는 학교보건사업을 강화해나가기로 했다고 밝혔다. 교육부는 또 '새 학교 증후군'의 주범인 휘발성 유기화합물 관리 항목 신설, 각 시·도 교육감 직속 학교보건위원회 설치 등도 추진하겠다고 말했다.]는 결국 '요약형'의 '전체 개별 이슈 소개를 통한 한 문장짜리 리드 단락'을 두 개 이상의 문장으로 구성한 것이었다. 분리형 리드는 이 중 하나, 특히 중요하다고 생각되는 이슈를 담은 문장을 먼저 활용하게 된다. 이와 관련된 분리형 리드는 그냥 나열형 리드에서 앞부분을 간단히 물리적으로 떼어내면 된다. 이 첫 정보 꾸러미의 리드는 형태적으로 전체 기사의 도입부가 된다.

> 교육인적자원부는 2일 신체검사의 건강검사 개선, 학교환경위생정화구역 내 금지 시설 명칭 구체화 등을 골자로 하는 학교보건사업을 강화해나가기로 했다고 밝혔다.

첫 꾸러미의 리드는 마치도 '전체 보도자료 정보를 모두 활용한 한 문장짜리 한 단락'으로 구성된 요약형 리드처럼 생겼다. 하지만 주어진 보도자료 중 기사에 활용되지 않고 남겨진 부분이 있다는 점에서 차이가 있다. 이런 내용적 차이에도 불구하고 분리형 기사 첫 꾸러미 리드 다음에는 이와 관련된 정보만 나온다. 앞서 사용한 나열형 '전체 개별 이슈를 두 문장 이상에 담은 리드 단락 구성 및 공식 적용'의 둘째 단락 중 이번 리드에 사용된 '신체검사의 건강검사 개선'과 '학교환경위생정화구역 내 금지 시설 명칭 구체화' 관련 내용만을 분리형 리드 및 공식 적용의 두 번째 단락에 사용하면 된다.

> 교육부는 이를 위해 질병 유무뿐 아니라 생활 습관까지 확인하는 방식으로 형식적인 체질검사를 극복하고, 학교 주변 정화 구역 안에서 막연하게 '극장'으로만 표현된 금지 시설 명칭을 '영화상영관'으로 적시하는 동시에 경마장 등만 포함된 불허 시설을 경륜장과 경정장까지 확대키로 했다.

만약 여기에 대해 추가적인 당국 입장 등을 붙이려면 역시 나열형 '전체 개별 이슈를 두 문장 이상에 담은 리드 단락 구성 및 공식 적용'의 셋째 단락 중 관련 부분만 차용하면 된다.

> (교육부) 신영재 학교체육보건급식과장은 "이번 조치는 학생들이 상급 학교에 진학할 때 건강 관련 정보를 체계적으로 전달할 수 있는 법적 근거를 마련하고 구체적인 기준이나 규정이 미비했던 부분을 보완하기로 했다"고 말했다.

여기서는 일단 앞선 사례들에서 마지막 단락에 활용했던 학교체육보건급식과장의 멘트를 거의 모두 활용했다. 분리형 리드 및 활용 공식 첫 꾸러미 정보가 앞서 활용한 나열형 '전체 개별 이슈를 두 문장 이상에 담은 리드 단락 구성 및 공식 적용'의 셋째 단락에 등장한 멘트에 그대로 모두 사용될 수 있는 내용들이기 때문이다. 단 '국회에서 학교보건법 개정안이 통과됨에 따라'라는 표현은 이후에 사용하기 위해 남겨뒀다. '왜'나 '어떻게'의 부분을 활용하면서 전체 기사의 마무리에 활용되는 것이 기사 정리를 위해 필요하다고 판단됐기 때문이다. 이 기준은 전체 기사의 정보 균형이 어떻게 이뤄지느냐에 따라 마련된다.

둘째 꾸러미

둘째 꾸러미는 앞에서 활용했던 나열형 리드 중 첫 번째 분리형 리드에 사용하지 않고 남겨뒀던 뒤쪽 문장을 필두에 세운다. 역시 글자 그대로 사용할 수 있다.

> 교육부는 또 '새 학교 증후군'의 주범인 휘발성 유기화합물 관리 항목 신설, 각 시 · 도 교육감 직속 학교보건위원회 설치 등도 추진하겠다고 말했다.

사실 이렇게 나열형 리드에서 사용된 내용을 나눈 내용들은 '미니 리드(Mini Lead)'라 칭할 수 있다. 첫 꾸러미에 사용된 리드는 결국 미니 리드 1, 둘째 꾸러미에 사용된 리드는 미니 리드 2가 된다. 미니 리드 2 다음 단락에는 역시 이에 관련된 정보를 담는다. 앞선 사례를 이어보면 나열형 '전체 개별 이슈를 두 문장 이상에 담은 리드 단락 구성 및 공식 적용'의 둘째 단락 중 남겨진 내용이 그 대상이다.

> 교육부에 따르면 각종 전염성 혹은 알레르기성, 호흡기 질환 등을 유발할 수 있는 화학물질 및 세균 등에 대한 유지 관리 기준이 마련되고, 주요 학교 보건 시책을 심의하는 보건위원회를 시 · 도 교육감이 직접 주관한다.

살짝 달라진 것은 앞의 첫 꾸러미에서 '교육부는 이를 위해'라는 표현을 썼기에 둘째 꾸러미에서 '교육부에 따르면'이라는 부사구를 사용하고, 그에 따라 '관리 기준을 마련하는 것'이 아니라 '관리 기준이 마련된다'는 식으로 적었으며, 마지막 술어도 앞서 교육감이라는 주어에 맞춰 '주관한다'고 고쳤다는 점이다.

둘째 꾸러미의 셋째 단락 역시 교육부나 조직 담당자들의 말을 활용하면 된다. 단 앞에서 이미 사용된 표현은 피하는 것이 좋다. 이때는 보도자료 전문이나 본문에 나타난 정보를 활용하거나 아예 추가 취재를 통한 정보를 사용해도 좋다. 여기서는 보도자료 내용에 집중하면서 아예 아직 쓰지 않은 정보를 활용해보자. 동시에 앞서 남겨 둔 '국회에서 학교보건법 개정안이 통과됨에 따라'라는 표현도 여기서 사용하기로 하겠다.

> 교육부는 "국회에서 학교보건법 개정안이 통과됨에 따라 학교환경위생정화구역 내 금지행위 및 시설 조정 부분은 공포 즉시 실시하고, 신체검사 개선과 환경위생 유지 관리, 시·도 교육감 주관 하의 학교보건위원회는 세부 사항 규정을 거쳐 2006년 1월 1일부터 시행할 계획"이라고 말했다.

이를 이어가보자.

전체 개별 이슈를 두 문장 이상에 나눈 뒤 이를 순차적으로 소개하는 방식 사례 종합

> 교육인적자원부는 2일 신체검사의 건강검사 개선, 학교환경위생정화구역 내 금지 시설 명칭 구체화 등을 골자로 하는 학교보건사업을 강화해나가기로 했다고 밝혔다.
>
> 교육부는 이를 위해 질병 유무뿐 아니라 생활 습관까지 확인하는 방식으로 형식적인 체질검사를 극복하고, 학교 주변 정화 구역 안에서 막연하게 '극장'으로만 표현된 금지 시설 명칭을 '영화상영관'으로 적시하는 동시에 경마장 등만 포함된 불허 시설을 경륜장과 경정장까지 확대키로 했다.
>
> (교육부) 신영재 학교체육보건급식과장은 "이번 조치는 학생들이 상급 학교에 진학할 때 건강 관련 정보를 체계적으로 전달할 수 있는 법적 근거를 마련하고 구체적인 기준이나 규정이 미비했던 부분을 보완하기로 했다"고 말했다.
>
> 교육부는 또 '새 학교 증후군'의 주범인 휘발성 유기화합물 관리 항목 신설, 각 시·도 교육감 직속 학교보건위원회 설치 등도 추진하겠다고 말했다.
>
> 교육부에 따르면 각종 전염성 혹은 알레르기성, 호흡기 질환 등을 유발할 수 있는 화학물질 및 세균 등에 대한 유지 관리 기준이 마련되고, 주요 학교 보건 시책을 심의하는 보건위원회를 시·도 교육감이 직접 주관한다.
>
> 교육부는 "국회에서 학교보건법 개정안이 통과됨에 따라 학교환경위생정화구역 내 금지행위 및 시설 조정 부분은 공포 즉시 실시하고, 신체검사 개선과 환경위생 유지 관리, 시·도 교육감 주관 하의 학교보건위원회는 세부 사항 규정을 거쳐 2006년 1월1일부터 시행할 계획"이라고 말했다.

위 종합은 앞에서 설명한 내용을 하나로 묶어 차례대로 이은 꼴이다. 이렇게 되면 앞서 설명한 세 개 단락짜리라는 공식 유지가 무색해진다. 정보 꾸러미 단위로 소개하더라도 첫 꾸러미와 둘째 꾸러미만 이뤄져, 보통 세 개 정도의 단계로 구성되는 스트레이트 기사의 일반적 형태도 무너진다. 원래 스트레이트 기본 형태 설명에 등장한 일반적 정황–구체적 정황–관련자 멘트 등 세 개 단계는 '3'이라는 숫자의 안전성에 기초한 구도이기도 하다. 적지 않은 기사들이 이런 형태의 안정성에 기대고 있다. 갈등적 사안에 대해 보도할 때 마찰 당사자인 A입장과 B입장은 물론 이를 종합하는 C입장을 등장시켜 세 개 입장 사이의 긴장을 통해 기사 내용의 안정성을 찾는 것도 한 사례다. 만약 담당자의 최종 멘트를 마지막 정보 꾸러미로 전환하면 큰 틀에서 세 개의 정보 단위로 이어지는 형태로 기사를 만들어 이 '3'의 안정성을 반영할 수도 있다. 위 내용을 중심으로 이 방식을 적용해보면 아래와 같은 세 번째 꾸러미가 가능하다.

셋째 꾸러미

> (교육부) 신영재 학교체육보건급식과장은 "국회에서 학교보건법 개정안이 통과됨에 따라 학생들이 상급 학교에 진학할 때 건강 관련 정보를 체계적으로 전달할 수 있는 법적 근거를 마련하고 구체적인 기준이나 규정이 미비했던 부분을 보완하기로 했다"며 "학교환경위생정화구역 내 금지행위 및 시설 조정 부분은 공포 즉시 실시하고, 신체검사 개선과 환경위생 유지 관리, 시 · 도 교육감 주관 하의 학교보건위원회는 세부 사항 규정을 거쳐 2006년 1월 1일부터 시행할 계획"이라고 말했다.

이는 첫째와 둘째 꾸러미 뒷부분에 각각 등장한 **교육부 당국자**[(교육부) 신영재 학교체육보건급식과장은 "이번 조치는 학생들이 상급 학교에 진학할 때 건강 관련 정보를 체계적으로 전달할 수 있는 법적 근거를 마련하고 구체적인 기준이나 규정이 미비했던 부분을 보완하기로 했다"고 말했다.]**나 당국**[교육부는 "국회에서 학교보건법 개정안이 통과됨에 따라 학교환경위생정화구역 내 금지행위 및 시설 조정 부분은 공포 즉시 실시하고, 신체검사 개선과 환경위생 유지 관리, 시·도 교육감 주관 하의 학교보건위원회는 세부 사항 규정을 거쳐 2006년 1월 1일부터 시행할 계획"이라고 말했다.]의 인용을 한데 묶은 것이다. 이때 '국회에서 학교보건법 개정안이 통과됨에 따라'라는 표현을 인용구 안의 첫 부분으로 세우고 '이번 조치는'을 뺐으며, 나머지 정보를 '고'와 '며'의 순으로 잇는 전형적 중문 인용 형태를 취했다. 만약 너무 길다고 생각하면 덜 중요하다고 판단되는 부분을 드러내면 된다. 예를 들면 아래와 같이 될 수 있다. 이는 아예 인용의 뒷부분을 간단하게 제거한 형태다.

(교육부) 신영재 학교체육보건급식과장은 "국회에서 학교보건법 개정안이 통과됨에 따라 학생들이 상급 학교에 진학할 때 건강 관련 정보를 체계적으로 전달할 수 있는 법적 근거를 마련하고 구체적인 기준이나 규정이 미비했던 부분을 보완하기로 했다"고 말했다.

기사 중간에서 당국 및 당국자의 인용을 떼어내 맨 뒤의 세 번째 꾸러미로 이용한 이 내용을 적용하면 아래와 같은 기사가 만들어질 수 있다. 여기서는 당국자의 인용 전체를 이용한 셋째 꾸러미를 사용했다. 전체적으로 분리형 리드 및 그 공식이 뒷부분을 잘라내기 편한 스트레이트 기사를 지향한다는 차원에서 보면, 이 세 번째 꾸러미는 있어도 되고 없어도 되는 내용일 수 있다. 하지만 스트레이트 기사의 마지막 단락을 구성하는 요소로써 전체적인 기사의 안정감을 보태는 역할을 할 수 있다. 아래 사례를 보자.

셋째 꾸러미를 활용한 분리형 (1) 공식 사례 종합

교육인적자원부는 2일 신체검사의 건강검사 개선, 학교환경위생정화구역 내 금지 시설 명칭 구체화 등을 골자로 하는 학교보건사업을 강화해나가기로 했다고 밝혔다.

교육부는 이를 위해 질병 유무뿐 아니라 생활 습관까지 확인하는 방식으로 형식적인 체질검사를 극복하고, 학교 주변 정화 구역 안에서 막연하게 '극장'으로만 표현된 금지 시설 명칭을 '영화상영관'으로 적시하는 동시에 경마장 등만 포함된 불허 시설을 경륜장과 경정장까지 확대키로 했다.

교육부는 또 '새 학교 증후군'의 주범인 휘발성 유기화합물 관리 항목 신설, 각 시 · 도 교육감 직속 학교보건위원회 설치 등도 추진하겠다고 말했다.

교육부에 따르면 각종 전염성 혹은 알레르기성, 호흡기 질환 등을 유발할 수 있는 화학 물질 및 세균 등에 대한 유지 관리 기준이 마련되고, 주요 학교 보건 시책을 심의하는 보건위원회를 시 · 도 교육감이 직접 주관한다.

(교육부) 신영재 학교체육보건급식과장은 "국회에서 학교보건법 개정안이 통과됨에 따라 학생들이 상급 학교에 진학할 때 건강 관련 정보를 체계적으로 전달할 수 있는 법적 근거를 마련하고 구체적인 기준이나 규정이 미비했던 부분을 보완하기로 했다"며 "학교환경위생정화구역 내 금지행위 및 시설 조정 부분은 공포 즉시 실시하고, 신체검사 개선과 환경위생 유지 관리, 시 · 도 교육감 주관 하의 학교보건위원회는 세부 사항 규정을 거쳐 2006년 1월 1일부터 시행할 계획"이라고 말했다.

마지막 꾸러미는 사실 교육부 당국자[(교육부) 신영재 학교체육보건급식과장은 "이번 조치는 학생들이 상급 학교에 진학할 때 건강 관련 정보를 체계적으로 전달할 수 있는 법적 근거를 마련하고 구체적인 기준이나 규정이 미비했던 부분을 보완하기로 했다"고 말했다.]나 당국[교육부는 "국회에서 학교보건법 개정안이 통과됨에 따라 학교환경위생정화구역 내 금지행위 및 시설 조정 부분은 공포 즉시 실시하고, 신체검사 개선과 환경위생 유지 관리, 시·도 교육감 주관 하의 학교보건위원회는 세부 사항 규정을 거쳐 2006년 1월 1일부터 시행할 계획"이라고 말했다.]의 멘트 중 하나만을 골라 사용해도 된다. 단 어느 쪽이든 여기에 '국회에서 학교보건법 개정안이 통과됨에 따라'라는 표현만 사용하면 기사가 부드럽게 마무리될 수 있을 것이다.

(2) 일부 개별 이슈를 두 문장 이상에 나눈 뒤 이를 순차적으로 소개하는 방식

나열형 리드 및 공식 적용에서 '전체 이슈'를 대상으로 또는 '일부 이슈'를 대상으로 나눈 방식의 기본 체계가 같듯이 분리형 리드 및 공식 적용도 기초 형태는 그대로 유지된다. 즉 나누는 대상이 전체 이슈냐 일부 이슈냐의 차이만 있을 뿐이다. 일부를 선택할 때 거기에 기자나 매체의 가치 판단이 개입하고, 그 판단은 사회적 분위기나 지면 사정 등을 기초로 한다는 점도 같다. 분리형은 나열형 리드에서 여러 개로 나뉜 뒤 한 단락에 배치된 문장들을 물리적으로 멀리 떨어뜨리고 거기에 연관된 부가적 정보들도 그 리드에 가까운 위치에 둔다는 것만 유념하면 된다. 단 이 일부 이슈는 전체 이슈를 다루지 않고 배제된 이슈들을 아예 고려하지 않는 점도 함께 유념해야 한다. 꾸러미 분간에 대한 설명을 바로 위에 두었으니, 여기서는 곧장 사례들을 통해 '일부 개별 이슈를 두 문장 이상에 나눈 뒤 이를 순차적으로 소개하는 방식'을 형식 위주로 소개해보겠다. 기본적인 단어의 사용이나 정보 선택의 배경 설명을 포함한 내용 관련된 부분은 앞선 설명을 그대로 받아들이면 되겠다.

A. 추가 취재 없이 보도자료 일부 이슈에만 집중한 경우

첫 꾸러미

역시 이해를 위해 여기서도 앞서 활용된 나열형 리드[교육인적자원부는 2일 신체검사의 건강검사 개선을 골자로 하는 학교 보건 사업을 강화해 나가기로 했다고 밝혔다. 교육부는 또 '새 학교 증후군'의 주범인 휘발성 유기화합물 관리 항목 신설도 추진하겠다고 말했다.]를 사용해보자. 첫 꾸러미 리드는 이 나열형 리드의 첫 문장이다.

> 교육인적자원부는 2일 신체검사의 건강검사 개선을 골자로 하는 학교보건사업을 강화해 나가기로 했다고 밝혔다.

첫 꾸러미 둘째 단락은 관련 정보다.

> 교육부는 이를 위해 형식적인 체질검사 극복 목적으로 질병 유무뿐 아니라 생활 습관까지 확인하도록 했다.

첫 꾸러미 셋째 단락은 역시 당국 멘트 중 첫째와 둘째 단락에 나온 내용, 즉 '신체검사의 건강검사 개선' 관련된 정보로 구성하면 된다. 필요에 따라 조사 등 약간의 표현만 수정한다.

> (교육부) 신영재 학교체육보건급식과장은 "이번 조치로 학생들이 상급 학교에 진학할 때 건강 관련 정보를 체계적으로 전달할 수 있는 법적 근거를 마련하게 됐다"고 말했다.

둘째 꾸러미

앞서 활용된 나열형 리드 중 첫 꾸러미 리드에 사용하고 남은 부분이 둘째 꾸러미 도입부가 된다.

> 교육부는 또 '새 학교 증후군'의 주범인 휘발성 유기화합물 관리 항목 신설도 추진하겠다고 말했다.

둘째 단락에는 앞서와 마찬가지로 이미 사용된 나열형 리드 및 공식 적용 둘째 단락에서 둘째 꾸러미 도입부와 관련된 내용을 싣는다. 역시 필요에 따라 앞서 사용된 주어를 부사 형태로 고치면서 새로운 주어를 세우거나 조사 등 약간의 표현만 수정한다.

> 교육부에 따르면 각종 전염성 혹은 알레르기성, 호흡기 질환 등을 유발할 수 있는 화학물질 및 세균 등에 대한 유지 관리 기준이 마련된다.

둘째 꾸러미 마지막 단락은 역시 당국 멘트 중 둘째 꾸러미 첫째와 둘째 단락에 나온 내용, 즉 '휘발성 유기화합물 관리 항목' 관련된 정보로 구성하면 된다. 필요에 따라 앞서 사용된 주어나 조사 등 약간의 표현만 수정한다. 마지막 단락으로 사용한다면 '국회에서 학교보건법 개정안이 통과됨에 따라'라는 표현을 활용하면 좋다.

교육부는 "국회에서 학교보건법 개정안이 통과됨에 따라 휘발성 유기화합물 관리와 관련해 구체적인 기준이나 규정이 미비했던 부분을 보완하기로 했다"고 말했다.

추가 취재 없이 보도자료 일부 이슈에만 집중한 경우 사례 종합

교육인적자원부는 2일 신체검사의 건강검사 개선을 골자로 하는 학교보건사업을 강화해 나가기로 했다고 밝혔다.

교육부는 이를 위해 형식적인 체질검사 극복 목적으로 질병 유무뿐 아니라 생활 습관까지 확인하도록 했다.

(교육부) 신영재 학교체육보건급식과장은 "이번 조치로 학생들이 상급 학교에 진학할 때 건강 관련 정보를 체계적으로 전달할 수 있는 법적 근거를 마련하게 됐다"고 말했다.

교육부는 또 '새 학교 증후군'의 주범인 휘발성 유기화합물 관리 항목 신설도 추진하겠다고 말했다.

교육부에 따르면 각종 전염성 혹은 알레르기성, 호흡기 질환 등을 유발할 수 있는 화학물질 및 세균 등에 대한 유지 관리 기준이 마련된다.

교육부는 "국회에서 학교보건법 개정안이 통과됨에 따라 휘발성 유기화합물 관리와 관련해 구체적인 기준이나 규정이 미비했던 부분을 보완하기로 했다"고 말했다.

셋째 꾸러미

셋째 꾸러미는 앞선 첫째와 둘째 꾸러미의 마지막 단락 묶음이 될 수 있다. 전체 이슈와 관련된 분리형 리드를 설명할 때 보여준 셋째 꾸러미의 역할을 대입하면 아래와 같이 정비될 수 있다.

(교육부) 신영재 학교체육보건급식과장은 "국회에서 학교보건법 개정안이 통과됨에 따라 학생들이 상급 학교에 진학할 때 건강 관련 정보를 체계적으로 전달할 수 있는 법적 근거를 마련하게 됐다"며 "휘발성 유기화합물 관리와 관련해서도 구체적인 기준이나 규정이 미비했던 부분을 보완하기로 했다"고 말했다.

위와 같은 이유와 설명을 반영해 새로 정비된 기사 전체 모습은 아래와 같이 변할 수 있다. 각 단락들이 아주 짧으니 여기서는 아예 같은 꾸러미를 한 단락으로 묶는 방식을 취해보겠다.

셋째 꾸러미를 활용한 분리형(2)-A 공식 사례 종합

교육인적자원부는 2일 신체검사의 건강검사 개선을 골자로 하는 학교 보건 사업을 강화해 나가기로 했다고 밝혔다. 교육부는 이를 위해 형식적인 체질검사 극복 목적으로 질병 유무뿐 아니라 생활 습관까지 확인하도록 했다.

교육부는 또 '새 학교 증후군'의 주범인 휘발성 유기화합물 관리 항목 신설도 추진하겠다고 말했다. 교육부에 따르면 각종 전염성 혹은 알레르기성, 호흡기 질환 등을 유발할 수 있는 화학 물질 및 세균 등에 대한 유지 관리 기준이 마련된다.

(교육부) 신영재 학교체육보건급식과장은 "국회에서 학교보건법 개정안이 통과됨에 따라 학생들이 상급 학교에 진학할 때 건강 관련 정보를 체계적으로 전달할 수 있는 법적 근거를 마련하게 됐다"며 "휘발성 유기화합물 관리와 관련해서도 구체적인 기준이나 규정이 미비했던 부분을 보완하기로 했다"고 말했다.

B. 추가 취재 통해 보도자료 일부 이슈에만 집중한 경우

첫 꾸러미

역시 이해를 위해 여기서도 앞서 활용된 나열형 리드[교육인적자원부는 피부 및 호흡기 질환의 원인으로 지적된 페인트, 접착제 등의 학교 건물 사용 제한과 각종 세균에 대한 관리 기준 책정을 골자로 하는 학교보건법 개정안을 시행키로 했다고 2일 밝혔다. 교육부는 또 그동안 체격, 체질, 체력 검사로 구분돼 비효율적으로 운영되던 학생 건강 측정을 '건강검사'로 통합하기로 했다고 말했다.]를 사용해보자. 첫 꾸러미 리드는 이 나열형 리드의 첫 문장이다.

교육인적자원부는 피부 및 호흡기 질환의 원인으로 지적된 페인트, 접착제 등의 학교 건물 사용 제한과 각종 세균에 대한 관리 기준 책정을 골자로 하는 학교보건법 개정안을 시행키로 했다고 2일 밝혔다.

첫 꾸러미 둘째 단락은 '휘발성 유기화합물 관리' 관련 정보다.

교육부는 이를 위해 페인트나 접착제 등 휘발성 유기화합물 외에도 두드러기, 결막염, 접촉성 피부염 등 각종 전염성이나 알레르기성, 호흡기 질환 등을 유발할 수 있는 냉난방기, 복사기용 각종 물질의 용량 및 시간 등에 대한 각종 사용 지침을 마련해 화학물질과 각종 세균 등에 대한 통제를 강화하기로 했다.

첫 꾸러미 셋째 단락은 역시 첫째 꾸러미 첫 단락과 둘째 단락에 연관된 정보를 추가 취재된 내용이나 보도자료 본문 정보에 잇는다. 여기서는 추가 취재된 내용을 활용해보자.

한국원자력병원 소아정신과 김○○ 과장은 "온도 등 외부 환경에 따라 변화하는 각종 화합물이 호흡기 등을 통해 인체에 영향을 미칠 수 있고 이들이 공기 중의 바이러스 등과 결합해 2차 질병을 유발할 수 있다"며 "이번 조치로 학생들의 건강 보호 조치가 크게 개선되길 바란다"고 말했다.

둘째 꾸러미

앞서 활용된 나열형 리드 중 첫 꾸러미 리드에 사용하고 남은 부분이 둘째 꾸러미 도입부가 된다.

교육부는 또 그동안 체격, 체질, 체력 검사로 구분돼 비효율적으로 운영되던 학생 건강 측정을 '건강검사'로 통합하기로 했다고 말했다.

둘째 꾸러미 둘째 단락은 '신체검사의 건강검사 개선' 관련 정보다.

교육부에 따르면 새로운 건강검사는 단순한 체질검사뿐 아니라 생활 습관에 대한 체계적 조사가 이뤄지고 학생들은 초등학교 입학 때부터 매 3년 단위로 국민건강보험법에 의한 검진기관에서 검사를 받게 된다.

둘째 꾸러미 셋째 단락은 둘째 꾸러미 첫 단락과 둘째 단락에 연관된 정보를 추가 취재된 내용이나 보도자료 본문 정보에 잇는다. 여기서는 보도자료 본문 정보를 활용해보자.

(교육부) 신영재 학교체육보건급식과장은 "이와 같은 건강검사 결과를 교육행정정보 시스템에 탑재해 상급학교에 제공하는 법적 근거를 마련할 수 있게 됐다"며 "국회에서 학교보건법 개정안이 통과됨에 따라 구체적인 기준이나 규정이 미비했던 부분을 보완하기로 했다"고 말했다.

이들을 이으면 아래와 같은 기사가 완성된다.

추가 취재 통해 보도자료 일부 이슈에만 집중한 경우 사례 종합

교육인적자원부는 피부 및 호흡기 질환의 원인으로 지적된 페인트, 접착제 등의 학교 건물 사용 제한과 각종 세균에 대한 관리 기준 책정을 골자로 하는 학교보건법 개정안을 시행키로 했다고 2일 밝혔다.

교육부는 이를 위해 페인트나 접착제 등 휘발성 유기화합물 외에도 두드러기, 결막염, 접촉성 피부염 등 각종 전염성이나 알레르기성, 호흡기 질환 등을 유발할 수 있는 냉난방기, 복사기용 각종 물질의 용량 및 시간 등에 대한 각종 사용 지침을 마련해 화학물질과 각종 세균 등에 대한 통제를 강화하기로 했다.

한국원자력병원 소아정신과 김○○ 과장은 “온도 등 외부 환경에 따라 변화하는 각종 화합물이 호흡기 등을 통해 인체에 영향을 미칠 수 있고 이들이 공기 중의 바이러스 등과 결합해 2차 질병을 유발할 수 있다”며 “이번 조치로 학생들의 건강 보호 조치가 크게 개선되길 바란다”고 말했다.

교육부는 또 그동안 체격, 체질, 체력 검사로 구분돼 비효율적으로 운영되던 학생 건강 측정을 ‘건강검사’로 통합하기로 했다고 말했다.

교육부에 따르면 새로운 건강검사는 단순한 체질검사뿐 아니라 생활 습관에 대한 체계적 조사가 이뤄지고 학생들은 초등학교 입학 때부터 매 3년 단위로 국민건강보험법에 의한 검진기관에서 검사를 받게 된다.

(교육부) 신영재 학교체육보건급식과장은 “이와 같은 건강검사 결과를 교육행정정보 시스템에 탑재해 상급학교에 제공하는 법적 근거를 마련할 수 있게 됐다”며 “국회에서 학교보건법 개정안이 통과됨에 따라 구체적인 기준이나 규정이 미비했던 부분을 보완하기로 했다”고 말했다.

셋째 꾸러미

위와 마찬가지로 개별 미니 리드와 연결된 꾸러미들의 마지막 단락만 뽑으면 일반적으로 거론되는 세 번째 정보 단위로 만들 수 있다. 여기서는 한국원자력병원 소아정신과 김○○ 과장 인용문[온도 등 외부 환경에 따라 변화하는 각종 화합물이 호흡기 등을 통해 인체에 영향을 미칠 수 있고 이들이 공기 중의 바이러스 등과 결합해 2차 질병을 유발할 수 있다”며 “이번 조치로 학생들의 건강 보호 조치가 크게 개선되길 바란다.]과 (교육부) 신영재 학교체육보건급식과장의 인용문[이와 같은 건강검사 결과를 교육행정정보 시스템에 탑재해 상급학교에 제공하는 법적 근거를 마련할 수 있게 됐다”며 “국회에서 학교보건법 개정안이 통과됨에 따라 구체적인 기준이나 규정이 미비했던 부분을 보완하기로 했다.]이 그 대상이다.

이 내용들을 하나의 문장으로 만들어 취합하거나 아예 별도 문장을 유지하며 한 단락에 두는 방법, 또는 문장과 단락을 원상태로 둔 채 맨 뒤에 순서대로 나열하는 방식을 택할 수 있다. 일례로 마지막 방법을 선택해보면 아래와 같이 이어진다.

> 한국원자력병원 소아정신과 김○○ 과장은 "온도 등 외부 환경에 따라 변화하는 각종 화합물이 호흡기 등을 통해 인체에 영향을 미칠 수 있고 이들이 공기 중의 바이러스 등과 결합해 2차 질병을 유발할 수 있다"며 "이번 조치로 학생들의 건강 보호 조치가 크게 개선되길 바란다"고 말했다.
>
> (교육부) 신영재 학교체육보건급식과장은 "이와 같은 건강검사 결과를 교육행정정보 시스템에 탑재해 상급학교에 제공하는 법적 근거를 마련할 수 있게 됐다"며 "국회에서 학교보건법 개정안이 통과됨에 따라 구체적인 기준이나 규정이 미비했던 부분을 보완하기로 했다"고 말했다.

이를 활용해 전체 기사를 다시 배치하면 아래와 같은 기사가 탄생한다.

셋째 꾸러미를 활용한 분리형(2)-B 공식 사례 종합

> 교육인적자원부는 피부 및 호흡기 질환의 원인으로 지적된 페인트, 접착제 등의 학교 건물 사용 제한과 각종 세균에 대한 관리 기준 책정을 골자로 하는 학교보건법 개정안을 시행키로 했다고 2일 밝혔다.
>
> 교육부는 이를 위해 페인트나 접착제 등 휘발성 유기화합물 외에도 두드러기, 결막염, 접촉성 피부염 등 각종 전염성이나 알레르기성, 호흡기 질환 등을 유발할 수 있는 냉난방기, 복사기용 각종 물질의 용량 및 시간 등에 대한 각종 사용 지침을 마련해 화학물질과 각종 세균 등에 대한 통제를 강화하기로 했다.
>
> 교육부는 또 그동안 체격, 체질, 체력 검사로 구분돼 비효율적으로 운영되던 학생 건강측정을 '건강검사'로 통합하기로 했다고 말했다.
>
> 교육부에 따르면 새로운 건강검사는 단순한 체질검사뿐 아니라 생활 습관에 대한 체계적 조사가 이뤄지고 학생들은 초등학교 입학 때부터 매 3년 단위로 국민건강보험법에 의한 검진기관에서 검사를 받게 된다.
>
> 한국원자력병원 소아정신과 김○○ 과장은 "온도 등 외부 환경에 따라 변화하는 각종 화합물이 호흡기 등을 통해 인체에 영향을 미칠 수 있고 이들이 공기 중의 바이러스 등과

결합해 2차 질병을 유발할 수 있다"며 "이번 조치로 학생들의 건강 보호 조치가 크게 개선되길 바란다"고 말했다.

(교육부) 신영재 학교체육보건급식과장은 "이와 같은 건강검사 결과를 교육행정정보 시스템에 탑재해 상급학교에 제공하는 법적 근거를 마련할 수 있게 됐다"며 "국회에서 학교보건법 개정안이 통과됨에 따라 구체적인 기준이나 규정이 미비했던 부분을 보완하기로 했다"고 말했다.

이는 단순히 앞선 기사 사례에서 각 인용구들을 떼어 리드에서부터 나타나는 이슈의 중요한 순서대로 배치한 뒤 그 내용 전체를 기사 맨 뒤로 옮긴 것이다. 어느 기사나 그대로 읽어도 큰 무리는 없다.

만약 두 개 이상의 이슈를 넣어 연결하자면 위 인용문들만을 맨 뒤로 배치한 뒤, 바로 그 앞에 새로운 미니 리드를 중심으로 한 꾸러미를 추가로 넣으면 된다. 마지막 사례로 하나의 이슈(학교 환경 정화 시행)를 세 번째 꾸러미로 추가한 내용을 보자.

교육인적자원부는 피부 및 호흡기 질환의 원인으로 지적된 페인트, 접착제 등의 학교 건물 사용 제한과 각종 세균에 대한 관리 기준 책정을 골자로 하는 학교보건법 개정안을 시행키로 했다고 2일 밝혔다.

교육부는 이를 위해 페인트나 접착제 등 휘발성 유기화합물 외에도 두드러기, 결막염, 접촉성 피부염 등 각종 전염성이나 알레르기성, 호흡기 질환 등을 유발할 수 있는 냉난방기, 복사기용 각종 물질의 용량 및 시간 등에 대한 각종 사용 지침을 마련해 화학물질과 각종 세균 등에 대한 통제를 강화하기로 했다.

교육부는 또 그동안 체격, 체질, 체력 검사로 구분돼 비효율적으로 운영되던 학생 건강 측정을 '건강검사'로 통합하기로 했다고 말했다.

교육부에 따르면 새로운 건강검사는 단순한 체질검사뿐 아니라 생활 습관에 대한 체계적 조사가 이뤄지고 학생들은 초등학교 입학 때부터 매 3년 단위로 국민건강보험법에 의한 검진기관에서 검사를 받게 된다.

교육부는 한편 학교 주변 시설 금지 목록 중 그동안 용어 문제로 논란이 됐던 '극장'을 '영화 상영관'으로 대체, 학교 환경 정화 시행에 구체성을 기하기로 했다. 학교 주변 금지 시설에는 경륜장과 경정장도 새롭게 포함된다.

한국원자력병원 소아정신과 김○○ 과장은 "온도 등 외부 환경에 따라 변화하는 각종 화합물이 호흡기 등을 통해 인체에 영향을 미칠 수 있고 이들이 공기 중의 바이러스 등과 결합해 2차 질병을 유발할 수 있다"며 "이번 조치로 학생들의 건강 보호 조치가 크게 개선되길 바란다"고 말했다.

(교육부) 신영재 학교체육보건급식과장은 "이와 같은 건강검사 결과를 교육행정정보 시스템에 탑재해 상급학교에 제공하는 법적 근거를 마련할 수 있게 됐다"며 "국회에서 학교보건법 개정안이 통과됨에 따라 구체적인 기준이나 규정이 미비했던 부분을 보완하기로 했다"고 말했다.

세 번째 꾸러미[교육부는 한편 학교 주변 시설 금지 목록 중 그동안 용어 문제로 논란이 됐던 '극장'을 '영화 상영관'으로 대체, 학교 환경 정화 시행에 구체성을 기하기로 했다. 학교 주변 금지 시설에는 경륜장과 경정장도 새롭게 포함된다.]는 두 문장으로 이뤄졌지만 한 단락에 넣어 두 단락 이상으로 이뤄진 첫째와 둘째 꾸러미와 단락 수에 차이를 뒀고, 정보량에도 차별화를 기해 전체적인 기사 구성에서 중요성의 차등화를 시도했다. 마지막에 관련 인용문을 따로 추가하지 않더라도 기존의 인용문, 특히 '구체적인 기준이나 규정이 미비했던 부분을 보완'의 요소에 포함될 수 있도록 정보와 품사들을 조정했다.

사실 바로 위 기사를 보면 세 번째 꾸러미가 들어가면서 마지막 두 단락에 배치된 인용 내용들이 바로 앞에 놓인 세 번째 꾸러미 정보에 부드럽게 이어지지 않는 결과가 됐다. 특히 한국원자력병원 소아정신과 김○○ 과장의 인용은 첫 번째 꾸러미 관련된 내용이고, (교육부) 신영재 학교체육보건급식과장의 인용 중 앞부분은 두 번째 꾸러미에 연관됐다. 결국 이들의 인용이 연결될 첫 번째와 두 번째 꾸러미 정보가 세 번째 꾸러미에 의해 막혀 있는 상태가 된 것이다. 이런 우려, 즉 정보의 흐름이 부드럽지 않다는 염려가 들 때는 아예 과감하게 일부 인용을 빼고, 전체를 아우르는 내용만을 채택해 기사를 마무리할 수 있다. 이번 사례를 예로 들면 신영재 학교체육보건급식과장의 인용 중 뒷부분만을 사용하는 것이다. 이를 적용한 기사는 아래와 같이 전개된다.

교육인적자원부는 피부 및 호흡기 질환의 원인으로 지적된 페인트, 접착제 등의 학교 건물 사용 제한과 각종 세균에 대한 관리 기준 책정을 골자로 하는 학교보건법 개정안을 시행키로 했다고 2일 밝혔다.

교육부는 이를 위해 페인트나 접착제 등 휘발성 유기화합물 외에도 두드러기, 결막염, 접촉성 피부염 등 각종 전염성이나 알레르기성, 호흡기 질환 등을 유발할 수 있는 냉난방기, 복사기용 각종 물질의 용량 및 시간 등에 대한 각종 사용 지침을 마련해 화학물질과 각종 세균 등에 대한 통제를 강화하기로 했다.

교육부는 또 그동안 체격, 체질, 체력 검사로 구분돼 비효율적으로 운영되던 학생 건강 측정을 '건강검사'로 통합하기로 했다고 말했다.

교육부에 따르면 새로운 건강검사는 단순한 체질검사뿐 아니라 생활 습관에 대한 체계적 조사가 이뤄지고 학생들은 초등학교 입학 때부터 매 3년 단위로 국민건강보험법에 의한 검진기관에서 검사를 받게 된다.

교육부는 한편 학교 주변 시설 금지 목록 중 그동안 용어 문제로 논란이 됐던 '극장'을 '영화 상영관'으로 대체, 학교 환경 정화 시행에 구체성을 기하기로 했다. 학교 주변 금지 시설에는 경륜장과 경정장도 새롭게 포함된다.

(교육부) 신영재 학교체육보건급식과장은 "국회에서 학교보건법 개정안이 통과됨에 따라 구체적인 기준이나 규정이 미비했던 부분을 보완하기로 했다"고 말했다.

마지막으로 분리형 리드가 적용된 현장 기사들을 직접 만나볼 차례다. 앞선 경우들과 마찬가지로 아래 사례들은 위에서 적은 내용을 모두 반영하지는 못한다. 현장 기사들과 원래 보도자료들을 비교하면서 위에 제기한 방법들이 어떻게 적용될 수 있을지를 고민해본다면, 현장 기사를 변형해 가면서 새로운 기사들을 만들 수 있을 것이다.

현장 보도자료 이용 기사 사례: 분리형 리드 활용

정부

원화 가치 하락과 국내 · 외 경기위축으로 국민들의 해외 소비가 크게 줄면서 올 3분기(7~9월) 신용카드 해외 사용액이 4년 6개월 만에 처음으로 감소했다. 27일 한국은행이 발표한 '2008년3분기 신용카드 해외 사용실적'에 따르면 올 3분기 거주자의 신용카드(체크카드와 직불카드 포함) 해외 사용금액은 18억4700만 달러로 전기 대비 1.4% 줄었다. 전기 대비 신용카드 해외사용액이 감소한 것은 카드사태 직후인 2004년 1분기(1~3월) 이후 처음이다.

신용카드 해외사용액은 전년 동기 대비로도 8.6% 늘면서 2004년 1분기 이후 처음으로 한자릿수 증가율로 떨어졌다. 신용카드 해외사용액은 전년 대비로 ▲2005년 30.8% ▲2006년 31.8% ▲2007년 32.6%의 가파른 증가세를 기록했다. 올 들어서도 ▲1분기 30.2% ▲2분기(4~6월) 23.3%의 높은 증가율을 유지하며 매분기 사상 최고치를 경신해 왔다.

올 3분기 해외에서 신용카드를 사용한 인원은 248만 명으로 전분기보다 1% 줄었으며, 1인당 사용금액도 745달러로 전분기보다 0.3% 감소했다.

정선영 한은 외환분석팀 과장은 "원화 약세 등으로 내국인 출국자 수가 감소한 데다 글로벌 경기침체의 영향으로 해외 소비를 줄인 데 따른 현상"이라고 말했다.

미 달러화에 대한 원화(원 · 달러) 환율은 올 3분기 평균 1062.64원으로 지난해 3분기(928.17원)보다 14.5% 상승했고, 관광공사가 집계하는 내국인 출국자 수는 올 3분기 312만 명을 기록해 지난해 3분기(362만 명)보다 13.9% 감소했다. 한편 비거주자(외국인)의 신용카드 국내 사용실적도 소폭 감소했다. 올 3분기 비거주자가 국내에서 신용카드를 사용한 금액은 5억6000만 달러로 전기 대비 2.8% 줄었다. 신용카드 사용자 수가 116만 명으로 전 분기에 비해 1.7% 늘었지만, 1인당 사용금액이 480달러로 전기 대비 4.4% 감소한 데 따른 것이다.

보도자료 출처: 한국은행

_ 《문화일보》 2008년 11월 〈해외 카드사용액 4년 만에 줄었다〉

서울시가 내년부터 단계적으로 2.5톤 이상 노후 경유차 운행을 제한한다. 위반 시엔 최대 200만원의 과태료를 부과한다.

또 한양도성 안을 1호 '녹색교통진흥지역'으로 지정해 일반 차량의 도심 진입을 억제키로 했다.

서울시는 이 같은 내용의 '서울시 대기질 개선 특별대책'을 27일 발표했다.

시에 따르면 2005년 이전에 등록된 2.5톤 이상 노후 경유차 11만3,000대에 대한 단속을 내년부터 2019년까지 순차적으로 확대한다. 단속 대상 차량은 조기폐차 하거나 대기오염 저감장치를 달아야 한다. 노후 경유차를 운행하다 적발되면 1차 적발시에는 경고, 2차 적발시에는 과태료 20만원(최대 200만원)을 물게 된다.

시는 단속을 위해 폐쇄회로(CC)TV를 통한 단속시스템을 현재 7곳에서 2019년 61곳으로 늘린다. 환경부와 협의를 통해 노후 경유차 운행제한을 수도권으로 확장하고 경기·인천 노후 경유차를 포함한 '수도권통합관리시스템'을 구축할 계획이다.

시에 따르면 서울 지역 미세먼지 3대 발생원인은 자동차(35%), 건설기계(17%), 비산먼지(12%) 순이다. 이중 가장 높은 비중을 차지하는 노후 경유차의 매연 발생을 원천 차단하는 것이 이번 대책의 핵심이다.

이와 함께 서울시를 오가는 노후 경유버스에 대한 조기폐차와 천연가스(CNG) 버스 전환을 추진한다. 시에 등록된 경유 전세버스 3,597대 중 10년 이상 된 노후버스 659대에 대해 CNG버스 구입 보조금을 2배로 늘리고, 시내 CNG 충전소 충전용량을 2018년까지 1,000대 분을 추가 확보한다. 또 서울에 진입하는 경기·인천 버스(5,027대)중 경유버스 1,756대(약 35%) 중 2007년 이전에 등록된 경유버스는 조기폐차를 유도하고, 이후 등록 버스는 미세먼지 저감장치를 부착할 방침이다.

또 건설기계 오염물질 배출량의 86.1%를 차지하는 5종(덤프트럭 · 콘크리트 펌프 · 콘크리트 믹서트럭 · 굴삭기 · 지게차)에 대해 올해 600대를 시작으로 2018년까지 3,600대를 저공해화한다. 특히 내년 8월부터 공공부문 건설공사 계약시 의무적으로 저공해 건설기계를 사용하도록 계약특수조건에 명시하고, 어길 시 벌점 부과, 사후 입찰 시 불이익 등을 준다.

아울러 한양도성 내부(16.7㎢)를 녹색교통진흥지역으로 지정해 대중교통 우선 통행, 교통혼잡도에 따른 운행제한 등 도심 교통량을 특별관리한다. 친환경 공유 교통 저변 확대 차원에서 나눔카를 2020년까지 2배로, 전기차 비율은 85%(현재 14%)로 늘린다.

유재룡 시 기후환경본부장은 "시민의 건강추구권은 무엇보다 중요한 가치인 만큼 미세먼지로부터 우리 모두의 건강을 보호하기 위해 힘을 모아달라"고 말했다.

보도자료 출처: 서울시청
_《한국일보》 2016년 7월 〈2.5톤 이상 낡은 경유차 내년부터 서울 못 들어온다〉

기업

정몽구 회장 부자의 글로비스 주식 등 1조원을 사회에 헌납한 현대차그룹이 이번에는 파격적인 상생경영 '보따리'를 풀었다.

현대차는 25일 협력업체 납품단가를 3~10% 인하키로 했던 방침을 전격 취소했다고 밝혔다. 현대차 관계자는 "영업이익률이 좋은 일부 우량 협력업체는 협의를 통해 단가를 인하했지만 나머지는 내리지 않기로 했다."고 말했다.

● 납품가 인하업체도 보상·지원

현대차는 또 이미 납품 단가를 인하한 업체에도 후속 보상 및 지원대책을 검토 중이다. 현대차는 당초 환율하락, 고유가 등 외부환경에 대응하기 위해 협력업체와 비용상승분을 분담하려 했지만 "대기업이 중소기업을 쥐어짠다."는 극렬한 비판여론에 부딪혔다. 정치권과 공정거래위원회 등에서도 납품단가 인하를 성토할 정도여서 납품단가 인하가 이번 수사에 '기름'을 부었다는 지적을 받아왔다.

현대차는 이날 '부품 협력업체 긴급지원 및 상생협력 방안'을 발표, 중소 협력업체를 대상으로 그동안 60일 어음으로 지급하던 내수부품 대금을 전액 현금으로 지원하기로 했다. 중소협력업체에 지급될 현금은 올해 3조 3000억원에 이른다.

현대모비스 등 대기업 협력사는 120일 어음이던 내수대금 지급방식을 60일로 단축했다. 수출대금은 대·중소기업을 막론하고 이미 현금으로 지급하고 있다.

현대·기아차는 또 올해부터 2010년까지 13조원으로 책정했던 협력업체의 자금지원을 15조원으로 늘렸다. 지원금 중 2조 6300억원은 기술 개발자금에 집중할 계획이다. 올해만 2조 5134억원이 협력업체에 지원된다.

● 품질·기술 육성자금 500억 조성

아울러 품질 · 기술 육성기금 500억원을 조성, 협력업체가 품질을 개선하거나 기술을 개발할 때 쓰도록 장기 융자하기로 했다. 협력업체 직원 교육훈련 규모도 지난해 1만 3000명 수준에서 올해 2만명으로 확대하고 기술이전도 확대하기로 했다.

이밖에 협력업체와 공동 추진한 원가절감 성과의 50%를 협력사에 돌려주고 수입부품 국산화를 통한 원가절감액의 50%도 협력사에 주기로 했다. 협력업체 대표, 부품산업진흥재단, 현대·기아차 관련 부서장(구매, 연구개발, 기획, 재경본부장)으로 구성된 '상생협력위원회'를 확대 운영하고 구매총괄본부 내에 상생협력추진팀도 신설한다.

보도자료 출처: 현대차그룹
_《서울신문》 2006년 4월 〈현대차 '상생경영' 보따리 풀었다〉

한국GM 쉐보레의 중형 세단 '올 뉴 말리부'가 사전계약을 시작한 지 8일 만에 1만대를 돌파했다.

12일 한국GM에 따르면 올 뉴 말리부는 지난달 27일 출시와 함께 사전계약을 시작한 이후 영업일 기준 8일 만에 사전계약 1만대를 넘겼다.

중형 세단 경쟁 모델인 르노삼성 SM6와 기아차[000270] K5가 사전계약 1만대 돌파에 각각 영업일 기준 17일, 한 달가량이 걸렸던 것과 비교하면 빠른 속도다.

올 뉴 말리부는 차급을 뛰어넘는 크기, 고성능 터보 엔진의 파워풀한 주행성능, 첨단 안전 및 편의 사양을 갖춘데다 시작 가격을 2천310만원부터 책정해 좋은 반응을 얻고 있다.

한국GM은 말리부 돌풍을 이어가고자 전국에서 대규모 체험 마케팅에 돌입한다.

이달 중순부터 500대 이상의 시승 차량을 전국 쉐보레 전시장에 배치해 고객이 차를 직접 타볼 기회를 제공한다.

쉐보레 대리점에 방문하거나 홈페이지(www.chevrolet.co.kr)를 통해 시승을 신청할 수 있다.

또 20일부터 29일까지 열흘간 서울 삼성동 코엑스 SM 타운 광장에 올 뉴 말리부 타운을 세워 말리부 체험 공간을 마련한다. 부산의 더베이 101 야외 테라스에도 25일부터 닷새간 말리부 체험 공간이 마련된다.

20일과 21일에는 올 뉴 말리부의 사전계약 고객 100명, 일반 고객 100명을 초청해 신차 출시 기념 파티를 연다.

보도자료 출처: 한국지엠
_《연합뉴스》 2016년 5월 〈말리부 사전계약 8일 만에 1만대 돌파〉

NGO

전국경제인연합회는 24일 '600대 기업의 올해 상반기(1~6월) 시설투자는 45조 874억원으로, 지난해 같은 기간(38조5907억원)보다 16.8% 증가했다'고 밝혔다.

전경련은 이날 내놓은 긴급 보도자료에서 "특히 600대 기업 중 30대 그룹 소속기업의 시설투자는 지난해 상반기보다 20.4% 증가한 29조1248억원"이라며 "이는 전경련이 지난달 초 회장단 회의에서 밝힌 30대 그룹의 상반기 투자 증가율(15.9%)보다 4.5%포인트 높은 것"이라고 덧붙였다. 전경련의 이날 발표는 '대기업들이 돈을 쌓아놓고 투자하지 않는다'는 일각의 비판에 대해 "전혀 그렇지 않다"고 정면 반박하는 성격이 짙다.

최근 한국은행이 "국내 투자를 보여주는 지표인 총고정자본이 올해 상반기에 지난해 같은 기간보다 0.5% 늘어나는 데 그쳤다"고 발표하자 정치권과 언론 등에는 "현 정부 출범 후에도 대기업이 제대로 투자를 하지 않고 있다"는 비판이 잇따라 나온 바 있다.

이에 대해 전경련은 이날 "600대 기업의 이런 시설투자는 (한국은행이 발표한) 국민소득계정상 총투자의 증가를 상반기에만 5% 이상 견인했다"며 "그런데도 총고정자본 형성이 부진한 것은 전체 투자의 50%를 차지한 건설투자의 부진 등 다른 요인 때문"이라고 지적했다.

한은의 발표 내용을 정밀하게 점검하지 않고 '총투자 증가율 0.5%'라는 수치만 보고 대기업이 투자하지 않는다고 주장한 것은 '사실과 다른 통계 왜곡'이라는 항변이다.

또 한국은행의 총투자 추계에는 각 경제주체의 모든 투자가 포함된 데다 물가 변동분을 감안한 실질 증가율이 산정돼 있지만 전경련은 상위 600대 기업의 유형고정자본투자로 명목증가율을 따지기 때문에 두 기관의 투자율 간에 괴리가 생기는 것이란 설명도 덧붙였다.

전경련은 "하반기(7~12월)에도 600대 기업의 투자가 계획대로 이뤄질 경우 연간 시설투자 규모는 지난해보다 26%나 증가한 총 100조2000억여 원에 달할 것"이라고 밝혔다.

한동률 전경련 투자고용팀장은 "기업 환경의 불확실성이 증대되는 상황에도 대기업의 시설투자가 이렇게 크게 늘어나는 것은 글로벌 경쟁력 확보를 위한 기업들의 선제투자 전략과 출자총액제한제도 폐지 같은 '기업 하기 좋은 환경' 조성에 대한 기대감 때문"이라고 말했다.

이와 관련해 한국산업은행도 이날 150개 주요 기업을 대상으로 투자동향을 조사한 결과 올해 연간 설비투자가 83조3000억 원으로 지난해보다 20.9% 늘어날 것으로 보인다고 밝혔다.

이 조사에 따르면 제조업 설비투자는 지난해보다 30.9% 확대될 것으로 예상되며 이 가운데 정보기술(IT)산업은 반도체와 액정표시장치(LCD) 부문에 대한 글로벌 대기업의 선제적인 투자에 힘입어 20.4% 늘 것으로 예상된다. IT산업은 2004년 이후 지난해까지 매년 투자가 줄었던 분야다. 산업은행 관계자는 "세계 경기 침체에도 상반기 조사 때보다 투자 계획이 늘어난 것은 정부의 기업친화적 정책으로 투자심리가 회복됐기 때문"이라며 "특히 미래 수요에 선제 대응해 투자를 늘린 IT기업의 영향이 컸다"고 말했다. (산업은행 관계자 인터뷰)

보도자료 출처: 전국경제인연합회

_ 《동아일보》 2008년 8월 〈"올 기업투자 100조" 작년보다 26% ↑〉

아름다운재단은 18일 생계형 건강보험료 체납자 지원 등을 위한 모금 캠페인 '60일의 건강보험증'을 시작한다고 밝혔다.

재단은 이번 캠페인을 통해 생계형 건보료 체납자들에게 체납 보험료 분납액 1회분과 1개월치 건강보험료를 지원한다. 건보료를 6개월 이상 체납할 경우 건강보험 급여가 제한되지만 분할 납부하면 최소 60일간 건강보험 혜택을 받게 된다.

재단은 또 생계형 체납 보험료 결손처분(경제적 빈곤이나 행방불명 등 이유로 징수 가능성이 없을 때 납부 의무를 소멸시키는 행정 처분) 운동과 실태 조사, 제도 개선 연구 등도 벌일 계획이다. 이번 캠페인은 별도로 개설된 모금 페이지를 통해 참여할 수 있다.

재단 관계자는 "대다수 생계형 건보료 체납자들은 소득 자체가 없거나 매우 적어 보험료를 내기 어렵다"면서 "이들은 당장 몸이 아파도 병원에 가지 못하는 상황"이라고 말했다.

보도자료 출처: 아름다운재단
_《세계일보》 2016년 7월 〈'60일의 건강보험증' 캠페인 동참해주세요〉

에필로그

스트레이트 기사 작법에 대한 책을 써야겠다고 처음 생각한 건 약 10년 전이다. 언론 현장을 떠나 대학에서 기사 쓰기 관련 강의를 하면서부터였다. 당시 교재로 쓸 만한 국내 서적들을 살폈고, 그중에서 몇 권을 골라 수업에 사용했다. 해당 서적들은 저널리즘 교육이 발달한 미국에서 기초적인 기사 쓰기 강의를 할 때 쓰는 대표적인 교재 모습을 닮아 있었다. 그러나 외국 교재를 그대로 번역한 수준에 머물지 않았고, 지나치게 현장의 특성만을 고집한 다른 교재의 단점도 보완했다. 국내 여건과 강의 상황을 고려해 집필한 노력들이 돋보였다. 저널리즘을 대하는 자세나 언론사 구조, 기자의 자질과 다양한 기사 유형 등을 소개한 내용도 훌륭했다. 이 책에서도 그 내용들을 일부 차용해 정비하기도 했다.

하지만 기존의 서적들은 기사의 성격이나 언론의 역할 등을 강조하면서도 정작 뉴스나 저널리즘에 대한 정의, 또 이들이 커뮤니케이션이라는 소통 구조 속에서 갖는 의미 등을 확연하게 설명하지 않아 아쉬움이 컸다. 게다가 스트레이트 뉴스의 개념이나 그 구동 방식이 뚜렷하게 소개되지 않은 것도 불편했다. 결국 지난 10년 동안 관련 글쓰기를 가르치면서 기존의 교재들만으로는 효과적인 수업이 이뤄지기 힘들다는 생각을 하게 됐다. 이 과정에서 내러티브 작법 등이 잘 사용되는 기획 기사 관련 강의를 하고 그에 대한 책을 먼저 썼는데, 스트레이트 기사를 모르는 사람들에게 그 내용을 전달하는 것이 사상누각일 수 있다는 체험도 했다. 결국 뉴스 전반, 특히 '기사'라는 특정 장르의 작법을 가르치기 위해서는 스트레이트 뉴스에 대한 이해가 선행해야 한다는 최종 결론을 내리게 됐다. 이 책은 그런 과정에서 나온 결과물이다. 기존 서적들에 보완이 필요하다고 판단한 요소들을 부연하고, 스트레이트 뉴스의 특성을 한국적 취재와 보도의 틀에 연계해 '공식'이라는 이름으로 소개한 것이다.

이 책의 서문과 본문에 간간히 그 한계를 거론하기는 했지만, 여기서 제안한 공식도 완전하지는 않다. 그러나 그게 기본이다. 매체나 시기에 따라 단어나 표현을 일부 달리하는 경우가 있지만, 이 책에서 소개한 공식에 맞춰 정형화된 기사가 세워진다. 그 틀은 내용을 전달하는 수단이다. 거기에 시간과 공간에 따라 달리 발생하는 사안의 정보를 담으면 기본적인 기사가 저절로 탄생한다. 즉 자연과학에서 말하는 만고불변의 공리는 아닐 수 있지만, 이 공식은 수십 년의 사회 소통 경험을 통해 구성됐고, 사회 구성원들이 관심을 갖는 정보들이 이 틀을 통해 전달돼야 의미 있는 뉴스로 받아들여질 수 있다는 점이 확인되어왔다. 그리고 이런 기초적인 틀에 대한 이해가 있어야 이를 중심으로 변형된 새로운 모형들, 즉 신형(新型) 기사 작법들이 가치가 있는지를 판단할 수 있고, 거기에 담긴 정보들이 믿을 만한 뉴스가 되는지를 가늠할 수 있다.

이 책이 저술되는 동안 가짜 뉴스(Fake News)에 대한 우려가 커졌다. 어찌 보면 거짓 정보라도 이 책이 제안하는 공식을 활용하면 더 그럴듯하게 보일 수도 된다. 하지만 이 공식에 담긴 취재원의 표기나 술어 표현 등은 그 수단을 통해 전해지는 정보가 사실이라는 걸 주장하는 틀이 되기에, 궁극적으로 스트레이트 뉴스 공식은 그 틀에 담긴 내용들의 참과 거짓을 구분하는 기준이 될 수 있을 것이다. 즉 이 책의 기사 공식을 이용하면서 전달된 내용들이라면 참된 정보여야 하고, 그렇지 않다면 이 틀은 나중에라도 그 내용이 거짓이었음을 확인하는 근거가 되리라는 뜻이다. 애매한 표현이 아니라 취재원과 사실을 연결해 적시하는 기법이 녹아든 이 틀을 이용해 정보를 전달해 놓고도 원래 그런 뜻이 아니었다는 식의 발뺌은 못할 것이기에, 이 책의 기사 공식들은 그런 책임감을 담보하는 잣대로 작동할 것이라 믿는다.

앞으로도 세상은 변하고 그에 따라 기사의 모습도 바뀔 것이다. 새로운 기술들은 언어나 영상이라는 기호 이외에 여러 가지 감각 등을 통해 인지되는 현상들을 새로운 체계로 전달하는 방법을 고안해낼 것으로 예상된다. 그러나 필자는 여기에 적힌 내용들이 그런 체계가 생성되는 데 고찰해야 할 요소들이라고 본다. 스트레이트 기사 작법과 함께, 또는 그 형태를 기준으로 발전해온 최근의 내러티브 기사 작성법도 그렇게 만들어진 틀이다. 이제 이 책에 담긴 내용들을 토대로, 앞으로 다가올 커뮤니케이션 환경의 스트레이트 뉴스 작법이 성장하고, 또 그 과정에서 생성되는 고민을 담아 사안의 실체를 전달할 수 있는 기사 전달 방법이 더욱 발전하기를 기대한다.

부록

스트레이트 기사 공식 모음

스트레이트 기사 공식

사건 기사

(1) 검거 기사

《검거 기사 기본 공식》

> ◆◆는 ▲▲일 □□한 혐의로 ○○에 대해 구속영장을 신청했다.
>
> ◇◇에 따르면 ○○는 (언제) (어디서) (무엇을) 하는 등 (언제부터 언제까지) (몇 차례에 걸쳐) ▩▩한 혐의를 받고 있다.
>
> ○○는 ◇◇서 "(자신의 입장)"(이)라고 말했다.

(2) 발생 기사

《발생 기사 기본 공식》

> ▲▲일 △△시쯤 ▼▼에서 □□가 발생했다. [▲▲일 △△시쯤 ▼▼에서 ◍◍가 ◐◐를

◧◧하는 사건이 발생했다.]
(▼▼일) ◆◆에 따르면 ~다. [(▼▼일) ◆◆에 따르면 ◍◍는 (어떻게) ◐◐를 ◧◧했다.]
◇◇은 ~로 보고 정확한 사건 경위를 조사 중이다. [◇◇은 ◈◈을 토대로 ◎◎이라 보고 정확한 사건 경위를 조사 중이다.]

(3) 발생 및 검거 기사

《발생 및 검거 기사 기본 공식》

□□한 혐의로 ○○가 경찰에 붙잡혔다.
◆◆는 ▲▲일 ◐◐를 ◧◧한 혐의로 ◍◍에 대해 구속영장을 신청했다.
◇◇에 따르면 ○○는 이날 ▥▥한 혐의를 받고 있다.
○○는 ◇◇서 "(자신의 입장)"(이)라고 말했다.

(4) 자살 기사

《자살 기사 기본 공식》

▲▲일 △△시쯤 ◀◀에서 ◍◍가 □□을 발견, ◆◆에 신고했다. [▲▲일 △△시쯤 ◀◀에서 ◐◐가 ◧◧한 것을 ◍◍가 발견, ◇◇에 신고했다.]
◍◍는 ◆◆에서 "~"고 말했다. [◍◍는 ◇◇에서 "▥▥하고 있는데 ◩◩해서 봤더니 ◐◐가 ◨◨하고 있었다"고 말했다.]
◇◇은 ~로 보고 정확한 사건 경위를 조사 중이다. [◇◇은 ◐◐가 ◪◪했다는 ◒◒에 따라 ◐◐가 ◎◎해 스스로 목숨을 끊은 것으로 보고 정확한(또는 자세한) 사건 경위를 조사 중이다.]

사고 기사

(1) 기본 리드 5개 종류

① ▼▼에서 □□가 발생했다. (장소가 중요할 때)
② ▲▲일 △△시쯤 ▼▼에서 □□가 발생했다. (장소만으로 의미를 부여하기 부담스러울 때)
③ ▲▲일 △△시쯤 ▼▼에서 □□가 발생, ◔◔ 등의 피해를 냈다. (피해 규모가 클 때)
④ ▲▲일 △△시쯤 ▼▼에서 ■■로 추정되는 □□가 발생, ◔◔ 등의 피해를 냈다. (원인이 궁금할 때)
⑤ ▲▲일 △△시쯤 ▼▼에서 ■■로 추정되는 □□가 발생, ◔◔ 등의 피해를 낸 뒤 △△만에 해결됐다. ('누가'의 정보가 나머지 5개 육하원칙 안에 녹아들며 결과적으로 모든 기초 정보가 나타났을 때)

(2) 화재 기사와 (3) 교통사고 기사

①번 리드를 활용한 기초 공식 1

▼▼에서 □□가 발생했다.

Ⓐ ▲▲일 △△시쯤 일어난 이 사고로 ●● 등의 피해가 났다. (사고는 ▽▽만에 해결됐다.) 또는 Ⓑ ▲▲일 △△시쯤 일어난 이 사고는 ●● 등의 피해를 내고 ▽▽만에 해결됐다.

◆◆은 (사고) 원인을 ◎◎이라 보고 정확한 사고 경위를 조사 중이다. [◇◇은 ◈◈을 토대로 ◎◎이라 보고 정확한 사고 경위를 조사 중이다.]

②번 리드를 활용한 기초 공식 2

▲▲일 △△시쯤 ▼▼에서 □□가 발생했다.

Ⓐ 이 사고로 ●● 등의 피해가 났다. (사고는 ▽▽만에 해결됐다.) 또는 Ⓑ 이 사고는

●● 등의 피해를 내고 ▽▽만에 해결됐다.

◆◆은 (사고) 원인을 ◎◎이라 보고 정확한 사고 경위를 조사 중이다. [◇◇은 ◈◈을 토대로 ◎◎이라 보고 정확한 사고 경위를 조사 중이다.]

③번 리드를 활용한 기초 공식 3

A. 기초 공식 3-1 (원형)

▲▲일 △△시쯤 ▼▼에서 □□가 발생, ●● 등의 피해를 냈다. [▲▲일 △△시쯤 ▼▼에서 □□가 발생, ▶◁명의 사상자를 내고 ◀◀의 재산 피해가 났다.]

Ⓐ 이 사고로 ◭◭ 등 ▶▶명이 사망하고 (▷▷ 등 ◁◁명이 중경상을 입었으며) ◭◭가 불에 탔다. (사고는 ▽▽만에 해결됐다.) 또는 Ⓑ 이 사고는 ◭◭ 등 ▶▶명의 목숨을 앗아가고 (▷▷ 등 ◁◁명에 중경상을 입혔으며) ◭◭를 태운 뒤 ▽▽만에 해결됐다.

◆◆은 (사고) 원인을 ◎◎이라 보고 정확한 사고 경위를 조사 중이다. [◇◇은 ◈◈을 토대로 ◎◎이라 보고 정확한 사고 경위를 조사 중이다.]

B. 기초 공식 3-2 (변형)

▲▲일 △△시쯤 ▼▼에서 □□가 발생, ◭◭ 등 ▶▶명이 사망하고 (▷▷ 등 ◁◁명이 중경상을 입었으며) ◭◭가 불에 타는 등 ◀◀의 재산 피해가 발생했다.

Ⓐ 사고가 발생한 ▼▼는 ◍◍ 등이 ◐◐을 하는 곳으로, 사고 당시 ◙◙ 상황이라 해결에 어려움을 겪었다. (사고는 ▽▽만인 △△시에 해결됐다.) 또는 Ⓑ 사고 당시 ▼▼에는 ◍◍ 등이 ◐◐을 하고 있었으며, ▥▥ 등이 ◑◑을 해 다행히 추가 피해를 막았다. (사고는 ▽▽만에 해결됐다.)

◆◆은 (사고) 원인을 ◎◎이라 보고 정확한 사고 경위를 조사 중이다. [◇◇은 ◈◈을 토대로 ◎◎이라 보고 정확한 사고 경위를 조사 중이다.]

④번 리드를 활용한 기초 공식 4

> ▲▲일 △△시쯤 ▼▼에서 Ⓐ ■■로 추정되는 (또는 Ⓑ 원인을 알 수 없는) □□가 발생, ●● 등의 피해를 냈다. [▲▲일 △△시쯤 ▼▼에서 □□가 발생, ▶◁명의 사상자를 내고 ◀◀의 재산 피해가 났다.]
>
> Ⓐ 이 사고로 ◭◭ 등 ▶▶명이 사망하고 (▷▷ 등 ◁◁명이 중경상을 입었으며)   가 불에 탔다. (사고는 ▽▽만에 해결됐다.) 또는 Ⓑ 이 사고는 ◭◭ 등 ▶▶명의 목숨을 앗아가고 (▷▷ 등 ◁◁명에 중경상을 입혔으며) ◭◭를 태운 뒤 ▽▽만에 해결됐다.
>
> ◆◆은 (사고) 원인을 ◎◎이라 보고 정확한 사고 경위를 조사 중이다. [◇◇은 ◈◈을 토대로 ◎◎이라 보고 정확한 사고 경위를 조사 중이다.]

⑤번 리드를 활용한 기초 공식 5

> ▲▲일 △△시쯤 ▼▼에서 Ⓐ ■■로 추정되는 (또는 Ⓑ 원인을 알 수 없는) □□가 발생, ◭◭ 등 ▶▶명이 사망하고 (▷▷ 등 ◁◁명이 중경상을 입었으며) ◭◭가 불에 타는 등 ◀◀의 재산 피해를 낸 뒤 ▽▽만에 해결됐다.
>
> Ⓐ 사고가 발생한 ▼▼는 ◍◍ 등이 ◐◐을 하는 곳으로, 사고 당시 ◙◙ 상황이라 해결에 어려움을 겪었다. (사고는 ▽▽만인 △△시에 해결됐다.) 또는 Ⓑ 사고 당시 ▼▼에는 ◍◍ 등이 ◐◐을 하고 있었으며, ▥▥ 등이 ◐◐을 해 다행히 추가 피해를 막았다. (사고는 ▽▽만에 해결됐다.)
>
> ◆◆은 (사고) 원인을 ◎◎이라 보고 정확한 사고 경위를 조사 중이다. [◇◇은 ◈◈을 토대로 ◎◎이라 보고 정확한 사고 경위를 조사 중이다.]

보도자료 이용 기사

《보도자료 이용 기사 기본 공식》

> ◆◆는 ▲▲일 □□라고 밝혔다(발표했다, 말했다 등).
>
> ◆◆는 ▥▥라고 말했다. (◆◆에 따르면 ▥▥다.)
>
> ◇◇는 "(발표 기관의 설명)"(이)라고 말했다.

참고문헌

강형철(1999). 신문보도의 주관성과 객관성. 〈언론과 사회〉, 26권, 113-145.

김남석(2001). 출입기자단–기자실 제도의 형성과정과 현황. 〈관훈저널〉. 79.

김동규 · 김경호(2005). 국내 신문사 취재 조직체계와 관행에 대한 질적 연구. 〈언론과학연구〉, 5권 2호, 33-66.

김민환(1996). 〈한국언론사〉. 사회비평사.

김사승(2009). 뉴스생산 관행분석을 통한 정파성 뉴스생산 이해. 2009년 저널리즘실행위원회 심층연구 결과발표 세미나 〈'언론의 정파성 문제'세미나〉 2세션 발표문.

김예란(2004). 〈경성 뉴스와 연성 뉴스, 그 효용의 실제〉. 미디어연구소.

남재일(2004). 〈한국신문의 객관주의 아비투스: 형식적 사실주의의 전략적 의례를 중심으로〉. 고려대학교대학원 박사학위 논문.

남재일 · 박재영(2007). 〈한국 기획기사와 미국 피처스토리 비교분석〉. 한국언론재단.

박대민(2015). 사실 기사의 직접 인용에 대한 이중의 타당성 문제의 검토 〈한국언론학보〉, 59권 2호, 121-151.

박성희(2004). 〈신문 사회면 비교 분석〉. 미디어연구소.

박재영(2005). 공정성의 실천적 의미: 문화일보 2002년 대선 보도의 경우. 〈한국언론학보〉, 49권 2호, 199-226.

박재영 · 이완수(2007). 인용(quotation)과 적시(attribution)에 대한 한미(韓美) 신문 비교. 〈한국언론학보〉, 51권 6호, 439-468.

______(2008). 역피라미드 구조와 내러티브 스타일에 대한 기자와 에디터의 인식. 〈한국언론학보〉, 52권 6호, 123-145.

손태규(2004). 〈서술적보도와 해석적보도: 신문 정치면 비교분석〉. 미디어연구소.

송용회(2005). 한국 종합일간지 기사의 사실성 입증 기제에 관한 연구: 조선일보와 한겨레 사회면을 중심으로. 〈한국언론학보〉, 49권 3호, 80-104.

______(2007). 언론의 현실해석과 객관화 담론전략: 『조선일보』와 『한겨레』의 2004년 국가보안법 개폐논쟁 관련 해설기사를 중심으로. 〈한국언론학보〉, 51권 1호, 229-251.

안수찬(2007). 〈스트레이트를 넘어 내러티브로: 한국형 이야기 기사 쓰기〉. 한국언론재단.

양승혜(2005). 뉴스제공자의 매체 차별보다 민주적인 도구: 미국의 엠바고 현황과 기자들의 인식. 〈신문과 방송〉, 7, 132-133.

오택섭 · 강현두 · 최정호(2007). 〈미디어와 정보사회〉. 나남출판.

유선영 · 이오현(2001). 〈새로운 신문 기사 스타일: 역피라미드 스타일의 한계와 대안〉. 한국언론재단.

윤석민(2007). 〈커뮤니케이션의 이해〉. 커뮤니케이션북스.

이건호(2010). 〈언론 글쓰기, 이렇게 한다: 예비 언론인을 위한 기획기사 작성 방법〉. 한울.

______(2013a). 기자실의 의미와 역할. 〈관훈저널〉, 126권, 243-249.

______(2013b). 저널리즘. 이건호 · 최윤정 · 안순태 · 차희원 · 임소혜 (편), 〈커뮤니케이션과 사회〉 (53-87쪽). 이화여자대학교출판부.

이건호 · 고흥석(2009). 취재원 활용을 통해 살펴본 한국 신문의 보도시각 고찰: 미국 쇠고기 수입 관련 기사에 나타난 취재원 신뢰도와 유인가(Valence) 분석을 중심으로. 〈한국언론학보〉, 53권 3호, 347-369.

이동근(2001). 언론의 취재원 사용 관행과 기사의 신뢰도. 〈언론중재〉, 여름호, 20-31.

이재경(2005). 〈기사작성의 기초〉. 나무와 숲.

이준웅(2010). 한국언론의 경향성과 이른바 '사실과 의견의 분리' 문제. 〈한국언론학보〉, 54권

2호, 187-209.

임영호(2005). 〈신문원론〉. 한나래.

조현호(2005). 기자 · 취재원 편의 위한 엠바고 피해야: 운용 현안과 문제점. 〈신문과 방송〉, 126-129.

팽원순(1988). 기자단의 기능과 그 문제 〈신문연구〉 45호, 33-46.

최현주(2010). 한국 신문 보도의 이념적 다양성에 대한 고찰. 〈한국언론학보〉, 54권 3호, 399-426.

Abercrombie, N., & Longhurst, B.(1998). *Audiences: A Sociological Theory of Performance and Imagination*. London, Thousands Oaks, New Delhi: Sage.

Allen, D. S.(2008). The trouble with transparency: The challenge of doing journalism ethics in a surveillance society. *Journalism Studies 9*(3), 323-340.

Altschull, H.(1984). *Agents of Power: The Role of Mass Media in Human Affairs*. New York: Longman.

______(1990). *From Milton to McLuhan: The ideas behind American journalism*. NY: Longman.

Anderson, J. A. & Baym, G.(2004). Philosophies and philosophic issues in communication, 1995-2004. *Journal of Communication, 54*, 589-615.

Anderson, D. A. & Itule, B. D.(1988). *Writing the news*. New York: Random House.

Bagdikian, B. H.(1990). *The Media Monopoly*, 3rd ed. Boston: Beacon Press.

Berkowitz, D. A.(1987). TV news sources and news channels: A study in agenda-building. *Journalism Quarterly 64*, 508-513.

Berlo, D.(1960). *The process of communication*. Holt, Rinehart and Winson Inc.: New York.

Blundell, W.(1988). *The art and craft of feature writing: Based on the Wall Street Journal guide*. New York: Penguin Books.

Bolter, J. D.(2001). *Writing space: Computers, hypertext and the remediation of print (2nd ed.)*. New York: Lawrence Erlbaum Associates.

Breed, W.(1955). Newspaper Opinion Leaders and Processes of Standardization, *Journalism Quarterly*, 32. 277-284.

Brooks, B., Kennedy, G., Moen, D., & Ranly, D.(2002). *News reporting and writing* (7th ed.). New York: Bedford/St. Martin's Press.

Brown, J. D., Bybee, C. R., Wearden, S. T., & Straughan, D. M.(1987). Invisible power: Newspaper news sources and the limits of diversity. *Journalism Quarterly 64*, 45-54.

Burgh, H.(2000). *Investigative journalism: context and practice* (Ed.). London and New York : Routledge.

Cotter, C.(2010). *News talk: Investigating the language of journalism*. Cambridge, UK: Cambridge University Press.

Croteau, D. & Hoynes, W.(1997). *Media/Society: Industries, images, and audiences*. Thousand Oaks, Calif.: Pine Forge Press.

Culbertson, H. M.(1980). Leaks: A dilemma for editors as well as officials. *Journalism Quarterly 55*, 402-408.

Demers, D. P. & Nichols, S.(1987). *Precision journalism: A practical guide*. Newbury Park: Sage.

Deuze, M.(2005). What is journalism? Professional identity and ideology of journalists reconsidered. *Journalism, 6*(4), 442-464.

Dixon, T. L.(2015). Good guys are still always in white? Positive change and continued misrepresentation of race and crime on local television news. *Communication Research*. Online First, 1-18. DOI: 10.1177/0093650215579223

Dunwoody, S., & Ryan, M.(1987). *The credible scientific source. Journalism Quarterly 64*, 21-27.

Durham, M.(1998). On the relevance of standpoint epistemology to the practice of journalism: The case for 'strong objectivity.' *Communication Theory, 8*, 117-140.

Ettema, J. S. & Glasser, T. L.(1998). *Custodians of Conscience Investigative Journalism and Public Virtue*. New York: Columbia University Press.

Earle, W. A.(1955). *Objectivity*. New York: Noonday Press.

Feldstein, M.(2006). A muckraking model investigative reporting cycles in American history. *The Harvard International Journal of Press/Politics, 11* (2), 105-120.

Giles, B.(2010, 6, 14). Fairness as an essential ingredient in news reporting. *Nieman Reports*, Retrieved from http://niemanreports.org/articles/fairness-as-an-essential-ingredient-in-news-reporting/

Glasser, T. L.(1991). Communication and the Cultivation of Citizenship. *Communication*, 12, 235-248.

Graber, D. A.(1984). *Processing the news: How people tame the information tide*. New York: Longman.

Hairston, M. & Ruszkiewicz, J. J.(1993). *The Scott, Foresman handbook for writers (3rd ed.)*. New York : Harper Collins College Publishers.

Hale, D. F.(1983). Unnamed news sources: Theirs impact on the perceptions of stories. *Newspaper Research Journal 5*, 49-56.

Hamilton, T. J.(2004). *All the News That's Fit to Sell: How the Market Transforms Information into News*. Princeton, N.J.: Princeton University Press.

Hansen, K. A.(1991). Source diversity and newspaper enterprise journalism. *Journalism Quarterly, 68*(3), 474-482.

Harcup, T.(2015). *Journalism: Principle and practice (3rd ed.)*. Thousand Oaks, Calif.: Sage Publications.

Hayes, A. S., Singer, J. B., & Ceppos, J.(2007). Shifting roles, enduring values: The credible journalist in a digital age. *Journal of Mass Media Ethics 22*(4), 262-279.

Herbst, S., and Beniger, J. R.(1994). The changing infrastructure of public opinion. In

Ettema, J. S., & Whitney, D. C. (Eds.), *Audiencemaking: How the Media Create the Audience* (pp. 95-114). Thousands Oaks, London, and New Delhi: Sage.

Hess, M. Whitcomb(1938). Objectivity in moral philosophy. *The Journal of Philosophy, 35*(14), 381-386.

Hodgson, F. W.(1996). *Modern Newspaper Practice*. Oxford: Focal Press.

Jones, A. S.(2009, 9, 15). An argument why journalists should not abandon objectivity. *Nieman Reports*, Retrieved from http://niemanreports.org/articles/an-argument-why-journalists-should-not-abandon-objectivity/

Keeble, R.(2005). *Print journalism: A critical introduction*. New York: Routledge.

Kovačič, M. P., & Laban, V.(2006). Linguistic means of news source reference: The case of the Slovenian press agency. *Media Research, 12*(1), 45-66.

Kovach, B., & Rosenstiel, T.(2001). *The elements of journalism: What people should know and the public should expect*. New York: Crown Publishers.

Lacy, S., & Coulson, D. C.(2000). Comparative case study: Newspaper source use on the environmental beat. *Newspaper Research Journal, 21*(1), 13-25.

Lee, G., & Koh, H.(2010). Who controls newspapers' political perspectives? Source transparency and affiliations in Korean news articles about US beef imports. *Asian Journal of Communication, 20*(4), 404-422.

Lilja, N.(2004). The rise of analysts as sources in innovation journalism. *Innovation Journalism 2*(2), 2-8.

Lunsford A. & Connors, R.(1999). The new St. Martin's handbook. Boston: Bedford/St. Martin's.

Mackuen, M. B. & Coombs, S. L.(1981). *More than news: Media power in public affairs*. Beverly Hills, Calif.: Sage Publications Inc.

McComas, K. A., & Trumbo, C. W.(2001). Source credibility in environmental health-risk controversies: Application of Meyer's credibility index. *Risk Analysis 21*(3), 467-80.

McQuail, D.(2000). *McQuail' s Mass Communication Theory (4th ed.)*. Thousand Oaks: Sage Publications.

Mencher, M.(1991). *News reporting and writing* (5th ed.). Dubuque, IA.: Wm. C. Brown Publishers.

Merrill, J. C.(1977). *Existential journalism*. New York: Hastings House, Publishers.

______(1990). *The imperative of freedom: A philosophy of journalistic autonomy*. New York: Freedom House.

Metzger, M. J., Flanagin, A. J., Eyal, K., Lemus, D. R. & McCann, R. M.(2003). Credibility for the 21st century: integrating perspectives on source, message, and media credibility in the contemporary media environment. In Kalbfleisch, P. J. (Ed.), *Communications Yearbook, 27* (pp. 293-335). Mahwah, NJ: Lawrence Erlbaum Associates.

Meyer, P.(1973). *Precision journalism: A reporter's introduction to social research methods*. Bloomington: Indiana University Press.

Mollenhoff, C. R.(1981). *Investigative reporting*. New York: Macmillan.

Muñoz-Torres, J. R.(2012). Truth and objectivity in journalism. *Journalism Studies, 13*(4), 566-582.

LaRocque, P.(2013) *The book on writing: The ultimate guide to writing well*. Arlington, TX: Grey & Guvnor Press.

Patterson, T.(1997). The news media: An effective political actor? *Political Communication, 14*, 445-455.

Perloff, R. M.(1998). *Political communication: Politics, press, and public in America*. Mahwah, N.J.: Lawrence Erlbaum.

Price, V. & Tewksbury, D.(1997). News values and public opinion: A theoretical account of media priming and framing. In Barett, G. A. & Boster, F. J. (Eds.), *Progress in communication sciences: Advances in persuasion, Vol. 13*, (pp. 173-212). Greenwich, Connecticut: Ablex Publishing Corporation.

Protess, D. L., Cook, F. L., Doppelt, J. C., Ettema, J. S., Gordon, M. T., Leff, D. R., & Miller, P.(1991). *The journalism of outrage: Investigative reporting and agenda building in America*. New York: The Guildford Press.

Powers, M. J.(1999). Objectivity. In Sterling, C. H. (Ed.), *Encyclopedia of journalism* (pp. 1027-1032). Thousand Oaks: Sage Publications Inc.

Randall, D.(2000). *The universal journalist*. London: Pluto.

Rich, C. (2003). *Writing and reporting news: A coaching method (4th ed.)*. Australia: Thomson Wadsworth.

Romano, C.(1987). The grisly truth about bare facts. In Manoff R. K. & Schudson, M. (Eds.), *Reading the News*. (pp. 38-8). New York: Pantheon Books.

Rosen, J.(1993). *Community Connectedness: Passwords for Public Journalism*. St. Petersburg, Fla.: The Poynter Institute for Media Studies.

Rosengren, K. E.(1997). Combinations, Comparisons, and Confrontations: Toward a Comprehensive Theory of Audience Research. In J. Hay, L. Grossberg & E. Wartella (Eds.), *The Audience and its Landscape* (pp. 23-51). Boulder, CO.: Westview Press.

Rupar, V.(2006). How did you find that out? Transparency of the newsgathering process and the meaning of news: A case study of New Zealand journalism. *Journalism Studies*, 7(1), 127-143.

Schudson, M.(1995). *The power of news*. Cambridge: Harvard University Press.

Schramm, W.(1954). How communication works. In W. Schramm (Ed.). *The process and effects of mass communication* (pp. 3-26). Urbana, IL: University of Illinois Press.

Schrank, J.(1991). *Understanding mass media (4th ed.)*. Lincolnwood, IL.: National Textbook Company.

Severin W. J. & Tankard J. W.(2001). *Communication theories: Origins, methods and uses in mass communication (3rd ed.)*. New York: Addison-Wesley.

Shoemaker, P. & Reese, S. D.(1996). *Mediating the Message: Theories of Influences on*

Mass Media Content, (2nd ed.). New York: Longman Publishers.

Shoemaker, P. J.(1991). A new gatekeeping model. In D. Berkowitz (Ed.), *Social meanings of news* (pp. 57-62). Thousands Oaks, CA: SAGE.

Sigal, L. V.(1973). *Reporters and officials*. Lexington, MASS: D.C. Heath and Company.

______(1986). Sources make the news. In R. K. Manoff & M. Schudson (Eds.), *Reading the News* (pp. 9-37). New York: Pantheon Books.

Siebert, F. S., Peterson, T. & Schramm, W.(1963). *Four Theories of the Press*. Urbana and Chicago: University of Illinois Press.

Slater, M. D., & Rouner, D.(1996). How message evaluation and source attributes may influence credibility assessment and belief change. *Journalism and Mass Communication Quarterly, 73*, 974-991.

Sloan, W. D.(2013). *The media in America: A history. (7th ed.)*. Northport, AL: Vision Press.

Smith, C.(1993). News Sources and Power Elites in News Coverage of Exxon Valdez Oil Spill. *Journalism Quarterly*, 70, 393-403.

Smith, K.(1987) Newspaper coverage and public concern about community issues. *Journalism Monographs, 101*.

Sonoda, K.(1997). Subject-verb inversion before a quotation in the media discourse. *Current English Studies, 36*, 13-25.

Soroka, S. N.(2002). *Agenda-Setting Dynamics in Canada*. Vancouver and Toronto: UBC Press.

Spark, D.(1999). *Investigative reporting*. Oxford: Focal press.

Sundar, S. S.(1998). Effect of source attribution on perception of online news stories. *Journalism and Mass Communication Quarterly, Spring*, 55-68.

Tankard, J. W., & Ryan, M.(1974). News source perceptions of accuracy of science coverage. *Journalism Quarterly 51*, 219-225.

Tuchman, G.(1972). Objectivity as a strategic ritual. *American Journal of Sociology, 77*, 660-

680.

Tuchman, G.(1978). *Making news: A study in the construction of reality*. New York: Free Press.

Wanta, W.(1997). *The public and national agenda*, Hillsdale, NJ: Erlbaum Associates.

Wright, C.(1959). *Mass Communication*. New York: Random House.

스트레이트 뉴스, 이렇게 쓴다

개념과 함의, 그리고 공식

펴낸날 1판 1쇄 2017년 9월 1일
지은이 이건호
펴낸이 권은미
펴낸곳 이화여자대학교출판문화원
주소 서울특별시 서대문구 이화여대길 52(우 03760)
등록 1954년 7월 6일 제9-61호
전화 02) 3277 2965(편집), 02) 362-6076(마케팅)
팩스 02) 312-4312
전자우편 press@ewha.ac.kr
홈페이지 www.ewhapress.com
책임편집 양지하
찍은곳 (주)현문자현

ISBN 979-11-5890-240-7 93070
값 28,000원

이 도서의 국립중앙도서관 출판예정도서목록(CIP)은 서지정보유통지원시스템 홈페이지(http://seoji.nl.go.kr)와 국가자료공동목록시스템(http://www.nl.go.kr/kolisnet)에서 이용하실 수 있습니다. (CIP제어번호 : CIP2017020462)